LA VIE DE MARDOCHÉE DE LÖWENFELS, ÉCRITE PAR LUI-MÊME

DIANE MEUR

LA VIE DE MARDOCHÉE DE LÖWENFELS, ÉCRITE PAR LUI-MÊME

roman

deuxième tirage

SABINE WESPIESER ÉDITEUR
11, RUE JEAN-DE-BEAUVAIS, PARIS V
2002

I

Comme elle est vive, et courte, la joie de nos premières années ! Elle est là, énorme et superbe comme un navire de guerre ; et il nous semble que l'océan entier devra liguer ses forces pour l'empêcher d'éclater. Elle est là, tout glisse sur elle – et pourtant l'eau l'entoure, mouille sa coque, imperceptiblement l'alourdit. Qu'est-ce qu'un peu d'eau dans les cales ? Mais à l'heure où cette question insouciante nous vient aux lèvres, déjà il n'est plus temps ; déjà il n'est plus de navire, plus de fier bâtiment, notre joie de vivre n'est plus qu'un paquet d'étoupe, gros peut-être, mais auquel chaque jour arrache un lambeau. Ce n'est plus de sombrer qu'elle menace, c'est seulement de continuer à être ce qu'elle est, une réserve qui s'amenuise, se réduit, où l'on n'ose plus puiser...

J'entrai dans la vie, semble-t-il, plein d'ardeur, et fort comme les deux lions de nos armoiries. Mon cri vigoureux rassura promptement les matrones qui présidaient à ma naissance, et rassura encore bien des nuits et des jours la nourrice à qui l'on me confia. Non que ces cris fussent le signe d'un déplaisir, mais du grand appétit que j'avais de l'air nouveau qui entrait dans mes poumons, puis du lait de ma douce Sorabe, que j'aspirais avec délice. Mes premières perceptions s'y rapportent : je tète le sein rond et blanc de Mila qui murmure en sa langue des paroles apaisantes, et bientôt modératrices. Comme je la mange ! La pauvrette a seize ans, elle est esclave chez nous, l'enfant qu'elle a eu d'un de nos hallebardiers n'a pas vécu trois jours. De ce deuil, les siens la félicitent, il lui ouvre un état : voilà qu'elle a changé ses hardes pour la tenue convenable à qui nourrit un enfant de seigneur ; et, sous la coiffe neuve retenant ses nattes blondes, sa frimousse me sourit, parfois traversée d'une larme.

Si j'ai si bonne mémoire de mon état de nourrisson, c'est que Mila, selon l'usage de son pays, me sevra très tard. Même après qu'on le lui eut ordonné, il n'était pas rare que je me glisse, au matin, dans le réduit qu'elle occupait à côté de ma chambre, et lui soutire sa provende presque sans qu'elle le sût. Rien ne me ravissait tant que ses protestations indignées lorsque enfin elle se réveillait ; car elle laissait toujours un temps avant d'y accorder ses gestes. C'est que mon manège l'obligeait à quitter sa couche, chose qui lui répugnait fort, à elle qui avait si peu de repos dans sa vie de servante ; mais jamais elle ne m'en sut mauvais gré.

Cela dura jusqu'à mes cinq ans. Ma mère, qui avait entretemps mis au monde deux fillettes mort-nées, conçut alors mon frère cadet suivi d'une dernière petite comtesse ; et ma chère Mila me fut enlevée. À ces badineries j'avais cependant pris le goût des bonnes choses, qui m'est toujours resté. Si le lait sorabe a perdu pour moi ses attraits, ceux-ci se sont reportés sur les viandes succulentes, les petits pâtés chauds et les fruits mûrs à point ; quant aux seins ronds et blancs... mais je me sens rougir.

Du reste, ces naissances ne m'assombrirent qu'un temps. Déjà je portais chausses, déjà je ne me plaisais plus autant dans l'appartement des femmes, avec ses pouponneries, ses piailleries, ses joujoux de bois dont j'avais moi-même, de longue date, émoussé les arêtes et faussé les roues. Comment aurais-je pu m'en satisfaire quand tout le château s'offrait à moi, quand je n'avais à braver que la semonce craintive des domestiques pour agacer les chevaux, dévaliser le verger et hanter les cuisines ? Mon frère aîné, Rodolphe, n'en était encore qu'à me dédaigner, et ne troublait guère mes plaisirs. Ainsi passais-je le meilleur de mon temps seul, malgré ma nombreuse parentèle ; seul comme il arrive chez les bourgeois qui, avec l'aide de Dieu, n'ont qu'un fils pour reprendre leur privilège.

Mon nom ne me prédestinait-il pas à la solitude ? Parmi tous les Charles, Rupert et Frédéric que comptait ma famille, j'avais été baptisé Mardochée, comme il était prescrit au fils cadet d'un Löwenfels depuis qu'à la troisième croisade l'un de mes ancêtres, grièvement blessé, avait été guéri par un Juif de grande science.

C'était un jouvenceau alors, mon trisaïeul Othon le Bancroche, qu'une statue dans notre crypte montrait gisant sous son armure de pierre, son chien favori roulé en boule à ses pieds. Il était déjà brave devant l'ennemi, et broncha à peine lorsque, au plus fort d'une bataille, le cimeterre d'un Sarrasin lui entailla la cuisse, faisant sourdre une rivière de sang. Mais quand, ligaturé et ramené sous les tentes, il vit le surlendemain sa jambe atteinte d'un mal noir qu'aucune irrigation n'arrêtait, l'épouvante le prit, il ne fut plus qu'un enfant terrorisé à l'idée de mourir ; et à grands cris il supplia qu'on lui trouvât un homme capable de lever de dessus lui la main de Dieu. Dans la ville on dénicha un vieux docteur de la loi dont ses coreligionnaires vantaient les miracles : on le traîna devant le malade qui, entre deux hurlements de douleur, menaça de le faire brûler vif, lui et toute sa tribu, s'il ne le sauvait pas. Au bout d'une semaine, le mal guéri, on voulut renvoyer le vieillard chez les siens, qui depuis son rapt vivaient fenêtres et huis clos, attendant d'être massacrés ; mais l'effroi incessant et les dures moqueries des soldats avaient eu raison de lui, et il mourut sur le chemin de la ville.

Mon trisaïeul craignit que dans la mort il ne se vengeât par quelque diablerie. Solennellement, devant l'Église, il fit vœu, encore convalescent, de donner à son fils cadet le prénom de celui qui avait perdu la vie en lui rendant la sienne. Le cierge vacillait entre ses mains blêmes ; les paroles qui lient sortaient entrecoupées de sa poitrine d'adolescent. Soit remords de ses brutalités, soit regret d'avoir contracté une dette si infamante, son caractère changea à dater de ce jour ; et ce fut l'âme tourmentée que Othon, peu avancé en âge, s'éteignit. Un seul fils lui était né de sa femme Constance : à ce fils, il avait fait promettre d'accomplir, malgré qu'il en eût, le vœu de son père. Longtemps, le fils des Löwenfels dut ainsi faire serment qu'il acquitterait la dette ; car le sort s'en mêla. Après un héritier naissaient des filles et encore des filles ou un autre mâle qui mourait avant même d'être baptisé ; ou alors c'était l'épouse qui mourait – et aucun de mes ancêtres ainsi épargnés ne poussa le scrupule au point de reprendre femme. Avec les années, avec les décennies, un voile sombre semblait s'étendre sur notre lignée ; cette affaire la minait.

Enfin je naquis, premier cadet de cinq générations, au mois d'avril de l'an mil trois cent dix. Dès ma naissance il apparut que je vivrais, et même que je mettrais à vivre une fougue devenue rare chez mes mélancoliques ascendants. On célébra le baptême avec pompe. Soulagement et résignation se partageaient le cœur d'Albéric mon père, homme à l'intelligence modeste, qu'embarrassait cette dignité équivoque d'avoir levé l'obligation de sa famille. Les temps, au reste, lui étaient amers ; un peu plus tard notre empereur, Henri, entamait sa campagne d'Italie, que mon père, en guelfe, réprouvait d'autant plus que le pape en était empêché de regagner Rome – un exil qui, jugeaient les miens, ternissait l'honneur de toute la chrétienté.

Revers privé en une époque déjà sombre, ma naissance ne fut donc pas reçue comme un bienfait ; mais toujours on m'accorda un surcroît de soins, marquant ainsi que ma vie n'en était pas moins chère à tous que celle de mes frères et de ma sœur. Ces égards m'étaient sensibles : on me traitait en hôte, en fils adoptif. Seule Mila, dont je n'avais pourtant que le lait dans les veines, me témoignait la libre affection d'une mère.

Quand j'eus sept ans, un scandale éclata. Au village – les quelques maisons basses qui s'alignent au pied de la roche de Löwenfels –, un domestique du château m'avait entendu appeler « le Juif ». Rapporté à mon père, cet outrage déchaîna en lui une vive colère, et le coupable eut la langue percée, bien que ce fût un inoffensif idiot qui parlait aux poules et qui, seul du village, n'avait pas appris à dissimuler ; plus tard, je devais découvrir que les paysans, loin de l'oreille des maîtres, ne me désignaient jamais que par ce sobriquet. Je ne revois pas sans horreur le regard que posa sur moi mon père au moment où le bourreau, étirant de sa tenaille la langue du pauvre Krischan, y enfonça une pointe rougie au feu. Ni les cris du supplicié, ni les sots rires de l'assistance n'étaient aussi affreux que ce regard qui semblait dire : « Vois : tu es bien jeune encore, mais sûrement tu sens tout le prix de cette réparation. Elle t'était due. Sois content ! »

Je ne pus manger d'une semaine ; la cuiller qu'on approchait de ma bouche me faisait entrer en convulsions. Les domestiques, gênés, détournaient la tête, de l'âtre les chiens grondaient comme quand un homme tombe de haut mal ; et Mila, navrée, caressait mon front de sa paume en m'appelant tout bas sa petite colombe.

Ce pénible épisode accrut mon isolement. Mon frère Rodolphe, quand nous nous croisions, ne manquait plus de me chuchoter : « Juif ! Hou, le Juif ! » Je l'évitais. Nos rencontres s'achevaient en pugilats, et souvent j'en sortais moins éclopé que lui, malgré ses grosses épaules et sa forfanterie d'aîné ; mais sa présence m'indisposait. Seuls les repas nous réunissaient, et les leçons communes que nous dispensait un vieux chanoine du chapitre de Grünethal. Alors les coups de férule équitablement administrés – à Rodolphe pour sa lenteur d'esprit, à moi pour mon indocilité – nous rendaient de nouveau presque frères, jusqu'à ce que le butor, profitant d'une inadvertance de notre précepteur, me tire sournoisement la langue, geste que je ne pouvais dorénavant observer sans un frisson.

Combien je préférais être seul ! Alors que mon aîné, maintenant, me recherchait, étant de ceux qui ne peuvent demeurer sans compagnie, fût-ce pour lui trouver querelle, je n'étais jamais si content que lorsque, l'ayant distancé, et laissant en dessous de moi maîtres et serviteurs à leurs tâches, je grimpais jusqu'aux étages hauts où régnaient le silence et la poussière. Mes chaussons de cuir effleuraient sans bruit le plancher des combles ; des appartements inoccupés me découvraient leurs trésors. Là, une gigantesque armoire, trop précieuse pour finir en petit bois, attendait depuis trois lustres les secours d'un ébéniste ; au sol traînaient des panneaux tendus d'un antique tissu, qui se déchirait sous mes ongles avec un crissement musical. Il y avait aussi, toute parcheminée, une tête d'animal aux dents monstrueuses, aux yeux saillants, qui de temps immémoriaux avait orné la salle des trophées sous une image de saint Georges – jusqu'au jour où un voyageur de nos hôtes s'était esclaffé devant ce reste de dragon, fierté de Löwenfels, nous assurant avoir vu en Égypte, dans le Nil, des milliers de ses congénères. Quant à moi, je ne sais si cette lointaine origine n'augmenta pas plutôt ma fascination. Après tout les dragons étaient chose banale, quoique terrible ; les légendes de saints, les gestes, les contes de bonnes femmes en étaient remplis. Mais une créature de chair et d'os, née dans un pays si proche du jardin d'Éden, et dont notre hôte avait vu, comme il me voyait, des armées entières dévorer prosaïquement des vaches – là était pour moi la vraie merveille ; et, seul de la maison, je conservai à la relique mon estime après qu'on l'eut bannie de notre pièce d'apparat.

Courtes étaient les heures lorsque je musardais, curieux de tout, en mon domaine. Soudain résonnait la cloche appelant aux vêpres, j'entendais des pas se hâter, des portes claquer, puis tout se taire. Dans la chapelle, la maisonnée devait être réunie, je serais battu ; je ne bougeais pas. Certains jours d'hiver, cependant, l'obscurité me chassait des combles ; cette demeure vide, sous moi, tout à coup m'oppressait. Par un petit escalier je gagnais le chemin de ronde, où le vent frais du soir m'étourdissait d'abord. Ensuite une sauvage gaieté me faisait courir, d'angle en angle, jusqu'à l'échauguette du septentrion. De là, j'apercevais, gonflant le mur d'enceinte, l'arrière de notre chapelle qu'entouraient des abîmes sur trois côtés. Au fond, les vallées étaient noires, et l'abside fendait ces ténèbres immenses de la faible lueur de ses vitraux. « Que le monde est donc grand et notre église petite ! » pensais-je naïvement. J'emplissais mes poumons d'air glacé, mes tympans bruissaient, d'en bas me parvenaient des bribes de chant latin.

Collines de Löwenfels, je ne vous connaissais que de loin – mais comme je vous connaissais ! Partout et en toute saison, mon œil rencontrait vos lignes sans surprise. Voici le printemps : sous le ciel lavé nos champs reprennent couleur, les forêts reverdissent, et de leurs branches s'égoutte, argentine, l'eau des dernières neiges. Voici l'été, la vallée retentit de travaux rustiques, bientôt les talus de l'enceinte se couvriront de mûres, et les cigognes sont revenues ; chaque clocheton de nos toits a la sienne. À l'automne, les futaies de nouveau se tigrent, noirs les sapins, roux les chênes ; une cognée égrène ses coups ; on a rangé dans les coffres le linge d'été, et déjà, dans les cuisines, nos Sorabes affairées préparent les friandises de l'avent.

Ce cercle de nos collines, je ne l'ai quitté que trois fois ; à l'heure où j'écris ces lignes, je doute si je le reverrai. Je le croyais trop étroit pour mon cœur, le monde au-dehors m'appelait ; et pourtant le monde, je m'en suis aperçu, n'est partout fait que de semblables cercles, et peu sont aussi larges que l'horizon de Löwenfels. Mais c'est aussi mon cœur, mon pauvre cœur, qui s'est rétréci. J'en ai été prodigue, je l'ai généreusement semé autour de moi, pensant qu'il porterait fruit comme les vraies semences ; mais j'ai semé à perte, et il n'en restera rien – au loin quelques bâtards ignorant jusqu'au nom de leur père, au creux de ma poitrine une petite chose dure, sèche et désolée.

II

Environ un an après le percement de langue, nous assistâmes au mariage de Detlev de Moosberg, cousin de mon père, avec la petite-nièce d'un prélat de la Marche. C'était mon premier voyage. Il fut riche d'expériences et d'aventures et, en un sens, mon destin s'y scella.

Depuis de longs mois la date des noces était arrêtée. L'événement était de taille : notre maison s'alliait ainsi avec celle de Ravenau, sa rivale de longue date, et nous nous devions de lui en imposer. Les apprêts furent considérables. Je revois, dès l'hiver précédent, Mila et ses compagnes (une rose parmi les épines, devrais-je dire) penchées sur la formidable nappe destinée à la corbeille nuptiale, qu'elles brodent de fils d'or. Souveraine, ma mère les dirige et, parfois, relevant les manches de sa robe, ajoute elle-même quelques points. Un va-et-vient de marchands met dans le château une animation inhabituelle : il s'agit de choisir les épices les plus rares, dont le prix exorbitant honorera leur donateur et écrasera de gratitude, espère-t-on, la petite Ravenau. Il s'agit aussi de comparer des étoffes, de réunir des perles pour nous vêtir richement, tous autant que nous sommes – père, mère, enfants, écuyers, domestiques, jusqu'aux palefrois eux-mêmes auxquels on confectionne des caparaçons neufs. L'appartement des femmes est devenu une ruche menaçante : harcelées de tâches, les servantes sont prêtes à mordre, les marmots hurlent, talochés plus souvent qu'à leur tour, il s'en faut de peu qu'on ne me punisse d'avoir, en l'espace de deux lunes, soudainement grandi, en conséquence de quoi mon nouvel habit de velours devra être retaillé et, en hâte, recousu.

Mon père est sans cesse par monts et par vaux : l'alliance prochaine soulève bien des problèmes, la dot fait l'objet de tractations qui durent, on prend son conseil à tout propos. Il se trouve au surplus que d'autres soucis, moins festifs, l'accablent, car on dit depuis peu que les terres de l'Est ne sont pas sûres. Dans les bourgs voisins les esprits s'assombrissent ; chaque incident devient cause d'effroi. Des vagues de crainte ondoient dans la plaine, les unes refluent, d'autres viennent se briser jusques aux contreforts de notre duché. Il semble qu'un fléau répande au loin la terreur, on parle tantôt d'hérétiques, tantôt de lépreux, ou encore d'êtres sanguinaires pour qui la vie humaine n'est qu'un vain mot. Mais un messager de Moosberg survient sur ces entrefaites et, consulté, dissipe en partie nos appréhensions : la populace, prompte à amplifier et à déformer, aura sans doute eu vent des grandes battues qui ont eu lieu dans les forêts de Silésie, où les loups, cette année-ci, se sont révélés particulièrement nombreux et féroces.

Tout n'est pas clair cependant. Après quelques semaines d'apaisement, la peur revient de plus belle. Un négociant en fourrures de Moravie, dont nous attendons la visite depuis le carême, n'arrive pas. Dans un village éloigné, une serve a donné le jour à des jumelles qui avaient deux corps, mais une seule tête ; on y voit un sinistre présage, et les paysans murmurent des choses sur la venue de l'Antéchrist.

Et soudain, un jour, un nom est sur toutes les lèvres : Libbitz. Même les bonnes femmes du village, qui de leur vie ne l'ont quitté et croient que le soleil se couche dans un grand trou derrière le Haut-aux-Chênes, sont devenues topographes et chroniqueuses en une nuit, Libbitz leur est plus familier que leur enclos à poules, elles parlent avec assurance des faubourgs de Libbitz, de l'échevin de Libbitz, de « ce qui s'est passé à Libbitz ».

Mais ce qui s'y est vraiment passé reste un mystère. Qu'en sauraient-elles, et qu'en saurions-nous, quand notre seul informateur est un pèlerin qui dit avoir entendu dire qu'à Libbitz on avait jugé et pendu toute une foule, à moins que ce ne soit la foule elle-même qui exige, ou refuse, qu'on pende plusieurs habitants du quartier des tisserands, lesquels attendent en prison leur sentence ?

Le sens rassis de mon père ne s'émeut pas d'emblée de ces rumeurs ; on lui en a déjà fait accroire, au printemps, avec une autre histoire de loups et de croque-mitaines. Pourtant, comme la menace semble ici plus précise et qu'il ne veut pas nous exposer (ne devons-nous pas faire étape à Libbitz ?), il se résout à prendre encore une fois la route. En son absence, le château sera soigneusement gardé, nos gens sont en armes, on nous interdit de traîner au village ; et un matin, de la haute fenêtre de notre salle, nous regardons mon père et son escorte descendre au trot la côte de Löwenfels.

« Que Dieu l'accompagne ! » soupire ma mère, une main serrant son chapelet, l'autre crispée sur l'épaule de Rodolphe ; et les jours suivants s'étirent lugubrement dans une atmosphère de neuvaine.

Notre attente n'est pas longue, mais elle m'est cruelle. On me défend de franchir les remparts ; plus que jamais j'aspire à gagner les bois tout pépiants d'oiseaux, où les jacinthes sauvages mettent des taches claires. Et si ces troubles allaient empêcher notre départ ? Et si la fête, à laquelle nous nous préparons depuis tant de temps, devait se dérouler sans nous ? Me laissera-t-on au moins porter, dans la morne intimité familiale, mon beau costume de velours jaune, et mon petit bonnet où Mila vient de fixer les plumes d'un coq de bruyère ?

C'est moi qui le premier entends le sabot du cheval paternel sur les pavés de la cour, un soir que nous veillons. Ma mère se lève en hâte, les flammes des chandeliers frémissent, Albéric entre. Le pâle sourire avec lequel il nous bénit me rassure aussitôt : mon père n'est guère homme à sourire, et cette exubérance annonce d'heureuses nouvelles.

L'affaire de Libbitz tient en peu de mots ; et, si elle comporte quelques aspects inexplicables, elle a ceci de bon que par elle se dissipent la plupart des bruits qui ont circulé ces derniers temps.

À Libbitz, voilà de cela un mois, sont arrivées une nuit plusieurs familles d'errants sans chevaux ni bétail. Les portes du bourg étaient déjà closes. Les gardes, qui assureront plus tard avoir estimé l'aspect du groupe plus pitoyable qu'inquiétant, les laissent s'installer en silence aux abords de la rivière. Par signes – car ils ne parlent, disent les gardes, « aucune langue chrétienne » –, ils obtiennent d'allumer quelques feux. Pas de chants ni de cris ; les femmes ont lavé, les feux se sont éteints, et le sommeil, ou la stupeur, a plongé le campement dans un silence total.

Le lendemain, sortant de la première messe, l'échevin trouve la ville en pleine ébullition ; tous se précipitent vers le faubourg Saint-Werner d'où s'élèvent des fumées et de grandes clameurs. Sur la place, entre l'église et la maison des verriers, un triste spectacle l'accueille : à chaque arbre des grappes de pendus, enfants, hommes, femmes pêle-mêle, certains le nez tranché, tous en haillons. Aucun n'est de Libbitz.

Il faudra quelques heures pour débrouiller les faits. À l'aube, les plus matinaux des habitants du faubourg ont découvert, en amont de leur rivière, tout ce monde déguenillé qui s'éveillait. Une dizaine d'hommes s'est approchée des maisons, dans l'intention, à ce qu'il paraît, de mendier du pain. Dans le jour qui se levait, on a bien vu qu'à certains manquait le nez ; et comme au même moment des laveuses revenaient de l'eau effrayées en disant qu'il y avait là une troupe d'inconnus qui puisaient ou se baignaient, la peur a éclaté comme un incendie. Des mécréants étaient à leurs portes, avaient attendu l'aurore pour venir les piller et répandre la mort en empoisonnant leurs sources. N'avaient-ils pas avec eux, pour mener la danse, de dégoûtants infirmes, des lépreux, des gens au nez rogné ? Comme toujours en pareil cas, ce sont les têtes les plus faibles qui ont crié le plus fort, et qu'on a écoutées ; et avant que la garde ait eu le temps de s'interposer, c'est tout le quartier qui s'est voué à cette sainte cause, les vagabonds sont assaillis, molestés et pendus au milieu des vociférations.

De ce qui reste de leur pauvre bagage, auquel on a entretemps mis le feu, on apprendra pourtant qu'ils n'avaient de redoutable que leur extrême dénuement – des chiffons, un peu de vaisselle, à peine des couteaux, pas même une poule ou un instrument de travail : paysans ou artisans, il semble qu'ils aient tout laissé derrière eux. On n'en saura pas plus, puisque aussi bien tous sont morts ; mais, quoique inconnue sous nos cieux, leur langue était bien celle d'hommes adorant le vrai Dieu, car on a trouvé sur eux une ou deux médailles et des images saintes. Le faubourg se réveille étourdi et penaud comme après une soûlerie ; l'émoi retombe sans qu'aient à jouer les bâtons des sergents, et seuls quelques meneurs vont être jugés pour leur méfait.

« Retenez », conclut mon père en posant successivement sur chacun de nous son regard placide, « que la peur est mauvaise conseillère : voilà comment, d'une poignée de miséreux, on a fait une rébellion, une invasion et une épidémie. Il est vrai qu'ils sont nombreux, à ce qu'on dit, et qu'ici et là on en a vu d'autres bandes ; mais l'hiver a été rigoureux, la faim et les loups les auront chassés de leurs froides forêts de l'Est. L'hiver était ce spectre qui nous menaçait au levant – nous partirons, bien sûr, et j'ai vergogne d'en avoir écouté une minute. »

Pourtant il lui faut encore apaiser ma mère, que ces bruits de lèpre alarment malgré tout ; et ces nez !... Mon frère Rodolphe renchérit : grand tourmenteur de bêtes et expert en mutilations de tous genres, il s'est arrêté à ce détail, ses yeux brillent dans sa face déjà mafflue, il n'aura de cesse qu'on ne reparle des nez.

« Il n'y a pas de maladie dans la plaine », reprend mon père qui se gratte la barbe avec mécontentement, car sa péroraison lui paraissait suffire. « Je vous l'ai dit, et en voilà assez. Les nez ont été vus par l'apothicaire de Libbitz : ils avaient été fort proprement coupés, et non rongés par je ne sais quel chancre. Qui sait ! Peut-être que là-bas, d'où venaient ces gueux, on punit ainsi des fautes légères. N'essorillons-nous pas nos truands ? »

Ainsi s'achèvent nos hésitations, et toutes les pensées retournent aux ultimes préparatifs de notre départ, dont le jour est bientôt là.

Un de mes grands regrets, à l'époque, fut d'avoir manqué en dormant les premières heures de ce voyage. Depuis huit ans que je vivais à Löwenfels, je n'avais jamais atteint et moins encore dépassé les collines qui bordent nos champs : d'avance je me faisais fête de les voir enfin de près, avant de les quitter pour d'autres paysages sans doute plus délectables encore. Mais il se fit que nous partîmes très tôt, bien avant le lever du jour. Je dormais quand on m'installa dans le carrosse avec mes deux cadets et les femmes ; je dormais quand l'attelage s'ébranla ; je dormais bien après qu'on eut laissé les derniers vallonnements de nos terres pour entrer dans la plaine.

Quand j'ouvris les yeux et, sitôt éveillé, repoussai les rideaux de cuir qui nous abritaient de la poussière, ma déconvenue fut grande. Elle cessa, toutefois, lorsque tournant la tête vers l'avant de notre cortège je m'aperçus que nous approchions d'un bourg. Des toits et des clochers dépassaient des murailles ; on carillonnait à toute volée en l'honneur de notre passage. Que d'étonnements ! Des maisons se succédaient, aux encorbellements décorés de fleurs ; à leurs portes, à leurs fenêtres, contre leurs murs se pressaient plus de gens que je n'en avais vu de ma vie, même aux grandes fêtes de Löwenfels. Tout ce monde était mis avec soin, surtout les vierges, dont beaucoup étaient jolies.

Il y eut un moment d'embarras quand notre voiture accrocha d'un côté une borne et que, en raison de l'étroitesse de la rue, nous nous trouvâmes bloqués. Les acclamations faiblirent ; la voiture, à grand renfort de bras, reculait d'un pas, avançait de deux, notre fenêtre touchait presque la boutique d'un tailleur qui, au milieu de sa famille, nous saluait sans discontinuer, ne sachant que faire d'autre. Cahotée, ma mère s'éventait nerveusement et pestait contre ces sales trous de campagne où les rues sont des terriers. Je l'écoutais avec surprise : je pensais être dans la ville des villes, rien ne me paraissait plus beau.

J'appris au cours du voyage à mesurer mon admiration, car les merveilles abondaient. D'autres bourgs, plus grands et plus splendides, suivirent. Tout était pavoisé, nos chevaux enfonçaient dans des pétales de rose, des lampes brillaient, la nuit, derrière les carreaux verts et bruns de chaque fenêtre ; c'était une féerie. Le clou fut Libbitz, où nous fîmes halte le troisième soir : des sonneries de trompette retentirent à notre venue, nous gagnâmes la grand-place entre deux haies de hallebardiers, les mayeurs répondirent par des discours au salut condescendant de mon père, et l'échevin sortit en toilette somptueuse de son hôtel de ville où un festin et des chambres nous attendaient. Rien ne rappelait le drame qui s'y était joué quelques semaines plus tôt et dont les fauteurs étaient déjà morts, ou relâchés – je l'ignore, car il n'en fut pas question devant nous. Ce crime sans conséquence n'intéressait plus mon père : gens de rien ceux qui avaient péri, gens de peu ceux qui avaient tué.

Entre les bourgs s'étendaient de riches campagnes, et des forêts de pins où nous voyions de temps à autre s'enfuir un cerf. Je bouillais d'impatience et d'enthousiasme ; je voulais tout à la fois être déjà à Moosberg, pouvoir courir sur ces chemins qui à chaque tournant s'ouvraient et que nous ne prenions pas, aller toucher ce chêne dressé à l'horizon et voir qui habitait, au loin, ces fermes petites comme des jouets. Partout il y avait des vies dont je ne saurais rien, des lieux et des rivières que nous dépasserions sans les rejoindre ; et je trouvais à cet éternel renouvellement un plaisir non dénué de tristesse.

« Reviendrons-nous un jour ici, ma mère ? » demandais-je quand la tentation de ces lointains devenait trop forte pour que je me taise. « Quelle question, mon enfant ! Nous y reviendrons, et sous quinzaine encore, en nous en retournant. Mais à présent laissez un peu la fenêtre, vous voilà tout ébouriffé ; et tirez le rideau avant de vous rasseoir, car le soleil me cuit. »

Je suffoquais de chaleur dans la cabine ; les femmes de ma mère somnolaient. Mon frère Othon et ma sœur Catherine se disputaient une crécelle, on les mettait d'accord par une distribution d'orgeat dont ils se barbouillaient. Combien j'enviais Rodolphe ! Alternant chatteries et fanfaronnades, ce gredin, qui devait au départ voyager en notre compagnie, avait obtenu de mon père d'aller comme un homme, au dos de son alezan Magog. N'avait-il pas douze ans déjà ? N'était-il pas, de l'aveu de tous, un fier petit cavalier qu'on emmenait parfois aux chasses ? Il lui plairait d'être vu au côté du maître de Löwenfels, et qu'on reconnaisse en lui son héritier ; et puis, le carrosse avec lui serait si plein !

Maintenant il caracolait en tête du cortège ; et, quand la lenteur lui en devenait trop pénible, il lançait sa bête au galop, filait jusqu'au prochain bouquet d'arbres, se prélassait à l'ombre, revenait me narguer d'un sourire supérieur, s'inquiétant de ma mère qui, craignait-il, devait avoir trop chaud. L'imbécile ! Il fallait que j'aie l'air bien malheureux à le regarder, car au quatrième jour un des écuyers le remarqua et, bonhomme, me prit en croupe derrière lui ; mais mon père y mit le holà, jugeant cela peu digne. Nous trouverions plus tard à me monter décemment, il y veillerait ; pour l'heure, je devrais me contenter de finir le voyage comme je l'avais commencé.

Mon dépit fut intense, mais bref : déjà nous étions sur les landes qui entourent Moosberg, et n'avions plus qu'une nuit à passer en route. Les fortes averses qui s'abattirent alors achevèrent de me consoler ; Rodolphe, sous sa coiffure ruisselante, faisait moins le faraud. Ce fut sous un déluge que nous fûmes accueillis dans Moosberg ; je ne garde de l'arrivée que ce souvenir-là.

Les réjouissances durèrent trois jours et trois nuits, et les parties y trouvèrent motif de satisfaction réciproque. Nos présents avaient été reçus avec la considération attendue ; on déployait pour nous un faste qui nous honorait, sans pour autant nous porter ombrage. L'oncle de la petite avait mûrement pesé tout cela : on y reconnaissait les habiles égards d'un homme d'Église. Parmi les nôtres, on trouva cependant l'épousée un peu frêle ; devant l'autel, la carrure de Detlev, auprès de la sienne, effrayait. Lorsque à la fin de la cérémonie elle se retourna, elle apparut toute pâle dans sa robe d'écarlate, et l'on craignit un instant qu'elle ne défaillît. J'entendis derrière moi mon père claquer la langue avec indulgence : lymphatique, sans doute, mais le mariage arrangerait cela ; et puis la pauvrette semblait tant émue, on ne pouvait qu'en être flatté.

Quant à moi je la trouvais bien jolie, cette Agnès de Ravenau. C'était une rousse, et je détaillais avec curiosité ce spécimen d'un type que je découvrais alors pour la première fois. Elle avait, chose touchante, tout un essaim de jeunes sœurs que l'on avait vêtues de la même couleur qu'elle, et qui, sans toujours l'égaler en beauté, offraient avec elle une telle ressemblance que l'on croyait la voir déclinée de l'âge gazouillant jusqu'à l'âge nubile.

Pendant la longue messe qui suivit la jonction des mains, j'eus le loisir d'examiner la benjamine, une dodue pouponne de cinq ans dont j'apercevais le profil à quelques sièges de moi. Son immobilité lui pesait apparemment : sans cesse elle se trémoussait sur sa chaise, jetait autour d'elle des regards dérobés, puis les ramenait sur ses propres genoux avec un air de délectation que n'expliquaient pas entièrement les circonstances. Pendant un temps mort, ses yeux tombèrent sur moi. Elle cilla, son sourire s'élargit sur de mignonnes quenottes blanches, et soudain, écartant un pli de sa jupe rouge qu'elle tenait bizarrement ramenée sur ses jambes, elle me montra, couché dans son giron, un minuscule chaton encore aveugle.

De ravissement et de surprise, je détournai les yeux, mais ils revinrent bien vite vers elle ; mon cœur s'était ouvert à un sentiment neuf qui irradiait chaudement sous mes côtes. Après peu de temps s'y mêlèrent les affres de la compassion, car l'animal, réveillé, poussa un piaulement qui trahit mon amie ; je la vis tancer à voix basse par sa gouvernante, le chat fut éloigné, la jupe rabattue d'une tape sévère. Ma toute petite abaissa ses paupières où brillaient des larmes, je serrai les poings, déjà je l'aimais à la folie. Dans ma vie ultérieure rien n'a pu effacer cette image, celle de Roswitha aux rondes joues, arrachée à son bonheur aussitôt après m'avoir fait entrevoir le mien. Rien ne devait l'effacer ; je le savais déjà en quittant Moosberg, et il me sembla qu'elle le savait aussi, à en croire le long regard que nous échangeâmes au moment des adieux. Nous nous étions à peine dit un mot ; mais sous l'enfantin désordre de ses boucles son visage m'affrontait, dur et calme, empreint d'une énigmatique gravité.

III

À Moosberg, mon père, fidèle à sa parole, m'avait acheté une monture. C'était une jument au poil couleur de miel sombre, que nous appelâmes Agathe. Elle avait, nous assura-t-on, beaucoup vécu, beaucoup trotté, et laissé loin derrière elle l'âge des caprices et des exploits ; je n'en avais donc rien à craindre. Ainsi pris-je la route du retour juché sur ma petite selle, et tout glorieux de cette élévation. Il est vrai qu'Albéric tenait mes rênes, et au fond cela faisait mon affaire ; car soit manque d'aisance, soit récent excès de nourriture (le dernier dîner de fête, la veille, avait été le plus somptueux de tous, je m'y étais gorgé de cygne rôti, puis d'un énorme nougat que le pâtissier des Moosberg avait façonné à l'image de la forteresse de ses maîtres), je ressentais quelques vertiges d'estomac. Après une couple d'heures, mon père me lâcha pourtant, voyant que la bonne Agathe me menait tout droit et sans broncher, et que je me tenais, moi, plus solidement en selle. Bientôt je connus le plaisir d'avancer à côté du carrosse en conversant avec ma mère, ou de tourner bride pour m'en aller rôder, à l'arrière, autour des deux chariots où étaient nos victuailles.

Rodolphe, d'abord mortifié, avait pris le parti de me traiter en égal : mais cette magnanimité me paraissait suspecte. « Viens, marchons dans l'herbe », me disait-il jusqu'à ce que je le suive ; et là, loin du cortège, il excitait son cheval, m'exhibait mille tours, m'engageait perfidement à faire de même, ce dont je n'avais garde ; il n'aurait pas été fâché que je me rompe le cou.

Dans la matinée du deuxième jour, le ciel, auparavant diaphane, se voila, et la chaleur devint forte. Rodolphe et moi ne chevauchions plus qu'à l'écart, sur la lande, tant était étouffante la poussière soulevée par les sabots des bêtes. Or la route vint à faire un coude, et une légère déclivité nous cacha les casques des écuyers. Je regardai autour de nous, mes poumons se gonflèrent d'aise. Pas un homme, pas une maison ; nous étions libres, libres et seuls au milieu d'un désert, j'en aurais crié de joie ; nous prîmes le trot.

Rodolphe me souriait, ses yeux allaient sans cesse de moi à la route que nous ne voyions plus ; et tout à coup, après s'être haussé une dernière fois sur ses arçons, il vint tout près de moi et je vis ses dents luire :

« Ho, Löwenfels-le-Juif ! Talonne un peu ta mule de synagogue ! »

Et, rayonnant de hargne, il abattit sa cravache sur la croupe de ma pauvre Agathe qui hennit de douleur et partit au galop. En un rien de temps son cheval, qu'il cravachait non moins furieusement, nous eut dépassés. Il fonçait comme une pierre qu'on lance, Agathe le suivait de toute la force de ses vieux jarrets, mais l'écart entre nous grandissait irrémédiablement. « Vole, vole, ma belle ! » criais-je pour l'encourager ; rien n'y faisait. Et soudain il y eut à mes pieds un trou d'eau, ma jument glissa et roula par terre. J'avais eu la chance de tomber loin d'elle, sans quoi son poids m'eût brisé la jambe ; et je me relevai tremblant, tourbeux, quoique à peu près indemne.

Rodolphe n'était plus qu'un point contre le ciel, qui bientôt disparut. L'émotion et l'envie de pleurer me nouaient la gorge ; je ne savais si je devais l'attendre ou revenir vers notre caravane – et il faudrait alors que ce soit à pied, car Agathe, blessée par sa chute, soufflait fort et ne se relevait pas.

« Rodolphe ! Rodolphe ! » appelai-je d'une timide voix ; seule me répondit l'herbe haute qui crissait dans le vent.

Enfin, sur l'horizon, je vis bouger une petite tache sombre ; elle approchait, c'était mon frère, fonçant, me semblait-il, plus vite encore qu'à l'aller. Mais quelque chose d'inquiétant se dessinait derrière, une fine ligne noire qui peu à peu s'étirait entre la terre et le ciel : on eût dit l'ombre d'un nuage si elle n'avait provoqué un tel bruit – le bruit d'un tonnerre qui, au lieu de décroître, s'enflait à chaque instant.

Je sentis se dresser le duvet de mes bras, tombai à genoux dans l'herbe ; Rodolphe allait passer à un jet de flèche de moi ; sa tête baissée me cachait son visage, mais je l'entendais gémir aigu comme un lièvre qu'on traque... et là, derrière lui, je distinguai soudain des cavaliers aux coiffures pointues, brandissant sur le ciel des armes recourbées. Au grondement de leur galop s'ajoutaient des clameurs belliqueuses qui me glacèrent l'âme ; ils rattrapaient Rodolphe, ils l'entouraient, et – horreur ! – je crus voir l'un d'entre eux abaisser une lame, et la face blême de mon frère, relevée, se couvrir de sang en son milieu. Des hurlements fusèrent : je ne savais plus qui hurlait, je ne savais plus rien, derrière moi, trop loin encore, des clairons résonnèrent, les hommes de mon père allaient contre-attaquer ; alors, d'épouvante, je cachai mon visage dans mes mains et m'affaissai dans l'herbe.

Quand je revins à moi, les écuyers m'entouraient. Leurs chevaux étaient trempés d'écume, ils avaient vainement, à travers la lande, poursuivi la horde et sa ducale proie, dont toute trace disparaissait au-delà du premier ruisseau. Je tremblais comme une feuille ; non loin de moi, sanglante, gisait Agathe qu'il avait fallu achever.

« Les Tatars, ce sont les Tatars », répétait d'une voix blanche un serf entre-temps survenu ; et un vieux hallebardier narrait d'affreuses anecdotes transmises par ses pères, parlait de femmes éventrées, de récoltes anéanties, de petits enfants taillés en morceaux. Chacun rappelait aussi la troupe d'errants pendus à Libbitz, et s'étonnait que leurs nez manquants n'aient pas aussitôt fait songer à ces sanglants usages.

Mon père, hors de lui, jurait de pourchasser cette engeance jusqu'au bout de la terre et n'osait faire un pas, craignant d'abandonner ses enfants et sa femme qui, de désespoir, délirait presque. Des émissaires étaient partis vers Moosberg, réclamant vengeance et appui. Après trois jours ils revinrent, suivis par Detlev et quelques-uns de ses hommes : les ravisseurs, disaient-ils, demeuraient introuvables, semblaient s'être enfuis vers cet est d'où ils étaient venus. C'était un soulagement pour la région, pour notre famille toutefois un terrible coup du sort. Pour remettre la main sur eux dans ces immensités, il ne s'agissait plus de mener une battue mais une véritable campagne, exigeant des préparatifs qui reculeraient d'autant la conclusion de l'affaire.

Mon père s'y résigna. La garnison de Moosberg se partagea, une moitié devant nous escorter jusqu'à nos terres, l'autre défendre sa forteresse en cas d'assaut. Car la crainte subsistait, et subsista encore de longs mois, que cette cinquantaine de cavaliers n'ait été qu'une avant-garde, et que nous ne vissions très bientôt déferler des légions de ces Tatars qui quelque part au loin dépouillaient les paysans, enlevaient le bétail et, j'étais prêt à en jurer, avaient coupé le nez à mon frère Rodolphe.

« N'en parlez plus, Mardochée, vous me ferez mourir », sanglotait ma mère chaque fois qu'on m'invitait à reprendre mon récit et que je le finissais, pantelant, sur cette image ; et lorsque son époux, craignant pour sa raison, m'intima l'ordre de me taire et à elle de n'y plus penser tant qu'on n'en saurait pas davantage, c'est sur lui que retombèrent ses reproches :

« Ah, cœur de pierre, qui osez m'ordonner d'oublier mon fils ! Vous qui n'avez rien fait pour l'empêcher d'aller galoper si vite, et si loin ! Où aviez-vous la tête ? Et que ne lui donniez-vous un canasson, comme à ce... »

Elle se mordit la lèvre, mais il n'échappa à personne que son regard avait glissé vers moi.

« Comme au blanc-bec qu'il était ! » corrigea raidement mon père. « Oui, ma femme, sur ce point je vous approuve : j'ai été bien léger en lui faisant confiance, et j'en prends sur moi toute la faute. Maintenant séchez vos pleurs : nous offrons à nos gens un spectacle immodeste. Il ne sera pas dit qu'un Löwenfels voyage assis sur les coussins de son carrosse, et qu'en sortent les cris d'une femme en courroux. Je vous laisse. Rassurez-vous. Rodolphe est vivant, j'en ai la certitude ; car je ne vois pas de sens à couper le nez à qui l'on se propose d'égorger par la suite. »

Sur ces mots, qui jetèrent ma mère dans de nouveaux transports, il fit amener son cheval et remonta en selle ; ainsi le voyage s'acheva-t-il pour nous dans la consternation. Sans trop comprendre, Catherine et Othon pleuraient de voir pleurer leur mère ; les femmes, lasses de rebuffades, se taisaient.

Pour moi j'en faisais autant. Dire que je regrettais mon frère eût été excessif. Je ne l'aimais pas. Sa dernière parole avant de disparaître avait été une offense, et confusément je voyais dans son malheur un juste châtiment ; mais les insinuations de ma mère m'avaient peiné. Pour la première fois je sentais qu'entre Rodolphe et moi, tous, secrètement, faisaient une différence qui n'était pas seulement due à l'âge. Avec quel mélancolique apaisement m'auraient-ils pleuré si, aujourd'hui, j'avais été à sa place ! On m'aurait regretté, j'en étais convaincu, mais sans doute en pensant que cela était dans l'ordre. De ce jour date l'éloignement que ma mère conçut pour moi, à moins qu'elle ne l'ait toujours eu sans en faire montre. Je dois pourtant lui rendre cette justice que jamais elle n'y laissa libre cours, et que sa froideur, quoique manifeste, ne lui inspira qu'une seule fois des paroles aussi clairement hostiles.

Ici commence l'époque où je fus libre comme l'alouette et presque entièrement livré à moi-même. L'incertitude où nous étions du sort de mon aîné m'ouvrait d'enivrantes perspectives de succession ; mais elle empêchait ma famille de trancher si elle devait me faire instruire en futur héritier ou en futur évêque. Dans l'attente, je menais ma petite vie, apprenant un peu à mes heures, le plus souvent ne faisant rien, je veux dire rien de bon ; goûtant cette liberté et sentant, au fond de mon cœur, qu'elle n'aurait pas dû être. Ce fut aussi le temps où l'amour de Mila, qu'à la manière des enfants j'avais jusqu'alors accepté comme un dû, prit pour moi toute sa valeur. Elle seule, informée par nos récits, semblait avoir vu que le danger de mon frère avait également été le mien, et que j'aurais partagé son sort sans la chute de ma jument.

Aussi me serrait-elle passionnément contre elle chaque fois que nous arrivaient, obscures, des nouvelles de la plaine ; tous ces mois en furent jalonnés. À la Saint-Martin mon père était parti, ayant avec lui une armée de deux cents hommes. L'automne se passa pour eux en piétinements et en enquêtes ; de la Marche jusqu'aux montagnes de Bohême, pas plus de

Tatars que sur ma main. Devait-on aller outre ? Était-il raisonnable de s'engager dans des pays de frimas où l'on aurait à interroger par gestes des colosses méfiants, au crâne surmonté d'une unique mèche ? Les soldats se plaignaient qu'au lieu de guerroyer on ne faisait qu'attendre, et fouiller des taillis ; là-dessus l'hiver vint, et il fallut tourner bride.

De nouveau, mon père fut parmi nous ; l'échec de sa campagne l'avait fort éprouvé. Ses semaines s'écoulaient à regarder par nos fenêtres la neige tombant sur les abrupts de Löwenfels. Il songeait à cet hiver dont là-bas, dans le levant, on parlait comme d'un chef de guerre redoutable, aux pouvoirs absolus ; l'hiver arrêtait tout, avait mis en déroute ses guerriers, pourtant des braves entre les braves ; avant le dégel rien ne serait possible, et encore n'était-il pas sûr, alors, que ses pairs consentiraient une seconde fois à lui réunir une armée.

De fait, la chose ne se fit pas. Peu après l'équinoxe, nous eûmes un courrier de Lombardie, où vivait la belle-famille de mon oncle maternel. Par des voyageurs arrivés de Venise, on y avait entendu dire qu'au Pont-Euxin s'était vendu, à prix d'or, un jeune gentilhomme d'Allemagne. À qui, c'est ce qu'on ne savait trop, ni quel était au juste l'âge du malheureux qui s'était, paraît-il, âprement marchandé.

« Vendu, mon pauvre fils, comme un porc à la foire ! » gémissait ma mère, pour qui le gentilhomme était déjà Rodolphe, et parole d'évangile ce ragot passé par tant de mains. Mon père, ébranlé, suspendit ses nouveaux préparatifs de départ ; on envoya des messagers à Venise, pour y recueillir, s'il était possible, de plus amples informations. De nombreux mois passèrent à les attendre, et entre-temps, parce que rien ne venait, l'espoir retomba. Au début de l'automne mon père, voyant roussir les chênes pour la deuxième fois depuis que son premier-né lui avait été ravi, fut pris de cuisants regrets : il avait été bien sot de se laisser, pour un simple bruit, détourner de son devoir ; maintenant nul ne voudrait plus, sous prétexte de l'hiver approchant, lui confier de détachement pour une opération, hélas ! bien incertaine. N'importe, il repartirait : il avait bien assez de ses plus fidèles, et de quelques hommes sûrs que lui prêteraient ses cousins de Moosberg et la famille de sa femme, pour questionner des croquants et poursuivre une poignée de Chinois à cheval.

Il repartit donc, et bien lui en prit ; cela lui évita le calvaire que fut, à quelque temps de là, le retour échelonné de nos courriers d'Italie. Personne ne savait rien : le capitaine de qui était venue la rumeur avait levé l'ancre, et les avis divergeaient sur l'endroit et le moment où la chose lui avait été initialement narrée. Quant aux détails, il n'était pas question d'en obtenir : les hommes que l'on consultait à ce propos, et qui passaient pour les mieux renseignés, écoutaient avec intérêt l'exposé de l'affaire et couraient en répéter ailleurs des particularités qu'apparemment ils ignoraient jusqu'alors ; c'était à désespérer.

Nous fûmes longtemps sans nouvelles de mon père. Chaque jour, notre cercle rétréci faisait pousser à ma mère un soupir accablé lorsque nous passions à table. Mon précepteur, maintenant septuagénaire, disait la bénédiction puis s'écroulait sur sa chaise, sans force pour attaquer les potages – de tristes potages, il est vrai ; car ma mère, trompant son attente par une intempestive dévotion, nous faisait faire maigre plus souvent qu'il n'est de règle. Ah, comme les jambes me fourmillaient entre cette nonne et ce vieillard ! Comme j'avais hâte de voir finir ces sinistres repas, où ne s'entendaient que le tintement des cuillers et les crépitements du feu dans l'âtre ! L'immense cheminée elle-même semblait en pénitence. Plus de joyeuses flambées, plus de marcassins rôtissant doucement sur de généreuses broches : trois bûches austères s'y consumaient, tout juste suffisantes pour que le vin ne gèle pas dans nos coupes ; le chanoine regrettait presque ses années de noviciat. Parfois ma mère, sans sourire, me considérait à travers la table avec un respect teinté d'animosité : j'étais à présent le mâle de sa maison, et, pour ses péchés, le resterais peut-être à jamais.

À l'Épiphanie arriva, tout fourbu, le plus âgé des écuyers de mon père : il avait, dormant à peine, refait toute la route pour nous annoncer qu'enfin l'on tenait une trace de Rodolphe. On s'exclama ; il bégayait d'enthousiasme. L'affaire vénitienne n'était que calembredaines, ou du moins ne concernait en rien le fils des Löwenfels : très loin de chez nous, dans des contrées inhospitalières où les prêtres (il se signa) prennent légitimement femme, on avait, l'hiver précédent, ouï parler d'un groupe de cavaliers qui ne se déplaçaient que de nuit et saccageaient les hameaux reculés. Aux rares victimes qu'ils épargnaient, ils avaient quelquefois, par jeu, tranché le nez ; et, ce qui levait les derniers doutes, on avait aperçu avec eux un jeune prisonnier, gros et blond, objet d'une rigoureuse surveillance.

Suivre leur piste n'était cependant pas chose facile, car les témoins étaient des rustres dont les comptes rendus, une fois traduits, n'avaient souvent ni queue ni tête. Pareilles gens en usaient avec les dates comme avec les dés qu'on secoue. Tout était pêle-mêle, tout se perdait dans la suite monotone de leurs journées ; et, quand on croyait enfin tenir une certitude, ayant compris que le pillage de leur hameau avait eu lieu « un peu après le passage de l'alambic », il s'avérait que nul ne s'entendait sur l'année : si c'était la précédente, ou celle d'avant, ou même, comme l'affirmait une vieille, bien avant qu'elle-même fût au monde.

Bref, on tâtonnait. Mon père nous faisait dire qu'il ne serait sans doute pas revenu de sitôt, et qu'en cas de difficultés imprévues nous devions faire appel à son beau-frère de Marienstein ; lui-même poursuivrait les recherches et s'efforcerait de nous en tenir informés.

Ma mère exultait. Encore six mois, un an, et nous reverrions Rodolphe ! Ses prières, finalement, portaient leurs fruits. Je l'écoutais maussadement ; j'aimais mieux l'histoire de mon frère vendu aux infidèles, qui promettait de plus aventureux développements. Et puis, attendre encore toute une année mon père, sans qui la demeure était si désolée ! Toute une année sans chasses, sans visites, sans gros éclats de voix, choses dont je commençais sincèrement à me languir !

Que l'on considère, avant de me traiter d'insensible, que j'allais alors sur mes dix ans, âge où peines et joies restent égoïstes, mais âge aussi où l'oisiveté, si elle enchante d'abord, finit par être à charge ; où l'adulte naissant se demande quelle sera sa vie, et aspire à y entrer. J'avais grandi – provisoirement tout en bras et en jambes. Mes fringales de croissance, mal rassasiées par notre chère, me poussaient encore du côté des cuisines où je pouvais espérer l'aumône d'un beignet, mais j'avais cessé d'y voir le but suprême de mes désirs. Je me lassais d'errer dans les combles, dans les fossés, dans la crypte de notre chapelle où Othon mon ancêtre, de ses yeux de marbre, continuait à fixer le plafond. Mon précepteur se réjouissait de me voir plus docile : je l'écoutais enfin. Toutefois je n'en voyais que mieux que le pauvre homme était bien ignare, et m'avait enseigné à peu près tout ce qu'il savait. Fatigué d'ânonner des déclinaisons et des psaumes, je lui demandais pourquoi Dieu avait écrit dans une langue qui n'était d'aucun pays, Lui qui les connaissait toutes ; et le chanoine, s'épongeant le front, me répondait que Ses voies étaient impénétrables, et qu'en attendant je serais bien content de comprendre la messe.

Que mon père n'était-il là ! Lui au moins aurait su qu'il ne convenait pas au fils d'un gentilhomme, fût-il cadet, d'être laissé si longtemps aux femmes, et aux silences d'un maître sénile. Les soirs de printemps, une sourde tristesse me prenait quand j'allais au-dehors humer l'air déjà parfumé par les fleurs. Les contes de Mila, les vies de saints, tant de fois ressassés, m'écœuraient ; il ne se pouvait pas que le monde si vaste s'expliquât en si peu de mots, ni que mon seul destin fût un jour de comprendre ou même de dire la messe ! Je maigrissais ; on se plaignait de ma morosité.

Un matin que j'arpentais l'esplanade de Löwenfels, attendant le dîner, je faillis pleurer tant il me semblait que la nature opulente, autour de moi, me narguait. Les tourterelles se confiaient leurs délices ; à mes pieds, un lièvre passait en bondissant, qui n'avait pas été créé pour finir dans nos casseroles, mais pour vivre sa vie de lièvre et ronger du séneçon. Je compris que cette nature n'était pas, comme on me disait, la servante de nos besoins et tout entière dévouée à l'homme, son couronnement. Elle n'avait que faire de nous, et de moi en particulier ; son soleil chauffait équitablement la guêpe bourdonnante, la pierre inanimée et les jacinthes qui poussaient sans se soucier que nous les trouvions belles. Et, pris de rage (rage où entrait sans doute, je m'en aperçois maintenant, l'insatisfaction d'un estomac vide), j'attrapai un caillou et le lançai de toutes mes forces vers ce soleil indifférent.

Le caillou retomba avec un bruit bête, je m'ébrouai ; déjà je ne savais plus de quelle folie j'avais été le jouet.

Mais je ne quittai pas tout de suite mon observatoire. Du côté de la vallée, les collines, moins hautes, attiraient mon œil malgré moi. Je n'y apercevais pourtant rien de remarquable ; l'air était limpide, laissant voir distinctement le sommet de chaque sapin et, au-delà, les premiers villages de la plaine. Et soudain mon attention s'aiguisa : c'était un son qui excitait ainsi mes sens, un son extrêmement ténu, que le moindre frémissement de branches couvrait, mais que je retrouvais ensuite, régulier et tenace : celui d'un glas très lointain, que me portait la brise d'est.

À ce moment, retentit derrière moi une autre cloche : c'était le dîner. J'y courus, affamé, quoique en proie à un certain malaise : ma récente crise et cette sonnerie funèbre avaient ébranlé mes nerfs. Je fus au repas plus taciturne encore que mes commensaux, ce qui n'est pas peu dire ; et je sursautai lorsque après le dernier plat ma mère se leva et, allant jusqu'à la croisée, dit qu'il lui semblait entendre quelque chose. On la rejoignit : c'était le glas qui sonnait toujours ; mais le son, à présent, paraissait bien plus proche.

« Quelqu'un sera mort aux Halliers », marmotta mon précepteur ; et cette conjecture, dans sa platitude, eut la vertu de nous rasséréner. Moi seul demeurai troublé et incertain : en me taisant j'avais l'impression d'avoir commis une faute.

La leçon de l'après-midi débuta ; j'étais distrait. Nous ne lisions pas depuis une heure qu'une rumeur nous interrompit. Nous sortîmes dans la galerie : « Maintenant le glas sonne au village », nous jeta Mila qui descendait aux nouvelles. Nous lui emboîtâmes le pas. Ma mère était déjà dans la cour, roulant son mouchoir avec anxiété mais n'osant passer le porche. Le glas sonnait en effet, amplifié par celui de trois ou quatre églises de la plaine ; un frisson nous saisit.

« Qu'y a-t-il donc ? Qu'est-ce que cela peut être ? » murmura ma mère quand nous fûmes près d'elle.

« Mon Dieu, je l'ignore, répondit le chanoine ; mais nous allons l'apprendre. Venez. » Et nous passâmes sur l'esplanade. Derrière nous, les servantes commençaient à pleurer.

Hélas ! Au pied de la côte était mon père qui marchait à la tête de ses écuyers, et tous étaient en deuil ; et après eux venaient, découverts, nos paysans du village, la face baissée et disant la prière des morts.

Ma mère poussa un grand cri quand Albéric fut devant elle ; le chanoine éperdu l'exhortait au courage, mais lui-même tremblait à voir les traits fermés du maître de céans. « Oh il est mort, Rodolphe est mort, je le sens ! » gémit-elle, tandis que son époux sautait à bas de sa monture ; et lui, sans un mot, l'attira contre sa poitrine.

IV

Rodolphe n'était plus ; et sa fin avait été pitoyable.

Pendant un long moment, mon père et ses hommes avaient tant bien que mal suivi sa piste vers l'est, et leurs espoirs grandissaient ; car tandis qu'ils se hâtaient et, malgré leurs fourvoiements, couraient au plus pressé, ceux qu'ils poursuivaient avaient pris tout leur temps, s'arrêtant pour piller, faisant au fond des bois des haltes qui duraient des semaines. Vers la fin, leur avance, pour autant qu'on pouvait l'établir, n'était plus que de quelques mois.

Et ce fut alors que mon père, arrivant un jour dans un village de lisière, souleva par ses questions des hochements attristés : oui, oui – un jeune homme blond – grand malheur. Son truchement fut accaparé par le staroste qui se lança dans un récit prolixe, accompagné de gestes en direction de la forêt. C'était cinq ou six semaines auparavant, la veille du mariage de Tatiana. Les enfants étaient allés dans le sous-bois chercher des fleurs pour décorer la chambre nuptiale ; certains s'étaient aventurés dans des fourrés où parfois on trouve des fraises. Ils y avaient découvert le garçon couché par terre dans ses beaux habits, et déjà grignoté par les oiseaux et la vermine. Il avait fallu le rapporter sur une charrette, et en le voyant Tania, la pauvre, avait fait une fausse couche.

Là-dessus étaient venus des gens du bourg, qui après des palabres avaient dit qu'on devait l'enterrer. Le pope, à tout hasard, avait dit des prières sur sa dépouille, mais on se doutait bien que c'était un chrétien, car il était blond comme eux, et son vêtement, quoique étrange, ne rappelait en rien celui des seigneurs de la mort (comme l'ancien du hameau appelait les Tatars). Ce vêtement fut d'ailleurs montré à mon père : il reconnut avec horreur le pourpoint de voyage qu'avait porté Rodolphe, et ses grègues de cheval ; la chemise n'y était plus, ayant servi de linceul.

Il avait obtenu avec difficulté d'emporter avec lui cette défroque, qu'il avait fait ranger dans une caisse de bois neuf. Il eût bien voulu aussi qu'on lui rendît le corps, afin de le faire inhumer une seconde fois, plus décemment, avec un prêtre catholique et dans le beau caveau des Löwenfels. Mais cette requête fut accueillie avec circonspection et ennui par le magistrat local : les choses n'étaient pas si simples, lui-même ne pouvait trancher l'affaire sans plus ample informé. De guerre lasse, humilié d'être renvoyé, étant ce qu'il était, de greffiers imbéciles en prélats soupçonneux, mon père se retira. Les pauvres os de Rodolphe resteraient pour toujours dans cette terre hostile que le gel pétrifiait plus de six mois par an.

Ma mère pleura beaucoup. On fit faire, par un sculpteur rhénan, une effigie du défunt, qui alla prendre place dans la crypte où gisaient nos ancêtres. D'une jeunesse tragique parmi tous ces barbons, mon frère y apparaissait relevé sur un coude, l'autre bras se dressant avec terreur pour conjurer une invisible et surhumaine menace. À la demande de ma mère, on avait étendu sur lui son pourpoint et ses culottes, qui restaient là comme du linge mis à sécher. Les visiteurs s'étonnaient puis, éclairés, hochaient la tête ; c'était d'un goût affreux.

J'étais le seul, me semblait-il, à ressentir les déchirements d'un véritable deuil. Les servantes se lamentaient en longs pleurs modulés – c'était, en somme, leur travail. Ma mère s'enivrait de mièvreries et d'oraisons, et vérifiait que le dernier gâte-sauce de l'office se mouchait bien dans du tissu ourlé de noir. Mon père avait émoussé son chagrin dans les fatigues du retour ; et mes deux cadets, en enfants qu'ils étaient, avaient déjà oublié Rodolphe. Mais moi, qui l'avais détesté vivant ; qui avais souffert ses brimades, avant d'y répliquer ; qui lui avais envié son aînesse, et depuis plus de deux ans caressais malgré moi l'espoir d'hériter à sa place – j'étais comblé, funestement comblé : on me donnerait femme, et je deviendrais maître de Löwenfels. Je me sentais indigne de ces splendeurs futures ; les yeux humides de ma cousine Roswitha m'obsédaient pendant les messes du souvenir, et je me débattais avec angoisse contre ces sacrilèges pensées. Je n'avais certes pas tué Rodolphe, mais j'avais escompté sa mort : n'était-ce pas pis encore ? Celui qui rira de mes scrupules et verra dans ce deuil pure grimace, celui-là ne connaît pas le cœur de l'homme.

Sincèrement, je souffrais. Cet été-là, ma santé causa des soucis : taraudé, dormant mal, je présentais vraiment une étrange mine avec mes yeux fiévreux et mes membres poussés trop vite. Mila, inquiète, m'administrait des élixirs de sa composition ; souvent j'allais interrompre son ouvrage pour enfouir ma tête lourde dans les replis de son sarrau.

« Mon agneau brun, lumière de ma vie ! lâche-moi : on va me gronder. Notre maîtresse attend sa ceinture que je dois lui réparer ; il faut que je me presse. »

J'attendais, moi, qu'on statue sur mon sort ; je m'y préparais, je le redoutais, il me semblait que cette explication solennelle devrait attirer sur moi quelque divin cataclysme. Enfin, un matin, mon père me fit appeler auprès de lui : c'était pendant une leçon, et cette infraction aux règles me fit pressentir que l'heure fatidique avait sonné pour moi. J'entrai en frémissant. Mon père était debout, les mains croisées dans le dos, le visage grave ; il toussota ; je baissai la tête.

« Mardochée, commença-t-il, la charge d'aîné vous incombe à présent. Vous me succéderez, vous aurez à perpétuer notre maison... Levez donc la tête et regardez-moi : ce que j'ai à vous dire est fort important. »

Je lui obéis, mais par malheur ce fut mon menton qui alors se mit à trembler.

« Par la malepeste ! tonna mon père, qu'allons-nous faire de vous si vous le prenez ainsi ? Ne faites pas l'enfant et écoutez-moi. Vous aurez, disais-je, à me succéder. Il vous faut pour cela apprendre les armes, et certains arts libéraux dont je fais peu de cas, mais qui passent aujourd'hui pour un avantage dans le monde. Eh oui ! les temps changent, il faut en prendre son parti. »

Un nuage d'affliction traversa son visage ; des temps qui changent il était passé, sans doute, à ceux qui nous emportent, et venaient d'emporter le premier de ses enfants. Par gêne, je détournai les yeux tandis qu'il reprenait d'une voix moins ferme :

« Vous partirez donc, mon fils. Il est d'usage, vous le savez, qu'un gentilhomme quitte sa famille quand vient pour lui l'âge d'apprendre vraiment. Rodolphe, lorsqu'il nous fut ravi, aurait depuis longtemps dû le faire, si la faiblesse de votre mère ne nous avait amenés à repousser l'échéance ; nous en avons été bien punis. »

Un temps passa ; je retenais mon souffle.

« Dietrich de Marienstein est votre oncle, et son château n'est qu'à quinze lieues. Il consent à se charger de vous aussi longtemps qu'il faudra pour faire de vous un guerrier accompli. »

Je connaissais à peine mon oncle de Marienstein, frère puîné de ma mère. Je l'avais entrevu à la noce de Moosberg, et sans doute était-il venu deux ou trois fois dans nos murs quand j'étais tout enfant. J'avais le souvenir d'un homme jovial, aux traits agréables ; rien de plus. Ainsi j'allais quitter Löwenfels, et tout ce que j'aimais, pour ce séjour inconnu ! J'étais effrayé – effrayé et ravi. Tant de nouveauté, subitement, m'exaltait. Je sentis s'alléger l'oppression de ma poitrine ; l'épreuve avait pris fin.

« Marienstein est un preux, et personne plus que lui n'a qualité pour vous apprendre à manier l'épée. C'est un homme de cœur et un homme d'honneur ; et je ne doute pas que vous trouverez chez lui autant d'affection que chez les vôtres. »

Le mot était malheureux ; mon père se troubla.

« ... Par exemple, je vous défends de vous amouracher de ses filles : nous avons pour vous d'autres vues, que votre jeunesse vous empêche de pénétrer. »

J'avais eu un mouvement involontaire, sur lequel mon père se méprit.

« Je sais, béjaune, qu'à votre âge on ne se soucie guère des donzelles, sourit-il ; mais vous verrez, cela vous viendra. Déjà je vous trouve bien grandi depuis mon retour, et vos yeux ont perdu la candeur de l'enfance. Eh bien ! écoutez votre père, puisque dans peu de temps ses conseils vous feront défaut : cajolez les vachères, engrossez les filles de chambre si le goût vous en prend, la maison des Marienstein n'en manquera certes pas. Mais je veux qu'en revenant vous nous rameniez ici un cœur intact et calmement disposé à son devoir : il vous faudra alors épouser, sachez-le dès maintenant, une fille Ravenau. Leur alliance nous est précieuse, et insuffisamment assurée par une seule union. »

Je tombai aux genoux de mon père, submergé par une folle espérance ; je n'osai lui en demander plus, de peur d'être percé à jour, et je cachai ma confusion en dévorant ses paumes de baisers.

Mon départ fut fixé à la Toussaint, après le festin qui, chaque année à cette date, était donné en mon honneur – il faut dire que, dans l'embarras de me trouver un saint patron idoine, on avait ingénieusement placé ma fête le jour de tous. Par décence, on se borna d'ailleurs à de modestes ripailles, car nous étions encore en grand deuil. Mon oncle y prit part, étant arrivé quelque temps auparavant avec une dizaine de bruyants soudards qui composaient sa suite. Dès le premier instant, il me témoigna une familière cordialité ; sensiblement plus jeune que ma mère, il semblait me considérer son contemporain. Je subissais avec fierté ses claques amicales, et ses grands rires me réchauffaient l'âme, même s'ils offusquaient à l'évidence la gravité de sa sœur.

« Dietrich, par grâce ! » murmurait-elle, le sourcil froncé. « Oubliez-vous où nous sommes, et que je pleure encore un fils bien-aimé ? »

Dietrich se répandait en excuses maladroites. Protocole et formalités n'étaient manifestement pas son fort, et je sentais qu'avec lui j'allais m'amuser, quoique sa simplicité me chagrinât un peu. Il m'apprenait que la vie en société ne consistait pas uniquement à se nourrir à la même table et à entendre des sermons, et je lui en savais gré ; mais je l'aurais aimé plus subtil, et déjà je n'espérais plus qu'il dissipe pour moi les mystères dont notre monde, à mes yeux, était si fécond.

Et c'est ainsi que je pris congé, une nouvelle fois, de Löwenfels. Mais comme les choses avaient changé depuis mon premier voyage ! Il n'était plus question de me laisser dormir comme un nouveau-né sur les moelleux coussins d'une voiture : ce fut droit sur mes étriers que je passai le porche au côté de mon oncle. Devant et derrière nous allaient ses reîtres, et quelques écuyers que mon père m'avait adjoints pour le voyage afin que je représente dignement. J'étais ému ; toute cette pompe, déployée à mon intention, m'impressionnait. Je descendis la côte sans détourner la tête, sentant que les miens, restés en haut, n'en attendaient pas moins de moi. Les collines m'appelaient, j'allais enfin les parcourir en maître ; enthousiasme et regret se partageaient mon cœur.

Enfin nous passâmes le village, et les champs, bientôt, le cédèrent aux premiers sapins. Mais tout à coup, au loin, des appels retentirent ; on s'arrêta. C'était Mila dévalant le sentier qui, des cuisines, descend tout droit jusqu'au village. Elle nous rattrapait, échevelée, à travers les labours où enfonçaient ses pieds nus. Elle criait mon nom, et des cavaliers rirent ; mais je ne riais pas et n'en avais nulle envie, voyant le petit visage de ma nourrice, rouge et en larmes, qui nous rejoignait. Hors d'haleine elle dut presque se retenir à ma selle pour ne pas s'effondrer ; et, sortant de sous ses jupes un gros paquet, elle me le tendit en pleurant. C'étaient des confitures, « pour toi, mon petit cœur, pour le voyage !... ».

Alors elle embrassa ma botte et recula d'un pas, et moi je piquai des deux sur la route qui montait, pour ne pas laisser voir que je pleurais aussi.

V

MARIENSTEIN ressemble étonnamment à Löwenfels – du moins de l'extérieur. Mêmes collines, un peu moins hautes cependant, mêmes grands murs de pierre grise, même village étriqué où caquettent des poules et braient des ânes. J'étais un peu déçu : en route, les reîtres de Dietrich, s'apprivoisant, m'avaient conté monts et merveilles de leur château. J'ai souvent constaté, depuis, que les gens simples placent toujours leur pays, si quelconque soit-il, à cent toises au-dessus des autres ; et que tel natif d'une obscure bourgade, parlant avec des étrangers, s'étonne et s'indigne que ceux-ci ignorent jusqu'à l'existence de ce centre du monde. J'en fus humilié : sans doute en allait-il pareillement de moi et de Löwenfels, et je cessai de croire qu'une chance extraordinaire m'y avait fait naître et grandir.

Nous arrivâmes avant le coucher du soleil ; il paraît que nous avions mis à cheminer moins de temps que prévu, car personne ne nous attendait. Il est vrai que, hormis la petite ville montagnarde de Grünethal, dont les habitants en liesse nous avaient honorés de danses locales en acclamant le futur Löwenfels, aucune étape de notre trajet n'avait semblé à mon oncle digne d'une flânerie, et nous ne quittions le galop que pour descendre de selle dans quelque auberge retirée.

Nous parvînmes donc là sans tambour ni trompette. Dietrich frétillait d'aise à la pensée de retrouver sa femme, ses enfants et ses chiens ; ce furent d'ailleurs ces derniers, trois énormes molosses d'Épire, qui s'avisèrent les premiers de notre présence et accoururent en hurlant pour nous lécher les pieds. Voyant qu'ils m'effrayaient, mon oncle les renvoya à leurs niches puis m'entraîna dans le grand escalier ; et bientôt j'étais introduit dans la salle, où toute la famille, assise, soupait.

Un silence se fit, qui dura le temps d'un battement de cœur ; aussitôt après chacun reprit vie. Ma tante s'élança au cou de son mari, en me glissant de côté un sourire de ses dents qu'elle avait encore belles. Une troupe d'enfants, mes cousins, se pendit à ma ceinture avec des cris d'allégresse, tandis qu'un peu en retrait se tenaient deux filles grandelettes, les yeux baissés avec une chaste modestie. C'étaient, m'apprit mon oncle, ses aînées, Isabelle et Caroline, respectivement âgées de douze et de onze ans ; nous serions camarades de jeu, et je pouvais bien les embrasser, que diable ! entre parents ces cérémonies n'étaient pas de mise. Je voulus m'exécuter, mais les jeunes personnes, derrière leurs longs cils, aggravèrent à ce point leur maintien virginal que je n'osai. Alors, embarrassé, je me tournai vers la doyenne de l'assistance qui, me dit-on, était la mère de notre hôtesse, donna Laura Beccaria. Elle était (comme chaque jour depuis quinze ans qu'elle ne vivait plus dans sa Pavie natale) vêtue à la mode lombarde, avec de surcroît une dentelle noire sur ses cheveux blancs. Son grand âge me rassurait ; j'enlevai ma toque et, m'inclinant à côté de son fauteuil, forçai un peu ma voix pour articuler, avec toute la civilité que l'on m'avait apprise :

« Ma mère me charge, gente dame, de vous présenter ses respects. »

« Ta mère est une oie ! une oie qui a épousé un bouc », glapit la vieille d'une voix de tête ; et de scruter mon visage comme pour jauger le produit d'un tel croisement.

« *Mamma !* » s'écria ma tante d'un ton outré.

« C'est une oie, je te dis, et tu ne vaux guère mieux, ma fille, seulement que ta sœur Lucrezia, elle, a moins de beauté, et même je me demande comment elle a pu faire un joli *ragazzo* comme celui-ci... »

« Maman, ce n'est pas le fils de Lucrezia ; c'est le neveu de votre gendre, Mardochée de Löwenfels ; il est chez nous pour apprendre les armes, je vous en ai parlé. »

« Ah ! bien, ce n'est pas le fils de Lucrezia », murmura sa mère ; et elles se jetèrent à mi-voix dans une explication en dialecte lombard, tandis que Dietrich riait à gorge déployée de la méprise. J'étais stupéfait – stupéfait d'entendre une femme de qualité parler en ces termes de sa progéniture, et de voir que personne ne jugeait nécessaire, comme on l'eût certainement fait à Löwenfels, de me présenter des excuses pour un accueil aussi insultant. Je demeurai muet ; et je devais avoir l'air bien bête, car je surpris mes deux cousines qui ricanaient en se poussant du coude.

Enfin ma tante s'aperçut de mon désarroi. Elle me pressa de m'asseoir à table, et de réparer en mangeant toutes les privations que j'avais, selon elle, dû subir en voyage. Je lui obéis sans mauvaise grâce, simplement étourdi par ce tumulte qui, j'allais vite m'en rendre compte, était pour ces gens-ci comme l'air qu'ils respiraient.

Je m'acclimatai sans peine à la vie de Marienstein où, le premier étonnement passé, régnait un ton fait pour mettre quiconque à l'aise. Rien de cette raideur compassée que j'avais toujours connue chez les miens, et que j'avais prise jusque-là pour un attribut inaliénable de l'aristocratie. Ma tante était la meilleure femme du monde, et je n'avais à lui reprocher que son intarissable flux de parole et son perpétuel affairement ; sans cesse elle passait d'un sujet à un autre, d'une occupation à une autre, ce qui donnait en sa présence un rompement de tête presque douloureux. Toujours enceinte ou relevant de couches, la malheureuse, entre deux œillades de son Dietrich, n'avait jamais un instant à elle ; sa chaude affection se répandait de tous côtés comme une manne, et pour elle il était naturel que j'en aie aussi ma part.

C'était un sentiment nouveau pour moi. Sans doute avais-je eu Mila pour me couvrir des attentions d'une mère, mais Mila n'était qu'une servante, et une esclave : ce n'était pas elle qui aurait pu, quand je revenais meurtri de l'exercice, agonir son mari d'imprécations en me posant sur le nez un cataplasme de sauge, et le menacer à demi-mots de sanctions conjugales qui restaient pour moi mystérieuses. Inquiet et désolé, mon oncle implorait sa clémence, me prenait à témoin : tout cela était affaire d'hommes, il faudrait bien qu'un jour je me batte vraiment, et puis j'avais eu, en relevant mon petit sabre de bois, un geste si malhabile ! Ma tante murmurait, puis rosissait, et souriait malgré elle ; ce ne serait pas encore pour cette nuit.

Sa mère m'enseignait le lombard. J'avais rapidement appris à aimer cette femme dont les incartades et le franc-parler étaient pour ses parents une source de divertissement inépuisable. Elle leur servait de tonique : sans elle, ils se seraient hébétés à force de bienveillance. Souvent elle blessait, mais plus par étourderie que par méchanceté ; le plaisir de lancer une pique l'emportait chez elle sur toute autre considération, et le regret qu'elle en avait ensuite obligeait à lui pardonner de grand cœur. Au reste elle avait déjà la tête un peu faible, mélangeant les dates et les noms, et cet esprit pétillant, ainsi privé de l'axe qu'eussent dû lui fournir mémoire et bienséance, avait quelque chose de pathétique.

La vieille dame, dès le premier jour, s'était prise pour moi d'une affection qui devait en grande partie à ma gracieuse figure ; aussi m'épargnait-elle, et j'étais plutôt le confident que la cible de ses épigrammes. Le soir à la veillée, je mettais mon tabouret à côté de son siège, et nous causions. Soit paresse, soit oubli d'une langue apprise à un âge trop avancé, il lui arrivait à tout moment de recourir à des vocables italiens, et c'est ainsi que, peu à peu, voyant que je la comprenais, elle passa aux phrases entières, puis exigea que je lui réponde dans sa langue. Mes progrès l'enchantaient ; elle m'en récompensait en me pinçant l'oreille.

Bref, mon bonheur à Marienstein aurait été parfait si j'avais pu quelquefois être seul ; mais il n'y fallait guère songer. Je m'éveillais à l'aurore, avec un soupir en pensant à Mila qui, aux temps de Löwenfels, m'apportait à cette heure mon broc. Au lieu de cela, c'était un domestique mâle qui frappait à ma porte avec mon eau chaude, du vin et du fruit, dont je me sustentais tandis qu'il m'aidait à me vêtir. Il s'agissait de faire vite : déjà mon oncle m'attendait dans la cour, en sueur l'été, rouge de froid l'hiver, ayant mis à profit la première heure du jour pour courir Dieu sait où avec ses chiens.

« Beau temps, mon neveu ! » me lançait-il invariablement en guise de salut. C'est que le temps, quel qu'il fût, lui était agréable, le soleil cuisant parce qu'il réjouit le cœur, la pluie parce qu'elle abat la poussière et fait verdir les champs, le gel parce qu'il pare de gemmes les sous-bois et chasse les miasmes – et, ma foi, j'ai gardé de lui cette façon de voir, qui ne me parut sotte que dans les commencements ; car elle permet d'être heureux à peu de frais, et d'aimer un hasard auquel nous ne pouvons rien.

L'exercice commençait. Je n'y excellais pas, mais mon application me tenait lieu de talent – avec mon éloquence. Dietrich riait beaucoup lorsque, hésitant à l'attaquer, je lui représentais qu'il me suffisait d'apprendre à me défendre, puisque aussi bien je ne me sentais pas l'étoffe d'un conquérant.

« Non, non, monsieur le beau parleur, cela ne suffit pas ; on ne mène de bataille sans attaquer quelquefois, et vous aurez à en mener. Frappez, mais frappez donc ! Vous ne me tuerez pas : je vous en donne ma parole. »

À tierce, nous nous arrêtions pour aller entendre l'office. Ma tante et mes cousins nous y rejoignaient, puis nous allions dîner. C'était un bruissement de volière, tous parlaient en même temps : on voulait savoir si je m'étais distingué, si je n'avais pas pris de coup. Mon oncle, brave homme, louait ma ténacité et mon sang-froid pour éviter de s'étendre sur mon adresse et ma vaillance ; flatté, je me redressais, souriais bénignement à mes jeunes cousins qui m'entouraient avec un respect mêlé de crainte. Caroline cillait, Isabelle pâlissait à l'idée de mes dangers – j'étais heureux : le moins bon de la journée était derrière moi, il n'y aurait plus jusqu'à midi que ma leçon équestre, chose dont je raffolais.

Ah, il était loin, le temps si bref où ma jument Agathe m'avait promené avec une patience de mouton ! J'avais maintenant pour monture un petit étalon arabe, sensible comme une femme, rapide comme une flèche. Voltes et demi-voltes avaient chez lui la grâce d'une danse ; ma voix tantôt l'apaisait, tantôt l'aiguillonnait aussi sûrement que s'il avait compris ma langue. Après une année, mon oncle me fit assez confiance pour me laisser aller seul : je volais à travers bois, j'aimais le bruit sourd des sabots sur le sol d'épines sèches. Les troncs, au-dessous, étaient rouges, avec parfois la tache blanche d'un bouleau. Bientôt je parvenais aux crêtes, une nouvelle vallée s'ouvrait, j'apercevais au loin le miroir d'un lac de montagne : là-bas, dans d'invisibles lointains, se trouvait Löwenfels. Mon étalon soufflait, les oreilles droites ; je humais un parfum de mousse et de champignons. Alors sonnait dans mon dos la cloche de Marienstein, m'appelant à rentrer.

Après ces escapades, seul répit qui m'était octroyé dans des journées si pleines, le retour était rude. Un deuxième office nous réunissait, puis c'était l'heure confuse où nous pouvions nous ébattre à notre guise. Mon oncle et ma tante gagnaient l'escalier au bras l'un de l'autre, annonçant qu'ils allaient prendre un peu de repos ; les nourrices s'éloignaient avec les plus petits, et mes deux cousines, que l'absence d'adultes transformait de manière alarmante, fondaient sur moi.

« Mardochée ! Mardochée ! » minaudait Caroline, la plus jeune et la moins blonde, « venez, nous tirons à la courte paille. Oh ! vous avez perdu, c'est bien fait. Comptez donc, et surtout comptez jusqu'à cent : il faut nous laisser le temps de trouver des cachettes. »

Je comptais douze douzaines, le visage dans mon bras ; ces grandes filles m'ennuyaient, j'aurais préféré que nous jouions avec les autres.

« Oh, le sot », raillait Isabelle quand je leur soumettais poliment cette requête ; « mais ce sont des marmots, mon cher, ils nous gêneraient. »

Et elle avait alors une façon de vriller ses yeux bleuâtres dans les miens qui m'inspirait un obscur malaise ; je n'aimais pas non plus les gloussements qu'elles poussaient lorsque, après de mornes recherches, je finissais par les trouver, l'une tapie au pied d'une meule, l'autre à demi pâmée entre deux rangs de groseilliers dont elle suçotait les grappes. Les fatigantes créatures ! Il ne me servait à rien que ma taille, les mois et les années passant, me donne sur elles une supériorité au moins physique. Si leur regard se faisait moins hautain, il gagnait en sournoiserie, tout leur était prétexte à me faire démontrer ma nouvelle vigueur ; il fallait que je soutienne leurs faibles chevilles lorsqu'elles grimpaient à l'assaut des poiriers, que je les convoie d'une rive à l'autre du ruisseau, dont les ondes glacées, en les mouillant, auraient compromis leur fragile santé de demoiselles... Plus tard aussi elles m'entraînaient vers les écuries, où une paroi disjointe permettait d'épier, certains jours fastes, les ébats d'un palefrenier et d'une fille de cuisine. Je m'y instruisis ; mais ces exemples m'inspiraient pour l'heure plus d'inquiétude que d'envie.

J'étais infiniment soulagé lorsque finissait le temps des jeux et qu'arrivait celui de l'étude. Ah ! maître Venetius, je suis bien coupable de n'avoir pas encore dit un mot de vous. Votre heure, pour moi, venait tard dans le jour, et le soleil déjà déclinait dans le ciel quand je m'asseyais, sentant le cheval et le foin, sous votre auguste regard ; mais votre lumière à vous brillait davantage, surtout après les agaceries de mes cousines. Quel bain de pureté !

Pour mieux vous présenter, il faut que je raconte notre première entrevue. Vous n'étiez pas là lorsque j'arrivai, ayant fait un petit voyage en l'absence de Dietrich – voyage érudit, allais-je apprendre, qui vous avait conduit à la bibliothèque du monastère de Herrsda où vous aviez des manuscrits à consulter. Mon oncle m'avait parlé de vous comme d'un savant attaché à sa maison par amitié plutôt que par besoin, puisque aucun de ses enfants mâles n'avait encore atteint l'âge de réclamer l'enseignement d'un maître aussi expert. Connaissant déjà l'ingénuité de mon oncle, je m'étais figuré quelque gros moine pique-assiette qui m'enverrait au nez des relents de houblon ; j'en frémissais d'avance.

Trois semaines environ après le début de mon séjour, nous nous trouvions dans la cour d'armes. J'étrennais la petite armure que mon oncle m'avait fait confectionner, et pataugeais copieusement sous cette pesante tenue. Une passe de mon oncle venait de me faire choir, et je me relevais à grand-peine au milieu d'un cliquetis de ferraille quand j'aperçus à l'entrée de la cour un sphérique bénédictin qui me regardait. « Nous y voilà ! » songeai-je *in petto* ; mais c'était conclure hâtivement. Je n'étais pas encore debout que ce premier personnage était rejoint par un second, grand, bien découplé, dont l'œil alla tout de suite se ficher sous ma visière. Le bénédictin salua mon oncle et disparut ; ce n'était qu'un résident de Herrsda qui, ayant à se rendre dans nos contrées, avait fait un bout de chemin avec mon futur maître.

Quant à Dietrich, il ôta son casque, et son visage m'apparut transfiguré. Visiblement il jubilait en s'entretenant tout bas avec ce grand gaillard aux tempes à peine blanchies, à qui il semblait vouer l'adoration d'un jeune frère. Pour moi, ma religion était faite : la perle qu'il me destinait était un vieux compagnon de bamboche, ruiné par ses frasques et pourtant toujours vert. C'était à peine mieux que ce que j'avais prévu.

Mais je me trompais encore une fois. Venetius était fort comme un hêtre et rugueux d'apparence, et avait sur mon oncle un ascendant certain ; toutefois cet ascendant ne devait qu'à son éminente sagesse, que Dietrich, dans sa simplicité d'âme, percevait sans la pénétrer. L'amitié qui liait ces deux êtres si dissemblables est restée un mystère à mes yeux, mais il est de fait qu'elle les honorait l'un et l'autre : le plus jeune, parce qu'elle le révélait inopinément accessible aux prestiges de l'esprit, le plus âgé parce que son intelligence s'y nuançait d'humaine tendresse, sans laquelle elle fût restée imparfaite. Ô Venetius ! Vous aviez compris quel cœur d'or se cachait sous les dehors brouillons du frère de ma mère ; je vous vénère pour cela, et mon seul regret est d'avoir mis tant de temps à obtenir de vous une égale affection. L'argile dont j'étais pétri était sans doute moins lisse que chez mon oncle, il s'y mêlait, je le vois bien, quelques graviers de malveillance et quelques brindilles de vanité... N'importe ! sans vous je serais demeuré, pour ma honte et peut-être mon bonheur, tel que j'étais : impatient, orgueilleux et inculte.

Ce jour-là, j'eus avec vous ma première leçon. Vous étiez assis parmi des livres quand j'entrai dans votre étude ; un crâne bruni traînait entre vos plumes, votre stylet et vos tablettes. Je ne connaissais pas encore cette pièce, qui était blanche et nue comme une cellule, encore qu'il y manquât, ce qui me frappa d'abord, un crucifix.

« Mardochée de Löwenfels... » prononçâtes-vous en repoussant un livre. Et, après m'avoir d'un geste invité à m'asseoir et longuement considéré de vos sévères yeux gris, vous me soumîtes sans crier gare à une grêle de questions en latin : que savais-je, qui m'avait instruit, et quel bénéfice attendais-je du savoir dans ma future vie de hobereau.

Je balbutiai quelques réponses ; je devinais mes barbarismes à la grimace qui chaque fois crispait vos traits ; et, comme vous vous taisiez, je revins au vulgaire pour vous demander, ainsi qu'à mon vieux chanoine de Löwenfels, pourquoi Dieu avait jugé bon d'inventer à son usage une langue si compliquée. Je pensais vous embarrasser comme votre prédécesseur ; et puis, à vrai dire, la question m'intéressait.

Quel ne fut pas mon dépit en voyant se rétrécir vos pupilles, tandis que votre voix s'enflait :

« Est-il possible, jeune animal, que l'on vous ait tenu dans une telle ignorance ? Apprenez, Löwenfels, que le latin était la langue des peuples d'Italie bien avant que le Seigneur nous envoie ici-bas Son Fils pour nous racheter de nos péchés ; et que... »

Ici vous fîtes silence comme qui vient de s'aviser d'un oubli ; votre chaise recula, vos mains plongèrent dans votre malle à moitié défaite, et en sortirent un crucifix de bois qui alla reprendre sa place sur deux petits clous dans le mur, au-dessus de votre table. Et, vous rasseyant :

« Le latin, que vous me dites trouver si difficile – et à vous l'entendre parler je vous crois volontiers – ne l'est que pour les sots, ou pour les indolents. Je préfère vous créditer de ce dernier défaut, on en guérit plus promptement ; comptez sur moi pour vous y aider. »

J'étais consterné. Ce ferme discours m'annonçait des tourments, peut-être des gifles. Allais-je retrouver le temps où l'on m'inculquait l'alphabet à coups de férule ?

Non point ; jamais vous ne levâtes la main sur moi. Je croyais que vous persifliez, il n'en était rien. Votre voix seule et vos mots qui allaient à la chose droit et sans dévier, comme la flèche d'un bon archer, firent cet exploit de secouer en une quinzaine la paresse de mon esprit. Je voulais apprendre ; chaque énigme dissipée me laissait voir, au-delà, l'océan de mon ignorance, dont le rivage n'avait fait que reculer et dont l'horizon restait infini. C'était désespérant, mais j'en étais grisé.

J'appris donc, dans le peu de temps qui nous restait ce premier jour, que le latin n'était pas la langue de Dieu, et que les psaumes que j'avais récités jusqu'alors n'étaient qu'une vieille traduction remaniée par saint Jérôme. Cela soulevait des foules de questions : je ne pus les poser toutes, car brusquement ce fut l'heure du souper.

Je me levai comme un homme qui s'éveille. Cette leçon avait passé vite, plus vite, en tout cas, qu'une leçon d'escrime. Je m'en félicitai ; et pourtant, déjà, j'aspirais à être au lendemain. Après peu de temps, j'obtins de mon maître que ces séances trop courtes se poursuivraient après souper. Je dois confesser que mon but, en le lui demandant, n'était pas de goûter davantage les joies du syllogisme, mais d'échapper à mes cousines qui derechef rôdaient autour de moi, énervées par la moiteur des fins d'après-midi. Plus tard, j'oubliai ces misérables calculs, et seul le bénéfice m'en resta.

C'est donc à la nuit tombante et, l'hiver, à la nuit close que je refermais une seconde fois mes livres ; nous descendions dans la salle, où Dietrich, désœuvré, dévorait des yeux sa femme tirant l'aiguille. Près du feu, Caroline nous lisait à voix haute un ouvrage de piété, et moi j'écoutais, engourdi de bien-être et de fatigue, les impertinences de son aïeule.

VI

Ainsi s'écoulaient mes journées à Marienstein – pleines, si pleines qu'elles ne me semblaient jamais devoir finir, et pourtant s'achevaient sans que je les aie vues passer. Les saisons changeaient. De temps à autre, Dietrich, une nouvelle fois, était père, et pendant quelques mois j'entendais, de mon lit, les cris grêles d'un nourrisson ; et puis cela aussi finissait, et un jour une autre tête bouclée comparaissait à la grande table familiale.

On s'avouait, dans l'ensemble, assez content de moi. Je n'avais certes pas surmonté ma répugnance pour les armes ; mais j'avais appris à les manier honorablement et avec un semblant d'aisance.

Je crus ingénieux, dans les premiers temps, de faire valoir cette répugnance auprès de Venetius, qui en homme de livres en serait, pensais-je, flatté ; or son estime m'était devenue chère. Mes manœuvres n'eurent pas l'effet escompté. Je ne retrouvai pas chez mon maître mon propre mépris pour les arts guerriers, ou, s'il l'éprouvait, il n'en laissa rien voir.

« Appliquez-vous, me dit-il gravement, aux tâches qui sont les vôtres, et ne cherchez pas plus loin ; vous vous perdriez.

Vous êtes gentilhomme ? Eh bien ! illustrez-vous dans l'état pour lequel vous êtes né. »

J'eus la maladresse de lui faire remarquer que je n'étais nullement né pour lui, puisque seule la mort précoce de mon frère m'y avait élevé. Une ombre de sourire passa sur son visage :

« Tiens, tiens ! vous vous en souvenez. Pourtant je ne vous entends pas habituellement vous en plaindre. Pauvre Rodolphe ! Sa mort vous sert à tout : vous l'acceptez quand elle vous donne un titre, et, quand le sabre de Dietrich vous a caressé un peu rudement les côtes, vous l'accusez de vous avoir ravi à la belle carrière de berger des âmes. Vous êtes comme les paysannes qui veulent à la fois vendre leur beurre et le manger : sachez que c'est impossible, à moins d'être magicien, ce que ni vous ni moi ne sommes. »

Même venant de lui, pour qui j'avais conçu ma première vraie passion de tête, ces non-dits et ces ironies me laissaient mécontent ; j'avais la sensation qu'il me renvoyait à une sagesse triviale qu'il estimait me convenir, tout en gardant pour lui la seule vraie. Aussi eus-je soin, par la suite, d'éviter ces sujets épineux ; nous avions d'ailleurs assez à faire avec les nombreuses matières dont j'ignorais, pour la plupart, jusqu'aux rudiments.

Mon peu de goût pour l'activité martiale était compensé par l'intérêt littéraire que j'avais récemment conçu pour elle. L'histoire m'exaltait, l'histoire romaine surtout, avec ses exploits, ses splendeurs et ses nobles batailles. Les noms d'Énée, de César me faisaient battre le cœur ; et mon maître avait beau me montrer que leur grandeur avait d'abord été de préparer et d'affermir notre Rome chrétienne, je n'en étais pas si sûr. Lui-même prenait un ton si vibrant quand il évoquait ces choses ! Face au légendaire héroïsme des guerres puniques ou gauloises, la Rome des papes, dont il me parlait, avait pour moi un caractère si familier, si terrestre, si quotidien !... Je ne sais pourquoi, le crime de Brutus avait particulièrement le don de m'émouvoir ; mes joues pâlissaient, mes poings se serraient d'indignation à la pensée d'un si mauvais fils ; puis il fallait me ressaisir sous les regards en coin de maître Venetius.

Au début de ma quinzième année, j'eus un grand bonheur. Il s'annonça par un courrier de Löwenfels, comme il nous en venait de loin en loin. Mais cette fois, parmi les menues nouvelles de notre terre et les questions d'usage concernant mes progrès et ma santé, mon père me livrait une information de taille, que j'étais prié de transmettre à mes hôtes : Detlev de Moosberg et sa femme allaient, d'ici peu, se rendre en pèlerinage à Herrsda, n'ayant pas encore de descendance après leurs six années d'union. Ils envisageaient de faire étape à Marienstein ; et, ajoutait mon père en termes sibyllins, « il ne m'écrivait pas tant pour m'avertir de cette visite, qui nous serait sans doute plus formellement notifiée, que pour m'exhorter d'avance à faire bon accueil aux pèlerins *et à tous ceux qui composeraient leur suite*. Il espérait que j'y trouverais l'occasion de resserrer des liens détendus par l'absence : mon *devoir* était de m'y employer. »

C'était bien là le style de mon père : volontiers direct, voire brutal dans ses communications orales, il entourait ses lettres d'excessives pudeurs ; il n'avait pas encore entièrement dépouillé l'opinion de ses rudes ancêtres, pour qui écrire, chose rare et malaisée, réclamait une délicatesse d'âme presque infinie. Le sens de son galimatias ne s'éclaira que plus tard, quand nous reçûmes une missive de Detlev lui-même : ils viendraient, si nous y consentions, accompagnés de sa jeune belle-sœur Roswitha de Ravenau qui, depuis la mort de sa mère, demeurait avec eux.

J'allais donc revoir ma douce, ma belle, ma mignonne au petit chat ! Et, ce qui m'enchantait plus encore, c'était apparemment à elle que l'on me destinait ! À la vérité, ce n'était pas une telle surprise, car, des cinq sœurs, Roswitha était la seule qui fût ma cadette, et depuis peu la seule que l'on n'eût pas encore fiancée. Mais la quasi-certitude que j'en avais maintenant donnait d'un coup matérialité à mes rêves : cela serait, je la verrais et je l'aurais.

Quand Dietrich, ayant fini de nous lire cette lettre si bouleversante pour moi, promena sur notre tablée un regard tout réjoui par les festivités qu'elle promettait, je sentis mes genoux trembler sous la nappe ; j'éprouvais aussi un grand échauffement de figure, qu'Isabelle, assise en face de moi, observa d'un œil acéré. Fort heureusement, donna Laura choisit ce moment pour nous dire, au milieu de perfides zézaiements, tout le bien qu'elle pensait de semblables rapprochements entre moinillons et femmes réputées stériles. Le scandale qu'elle provoqua, en même temps que le rire bruyant de Dietrich, me déroba à l'attention des uns et des autres ; et je m'étais à peu près remis quand il s'apaisa.

Cette nuit-là je ne pus dormir. Sans cesse je sautais à bas de mon lit et, nu devant la croisée, contemplais le ciel ; quant à vous dire ce que j'y trouvais, j'avoue ne plus très bien le savoir. Il me semble qu'à le voir si grand, à voir scintiller ses éternelles étoiles, les nombreuses lieues et les longues semaines qui me séparaient encore de mon aimée m'apparaissaient comparativement infimes ; cela calmait un peu le bouillonnement de mon cœur.

Pendant les six mortelles semaines qui suivirent, je mis une ardeur extraordinaire à tout ce que je faisais ; il me poussait des ailes. Deux fois, je désarçonnai mon oncle, ce dont il se montra heureux, mais surpris. J'abasourdis mon maître en relevant, dans sa copie des *Confessions*, une bizarrerie syntaxique qui ne pouvait être qu'une erreur de transcription ; il me traita de cuistre, et peu après je le vis attraper son grattoir en dissimulant mal sa satisfaction de pédagogue. Je poussai la complaisance jusqu'à rattacher un jour, dans l'ombre d'une haie, la jarretière qu'Isabelle avait malencontreusement perdue en sautant à la marelle.

« Je vous trouve bien changé depuis l'annonce de ces fêtes », observa ma cousine en plissant les yeux. « Vous aimez donc tant votre cousin Detlev ? »

« Oh !... énormément », bafouillai-je ; et je me dégageai. Que les heures étaient longues !

Mais, un matin, la vallée résonne du son des cors ; des chevaux par dizaines se profilent, la cour d'honneur se remplit de monde, les molosses aboient. Je suis éperdu, et salue indistinctement cousin, servantes et palefreniers ; je n'aperçois pas ma cousine dans cette foule – oh mon Dieu, cette jeune fille qui descend du carrosse derrière Agnès de Moosberg, ce serait elle ? Elle me voit, ses paupières battent et sa bouche esquisse un sourire ; il apparaît pourtant qu'elle ne m'a pas reconnu, car c'est seulement lorsque son beau-frère me nomme à elle qu'elle sursaute un peu et pâlit.

Pour l'heure je n'obtiendrai d'elle qu'un bref salut, car elle a pris bien de la réserve depuis la première fois que je la vis. Mais comme elle est devenue jolie ! Ses joues, qui ont perdu de leur rotondité, ont conservé leurs fossettes, et de son bonnet blanc s'échappent, voluptueuses, quelques mèches annelées aux tons rouges de cuivre. Ses yeux, cernés de bistre, sont déjà d'une femme ; pour le reste, c'est encore une enfant, toute menue, que mes cousines germaines entourent et complimentent avec des sourires de commisération.

Il me faudra patienter jusqu'au soir avant de pouvoir l'approcher de nouveau ; mais je serai bien payé de mon attente. Car le sémillant Dietrich n'a pas laissé échapper ce prétexte à sauterie : des musiciens s'installent, on entend s'accorder les violes et les luths, la noblesse du voisinage vient accroître nos rangs, et nos hôtes d'une nuit redescendent de leurs chambres en toilettes chatoyantes. Nous allons danser, je vais danser avec elle : mon père le veut, pensé-je dans un transport de tendresse filiale ; et jamais devoir ne m'a paru plus doux.

Qu'elle est gracieuse et appétissante dans sa petite robe de brocart ! Visiblement, ses tuteurs appuient les vues matrimoniales de ma famille, car on a tout fait, ce soir, pour me la faire aimer. Son pied finement chaussé attire l'œil, le mien en tout cas ; et quand enfin nous nous donnons la main pour une basse-danse, j'ai loisir d'examiner de près sa gorge, dont un fin crêpe rose laisse entrevoir les deux tétins nouvelets. Vision attendrissante ! Tout cela est bien modeste encore, mais bien mignon, et je m'absorbe longuement à supputer le devenir de ces blanches et roses promesses. Cependant la charmante, d'abord concentrée sur les figures d'une danse qu'elle maîtrise peu, commence à s'étonner de mon silence. Misère ! Qu'elle n'aille pas chercher mes yeux : où les trouverait-elle ! Aussi m'empressé-je de lui murmurer à l'oreille :

« Qu'est devenu, cousine, votre petit chaton ? »

J'aurais certes pu trouver entrée en matière plus cérémonieuse ; je dois le reconnaître, ce tête-à-tête me trouble. Roswitha reste interdite. Aurait-elle oublié ? Mais non : voilà qu'elle me regarde, je retrouve dans ses yeux l'ancienne connivence – elle est à moi, je le sens et je le sais.

« Oh ! répond-elle, il m'était sorti de tête ! Mais vous m'y faites penser : c'est peut-être ce matou que j'ai trouvé aux cuisines en arrivant à Moosberg. Je voudrais que vous le vissiez : il est énorme, tout blanc, et a une façon si drôle de surveiller les lèchefrites en attendant que la graisse refroidisse pour y tremper le menton... »

Comme elle s'anime à raconter ces riens ! Une enfant, une vraie enfant – ne seraient-ce les deux pointes aimables qui s'agitent sous le crêpe à chacun de nos bonds, maintenant que la danse suit un rythme plus vif. Elle doit à peine savoir, l'innocente, à quoi peuvent servir ces ornements... Comme elle est différente de mes grandes cousines, et comme je m'émeus plus de voir un coin de peau qu'elle me montre sans y songer que de palper, à mon corps défendant, les mollets de ces deux saintes nitouches !

« Vous êtes donc bien souvent aux cuisines, Roswitha ? la taquiné-je. Mes cousins Moosberg vous traitent indignement, et je vais de ce pas leur en demander raison... »

« Oh ! mais je... N'en faites rien, cousin Mardochée ; vous m'avez mal comprise, je me tiens habituellement dans la salle d'étude, où l'on me montre à chanter et à coudre. Mais, voyez-vous, parfois ma gouvernante, cette grosse brave femme qui justement nous regarde, tenez ! – ma gouvernante, parfois, s'endort ; alors je m'ennuie, et vous savez ce que c'est quand on s'ennuie, il vous vient quelquefois un bizarre appétit... Et alors... »

Ô joie ! Mon amie serait donc aussi gourmande que moi ? Elle est rouge et confuse de cet aveu, ses pieds, de nouveau, s'emmêlent dans les pas compliqués de notre saltegambe... J'en suis si transporté que je lui baiserais bien la joue, mais je m'avise que des regards sont sur nous : la gouvernante, la grand-mère Beccaria, et puis Detlev et Agnès de Moosberg, qui se sourient d'un air entendu. Alors je me contente d'une pression de main, où j'espère mettre toute mon âme...

Hélas ! L'instant suivant, la danse s'achève ; nous nous séparons sur une double révérence et, après avoir fait danser deux ou trois autres jeunes filles, j'entends Dietrich qui, tapant dans ses mains, invite son monde à prendre place pour un en-cas tardif. Certaines dames s'effarouchent de ces manières soldatesques. Mon oncle s'en moque, ou plutôt ne s'en aperçoit même pas : il est tout à son plaisir, ces réjouissances, ces musiciens chez lui l'enchantent, il ne se contient plus. Je vois ma tante, dont il vient de serrer amoureusement la taille, le réprimander à voix basse... L'incorrigible bat sa coulpe, et un instant plus tard gesticule et tonitrue de plus belle, aux quatre coins de la table dressée.

« Ici, Mardochée ! » finit-il par me lancer, le bras haut. Aïe ! C'est pour me placer entre une des douairières qui viennent de blâmer sa conduite et ma cousine Caroline, dont l'air pincé me paraît de mauvais aloi. Roswitha, à l'autre extrémité de l'immense table, me considère timidement, toute petite entre son beau-frère et un vieux chevalier.

Je suis si occupé à la regarder, elle qui partira demain, que je touche à peine aux plats disposés près de moi. Il y a pourtant là mes mets favoris : des asperges, du rôt de sanglier flanqué de pigeons, et aussi une crème d'amandes à la mode pavesane, recette donnée par les Beccaria aux cuisiniers de Marienstein, qui d'ailleurs, prétend donna Laura, ne savent pas s'y prendre... J'ai également fort à faire à ma dextre, Caroline ne me laissant aucun repos : sans cesse elle me chuchote des sottises et se colle à moi, si bien qu'à force de reculer je manque renverser le verre de la douairière, qui me rappelle à l'ordre d'un ton cassant. Mais, juste ciel ! ne voilà pas que la luronne (ma cousine, j'entends) a posé sa pantoufle contre mon pied ? Cette fois c'en est trop : je quitte des yeux ma douce Roswitha pour me tourner vers elle.

« Cousine, vous me gênez beaucoup. Je n'ai plus de place », fais-je presque à voix haute. Et elle de retirer sa jambe en susurrant :

« Fi ! mon cousin, vous me sembliez moins bégueule quand vous dansiez avec votre cousine de Ravenau. »

« C'est que nous sommes promis, cousine, ou peu s'en faut », articulé-je d'un petit air dévot dont j'ai intensément honte.

« Ah ! vous êtes promis », siffle Caroline en échangeant avec sa sœur un regard indéfinissable. « Oh ! je ne dis plus rien, grand bien vous fasse : nous vous laissons à votre rouquine. »

Rouquine ! Ces pestes me feront mourir. Pour l'heure, je ne suis pourtant pas fâché qu'elles se désintéressent de moi : je n'en pourrai que mieux servir ma belle, si du moins l'occasion s'en présente encore d'ici à son départ si proche. Ce ne sera malheureusement qu'en regards : ni ce soir, ni aux adieux du lendemain matin, il ne me sera donné d'effleurer ne serait-ce que ses doigts... J'abrège ce récit : il me fait trop de peine. Jamais je n'ai aimé plus purement qu'à l'instant de ces adieux, et de là ma tristesse : ils ont l'amère douceur d'un paradis perdu.

De ce jour commence pour moi une vie un peu changée à Marienstein. Mes cousines me boudent, et j'y gagne une solitude dont je me languissais naguère. Maintenant elle m'agrée moins que je ne me l'avoue ; ravivé à l'instant où ma virilité s'éveille, mon amour pour Roswitha m'obsède, et j'en aurais volontiers trompé les feux ailleurs. Quand nous mariera-t-on ? Je n'ai pas quinze ans encore, elle en a onze : devrai-je passer toutes mes nuits, d'ici là, à soupirer de langueur, et à faire en dormant des songes dont je rougis au matin ?

Faute de se calmer, ma fièvre se reporte sur mes études. Maître Venetius, lui, n'est pas dupe de ce surcroît de zèle, et je lui trouve d'étranges sourires quand je m'enflamme à la lecture d'un beau morceau de rhétorique ou de poésie profane. – J'ai bien essayé de prêter à la Vierge les traits de ma cousine, mais cela ne va pas, et puis c'est péché ; mais Didon, oui, Didon !... Et, sans me douter de mon ridicule, je rêve au terrible orage qui nous isolerait, elle et moi, sur les hauteurs de Marienstein...

« Comme vous voyez, même Virgile s'entend à moraliser les amours criminelles, glisse mon maître, narquois ; et le bûcher où Didon s'immole préfigure assurément les flammes du véritable Enfer, que les païens se représentaient trop doux. »

Cet homme terrible me met au supplice. Il est enivrant d'obtenir ses éloges, mais comme il en est avare, et comme il leur préfère ces fines escarmouches ! Je m'évertue à recueillir les dernières gouttes de son enseignement, sachant qu'à mes quinze ans je m'en irai, et n'en jouirai plus. Je redouble d'efforts à le satisfaire, et pourtant, déjà, je me fais à l'idée de me séparer de lui ; il ne me sera pas désagréable de retourner parmi les miens, et d'y apparaître le plus savant d'eux tous... Chaque jour qui passe, d'ailleurs, ne peut que me rapprocher de ces retrouvailles, et plus tard de l'union qui couronnera mes vœux : aussi en tiré-je avidement tout ce qu'il me donne, en goûtant la mélancolie des choses qui vont bientôt finir, et ne puis me résoudre à le regretter lorsque le soir vient.

Hélas ! comme la jeunesse a hâte de voir couler le temps... Ainsi consumons-nous nos plus belles années : à attendre impatiemment qu'elles soient derrière nous. Ce dernier hiver à Marienstein fut un des meilleurs de ma vie, et je ne le voyais pas ; je me réjouissais qu'il finît, et du printemps suivant je n'appréciai que les promesses de douceur qu'il m'apportait, non les douceurs elles-mêmes. Tant de printemps sont revenus depuis sans plus rien me promettre, qu'à le consigner mon cœur se serre d'amertume.

Et déjà voici qu'arrive mon dernier jour parmi mes parents. Comme ils sont tous silencieux ! Je ne les ai jamais vus si mornes. Ces cœurs simples ne conçoivent l'amitié qu'en présence, mon départ les navre comme si j'allais mourir... La grand-mère Beccaria m'entretient avec une gravité que je ne lui ai jamais connue, s'efforce de me parler ma langue ; et mon oncle et ma tante retiennent à grand-peine leurs larmes. Croirait-on, à les voir, que je ne vais m'éloigner que de quinze lieues ? Il est vrai que je ne partage pas leur tristesse ; non, pardieu non, malgré toute la gratitude et l'affection que j'ai pour eux. Un âge est pour les regrets, et je suis loin de l'avoir atteint encore. Ma vie est devant moi, et non auprès d'eux ; je sens aujourd'hui que mon apprentissage a touché à son terme.

... Du moins est-ce ce que je m'imagine alors, en blanc-bec que je suis. Un être avisé aurait écouté avec plus de profit le discours d'adieu que me tient maître Venetius lors de ma dernière leçon – discours où je ne vois, moi, qu'une cérémonie attendue, une formalité indispensable. Il me reçoit dans son étude, comme à l'accoutumée ; mais, par une attention dont le sens m'échappe, il me reçoit debout, et ne se rassied qu'après que j'ai moi-même pris place. Sa table de travail est soigneusement rangée, et ses livres fermés ; fermée aussi l'expression de son visage jusqu'à ce que, rompant le silence, il s'adresse ainsi à moi :

« Voici, Löwenfels, la fin de vos études ; et je pense que comme moi vous en êtes satisfait. Vous n'avez pas peu appris avec moi, je le dis sans craindre de manquer de modestie, car à la vérité vous ne saviez rien, ou presque, quand je me chargeai de vous. Soyez fier de vous, je vous y autorise : vous avez dûment employé ces années, et possédez à présent assez de connaissances pour vous estimer quelque peu au-dessus de ceux de votre caste. C'est bien. »

Ce parler louangeur est nouveau dans sa bouche. Je m'épanouis d'aise, songeant que mon maître me réservait pour nos adieux ses plus exquises fleurs. Mais c'était mal le connaître que de croire qu'il se tiendrait quitte avec cet exeat. Non, malgré ces éloges dont il paie justement mes efforts de cinq années, ce n'est pas pour apurer nos comptes qu'il m'a aujourd'hui convoqué ; et c'est moi, à présent, qui le quitterai son débiteur. Que de temps me faudra-t-il, pourtant, pour reconnaître cette dette ! Bien plus de cinq années me seront nécessaires pour comprendre qu'il y avait, dans les paroles qu'il énonça ensuite, tout autre chose qu'une ultime leçon d'humilité : une ardente exigence, que ma Fortune adverse m'empêcha de remplir.

« ... C'est bien, Löwenfels ; mais ne vous croyez pas trop vite au faîte des perfections terrestres. Vous possédez l'essentiel du savoir requis dans l'exercice de vos pouvoirs ducaux. Ce n'est pas grand-chose au regard de ce que sait le moindre clerc qui se respecte, mais soit : telle n'était pas votre vocation, j'en ai pleine conscience.

« Maintenant, prenez à cœur de ne pas oublier tout ce que je vous ai dit, et même ce que je ne vous ai pas dit, en franchissant ces murs. Vous aurez à gouverner des hommes, à rendre la justice peut-être. N'oubliez jamais ce que vous fûtes en m'arrivant : une brute, une jolie brute sans doute, non dépourvue d'intelligence ; mais brute vous étiez, et brute vous pourriez devenir encore. Brutes aussi, me direz-vous, ceux qui seront vos sujets. J'en conviens, quoique je ne puisse le faire sans tristesse.

Appuyez sur eux votre main, faites-leur-en sentir le poids : c'est ce qu'on attend de vous, et dont vous ne sauriez vous passer sans être écrasé par vos pairs moins embarrassés de scrupules ; mais que votre main jamais n'agisse sans votre tête... Pensez-y, Löwenfels ; penser est l'œuvre de toute une vie ; et je n'ai qu'un souhait pour vous maintenant, c'est que vous puissiez m'obéir sans cesser d'être heureux. »

VII

CE LAÏUS me trottait dans la tête pendant mon trajet de retour ; et, voyez comme mon maître était sagace ! déjà je m'en irritais. Adieu est vite dit, vite dépassée la première colline ; et quand j'eus laissé derrière moi les terres de Marienstein, des pensées m'envahirent que jamais je ne me serais formulées à portée de ses murs. Quoi ! cet homme ne pouvait donc saluer mes mérites sans y mêler son fiel ? C'était assurément un grand érudit, et j'avais profité entre ses mains ; mais quel caractère !... Et au fond, qu'était-il ? Un lettré sans état, sans naissance, sans mandat pour diriger ni les âmes ni les corps. Qu'allait-il se mêler de questions politiques ? Si mon père mourait demain, ce qu'à Dieu ne plût, je reprendrais aussitôt son titre et ses pouvoirs, et nul, à l'exception du sieur Venerius, ne me contesterait l'aptitude à gouverner, que mes pareils acquéraient en voyant le jour. Étais-je ou n'étais-je pas un Löwenfels ? Belle chose que ces mouches harcelant le lion !

Ah, le merveilleux et triste âge de quinze ans... Il n'est qu'une chose pire que de ne les avoir plus : c'est de les avoir encore, et il me semble qu'à repasser ces souvenirs je cumule les deux maux.

Hormis les réflexions que je viens d'exposer, mon voyage de retour n'eut rien de très remarquable. J'allais bon train à la tête de mon escorte ; j'étais curieux et impatient de revoir ma famille. De nouveau, l'on traversa Grünethal, de nouveau je fus gratifié de danses, de vivats et de rues pavoisées. C'était à croire que le temps n'avait pas avancé d'un pouce.

Cette sensation, toutefois, cessa brutalement quand j'eus mis pied à terre devant le porche de notre château. Non que les miens m'aient accueilli sans leur solennité d'antan, non pas ! Mais précisément, j'eus tout loisir, avant qu'ils descendent à ma rencontre avec leur protocolaire lenteur, d'examiner les changements que cinq années avaient apportés à notre demeure. Ici un clocheton manquait, probablement renversé par une bourrasque ; là les arbustes des talus, grandis, cachaient maintenant le sommet du Haut-aux-Chênes. Les domestiques restaient invisibles, n'osant se présenter avant les maîtres : je dus moi-même indiquer à mon escorte les écuries, dont les portes avaient été, me semblait-il, ferrées à neuf.

Et voilà que s'avançaient enfin mon père Albéric et, derrière lui, ma mère et mes cadets ; ce fut pour moi une commotion. Étaient-ce les ans, était-ce le contraste avec la société si joviale que je venais de quitter ? Tous quatre me firent l'effet d'avoir été cuits en mon absence. J'exagère : Othon et Catherine, vieux d'une dizaine d'années à présent, pouvaient être dits dans la fleur de l'âge ; mais j'avais quitté deux poupons pleins de vie, je découvrais deux graves jeunes gens au visage plat, au teint cendreux – l'atmosphère familiale, on le devinait, ne s'était pas égayée depuis mon départ. Ma mère, elle, avait spectaculairement perdu en volume, et même sa voix s'était réduite à un filet ; et mon père, quoique toujours droit comme un *i*, donnait l'impression d'avoir été exposé trop longtemps aux intempéries.

J'en fus, oui, choqué ; un pan de mon enfance s'écroulait. Je comprenais soudain que toute séparation est éternelle, que nous ne retrouvons jamais ceux que nous avons laissés, mais des spectres n'ayant avec eux qu'une vague ressemblance. Il n'est pas de retour en cette vie : je venais de l'éprouver pour la première fois.

Un instant après, cependant, ces mélancoliques impressions étaient dissipées par la vue de Mila qui s'élançait à ma rencontre de la porte des cuisines. Elle aussi avait bien changé ; mais elle me rappelait que le temps n'œuvre pas toujours pour le pire. Elle venait, calculai-je, de dépasser la trentaine. Un léger embonpoint lui était venu, qui donnait à sa figure un moelleux des plus charmant ; son teint et ses dents étaient restés splendides, et si quelques-uns de ses cheveux avaient blanchi, il n'y paraissait guère dans l'or de ses opulentes nattes.

« Que tu es belle, Mila ! » ne pus-je m'empêcher de lui dire, sous l'œil critique de mes parents qui sans doute attendaient de moi un exorde plus seigneurial. J'avoue que je m'étais moi-même figuré les choses autrement. On avait bien sûr tué le veau gras, le fumet des cuisines me rassurait sur ce point ; mais tous les sujets d'orgueil que j'avais ressassés en route – ma prestance virile, mes nouveaux accomplissements – semblaient s'évaporer devant le ridicule de la situation : deux vieillards éteints s'arrachant des paroles de bienvenue, pendant que ma nourrice, riant tout bas sans me quitter des yeux, étalait à me voir une joie presque embarrassante.

Allons ! J'étais sot de me laisser ainsi déconcerter. Je songeai à mon oncle Dietrich et résolus de le prendre pour modèle dans l'art d'irradier la joie en toute circonstance. J'allais les ramener à la vie, ou tâcher de m'y employer. Prenant les devants, je me lançai donc dans un bavardage où je déployai mes talents courtois récemment acquis, et mes plus beaux sourires. En termes fleuris, je transmis à mes parents les amitiés des Marienstein. Je félicitai ma sœur de sa métamorphose, entretins mon frère de questions martiales et équestres, menus propos que les deux malheureux avalèrent comme un assoiffé un verre d'eau. On me présenta leur nouveau précepteur, mon vieux chanoine étant mort depuis deux ans : je gardai pour moi l'idée que mes cadets avaient à peine gagné au change, et gratifiai ce fantoche de quelques compliments latins, dont la correction et le bon goût le firent s'exclamer. J'étais « un brave et bon jeune homme, et si instruit, si policé !... ». Mon père esquissa un sourire de contentement ; ma mère, sans aller jusque-là, hocha approbativement la tête. Mon charme opérait.

Je fis, à table, les frais de la conversation. Je dressai le portrait de tous mes cousins, contai des anecdotes, et, quand mon inspiration tarit, me rabattis sur la chère que je louai en connaisseur. Il me semblait que les miens, à ce feu si nourri, se réchauffaient un peu. Je m'en réjouis, mais c'était épuisant ; mes yeux se fermaient quand on alluma dans la salle, et bientôt je gagnai mon lit, où je dormis douze heures d'un sommeil de plomb.

Le soleil était déjà haut quand je m'éveillai le lendemain ; on avait donné consigne à la maisonnée de respecter mon repos après les harassements de mon voyage. Je demeurai un moment couché, les yeux mi-clos, savourant ma paresse ; j'eus une pensée émue pour mes amis de Marienstein, dont le souvenir m'apparaissait déjà extraordinairement éloigné. J'avais hâte de me lever pour aller explorer mon domaine et retrouver mes vieux trésors ; je m'en faisais fête, mais pas au point de vouloir trop vite quitter mon lit.

Enfin, on tambourina discrètement à ma porte. C'était Mila, souriante et rougissante, un broc à la main :

« Voilà votre eau, petit maître ! » fit-elle de sa douce voix grave, qui me rappelait tant de choses oubliées... Je me mis sur mon séant sans répondre à son sourire, et lui murmurai d'un ton lugubre :

« Tu ne m'aimes plus, Mila ? »

Le broc manqua lui tomber des mains. Elle le posa sur mon bahut et s'écria, consternée :

« Dieu de ma vie, que me dites-vous là ! Moi, pauvre pécheresse, je n'aimerais plus mon nourrisson ? »

Je ris, et mon rire acheva de faire glisser la courtepointe sur ma jeune poitrine, que je bombai avec satisfaction :

« Ton nourrisson, Mila, a maintenant du poil aux joues ! Viens que je t'embrasse. »

Son sourire lui était revenu, mais elle restait à bonne distance, une main protégeant son buste épanoui et l'œil obliquement posé sur mes plats à barbe :

« Du poil, ça ? » Elle se mordit la lèvre. « Oh, monseigneur ! mais c'est du duvet de petit oiseau, sauf le respect que je dois à monseigneur ! »

« Encore !! » tonnai-je, vexé et ravi ; et je sautai du lit pour la fouetter de ses nattes. « Je t'interdis, mauvaise, de m'appeler monseigneur et de me dire vous ; entends-tu ? »

« Aïe, monseigneur », gémit-elle en se couvrant le visage – moins par crainte de mes coups que pour ne pas me voir tel que j'étais, nu comme Adam avant la chute –, « mais je n'y peux rien, c'est monseigneur votre père qui nous l'a ordonné, il a promis de punir durement tous ceux qui... »

« Bête que tu es ! mon père n'est pas embusqué sous le lit, que je sache. » Et je l'embrassai quand même, sur un coin de menton qui demeurait offert. Puis je m'écartai, car un valet frappait qui venait me vêtir. Me sachant réveillé, mon père voulait me voir ; je me dépêchai, et descendis le rejoindre dans son appartement.

« Ah, ah, Mardochée ! » fit-il en me voyant. « Vous paraissez reposé, frais comme un garçon, ma parole ! J'en suis content. Asseyez-vous donc près de moi ; j'ai à vous parler. »

Il voulait me congratuler de mes progrès et de mes manières, dont il se sentait parfaitement honoré ; mon séjour à Marienstein, trouvait-il, m'avait fort réussi. À présent, il lui incombait, en tant que père, de compléter mon instruction en m'initiant à ses affaires, matière aride et compliquée, que seule la pratique enseignait : dorénavant toutes nos matinées s'y consacreraient, et j'aurais pour mes plaisirs le reste de la journée.

Je m'inclinai en silence ; mais mon père n'avait pas fini. Il tira de sa poche une lettre, qu'il me tendit en me priant d'en prendre connaissance. Elle était de Detlev de Moosberg, et j'en jugeai le contenu, à vrai dire, plutôt oiseux, jusqu'à ce que dans les dernières lignes je trouve quelques mots concernant Roswitha. La pauvrette avait récemment souffert d'une indisposition dont elle était à peu près remise ; il n'y avait pas lieu de s'en alarmer, mais plutôt de s'en réjouir, car elle annonçait une nubilité imminente. Son jeune âge et sa constitution délicate conseillaient pourtant de ne pas l'exposer avant cinq ou six ans aux épreuves d'une grossesse, et par conséquent de repousser tout mariage à cette date. Suivaient quelques formules obscures, dont il ressortait que la petite était bien dotée et que l'on n'avait pas encore contracté pour elle d'engagement : à bon entendeur, salut.

Mon père me montra la copie de sa réponse : il y prenait dûment acte de ces nouvelles, et assurait que *plus d'un membre de sa famille* en serait touché ; quant à lui, le sort de Roswitha lui tenait *particulièrement* à cœur, et il mettait en garde Detlev contre tout projet matrimonial qui aurait éloigné de notre maison cette enfant que, sans beaucoup la connaître, il chérissait comme une fille.

Ainsi l'affaire était-elle quasiment conclue ; mais encore cinq ans à attendre !... Je restai songeur et troublé, et tressaillis quand mon père, l'œil joyeux, me jeta en désignant la lettre : « Eh bien, qu'en dites-vous ? Nous avançons, la voilà pubère ! » Cette crudité, après les amphigouris de sa réponse, me gêna à l'extrême. De toute évidence, il ne se doutait pas de mon attachement. Je camouflai ma gêne en ignorance, balbutiai quelques phrases ineptes, et remerciai mon père sans lui spécifier de quoi ; puis je courus me livrer dans la solitude à une tempête de sentiments mélangés.

Je ne m'étais guère attendu que les noces se fassent plus tôt ; mais, jusqu'alors, mes prévisions restaient dans le vague et me rendaient supportable ce délai. Le terme plus précis de cinq ou six années, soudain, me semblait un coup du sort. Comment tenir jusque-là ?

Si mon sang bouillait, ce n'était d'ailleurs pas seulement d'impatience. Les détails de cette lettre, en me mettant sous les yeux des images de couches et de maternité, m'avaient soudain montré ma cousine femme, et faisant ce qu'il faut faire pour avoir des enfants. Jamais mon imagination, en ce qui la concernait, n'avait été à ce point indiscrète. J'en étais tout retourné, je ne tenais pas en place ; j'allai faire sur mon étalon une longue promenade dans les bois qui, loin de m'apaiser, ne fit qu'exaspérer mes sens. Les sapins, le ciel bleu m'apparaissaient à travers une brume ; je ne voyais vraiment que ma cousine, sa bouche une grappe de raisins, ses jambes deux colonnes de marbre, et ses seins deux chevreaux blancs, nés de la même mère. Je restai fiévreux tout le jour, et dus beaucoup prendre sur moi pour présenter aux repas une figure passable – jacassant sans rime ni raison et rougissant sans cesse de mes paroles, où je trouvais après coup des doubles sens scabreux.

Longue, longue fut la journée. Je pensais avec accablement au nombre infini des heures contenues dans six ans. Voulant tromper mon malheur, je fis à pas lents le tour de notre château pour aller revoir de près tout ce dont mon enfance s'était nourrie. Hélas ! la tête du dragon était mangée des vers ; la statue de Rodolphe, mon grand ennemi, me montrait un petit garçon fade, que j'aurais aujourd'hui renversé d'une chiquenaude. Pauvre Rodolphe ! C'était mon frère, après tout. Et, dans l'état d'énervement où je me trouvais, la vue de sa culotte et de son pourpoint aux couleurs passées m'arracha presque des larmes.

Comme le soir précédent, je me retirai tôt, et cherchai en dormant un répit à ma fièvre. Je me réveillai cent fois, humide de sueur, alangui par des rêves décevants ; ce ne fut qu'au matin que je sombrai dans un néant réparateur.

Mais qu'est-ce ? Un souffle tiède passe sur mes paupières. J'entrouvre les yeux : Mila est agenouillée à mon chevet, le broc déjà fume sur mon bahut, le jour perce les rideaux.

« Ton eau, petit maître », chuchote-t-elle tout près de ma bouche. Ensommeillé, je me relève sur un coude : la courtepointe est tombée sur le sol, j'ai dû me débattre, en dormant, comme tous les diables... Mila suit mon regard, et devient cramoisie en découvrant sur mon drap certaines taches auxquelles je n'avais pas encore moi-même prêté attention. Elle détourne un peu la tête, son sein blanc et rond, plus rond que jamais, palpite dans l'échancrure de sa blouse – c'est si embarrassant et si étrange, ce double silence entrecoupé de nos respirations, que je sens qu'il me faudrait dire quelque chose ; mais elle m'a prévenu, et c'est sa voix à elle qui murmure, tremblante :

« Tu dormais donc bien fort, petit maître ? »

Je fais oui de la tête, ses yeux retrouvent les miens, indulgents, caressants, et comme ombrés de tristesse – quels yeux elle a ! avait-elle déjà ces yeux-là, ou est-ce moi qui, aujourd'hui, y vois tout autre chose ?... Elle entrouvre la bouche pour parler encore, j'y pose ma main, et involontairement c'est comme un baiser qu'elle me donne – mon Dieu mon Dieu mon Dieu mon Dieu, ce baiser a été ma perte, je sens en moi monter l'orage, il faut qu'elle se retire, ou je ne réponds plus de moi...

« Mila ! » l'imploré-je. Trop tard : mes doigts glissent sur la peau chaude de son cou, l'attirent plus près, encore plus près, et voilà que ses nattes me tombent lourdement sur la poitrine, et que nos deux bouches, unies, se taisent pour aimer.

C'est ainsi qu'à quinze ans je perdis mon pucelage, et avec lui ma seule véritable mère. J'avais en la perdant gagné une maîtresse, et quelle maîtresse, ô ciel ! la plus douce, la plus ingénument adroite, la plus aimante et bienveillante des maîtresses qui furent d'abord mères ; mais je dois le dire, dans les baisers pleins d'orgueil dont je couvris ses joues après l'avoir vaincue, il y avait aussi, hélas ! bien des larmes rentrées.

VIII

MA LIAISON avec Mila ne resta pas longtemps secrète au château. Elle le serait restée si nous avions été plus prudents ; mais nous l'étions aussi peu que possible. Comment demander à un jeune homme, parvenu à l'âge où l'innocence lui pèse comme une infirmité, de dissimuler qu'il ne l'a plus ? Je rayonnais de fierté. Mila, dont la tendresse pour moi n'avait jamais été un mystère, me mangeait des yeux sans la moindre réserve. J'étais son premier amour, sinon son premier amant – à supposer que l'on doive qualifier d'amant le puant ivrogne qui l'avait forcée à l'âge qui était aujourd'hui le mien –, et son bonheur l'épanouissait à vue d'œil. Chaque jour me l'amenait plus belle, la tête plus droite, le regard plus confiant. Elle n'avait devant moi qu'une pudeur : celle de ses mains usées par son constant labeur, qu'elle cachait dans son dos ou sous sa nuque pour que je ne les voie pas. Ma foi, j'adorais ses mains comme le reste ; mais je n'en disais rien, car ces postures avaient un je ne sais quoi de provocant et d'offert qui pimentait délicieusement nos ébats.

Si manifeste que fût notre félicité, elle n'aurait pas suffi à nous trahir si nous n'avions, petit à petit, abandonné les précautions les plus élémentaires.

Le matin qui suivit ma victoire, Mila ne parut pas. Grosse déconvenue ! Ce fut un laideron des cuisines qui m'apporta mon eau, sans relever vers moi un seul regard de ses yeux bigles. C'est que Mila, comme elle-même me l'expliqua de vive voix dès le lendemain, avait eu des repentirs : n'était-ce pas mal, de la part d'une femme mûre, de débaucher un jouvenceau qu'elle avait torché ? Et, au fond, était-il convenable pour elle de prendre son plaisir comme une dame, quand son état était de travailler ? Je repoussai ces arguments avec des rires ; il me semblait suspect qu'elle vînt me les présenter en personne, au lieu de se faire remplacer comme la veille. Et, voyant qu'il y avait dans son refus plus de coquetterie que de contrition, je la pris à bras-le-corps et, entre deux baisers, lui dis que c'était à moi de trancher ce qui était bien ou mal : j'étais son maître et lui ordonnais de monter dans mon lit. Ma belle obtempéra ; et elle me promit, en partant, de revenir le jour suivant considérablement plus tôt, afin que nous ne soyons pas gênés par l'arrivée de mon valet.

Fort bien ; mais c'était supposer chez nos gens un laisser-aller digne de Marienstein, non de Löwenfels. L'office grouillait de personnages dont la fonction tacite consistait à tenir chacun informé des petits événements du jour. Tous devaient toujours être au courant de tout ; car ma mère pouvait inopinément en arrêter un au détour d'une galerie et lui demander : « Voyons,

Hans, où en sommes-nous ? » Alors l'interpellé était tenu de lui rapporter exactement l'état des choses dans le château, des chambres jusqu'aux celliers : un tel se confessait, les pâtés en croûte commençaient à dorer sur le dessus, le vase d'Albéric venait d'être vidé... Ma mère eût fait, je crois, un parfait général.

Enfin Mila avait beau m'apporter mon broc le moins ostensiblement qu'elle pût, elle ne laissait jamais d'être aperçue au cours de son trajet. Bientôt l'on savait que j'étais réveillé, et au bout du temps réglementaire mon valet venait frapper à ma porte. Je représentai vainement à ce dernier qu'il me pressait : on refusa de considérer que le lavage de mes mains et de ma figure, même méticuleux, pouvait se prolonger une heure.

Il fallut trouver autre chose. Après quelques jours, je me plaignis de troubles de croissance : je me sentais faible et comme étourdi vers le milieu du jour, le soleil me donnait la migraine ; je formulai le vœu d'aller m'étendre avant le souper, et de n'être dérangé sous aucun prétexte. Cela devint une habitude quotidienne : après none, je prenais un air dolent et m'éclipsais, et Mila sans bruit venait me rejoindre.

Mais ces arrangements me lassèrent. J'avais quinze ans, l'énergie d'un jeune pur-sang et l'appétit de vivre de qui vient de découvrir l'amour charnel. Même pour m'y adonner, il ne me plaisait pas de m'enfermer tous les midis, à l'heure la plus belle du jour, comme un vieillard ou un marmot. Et d'ailleurs, mes jouissances ainsi m'étaient trop rationnées : je pouvais honorer ma maîtresse une fois, deux tout au plus, ensuite elle resserrait ses nattes et repartait en soupirant à son ouvrage. Que n'aurais-je pu faire en une nuit entière ! C'est ce qu'un jour je lui exposai.

« Ah, ma petite âme, tu n'y penses pas ! » s'écria-t-elle, les yeux déjà rêveurs ; et le soir même elle était chez moi.

Nous jouions d'audace. On devait bien remarquer, chez les servantes, que certaines nuits Mila désertait la paillasse commune où était sa place depuis qu'elle avait perdu, mes cadets grandissant, le poste envié de nourrice. Toutefois, rejoindre un galant n'était pas, chez ces filles, chose si extraordinaire, et pendant tout un temps personne ne lui dit rien. On se formalisait un peu de ce qu'elle ne révèle pas le nom de son élu, sans oser cependant la questionner davantage. Pour avoir nourri les enfants des maîtres, Mila avait gardé parmi ses pareilles, et même auprès de mes parents, un statut à part. Faute de tout deviner, on voyait au surplus qu'elle était particulièrement dans mes grâces depuis mon retour. Cela la protégeait des curiosités trop ouvertes ; mais on l'espionna. Au bout de quelques semaines, la considération mielleuse que les servantes se mirent à lui témoigner nous désabusa quant au secret de nos amours.

Nous aurions dû nous tenir pour avertis ; nous n'en fîmes rien. Qu'importaient les servantes, puisque leur découverte ne faisait apparemment que rehausser le prestige de Mila ? Et, au fond, où était le mal ? Mon père lui-même ne m'avait-il pas invité à éteindre mes premiers feux auprès des subalternes ? À quoi songeait-on en chargeant une si belle femme de me porter l'eau ? Je n'étais pas loin de penser que tout cela était un plan prémédité par ma famille pour parfaire mon éducation dans ce domaine assez délicat.

Il va de soi que je me trompais sur ce dernier point, mais la tranquillité dont nous jouîmes pendant près de six mois semblait me donner raison sur tous les autres. L'existence m'était douce. Je subissais sans trop de dégoût les séances matinales au cours desquelles mon père, avant et après le dîner, m'enseignait l'art d'être seigneur. Au contraire de ce que j'avais cru, ce n'était pas une mince affaire : il fallait jongler avec les chiffres, connaître les lois, en inventer quand c'était nécessaire ; il fallait se tenir informé de mille broutilles, déceler les abus, faire taire les protestations. Quelquefois mon père avait à dénouer un litige, et je l'assistais : un mari cocu demandait justice, deux paysans libres se disputaient un arpent de choux. Le prosaïsme de ces activités m'effara au début : était-ce donc cela, gouverner ? Était-ce pour cela que maître Venetius m'avait appris à manier les tropes et fait traduire tant de vers de Lucain – pour que je compte des ducats et condamne au fouet des femmes infidèles ? Avec le temps, je m'y fis néanmoins, et je perçus, derrière ces monceaux de pauvretés, la noblesse de mes futures prérogatives.

Ces heures studieuses étaient suivies de folles chevauchées. Initié aux arcanes du pouvoir, comblé par ma maîtresse et la comblant, je me sentais, au faîte de la journée, merveilleusement grand et fort : alors on me sellait mon étalon arabe, et je filais droit devant moi, au gré de mon caprice. Je n'aimais guère chasser, j'aimais seulement courir à l'aventure, et sentir sous mes pas trembler cette terre qui serait un jour à moi. Je revenais grisé, insoucieux de l'heure ; parfois même j'avais passé celle du souper. Je n'étais plus à l'époque de Marienstein, où mon emploi du temps était aussi réglé que celui des moines. J'étais un homme à présent, et même mon père n'osait blâmer ces écarts que d'un froncement de sourcils. J'avais faim, j'étais content ; quelques heures seulement me séparaient de la nuit et du sein accueillant de Mila ; j'allais, encore botté, exiger aux cuisines que l'on me mît une forte tranche de gigot entre du pain, et au passage cueillais un sourire de Mila, resplendissante parmi les autres Sorabes qui s'empressaient autour de moi, et cambraient la taille... Ah, l'heureux temps !

Croira-t-on qu'au milieu de tout cela mon amour pour ma cousine était demeuré intact ? Certes, j'adorais Mila : mais aussi, ne l'avais-je pas toujours adorée ? Pas plus qu'auparavant cet attachement n'empiétait sur l'autre ; et nos nouveaux jeux me permettaient d'attendre avec moins d'irritation l'année bénie de mes noces. Ma pensée ne s'égarait plus, comme au lendemain de mon arrivée, à se représenter Roswitha les genoux écartés et les cheveux épars. J'aurais pourtant eu, à présent, de quoi étoffer les détails de la scène, mais je ne le faisais pas. Non, je le jure solennellement : jamais, en étreignant ma maîtresse, je ne fermai les yeux pour voir ma future femme – lorsque je les fermais, c'était de pâmoison. Il fallait bien que d'ici à mon mariage je continue à vivre : aussi avais-je placé ma cousine sur un piédestal, et besognais-je au-dessous.

Un jour arriva pourtant où ma liaison parvint à la connaissance des miens ; nous l'avions bien cherché. La nuit, Mila montant vers ma chambre était souvent tombée sur le chanoine, insomniaque, qui avec le temps s'était enhardi jusqu'à lui faire les offres les plus scandaleuses. Ma belle amie, réfugiée dans mes bras, en était toute chavirée. Avant la Nativité, j'avais acheté à un marchand ambulant qui passait sur nos terres une petite croix en grenats de Bohême, que j'offris en étrenne à Mila ; l'insensée l'exhiba et à l'office et à la salle, entre ses seins que gonflait un début de grossesse. Ces faveurs nous perdirent, car on la jalousa. Notre intrigue fut révélée à ma mère d'abord, à mon père ensuite, qui n'en voulurent rien croire ; on nous tendit un traquenard, et – hypothèse dont j'avais moi-même ri au début de mon séjour – mon père se trouva, une nuit, dissimulé dans ma chambre d'aisances avec la complicité de mon valet. Quelles ne furent pas sa stupeur et sa colère en entendant, après maints chuchotements et grincements de châlit, ma maîtresse gémir :

« Ah, ma petite âme, que tu me fais de bien ! »

La faute, aux yeux de mon père, était énorme. On avait bafoué ses ordres, raillé sa dignité : « Je vous passe encore, monsieur, vos putasseries », fulminait-il tandis qu'affolé j'enfilais ma chemise et que Mila pleurait sur le lit dévasté ; « mais que vous vous laissiez tutoyer par une esclave, et fassiez de vous la risée de nos gens, voilà que je ne puis tolérer ! »

Toute la maison s'éveillait à ses cris ; Othon et Catherine arrivèrent à ma porte, suivis du chanoine, puis de ma mère, en bonnet, qui ouvrait des yeux ronds. J'avais grand-honte, mais je craignais plus encore pour ma maîtresse : mon père ne menaçait-il pas de la faire passer par les verges, comme il avait juré à quiconque, d'état servile, s'adresserait à moi sans les formes ? La malheureuse pleurait toujours, le visage dans ses mains, découvrant à l'assistance son ventre criminellement arrondi.

C'est alors que le chanoine, se souvenant de ses devoirs, entreprit de s'interposer. Il flatta mon père, rendant hommage à la belle conscience qu'il avait de son rang ; minimisa ma faute, « vétille, vétille d'adolescent que le sang travaille » ; et, ce dont je lui sus particulièrement gré, objecta à mon père que la seule vraie coupable, gravide, ne saurait recevoir son châtiment avant sa délivrance : l'humanité et l'Église s'y opposaient.

Ah, le bon homme ! J'avais méconnu ses mérites – encore que son plaidoyer, je m'en doutais, fût moins inspiré par la bienveillance que par l'espoir d'en recueillir les fruits auprès de mon amie. Toujours est-il que mon père se calma, non sans promettre qu'il en serait reparlé ; et, une fois Mila reconduite au dortoir des Sorabes, on me laissa.

J'étais en partie rassuré, comptant, avec l'optimisme de la jeunesse, que mon père aurait pardonné avant ce terme encore lointain – cinq ou six mois, n'était-ce pas une éternité ? Mais ma pauvre Mila, que je descendis voir dès l'aube, n'en menait pas large ; tantôt elle se tordait les mains, tantôt se blottissait contre ma poitrine, parlant de fuir pour échapper à une colère si terrible.

« Fuir ! Mila, tu as perdu la tête. Ne sais-tu pas quel châtiment attend les esclaves fugitifs ? N'est-il pas plus à craindre que celui des verges, auquel mon père, d'ailleurs, consentira peut-être à renoncer ? »

À mon raisonnement Mila sanglotait de plus belle, ce mot de verges l'épouvantait. Elle en mourrait, disait-elle, comme il n'était pas rare que cela arrivât ; et de me raconter, avec des détails à faire frémir, force cas semblables dont elle avait elle-même été le témoin. Son effroi me gagnait : je voyais la douce et blanche peau de ma maîtresse déchirée, tailladée par le bourreau – non, cela ne pouvait être !

« Je te sauverai, Mila, sois en paix », finis-je par lui assurer, sans en être le moins du monde assuré moi-même ; et à l'heure convenue, comme chaque matin, je me présentai devant mon père.

Son courroux, ainsi que je l'avais prévu, était retombé, et je décelai même dans son regard que mes frasques précoces l'enorgueillissaient ; mais il fut inflexible en ce qui concernait Mila.

« L'étiquette est chose sainte, il faut que vous l'appreniez. Votre maîtresse sera punie, sinon maintenant, du moins quand elle sera en mesure de l'être. Que vous figurez-vous ? Vous rendrais-je service en vous léguant, au lieu d'un bon duché, une basse-cour en folie, où bientôt les esclaves vous taperaient sur l'épaule pour vous demander leur liberté ? Non, monsieur, non ; il faut qu'une peine soit appliquée, ou le juge se discrédite. Je n'y reviendrai pas. »

Je fus éloquent. J'invoquai le pardon, attribut du Dieu chrétien dont mon père, en tant que souverain, était en somme l'image à l'échelle terrestre. Un peu de clémence était un ornement de la suprême autorité, nul n'y verrait de faiblesse, bien au contraire ! Et puis Mila nous avait nourris, mes cadets et moi : était-il séant que celle dont nous avions sucé le lait soit traînée à demi nue devant une foule de manants en liesse ?

Mon père m'écoutait avec complaisance. Ma flamme, et les spirituelles citations dont j'émaillais ma défense, l'emplissaient visiblement de fierté ; mais il ne s'admettait pas encore vaincu. Alors je changeai de registre : j'étais le seul fautif, le seul sur qui dût tomber sa vengeance. Par l'efficacité inédite de mes caresses, où je voyais aujourd'hui (murmurai-je en baissant pudiquement les yeux) moins un sujet de vanité que d'affliction, j'avais, en cette unique occasion, amené l'innocente à s'oublier. Jamais auparavant elle n'avait employé avec moi ce langage ; j'étais navré, mais seuls les progrès de mon talent en étaient cause.

« Hé, hé ! gredin », fit mon père qui se déridait. « Allons, je ne me ferai pas plus mauvais que je ne suis. Nous épargnerons votre maîtresse : tout ce que vous m'avez dit est fort sensé. Mais je ne puis néanmoins la tenir entièrement quitte ; je me parjurerais. Par égard pour vous, et par pitié pour elle, j'adoucis donc sa peine et la rends moins publique. Demain elle s'en ira... »

« S'en aller, Mila ! » m'exclamai-je, atterré.

« Elle s'en ira, Mardochée. Vous sentez bien qu'elle ne peut demeurer sous ce toit impunie, en servante maîtresse ; cela ferait jaser. Elle ira, jusqu'à ses couches, dans une de nos tenures éloignées ; l'enfant y restera. Il n'est pas bon d'avoir près de soi ces bâtards auxquels on s'attache, et qui par la suite vous assomment de familiarités et d'exigences. Mon beau-père de Marienstein eut comme cela, en son temps, toutes sortes d'ennuis avec un des siens. Quant à votre conquête, nous la placerons dans une maison de femmes de Libbitz : ce sera sa punition et la vôtre. »

Mila fille de joie ! Mila livrée aux dégoûtants désirs de la canaille ! Je ne pus retenir mes pleurs.

« Que vois-je ? Des larmes ? Sot garçon que vous êtes ! Vous êtes finalement moins homme que je ne pensais. Séchez cela et disparaissez : vous verrez que j'agis dans votre intérêt, et qu'en définitive les choses ne sont pas toutes noires. Libbitz n'est pas si loin, et vous pourrez quelquefois y aller cajoler votre amie : l'arrangement offrira même des commodités que vous ne soupçonnez pas. »

Accablé, je dus encore remercier mon père ; et j'allai, la mort dans l'âme, instruire Mila des dispositions prises pour elle. Elle m'écouta sans murmurer : elle échappait aux verges, et cela déjà était un miracle. Un autre, peut-être, lui éviterait sa honteuse relégation, qu'elle paraissait d'ailleurs considérer avec moins de répugnance que moi. Née esclave, elle avait eu, par chance, sa part de bonheur ; c'était fini, il n'y avait lieu ni de s'étonner, ni de se plaindre, les choses allaient ainsi pour les gens de sa sorte. Je regardais avec désespoir ses beaux yeux battus, ses joues encore si fraîches, où j'avais mis tant de baisers ; et je lui promis, quand je serais duc, de la rappeler près de nous.

« Oh, soupira-t-elle avec un placide sourire, je serai sans doute une vieille alors, dont même mon bordel voudra se défaire ; et monseigneur ne m'aimera plus. »

Sa résignation me glaçait. J'entrevoyais l'horreur de ces existences sans but, ballottées par l'arbitraire du sort et condamnées à une fin abjecte. Quoique ce fût notre dernière entrevue, je n'osai prendre d'elle ce qu'elle me donnait si généreusement depuis six mois, et me contentai de lui baiser les mains avec un respect que, à la vérité, je n'avais encore jamais éprouvé pour elle : sa misère m'en imposait.

Elle partit le lendemain. La charrette qui l'emmenait brinquebalait sur les cailloux de la descente ; Mila, dos à la route, garda tant qu'elle le put son regard dans le mien. Il faisait froid ; elle se serrait dans sa houppelande et d'une main rougie retenait son baluchon de toile, qui renfermait si peu... Jamais je ne l'ai revue.

IX

Je me croyais au comble de l'infortune. Hélas ! ce n'était que son premier coup.

Mila avait été chassée au milieu de l'hiver. À la moisson, nous eûmes vent de sa délivrance, elle avait eu une fille, que l'on disait peu robuste. C'était pur hasard si je l'avais appris ; on ne prévoyait pas de m'en donner régulièrement des nouvelles. J'avoue que je ne m'en souciai pas autrement : j'étais moi-même trop proche encore de l'enfance pour ne pas considérer avec embarras, voire répulsion, l'idée que j'étais père. Et bientôt je n'eus plus du tout le loisir d'y penser : c'est que le ciel, entre-temps, m'était tombé sur la tête.

Imaginez un matin de novembre ; imaginez les corbeaux qui croassent au-dessus des labours, et les forêts où le sol humide sonne mat sous le sabot des chevaux. Imaginez un jeune homme qui chemine avec des soupirs à fendre l'âme, oubliant que rien ne lui promet que de la joie dans ses perspectives et proches et lointaines : aller, dans l'immédiat, rejoindre une maîtresse qu'il n'a pas vue depuis dix lunes ; devenir chevalier (solennité qu'Albéric avait fixée à mon dix-septième anniversaire) ; plus tard encore épouser celle qu'il aime, et enfin hériter un bel et riche duché... Tel était mon avenir au matin de ce jour où je partis pour Libbitz ; et, avec cette coquetterie du bonheur qu'ont les êtres juvéniles et gâtés, je m'en plaignais, ne songeant qu'au lieu infâme où j'allais trouver Mila.

Aussi trottais-je sans trop de hâte, tout à mes sombres pensées. Ce fut après les Halliers, au milieu de la combe par laquelle j'avais pris pour éviter les détours de la route, que cela arriva. Sous les sapins coulait un ruisseau que je devais franchir ; j'aperçus de loin, accroupi, un homme en train d'y boire. Il se releva et se retourna : quelque chose dans sa mine m'annonça que sa rencontre me serait désagréable et machinalement je glissai ma main derrière ma selle, où était mon épée.

L'homme, jeune, présentait mal. Il était massif et large d'épaules, en hardes, les bottes déchirées ; un de ses yeux était blanc. J'eus un frisson : il me faisait peur. Il ne semblait ni prêt à quémander, ni disposé à me témoigner les égards que réclamait mon rang. Un brigand, alors, si près du château ducal ? Un brigand qui s'attaquait, tout seul, à un cavalier en armes ?

« Écarte-toi, manant ! » criai-je en grossissant ma voix. « Laisse passer ton duc, et retire devant moi ce chiffon qui te sert de coiffure ! »

Pour toute réponse, l'autre eut un petit rire, et ne s'écarta d'un pas que pour attraper ma bride et me dévisager de son œil sain. Qu'il était laid, mon Dieu ! Je sentais trembler mon pursang, qu'un rien effarouchait ; je levai mon épée d'une main qui tremblait aussi.

« Oh, tout doux ! » susurra le personnage. « Je vous laisserai passer si cela me paraît bon. Vous êtes, si j'ai bien compris, le jeune Löwenfels... »

Quel était ce discours ? Les bras m'en tombaient. Le maraud devait être fou pour me parler ainsi, sachant ma qualité ! Et, dans mon saisissement, je cherchai vainement à le frapper du plat de mon épée, qu'il esquiva sans peine.

« Tt, tt, tt, pas fameux », fit sa voix nasillarde. « Je n'en attendais pas moins de mon tendre cadet, de mon petit frère juif, qui, dirait-on, a tout de même fini par apprendre à se tenir en selle ! »

J'avais eu un sursaut qui fit cabrer mon cheval ; le spectre ricanait ; je perdis la tête, et repartis au triple galop vers la colline de Löwenfels. Je ne sais pourquoi ce fut chez ma mère que je me réfugiai en arrivant. Je claquais des dents, je lui saisis les mains, elle s'inquiéta :

« Mon fils, vous paraissez souffrant. »

« Non pas ! balbutiai-je. Je suis... Je crains... Je crois que le démon, ma mère, m'a joué un tour, j'ai vu là-bas le spectre de Rodolphe qui me tourmentait, et il était borgne, et laid, ah !... »

« Que me dites-vous là ! » fit sévèrement ma mère. Elle me tâta le front et souleva ma paupière : « Vous deviez, ce me semble, partir aujourd'hui pour Libbitz ? »

« Précisément, ma mère, c'est dans le bois que je l'ai vu, et... »

Ma mère soupira, se signa, et alla chercher du renfort en la personne de mon père et du chanoine, devant qui je dus reprendre mon récit et le détailler ; je ne gardai pour moi que l'insolente dénomination dont j'avais été la cible.

Le chanoine m'écouta en homme de métier. Ce n'était pas un grand théologien ni un grand pédagogue, mais la démonologie était son domaine : il voulait tout savoir de l'apparition, si elle avait un fumet, un timbre de voix particuliers, et surtout s'il ne lui manquait pas une ombre.

« Pour le fumet, répondis-je d'une voix incertaine, il me semble qu'elle sentait assez fort le bouc, mais... »

« Tiens ! » fit le chanoine triomphant. Et, songeant enfin à m'administrer de l'eau bénite, il s'en fut chercher les ustensiles nécessaires, tandis que mon père, perplexe, m'examinait en tiraillant sa barbe.

« Qu'en pensez-vous, Albéric ? » murmura ma mère. « Croyez-vous que sa santé... »

« Je ne sais que vous dire, ma mie. »

Le chanoine revenait. Il m'aspergea d'importance, non sans s'interrompre à tout moment pour nous soumettre ses hypothèses : « C'était un grand péché et une maladresse, voyez-vous, d'éloigner cette femme... *Ego te, Beelzebub, exorciso...* Je sais bien que d'aucuns préconisent la virginité des jeunes gens mâles avant le mariage, mais cela ne saurait s'appliquer à ceux de votre rang... »

« Hum ! » fit mon père.

« Un jeune homme... *Vade retro*... doit avoir ses plaisirs, faute de quoi les esprits mauvais... »

« Balivernes ! coupa Albéric. Je n'en crois pas un mot. Je veux bien admettre que ce soudain sevrage, après le régime trop riche des six derniers mois, ait ébranlé les nerfs de mon fils et lui fasse voir, dans le premier chemineau venu, un gobelin ou le spectre de son frère. Aussi arrosez, chanoine, arrosez donc : cela le rafraîchira. Mais, quant à... »

Nous en étions là de la dispute, lorsque – à ce souvenir le sang se fige encore dans mes veines – il y eut dans la cour un tumulte indescriptible : la moitié du village était montée chez nous, toutes les femmes du château piaillaient à l'envi, les gens d'armes s'exclamaient, levant les bras au ciel... et au milieu d'eux tous se pavanait mon spectre, volubile, victorieux, qui lança vers nous, quand nous ouvrîmes la croisée :

« Mon père ! Ma mère ! Je suis Rodolphe, votre fils ! »

Je restai pétrifié à la fenêtre. Déjà mon père dévalait l'escalier. « Est-il possible, mon Dieu, est-il possible ! » bredouillait le chanoine, tout en ondoyant d'eau bénite ma mère qui s'était évanouie sur une chaise... Elle revenait à elle lorsque avec mon père entra Rodolphe, ou celui qui se nommait ainsi. Il alla se jeter à ses genoux, pleurant, riant, et s'excusant de paraître devant elle en si piètre équipage.

« Mon Rodolphe ! Mon premier-né ! » gémissait ma mère, presque égarée de bonheur. Je considérai avec dégoût l'objet de ses transports : certes la crasse et les stigmates d'une vie vagabonde ne l'avantageaient pas, mais il était douteux que les parfums et les onguents lui ôteraient ce regard torve, cette carrure d'ours cauteleux... Je demeurai à ma place, tandis qu'Othon et Catherine s'avançaient timidement, recevaient une fraternelle embrassade.

« Je crains de vous avoir effrayé tout à l'heure, mon frère », m'apostropha celui que tous fêtaient, déchaînant des rires soulagés et ravis. Je grimaçai un sourire. Mes pensées étaient un chaos.

Mon père mit fin aux effusions en observant que Rodolphe ne pouvait décemment conserver cette tenue : les servantes allaient lui chauffer un bain et lui trouver des vêtements à sa taille, en attendant qu'on lui en fasse tailler de neufs ; ensuite il nous conterait tout à son aise ses tribulations. Ma mère, essuyant ses larmes, partit diriger les apprêts d'un festin de bienvenue. On entendit peu après carillonner gaiement les cloches de la chapelle : c'était jour d'allégresse.

Au bout d'un long moment, je m'ébrouai, me mis en quête de mon père : il avait profité de ce répit pour aller en son étude régler quelques affaires courantes, auxquelles il ne voulait plus avoir à penser aujourd'hui. J'entrai et refermai la porte derrière moi ; il leva la tête de ses paperasses.

« Eh bien ! mon fils », jeta-t-il comme je ne disais rien.

« Ah, mon père », m'écriai-je d'une voix entrecoupée, « vous n'allez pas laisser faire une chose pareille ! On vous abuse, on se joue de vous ! Rodolphe n'est-il pas mort ? N'avez-vous pas de vos propres yeux vu sa tombe, et prié sur elle ? »

« Comment ! vous prétendez... »

« Je prétends que c'est là une vile imposture ! une tromperie sans précédent, une tache abominable faite à notre blason ! Mon père, songez un peu : l'histoire de notre malheur a fait le tour du monde chrétien. N'importe qui pouvait s'en saisir ; le misérable que voici a simplement été un peu plus hardi que les autres en poussant aussi loin la mascarade. Je gage d'ailleurs qu'il n'est que le premier, et que bientôt... »

« Mardochée », m'interrompit mon père. « Reprenez vos esprits. Nul, excepté vous, ne doute ici que ce misérable, comme vous osez l'appeler, est Rodolphe votre frère. Qui se permettrait... ? Mais d'ailleurs ouvrez les yeux : huit années ne sont pas un siècle, que diable ! et il faudrait plus de huit siècles à un père pour oublier les traits d'un fils cruellement regretté. Je le reconnais, moi. Ses épreuves l'ont bien marqué, j'en conviens, et cet œil qu'il a perdu le change de fâcheuse manière ; mais il suffit d'une seconde d'attention pour retrouver dans son visage l'enfant qu'il a été. Ne l'avez-vous pas, vous le premier, reconnu tout à l'heure dans le bois ? Sans doute lui gardez-vous rancune de vous avoir alors moqué... »

« Mon père ! » fis-je, presque en larmes. « Ce ne peut être lui ! »

« L'avez-vous, ou ne l'avez-vous pas reconnu ? » martela mon père, qu'à l'évidence j'agaçais.

« Sur ma foi, non, haletai-je, jusqu'à ce qu'il m'appelle son frère ! L'auriez-vous reconnu s'il ne s'était pas dit votre fils ? Et comment expliquez-vous... »

« Assez, messire ! » fit mon père se levant. « Votre attitude est indigne d'un gentilhomme. Je ne vous trouve qu'une excuse : c'est que l'ambition, sans doute, vous a rendu aveugle. Brisons là : je ne vais pas perdre en odieuses palabres les instants que je pourrais passer à retrouver mon fils. Lui-même, d'ailleurs, nous donnera la clef de ces mystères, et nous racontera ce qu'il en a été. »

Il sortit, me laissant foudroyé. Il me semblait vivre un mauvais rêve, un de ces rêves où tous vous sont ennemis, vous poursuivent d'une haine incompréhensible et dont vous sentez pourtant qu'elle est justifiée et nécessaire. Oui certes, j'avais reconnu mon frère ; sinon ses traits, excessivement vieillis, du moins ses façons de dire et de faire. Qui d'autre aurait osé me rappeler mon sobriquet ? Mon père l'avait bien vu : j'étais aveuglé, aveuglé par mon désir de ne point croire une vérité qui anéantissait tant de mes espérances – comme mes parents, dans leur bonheur de revoir leur fils, restaient aveugles à ce que cette résurrection avait d'improbable et de louche...

Frappé d'une idée, je redressai la tête et m'élançai à la poursuite de mon père. On me dit qu'il était à la chapelle ; je le rattrapai alors qu'il rejoignait, dans la crypte, ma mère et Rodolphe devisant avec animation devant la statue de ce dernier.

« Arrivez, arrivez, Albéric ! Notre fils me raconte justement comme il se fit que vous trouvâtes son pourpoint et ses culottes sur un corps qui n'était pas le sien. Écoutez donc ! il n'y a rien de plus charmant. »

Charmant n'était pas le mot que j'eusse choisi ; mais ma mère, frétillant d'aise, rajeunie de quinze ans depuis le retour de son favori, ne s'embarrassait pas aujourd'hui de nuances : le monde entier était peint de riantes couleurs, tout était rose à l'image de son cœur. – Rodolphe, donc, avait un jour tenté d'échapper à ses ravisseurs ; et, par précaution, avait auparavant légué sa belle tenue à l'un de ses compagnons d'infortune, un jeune serf galicien que les Tatars avaient sans doute enlevé pour le revendre, car il avait une certaine beauté rustique, et des cheveux d'un blond bien fait pour enflammer les sodomites d'Orient. De cet Adonis, par ailleurs muet et crétin, Rodolphe avait endossé la blouse de toile bise avant de s'évader ; dans leur fureur, leurs geôliers s'étaient tant déchaînés sur celui qu'ils croyaient son complice qu'ils l'avaient fait mourir à force de coups – pour rien, du reste, puisque Rodolphe était repris au bout d'une journée d'errance.

« Quel malheur ! soupira ma mère. Vous nous seriez revenu bien plus tôt, Rodolphe, et je ne vous aurais pas tenu pour mort. Cela m'aurait épargné six années de deuil, six tristes années, mon fils, qui seront, je l'espère, retranchées de mon temps de purgatoire si mes péchés m'y envoient ; car j'ai dû de la sorte en expier un bon nombre. »

« Votre place est d'ores et déjà au ciel, ma mère », nasilla le borgne en lui baisant le bout des doigts, ce qui lui valut de la bienheureuse un regard énamouré... Oh ! j'en tremblais de colère, ces roucoulades étaient plus que je n'en pouvais supporter ; je me jetai entre eux deux, malgré mon père qui me retenait par ma tunique, et menaçai du poing le personnage en vociférant, l'écume aux lèvres :

« Escroc ! Escroc infâme !... Et ce nez que je t'ai vu couper, où est-il, hein, où est-il ? »

L'autre ne tressaillit qu'à peine, abaissa son regard sur mon poing. Un rictus dédaigneux entrouvrit sa vilaine bouche, et il allait répondre quand ma mère le devança :

« Pour l'amour de Dieu, Mardochée ! comment pouvez-vous lui parler ainsi ? Et faut-il que vous nous rappeliez toujours cette horreur ? Son nez ! grâce au ciel, je suis heureuse qu'il l'ait encore, et qu'apparemment vous ayez rêvé. C'est peut-être son œil qu'ils lui ont alors crevé – n'est-ce pas, mon trésor, que vous avez ainsi perdu votre pauvre petit œil ? »

« Tout juste, ma mère », fit-il en s'inclinant ; « vous l'avez deviné : une de ces brutes m'a stupidement éborgné, lors de mon enlèvement, en voulant m'étourdir d'un coup de son pommeau. Et ma foi ce fut ma providence, car sans cela j'aurais connu le sort réservé au petit serf dont je vous ai parlé : j'aurais été vendu au fin fond de la Mongolie, comme j'ai vu faire de tant de mes compagnons. C'était chez ces barbares un commerce parmi d'autres ; et seul cet œil crevé, qui, il est vrai, me disgracie un peu, m'a fait laisser pour compte... »

Ma mère changeait de couleur à apprendre de quel péril son fils avait réchappé. Quant à moi, mon bras était retombé sans force ; je continuais à fixer, sans l'entendre, l'individu qui narrait complaisamment, avec des regards triomphants à mon adresse, je ne sais quelle histoire d'évasion réussie, et de naufrage, et d'interminables contretemps... Un rire nerveux commençait de secouer mes côtes : ce dont aucun potentat asiate n'avait voulu pour chauffer ses draps serait donc assez bon pour gouverner Löwenfels ! J'étouffais ; je remontai en titubant jusqu'à la porte de la chapelle, l'ouvris toute grande – l'air glacé n'apaisa en rien la fournaise que j'avais dans le cœur, mon rire dément résonnait contre les murs de l'enceinte et m'effrayait, comme si les pierres elles-mêmes s'étaient prises de gaieté – je sentis qu'on s'approchait de moi, que des voix inquiètes me hélaient, et puis je ne vis plus rien...

Quelques instants plus tard, on me déposait brûlant dans mon lit, où je restai deux mois entre la vie et la mort, en proie à une fièvre cérébrale qui m'ôta presque toute conscience.

Que n'avais-je Mila pour me veiller alors ! Sans doute ses soins et sa sollicitude eussent-ils abrégé mon affection, et rendu moins amer mon retour à la vie. Mais je n'apercevais, dans les intermittences de mon délire, que des figures fermées ou importunes près de moi : tantôt c'était ma mère, qui m'avançait une cuillerée de tisane d'un air de douloureuse abnégation ; tantôt c'était le visage buriné d'une vieille servante regardant impassiblement devant elle, qui se brouillait, dans mon esprit encore embrumé, avec un grand pot de terre cuite posé sur mon bahut, d'où l'on me sortait de temps à autre une compresse fraîche. Par moments j'entendais le chanoine marmotter des prières, et mon père s'enquérir de mon état, d'une voix qu'il voulait chuchotante, mais qui déchirait comme un clairon ce silence feutré...

Quand il me vit tiré d'affaire, et commençant à réclamer un peu plus que les secours des femmes et de l'Église, il poussa jusqu'à mon chevet ; il s'asseyait sur une chaise et m'entretenait bénignement de sujets propres, selon lui, à adoucir ma peine. Les choses avaient certes pris pour moi une nouvelle tournure ; on ne m'adouberait point le jour maintenant proche de mes dix-sept ans. Mais l'on pouvait vivre, et vivre bien, sans être duc et chevalier. Je serais plus tard sacré évêque : ce n'était nullement un sort méprisable, surtout pour qui avait, d'après ce que lui écrivait son beau-frère, pris pour l'étude un goût passablement vif. Et par-dessus le marché – ici mon père baissait la voix et me clignait de l'œil – mes déboires l'avaient attendri : il consentait, oui, il consentait à m'accorder son pardon pour mes fredaines passées, Mila quitterait son exil, je pourrais même l'établir à ma guise une fois que j'occuperais mes fonctions épiscopales.

« Beaucoup le font », protesta-t-il comme, trop las pour parler, je secouais la tête avec accablement ; « n'allez pas vous piquer d'être plus vertueux que ceux qui seront alors vos supérieurs ! L'archevêque de Magdebourg entretient une superbe catin qu'il couvre de bijoux et que le peuple appelle Madame ; ne serez-vous pas bien aise d'en faire autant pour Mila ? Hors des murs de ce château, nul ne trouvera mauvais qu'elle porte de belles robes et se pose comme votre maîtresse. Je jure même que, bien apprêtée et atournée, la mâtine ne vous fera pas peu d'honneur... »

Mon regard l'implorait de se taire. Non, ces radieuses images ne me consolaient pas ; non, je n'étais pas bien aise à la pensée de retrouver mes plaisirs. Mila me manquait sans doute, elle me manquait même terriblement dans le nouveau désert de mon existence ; mais c'était la nourrice que je regrettais, non l'amante. Abattue par la maladie et par mes malheurs, ma disposition était redevenue chaste, je ne ressentais qu'horreur pour l'accommodement que mon père me faisait miroiter. Songez aussi que j'avais seize ans et, malgré mes travers, l'honnête candeur de cet âge : comment ! moi, évêque, je déshonorerais ma charge par ces saletés ? De cette charge je me faisais une idée d'autant plus épurée que je n'imaginais pas un instant l'endosser pour de bon – tout cela restait hypothèses, quelque chose se produirait, la vérité et la raison se feraient jour...

« Et puis cela ne se peut », objectai-je un matin à mon père d'une voix faible, mais décidée. « Que faites-vous de ma cousine de Ravenau ? Ne sommes-nous pas promis ? »

« Enfant que vous êtes ! » sourit mon père. « Vous êtes promis à l'épiscopat ; et votre cousine Roswitha est promise à l'héritier de Löwenfels. L'affaire est conclue de longue date : vous le savez comme moi. »

Je sentis la sueur me baigner. Dans mes rêveries fébriles j'avais maintes fois déploré le sort qui m'interdisait désormais d'épouser ma cousine ; mais jamais, au grand jamais (je ne m'en souviens pas sans étonnement, car de fait la chose, comme me le rappelait mon père, allait de soi) la pensée ne m'avait effleuré que l'usurpateur le ferait à ma place.

« Roswitha... épousera cet homme ? » m'écriai-je d'un ton lamentable.

« Évidemment, Mardochée. Vous ne voudriez pas que... »

« Mais c'est impossible ! » fis-je avec de vains efforts pour me redresser. « Mais je l'aime, entendez-vous ? »

« Allons, allons, mon fils. Voilà qu'à nouveau vous divaguez, ou cherchez une parade dans un grossier subterfuge. Vous l'aimez, dites-vous. Et depuis quand ? »

« Depuis toujours ! » sanglotai-je. « Dès la noce de Moosberg elle me plut ; ma flamme a fait le reste ; et vous-même, ne l'avez-vous pas encouragée ? »

« Aha ! » fit mon père décontenancé. « La noce de Moosberg, en effet... Oui, oui, je comprends qu'ensuite mes directives... Mais aussi », se reprit-il avec contrariété, « on ne vous en demandait pas tant ! Il s'agissait d'alliances, et non de courtoisies. Croyez-vous peut-être que j'aime votre mère ? »

Sur cette forte parole il me quitta. Aussi bien la question était-elle réglée, et mon père n'avait pas l'esprit assez spéculatif pour s'intéresser aux tenants et aboutissants d'une éventualité que les faits, dorénavant, excluaient.

L'entrevue me valut une courte mais sévère rechute, et la nuit même le délire me reprit. Il s'aggravait cette fois d'un sentiment aigu de ma perte, et ce n'était pas un repos, mais une torture supplémentaire que ces songes affligeants qui me visitaient sans relâche. L'un d'eux me fut particulièrement pénible, et j'en sortis non seulement épouvanté, mais transi de honte : maître Venetius m'accueillait dans sa cellule en m'appelant son petit évêque, et comme je m'approchais de lui pour recevoir sa bénédiction et, espérais-je, de philosophiques consolations, sa bouche se tordait dans un sourire ignoble, ses mains m'attrapaient par la taille, et il me soufflait à l'oreille, la voix rauque de concupiscence : « Ne te tortille donc pas comme ça, jolie brute ! tu es à moi : je t'ai acheté à tes parents. »

Le détestable rêve ! D'autres étaient plus vraisemblables, mais ils l'étaient pour mon plus grand chagrin. Je voyais ma chère Roswitha dans sa chemise d'épousée et subissant de Rodolphe les derniers outrages ; les subissant parfois (vision horrible) du meilleur gré. Mon Dieu, on dit que les jeunes gens se relèvent mûris d'une grave maladie ; je ne sais si ce furent les vues de l'âge adulte qui m'inspirèrent vers la fin de ma guérison, mais quand j'entrai en convalescence mon opinion était faite : il me fallait tuer Rodolphe, ou être tué par lui.

X

Je passe sur l'impiété qu'il y avait à considérer aussi froidement le meurtre d'un frère : elle n'échappera à aucun de mes lecteurs. À moi elle échappait cependant. Il n'était au fond pas si criminel, à mes yeux, de vouloir la mort d'un intrus qui me volait tout ce qui m'était cher ; et à supposer qu'il fût bien celui qu'il affirmait être, le souverain Juge ferait que ce soit sa main qui m'occît, et non l'inverse. Un jugement de Dieu : c'était un jugement de Dieu que je voulais proposer à Rodolphe, et il devait l'accepter s'il possédait un tant soit peu de respect humain.

Il me fallut des semaines avant de m'ouvrir à lui de ce projet. Chaque occasion qui m'était donnée de le voir affermissait pourtant ma résolution, en même temps que ma haine. Il est vrai que, pendant ma maladie, mes parents l'avaient prudemment tenu à l'écart de ma chambre, de crainte que son apparence ne redouble mon mal – temps qu'il passa, comme je l'appris ensuite, à s'instruire en profondeur des affaires du duché et bientôt à seconder Albéric avec une dextérité écœurante. Quand j'allai mieux, il vint me faire visite dans le sillage de mon père ou de ma mère, puis seul. Sa présence m'irritait, sa fausse compassion surtout : il se savait la cause de mon mal et affectait de s'en désoler, de réparer, par de fourbes sourires, le tort qu'il me faisait. Quand nul n'était à portée d'oreille il me donnait du « monseigneur », censément pour me complaire, à moi qui refusais de voir en lui mon égal, encore plus mon suzerain. C'était à la fois me rappeler ma folie, comme on la dénommait maintenant parmi les miens, et ma future dignité ecclésiale, que je devais à sa venue ; ainsi le drôle m'assassinait doublement.

Un jour que nous étions sans témoins, j'interrompis son persiflage pour lui saisir le bras :

« Me direz-vous, messire, à moi que personne ne croira si je le répète – me direz-vous enfin qui vous êtes vraiment ? »

Il esquissa le geste de baiser ma manche : « Oh, monseigneur, qui je suis ! Votre Excellence est bien dure pour son indigne frère... »

« Assez ! » coupai-je avec lassitude. « Ne savez-vous donc que railler vos ennemis, et flatter ceux qui vous protègent ? Vous abusez de mon état ; il me réduit pour l'heure à ne vous demander raison qu'en mots. M'esquiverez-vous sans cesse ? ou me donnerez-vous la satisfaction de me répondre dignement, en gentilhomme que vous prétendez être ? »

« Eh ! » fit-il surpris par ma véhémence, car jusqu'alors je n'avais répondu que par le silence à ses pointes ; et son œil s'attacha pensivement au mien. Il y avait de tout dans ce regard : de l'antipathie, un peu de pitié, un peu de crainte, un soupçon d'estime peut-être... Ce fut presque sérieusement qu'il me répondit : « Mais, mon cher frère, savons-nous jamais qui nous sommes vraiment ? »

« Je le sais, moi ! » rétorquai-je non sans feu. « Je suis Mardochée de Löwenfels, le fils... »

« Un curieux nom », observa-t-il.

« Un nom que je porte hautement, répliquai-je, piqué, et qui du moins est le mien depuis ma naissance, que dis-je ! depuis cent vingt ans qu'il attendait preneur. Oui, homme, ce nom m'attendait, il était coupé à ma mesure, bien au contraire du vôtre, dans lequel vous vous êtes honteusement glissé, et qui vous flotte aux manches, vous boudine à la taille, comme une harde volée à l'étal d'un fripier ! »

Je m'échauffais ; il émit un sifflement ironique.

« Peste, messire, la belle métaphore ! Mon père s'est mépris sur votre vocation : vous devriez être tailleur. »

De désespoir et de colère je serrai les poings. La trêve n'avait duré que le temps d'échanger un regard nu, et l'ironie reprenait ses droits. Comme cet homme m'abhorrait ! Quel plaisir, chez lui, à me faire mal ! Là était mon seul doute : j'y retrouvais Rodolphe, un inconnu aurait mis plus de soin à s'attirer mes grâces, comme il faisait de nos frère et sœur cadets – à moins que, justement, il n'ait été assez renseigné pour connaître notre vieille mésentente...

« Dois-je vous laisser ? » reprit-il d'un ton patelin. « Vous me paraissez las. »

« Non ; restez. »

Je faisais effort pour ravaler ma rage, pour l'empêcher de dominer mon corps et ma voix ; il fallait que je ranime chez mon tourmenteur cette étincelle d'humanité, un instant aperçue sous son masque... Je scrutai son visage. Peu m'importait la mimique de feint embarras avec laquelle il subissait cette inspection : c'était son âme, le fond de son âme que je désirais voir avant de lui parler. L'éclat verdâtre de son œil sain me découragea ; je finis par fixer la taie blanche de l'autre œil, sa seule infirmité, le seul défaut de sa cuirasse. Elle était opaque et morte, et mes propres yeux y butaient comme sur une matière inanimée, mais je passai outre ; j'y trouvais une sorte d'appui pour prononcer les mots fatals.

« Qui que vous soyez », fis-je enfin d'une voix vibrante d'émotion, « vous sentez bien qu'ici l'un de nous est de trop. Partirez-vous ? »

« Certes non ; je n'en ferai rien. »

« Je m'en doutais. Dans ce cas... » La sphère blanche restait inerte ; elle m'hypnotisait ; je déglutis. « ... dans ce cas, voici ce que je vous propose : faisons en sorte que le destin nous départage. »

« Expliquez-vous, murmura-t-il. Vous m'intéressez. »

« J'en suis heureux », m'écriai-je presque sincère, « j'en suis très, très heureux. Je le serais plus encore si vous m'aviez compris à demi-mot, ce que je crois, à vous voir enfin devenu grave... »

« En clair, vous voudriez que nous nous battions ? »

« Sans merci », complétai-je, soulagé.

« Sans merci, j'entends bien », ricana-t-il. Puis son sourire retomba. « Eh bien ! je suis votre homme. Nous nous battrons. J'aime assez la vie dans ces murs, et je l'aimerai plus encore quand j'en serai le maître ; mais vous me la gâchez. Oh ! ne croyez pas avoir le privilège de la haine, je vous déteste bien aussi. »

« Allons bon ! voilà qui nous rapproche », plaisantai-je sans gaieté. « Et puis-je savoir sur quoi se fonde votre détestation ? »

« Mais, mon cher frère, ne nous sommes-nous pas toujours haïs ? Nos premiers, nos seuls jeux ensemble n'ont-ils pas été de nous aplatir le nez et de nous bourrer les côtes ? Façons assez naturelles entre frères, je vous l'accorde, surtout lorsque leurs caractères et leurs espérances divergent aussi radicalement. Mais souvent ces sentiments s'atténuent avec l'âge, et font place à une amitié d'autant plus solide que les coups ont été plus rudement appliqués. Tel n'a pas été le cas pour nous ; vous avez vos raisons, et j'ai les miennes. »

Je m'étais levé pendant ce discours, et l'écoutais en regardant par la fenêtre. L'hiver tirait sur sa fin. Cette année j'en avais à peine connu les splendeurs, et déjà la neige, par endroits, se salissait ; le ciel était gris, sans pourtant cette grandiose noirceur des tempêtes de janvier – quelle tristesse, mon Dieu, quelle tristesse ! Jamais le renouveau de la nature ne m'avait inspiré une telle désolation. À moins que ce ne fût notre entretien lui-même qui, pour d'obscures raisons, m'abattait ainsi ? Était-ce la voix du sang qui résonnait, plaintive, à mes sourdes oreilles ? Ou éprouvais-je l'accablement que ressent la droiture à voir la tromperie quitter toute pudeur, et s'en prendre aux domaines les plus sacrés ? Voilà que l'imposteur s'insinuait dans mes souvenirs d'enfance, les malaxait entre ses grosses mains carrées – déjà je ne retrouvais plus les véritables traits de Rodolphe jeune ; je revoyais nos bagarres, je me revoyais l'empoignant par sa tignasse blonde, et déjà ces mèches n'étaient plus les siennes, ni son visage le sien : c'était la face sinistre de mon interlocuteur, son œil crevé, ses larges épaules...

« Ah ! quelle adresse », marmonnai-je, le front contre la croisée. « Oui, je vous honnis, et vous savez pourquoi : c'est que je tiens pour ce qu'ils sont vos talents d'histrion, au moyen desquels vous détruisez tout mon bonheur. Oh ! je vous le reconnais, vos tours sont parfaitement au point : vous avez sûrement beaucoup connu mon frère, et mon plus grand chagrin, celui qui vraiment affecte mon cœur, c'est que ce malheureux n'ait eu à vous narrer que de si navrantes histoires sur mon compte avant de disparaître, peut-être même sous les coups de votre propre main ! »

Un petit rire, dans mon dos, m'interrompit :

« Vous ne sauriez me rappeler mieux que vous l'avez fait toutes les raisons que j'ai, moi, de vous haïr. Eh quoi, doux sire, jugez-en : j'arrive ici sûr de mon bon droit, et espérant enfin voir le terme de mes malheurs. Et que trouvé-je ? Mon cadet qui, non content de s'être hissé à la place qui était la mienne, d'avoir subtilisé l'affection de mon père – affection virile, et pétrie d'aristocratique orgueil, qu'il réservait à son héritier –, m'accueille par des bordées d'injures ! me traite de manant, d'escroc, prétend me faire chasser !... Mais c'est vous, cher frère, qu'il faudrait jeter dehors ; ou plutôt c'est vous qui, honteux de votre bévue, devriez porter ailleurs votre séduisante frimousse, qui, m'a-t-on dit, semble promise à faire chavirer bien des cœurs !

« Ah ! comme ils m'insupportent, comme je voudrais les crever, moi, vos beaux yeux sombres, qui brillent tant quand à tort et à travers vous vous fâchez ! La belle lumière de ces yeux-là !... Mais ne voyez-vous pas que c'est vous l'intrus dans notre famille ? Où avez-vous vu, parmi nous, cette lumière, cette finesse et de traits et d'esprit ? Ne serait-ce le respect que je dois à ma mère, je vous traiterais de bâtard, petit frère, car vous êtes aussi peu Löwenfels qu'on peut l'être. Mais c'est encore vous faire trop d'honneur : vous êtes bâtard des deux côtés, il suffit de voir comment ma mère vous regarde pour comprendre que vous ne lui êtes rien, et ne lui avez jamais rien été ! »

J'aperçus le reflet de mon visage sur le carreau : j'étais blême. Cette invective m'avait anéanti. Oh ! Rodolphe ne raillait plus, j'étais servi au-delà de mes attentes, j'avais enfin vu le tréfonds de son âme la plus intime, et – quel monstrueux spectacle !

Un temps passa.

« Battons-nous, voulez-vous ? » repris-je d'une voix blanche.

« De grand cœur, mon frère, de grand cœur ! Nous nous battrons dès que vous serez parfaitement remis. Je ne voudrais pas qu'on me reproche ensuite d'avoir profité de votre faiblesse pour vous tuer plus sûrement. Ce serait d'ailleurs le seul reproche que l'on pourrait me faire : pour le principe je pense que tous me donneront raison, et vos insultes ont déjà mille fois mérité d'être lavées par le sang. »

Je haussai les épaules à ces rodomontades. Le sot me voyait déjà mort, grand bien lui fasse ! Mais tout ne m'était pas clair dans ses propos.

« Qu'est-il besoin, fis-je me retournant, que tous vous donnent raison – à vous, ou à moi, d'ailleurs, car des hasards d'une joute nul ne peut par avance augurer ? Vous nous cherchez des justifications comme à de vulgaires criminels. Un combat est en bonne et due forme, ou il ne l'est pas ; et, s'il ne l'est pas, l'assistance en juge sur-le-champ et... »

« L'assistance ! Pensez-vous que nous allons nous affronter en grande pompe, dans la cour d'armes, devant le château réuni ? »

« Mais... sans doute », balbutiai-je, n'osant ajouter qu'il omettait une présence à mes yeux décisive en cette ordalie : celle du clergé.

« Allons, allons, mon cher frère, vous rêvez : nous ne vivons plus dans les ténèbres de l'ancienne Germanie, où un litige se pouvait trancher par le fer devant une foule de témoins. Nous avons des lois, des mœurs, des attaches : jamais mon père ne consentira à ce combat fratricide. Et ma mère, donc ! je l'entends déjà. Songez aussi que vous êtes voué à l'état clérical, et qu'il y aurait scandale à vous laisser en découdre comme un... »

« Mais, coupai-je, scandale il y aura de toute manière, puisque nous allons nous battre ! »

« Oui, oui », fit-il, l'œil étincelant, « le vainqueur s'expliquera ; mais il s'expliquera après la victoire. D'ici là vous sentez bien que le combat doit avoir lieu dans le plus grand mystère, sans quoi on nous l'interdira. »

Je me rassis sur le bord du lit. La tête me tournait un peu d'être resté si longtemps debout, ce que je ne supportais guère encore. C'était aussi, je dois l'avouer, de saisissement et d'effroi : les choses, en effet, prenaient un tour que je n'avais aucunement prévu, auquel je n'étais pas le moins du monde préparé – c'était un pur assassinat que me proposait l'homme, une lutte sans règles, sans arbitre, au coin d'un bois... Pour la première fois son assurance, le rictus prédateur de sa bouche m'inquiétaient vraiment. Il paraissait bien sûr de son affaire, et je le connaissais assez pour prédire qu'il ne reculerait devant aucun coup bas. Et je l'imaginais aisément, m'ayant tué, protester la main sur le cœur que je l'avais lâchement attaqué, qu'il n'avait fait que se défendre, et que sa main avait maladroitement dépassé son but... Lui pardonnerait-on ? Oui certes : j'en étais convaincu et lui aussi, cela éclatait sur son visage. Oui, moi aussi j'entendais déjà ma mère, je l'entendais maudire ma dépouille, s'indigner de ma félonie, et serrer dans ses bras son premier-né, qu'un second miracle lui aurait rendu.

Je pesai tout cela : les motifs de mon ennemi étaient sans doute infâmes, mais il disait vrai, jamais on ne nous laisserait faire. Il me fallait l'admettre, et admettre également cette issue possible de la bataille, qui tout à la fois éteindrait ma vie et ternirait ma mémoire... Mais que m'importait ma mémoire ? Ceux qui m'étaient réellement chers sauraient ce qu'il en avait été, j'y veillerais ; des autres je n'avais cure. Et qu'avais-je à gagner de la vie si nous ne nous battions pas ? une mitre, des honneurs, de bas plaisirs – et le tableau hideux d'un duché prospérant sous le sceptre d'un autre, de ma belle cousine partageant la couche de Rodolphe le Borgne, et lui donnant un enfant par an... Pouah !

« Vous ne dites rien, mon frère. Hésiteriez-vous ? »

« Non, messire ; je réfléchissais. Mais je me rends à vos arguments : protégeons notre secret. Ce sera notre alliance, la seule, probablement, qui jamais nous unira. »

Et je lui tendis ma main à serrer, qu'il accepta sans mauvaise grâce. Il semblait extrêmement satisfait, et cet air rayonnant ne me plaisait guère ; mais les dés étaient jetés.

« Hâtez-vous de guérir, mon cher frère », me jeta-t-il en partant ; « dormez bien, rétablissez-vous : il me tarde de vous voir vaillant. »

Dès lors, il vint me rendre visite chaque jour, voulait savoir comment j'avais passé la nuit : des traits tirés le chagrinaient, il se frottait les mains à me trouver bonne mine. Nos parents se félicitaient de cette réconciliation ; l'atmosphère au château en devenait presque gaie. Quand je quittai la chambre et parus aux repas, ce fut entre lui et moi un assaut de prévenances :

« Resservez de viande monsieur mon frère », ordonnait Rodolphe, assis – hélas ! – à la droite d'Albéric ; « il ne s'est point assez restauré. »

« Volontiers », répondais-je avec une flexion du buste ; et nos regards de se croiser, et ma mère, heureuse, de sourire.

Je reprenais courage en reprenant vigueur ; la hâte me gagnait moi aussi. Quotidiennement, en secret, je m'entraînais aux armes. Sous couvert de m'aérer je m'éloignais à cheval et, arrivé au milieu des sapins, j'en choisissais un bien gros, me figurais y voir mon adversaire, le frappais d'estoc et de taille. L'écorce volait, l'aubier se déchiquetait en éclats roses : c'était un vrai massacre, et l'odeur vivifiante de la résine m'affolait, comme celle du sang affole les mâtins. Puis je descendais de cheval, soulevais en ahanant des souches et des pierres, les jetais le plus loin possible : mes muscles débiles se réchauffaient, ma poitrine s'élargissait, je sentais s'instiller dans mes veines une sève de bon augure.

Je me remplumai vite à ce régime. Bientôt nous pûmes envisager de fixer une date pour la rencontre. Rodolphe la voulait proche. J'atermoyais – non par couardise, mais parce que j'eusse souhaité, avant cela, faire à Libbitz un ultime voyage pour embrasser Mila, lui confesser notre dessein, et lui recommander de prier pour mon âme.

« Craignez-vous à ce point de mourir ? » railla mon ennemi lorsque j'eus la faiblesse de lui avouer ce motif. « Oh, vous avez raison, votre défaite me paraît certaine, à moins que Dieu ne cesse d'appuyer le vrai pour faire triompher l'erreur. Priez donc, faites prier, allez voir votre nourrice ! Je conçois votre inquiétude, et ne m'en impatiente pas. »

« Nous nous battrons dès que vous le voudrez », fis-je avec colère.

« Et ce voyage ? »

« J'y renonce. Battons-nous sur-le-champ, si vous le jugez bon. N'avons-nous pas déjà choisi nos armes ? »

« Épée et dague, et point d'armure sur les parties vitales, je m'en souviens », sourit-il férocement. « Mais vous plaisantez sans doute, et ne prétendez pas que nous fassions cela tout à l'heure ? »

« Pourquoi non ! Il est, au pied de la roche, une petite friche que l'on ne voit ni du village, ni du château : descendons-y, beau sire ; descendons-y de suite, faute de quoi je croirai que c'est vous qui avez peur. »

« Je ne redoute que les fous, et vous parlez comme l'un d'eux », répliqua-t-il en haussant les épaules. « Certes la petite friche est parfaite pour sa situation. Mais qui empêchera un pèlerin, un bûcheron de nous surprendre, ou l'un de ces enfants de serfs dont notre père, trop libéral, tolère qu'ils n'aident pas aux champs ? »

« En ce cas... »

« Je vous accorde la friche ; mais quant à l'heure et au jour, permettez-moi d'en décider. Quelque matin à l'aube... »

« Demain matin ! » réclamai-je.

« Que vous voilà maintenant pressé, mon frère ! N'attendrez-vous pas au moins le jour de votre naissance, que nos parents ont voulu plein de liesse ? Une semaine nous en sépare : laissez-leur cette joie, nous nous battrons ensuite... »

J'avais fait la grimace. Ce jour de fête en lequel j'eusse dû, sans Rodolphe, devenir chevalier, ne célébrerait plus guère que mes dix-sept ans et ma guérison ; et je m'en serais passé.

« Si vous croyez cette formalité utile, soupirai-je. Mais je ne vous céderai pas une journée de plus. »

Son œil flamboya.

« Je vous prends au mot, s'écria-t-il. La fête sera votre parade d'adieu – la vôtre ou la mienne, veux-je dire. Nous bambocherons, nous nous mettrons du cœur au ventre ; aux petites heures nous nous éclipserons, non pour nous coucher comme chacun le croira, mais pour nous équiper et descendre par la poterne. Et en bas, dans la friche, nous attendrons fraternellement les premières lueurs de l'aube. – Hein ? Qu'en dites-vous ? »

Un frisson me parcourut l'échine à la pensée de ce qui viendrait après l'aube. C'était pourtant ce que j'avais voulu – l'était-ce, en vérité ? Rodolphe me fixait ; je me sentais comme une souris sous le regard d'un reptile, et... mon Dieu, arriverait ce qui devait arriver.

« Je... c'est parfait », articulai-je.

« C'est parfait », souligna-t-il avec un large sourire ; et ce fut là notre dernier entretien avant le jour fatal.

XI

AU MATIN de la fête, je me levai, contre toute attente, frais et dispos. Les heures de cette journée passèrent extraordinairement vite, ainsi qu'il arrive lorsqu'un terme redoutable nous attend. Toutefois, comme ce furent là mes dernières heures à Löwenfels, et les dernières heures de ma première vie, je veux les raconter par le menu. J'admets que je ne le fais pas sans nostalgie, et leur donne à présent une valeur que je ne perçus pas sur le moment. Mais n'en est-il pas ici comme en toutes choses ?

Je me levai, donc, on ne peut plus dispos. La bigleuse m'apporta mon eau avec un peu de retard, et en mêlant ses vœux à de vagues excuses : on en était déjà aux apprêts du souper, et les cuisines, disait-elle, étaient sens dessus dessous.

« C'est bon, va donc », fis-je, magnanime, et je lui octroyai en la congédiant un pinçon sur la joue qui la mit en fuite ; car je passais, depuis l'affaire de Mila, pour un terrible polisson.

Je me lavai, on me coiffa, on m'habilla bellement – oh ! rien que de très sobre, de très comme il faut ; le temps n'était plus où j'évoluais, selon mon gré, en costume bleu ciel, vermillon ou émeraude. C'étaient maintenant pour moi des noirs contemplatifs, d'onctueux violets, toute autre teinte eût été malséante, estimait mon père, vu les fonctions qu'un jour je serais amené à occuper. Mais on se rattrapait sur la façon – la meilleure –, et le matériau, toujours des plus précieux. Aussi ne fut-ce pas sans satisfaction que je m'examinai dans le bronze de mon miroir. Ma barrette grise, dépourvue d'ornement, faisait néanmoins merveille sur mes boucles brunes que j'avais alors mi-longues ; ma jeune barbe, que par miséricorde on me laissait encore porter, effilait agréablement le bout de mon menton ; et ma tunique, que j'étrennais pour la circonstance, était très à mon goût avec ses fines perles nichées au croisement des piqûres, comme autant d'étoiles dans un ciel d'été.

« Je ne leur ressemble peut-être pas, mais en tout cas je suis plus beau qu'eux », me dis-je en achevant mon inspection.

Ah ! futile jeunesse, futile et imprudente jeunesse ! Je ne m'étais pas plus tôt formulé cette pensée, qui répliquait aux insinuations de Rodolphe, qu'avec l'image de ce dernier me revint en mémoire l'échéance proche. J'en eus le ventre noué : c'était peut-être ma toilette funèbre que je détaillais avec tant de soin ! Il me sembla que j'allais vomir : je courus à la fenêtre et l'ouvris précipitamment, aspirant l'air matinal, yeux fermés, comme une vigoureuse médecine. Je sentais mon cœur tout petit, et comme tombé au milieu de mes tripes : l'affreuse sensation ! Allais-je ainsi pouvoir me battre ? En cet instant j'en doutais.

Mon malaise, pourtant, s'atténua en quelques minutes, et quand je rouvris les yeux je m'étais suffisamment remis pour saluer d'une main Rodolphe qui passait en contrebas de mes fenêtres. Le gueux, lui aussi, avait fait toilette. En habit chamarré comme le plumage d'un coq faisan, dont plusieurs pennes, d'ailleurs, décoraient sa coiffure, il arpentait à pas lents la poussière de l'esplanade, à seule fin, paraît-il, de m'effrayer dès mon lever.

C'était manqué ; ma peur s'était enfuie. Et même, à voir mon adversaire si résolu à me démonter par avance, je me sentis heurté dans mon orgueil : on verrait bien qui, de nous deux, avait le plus à craindre !

« Bonjour, mon frère ! attaquai-je donc. Vous êtes matinal ; j'espère que votre sommeil n'a pas été écourté par quelque sujet d'angoisse ? »

« Nullement ! » fit-il, découvrant sa denture. « J'ai dormi comme un charme, je vous remercie. Mais j'ai fait diligence pour venir vous souhaiter toutes sortes de choses en votre dix-huitième année : ces vœux-là n'attendent pas, et je pourrais regretter de ne l'avoir point fait assez tôt. »

« Hum ! vous êtes trop aimable », lançai-je avec un sourire contraint. « Trop aimable aussi d'honorer ma fête par un tel déploiement d'élégance : le volatile dont vous portez les plumes, sans être le plus intrépide, est assurément le plus superbe des habitants de nos bois, et cette parure vous sied à merveille. »

« Oh ! cessez, vous me flattez ; je n'ai fait que suivre mon goût, qui m'incline, moi, vers les teintes gaies – au contraire de ceux qui, par choix ou par obligation, ont toujours l'air de porter leur propre deuil. »

« Va au diable ! » grommelai-je en refermant la fenêtre. Sa saillie m'avait irrité ; mais à la réflexion il me sembla qu'il m'avait répondu bien vivement, et devait lui aussi s'être irrité des miennes ; tant mieux.

Sur ces entrefaites il fallut que je descende, car c'était l'heure du premier office. Ma famille au grand complet m'attendait déjà dans la chapelle, où chacun me congratula. Alors que mes parents venaient de me bénir je ne pus m'empêcher, en me relevant, de les embrasser de tout mon cœur ; je me sentais à la fois pétulant et fâcheusement émotif, comme un homme qui a bu. Mon père assena dans mon dos quelques tapes bienveillantes, ma mère, sous ma caresse, recula d'abord puis s'abandonna ; mais un instant plus tard je la vis m'envoyer un regard aigu et critique dont je fus un peu refroidi. Sans doute croyaient-ils que par ce geste je voulais muettement, donc incomplètement, faire amende de mes récentes folies ; hélas ! je leur disais adieu pour toujours.

Jamais je n'écoutai le prêtre avec un tel recueillement. Mes prières furent ardentes. J'en comprenais maintenant toutes les paroles, et j'eus une pensée émue pour mon vieux chanoine, ainsi que pour mon maître de Marienstein. Eh oui, la messe était dite, et, quel que dût être l'arrêt du sort dans moins d'un jour, une chose était sûre : moi, je ne la dirais plus. Aussi recommandai-je mon âme à Dieu, avec plus de ferveur que de précision, car ce que j'implorais de Lui était malaisé à décrire : qu'Il fortifie ma main si j'étais dans mon droit, et, si j'avais eu tort, qu'Il considère combien sincèrement je m'étais trompé, et ne me refuse pas sans examen les béatitudes de Sa vue... Ah, nous autres humains sommes bien tortueux ; et Il n'a pas la tâche facile, Celui à qui nous prêtons l'aptitude à sonder nos reins et nos cœurs.

On parla peu au dîner. Je mangeai beaucoup, quoique la chère fût frugale en prévision du festin à venir. J'avais bien prié, je voulais bien me nourrir – je mettais aujourd'hui du zèle à tout ce que je faisais, par un souci de ne rien négliger qui me pût demain servir, et aussi par un sursaut de ma volonté de vivre que je sentais, malgré ma décision, bouillonner dans mes jeunes membres.

Après celui du matin, j'eus un deuxième coup au cœur au sortir du repas : la journée était assez écornée déjà, et il me restait tant à faire ! Je courus d'abord au plus pressé, et occupai une heure de l'après-dînée à écrire deux lettres. La première était pour mon père, « si le sort m'arrachait à son affection le lendemain de ce jour-ci » : je l'y priais de me pardonner, et, au nom de ce pardon, de reprendre dans sa maison ma nourrice Mila et sa fille. En souvenir de moi, disais-je, il serait généreux d'accorder au moins à cette dernière la condition libre, et de lui assurer une subsistance honnête. (J'étais bien inspiré de penser à cette enfant qui était aussi la mienne ; je crois que je le faisais pour la première fois depuis sa naissance.)

L'autre lettre me coûta infiniment plus de peine. Elle était destinée à ma cousine Roswitha, et je demeurai longtemps à ruminer sans rien écrire, tant il me paraissait audacieux de m'adresser à elle, à qui rien, sinon une vague parenté, ne me liait plus dans les faits, et avec qui je n'avais pas échangé dix phrases de toute mon existence.

« Ma chère cousine », finis-je par tracer sur mon vélin ; et je restai court. Un flot de larmes s'échappait de mes yeux. Il y avait tant de tristesse, me semblait-il, dans ces trois mots : « Ma chère cousine ! », qu'un instant je jugeai que le message suffisait. Le recevant elle saurait aussi que j'étais mort ; n'était-ce pas assez ? Puis je revins à la raison, et tout en pleurant je poursuivis en ces termes – je peux ici les restituer littéralement, car la missive ne quitte jamais la poche intérieure de mon habit ; pauvre dépouille, barrée de plis horizontaux, que je conserve là, sur mon cœur, parmi d'autres reliques de mes amours passées :

« Ce n'est pas sans trembler que je me hasarde à vous écrire, ce à quoi rien ne m'autorise plus, hélas ! sinon le grand attachement que j'ai pour vous. Chère cousine, je sais que dans notre monde ne comptent que les mots, et, faute de me les avoir entendu prononcer, peut-être continuez-vous de vivre tout uniment la vie que vous impose votre condition. Je ne veux pas, de mon seul fait, y mettre d'aspérités et vous rendre malaisé un chemin que vous êtes forcée de suivre, en vous communiquant un trouble que vous n'éprouviez pas. Aussi ne lisez pas plus avant si tel est le cas ; recevez le dernier salut d'un égaré dont la vie ne méritait plus d'être vécue, et s'achève nulle et non

avenue pour la satisfaction de tous. Soyez heureuse avec celui qu'on vous donnera pour époux, bannissez tout souvenir de moi : j'aurais dû ne pas naître. »

À ce point je m'interrompis pour essuyer mes larmes et repris, dans un soupir tremblé :

« Si, en revanche, vous avez comme moi vu l'union à laquelle nous semblions promis avec moins d'indifférence qu'un devoir familial ; si dans nos silences, ou dans nos vaines paroles, vous avez comme moi entendu autre chose que la voix du devoir – alors ces lignes sont pour vous. Douce Roswitha, peut-être m'avez-vous aimé ; peut-être me pleurez-vous à l'heure où vous me lisez ; sachez alors que je suis mort pour vous, et que c'est pour vous conquérir que j'ai affronté mon frère. Je lui donne ce nom, car ma défaite signifiera qu'il le portait à juste titre. Nous en sommes convenus : un combat nous opposera demain, librement consenti, pour en décider. Le Seigneur tranchera.

« Chère cousine, il est amer, je sais, le legs que je vous fais. J'aurais pu mourir sans vous instruire, vous laisser penser que vos premières affections étaient indûment placées en un ambitieux fratricide. Je ne l'ai pas voulu : à vous de voir maintenant si j'ai mérité que vous braviez pour moi la volonté de deux familles en refusant mon frère. Et si vous ne pouvez vous résoudre à la braver – ce que par avance je vous pardonne, car je vous sais seule et sans appui –, de grâce, gardez-moi votre cœur ; ne donnez pas à Rodolphe plus qu'il ne sera en droit de vous demander, fidélité et descendance. N'oubliez jamais que le nom que vous porterez était aussi le mien ;

et le ciel, qui voit tout, peut-être un jour daignera nous réunir, si par vos prières ici-bas vous hâtez le rachat de celui qui fut, et restera,

Votre serviteur,
Mardochée de Löwenfels.

Je sanglotais en achevant ces lignes. Je renonçai à me relire, et cachetai aussitôt, d'une main si incertaine que la cire tomba en gouttes rouges comme une traînée de sang ; l'effet était tragique. Chose bizarre, mes pleurs en furent coupés net : sans doute avais-je suffisamment épanché ma douleur de n'être plus. Mettant de côté ces deux testaments, je quittai donc ma chambre et allai, plein d'une mâle énergie, faire seller mon cheval : à si peu de temps de la bataille, il fallait que j'affermisse une dernière fois ma main si je voulais encore connaître les douceurs de ce monde-ci.

Il faisait très beau en cette heure méridienne. Sous le ciel limpide, les bois résonnaient de chants d'oiseaux, une herbe tendre tapissait les clairières, invitant à la sieste, à d'amoureux ébats – mais je n'y égarai ma pensée qu'une seconde.

« En garde ! » m'écriai-je en face d'un jeune sapin dont j'avais déjà, l'avant-veille, vilainement entamé le tronc ; et je cognai, frappai, hachai, tant et si bien qu'il finit par se faire un grand craquement et que l'arbre, lentement, s'écroula. Mon cheval broncha et coucha les oreilles ; je lui flattai l'encolure en contemplant le résultat de mon ardeur meurtrière, où je voyais un réjouissant présage.

Je pris soin, après cela, d'affûter à neuf mes deux lames ; puis je m'en fus au château faire brosser mon habit et mes chausses, qui étaient tout poudreux.

Il me restait peu de temps à moi : bientôt j'aurais à paraître, à faire bonne figure au milieu des miens, jusqu'à ce que sonne pour moi l'heure d'aller vaincre ou mourir. Qu'allais-je en faire ? Il n'eût pas été déplacé, je le sentais, de prendre aussi congé du monde de l'esprit, de me retremper l'âme en visitant mentalement l'un de ces lieux mnémoniques que j'avais patiemment, en mes années d'étude, meublés de mes lectures.

« *Fortitudo*... Sénèque... L'homme libre ne redoute autre chose que... », murmurai-je, irrité de constater que ma réminiscence, malgré tous mes efforts, ne ramenait au jour que ces lambeaux informes. Alors je soupirai et m'en fus m'étendre sur ma couche, les yeux levés vers les caissons du plafond. Le bois en était sombre et poli, les motifs peints, reposants pour la vue, surtout après la vive lumière des champs au midi ; mes paupières clignaient, je songeais qu'il aurait été agréable d'avoir contre moi Mila, de laisser glisser ma main sur sa hanche – et puis ma voluptueuse rêverie, d'abord précise, s'éparpilla, et je m'endormis.

Ce fut la sonnerie de none qui me réveilla. J'avais un peu mal à la tête en me levant, et l'esprit encore embrumé ; mon cœur battait. Dès lors, les choses se précipitèrent ; de cette deuxième moitié de la journée je garde un souvenir chaotique et lancinant, comme si tout ce qui avait suivi mon somme n'avait été que la suite de mes rêves.

Était-ce une impression, ou un tissu de signes nous enveloppait-il réellement ? De menus incidents se multiplièrent. Quand nous fûmes de nouveau réunis dans la chapelle, un pigeon s'élança dans la nef et alla s'assommer bêtement contre les vitraux de l'abside. Plus tard, en me mettant à table, je trébuchai, et ma sœur à qui je donnais le bras faillit tomber à ma suite : je fus le seul à n'en pas rire. Enfin, au cours du long souper, un joueur de psaltérion (joueur réputé que mes parents avaient convié pour me complaire) eut l'œil blessé par le bris d'une corde, qui se rompit au moment même où il se penchait pour la régler.

Pendant ce temps, mon cœur ne me laissait pas de paix. Il bondissait dans ma poitrine, de plus en plus violemment, et il me semblait que tous devaient en entendre les coups malgré le brouhaha de la fête qui, les heures passant, devenait général. Je n'avais garde de trop boire, et pourtant je parlais à tue-tête pour tenter de couvrir ce vacarme sous mes côtes. J'esquivais Rodolphe, qui eût bien voulu entamer la joute verbalement ; je le laissais dire, et riais de ses saillies sans faire mine d'en comprendre les sous-entendus.

Je m'empressais en revanche, dans un souci tardif de charité, auprès de ma sœur et de mon frère Othon. Les malheureux ! Je les avais bien négligés jusqu'alors. Je découvrais, la conscience bourrelée, qu'ils me vouaient l'admirative affection que souvent les cadets portent à leurs aînés ; et mes prévenances les enchantaient. Othon me révélait soudain des sourires qui le rendaient presque charmant ; et Catherine, ma petite sœur, sortait un peu de sa réserve dans l'exubérance ambiante. J'aurais pu m'en faire des amis, si leurs figures sérieuses et médiocres ne m'avaient dès l'abord rebuté. J'étais puni de mes dédains : sans doute était-il trop tard à présent.

Il était trop tard. Voilà que Rodolphe cherchait mes yeux et, d'un geste de la tête, me désignait le ciel derrière la grande croisée ouverte. Nous conférâmes dans l'embrasure : oui, la lune était basse déjà, l'aube n'était plus éloignée, les reliefs d'un ultime service refroidissaient sur la table où mon père et ma mère restaient à peu près seuls, car le gros de la compagnie était descendu dans la cour pour regarder s'ébattre les rustres en goguette.

« Allons », fit Rodolphe. Nous convînmes de nous retrouver sur l'esplanade après être allés chercher nos armes. J'embrassai d'un coup d'œil notre belle et riche salle, le visage ensommeillé de mes parents, le va-et-vient des domestiques qui desservaient et, pâles de fatigue, louchaient pourtant du côté des fenêtres, par où montait la rumeur de la fête populaire ; et je me retirai.

Quelques tisons rougeoyaient dans l'âtre de ma chambre. À leur lueur je glissai mes deux lettres sous mon habit, sortis du bahut une cape dans laquelle je roulai mon épée et ma dague, et redescendis. Ce ne fut pas sans mal que je traversai l'esplanade : des ribambelles de danseurs me barraient le chemin, autour des tonneaux mis en perce s'étalaient des mares où mon pied dérapait. Une rixe avait éclaté entre deux vauriens qui se disputaient la même cavalière ; celle-ci, une robuste garce aux joues empourprées, suivait les poings sur les hanches, et l'air rayonnant, les progrès de l'affaire, tandis que les lutteurs s'aboyaient d'abominables injures. Je les dépassai tête basse ; ne leur ressemblais-je pas, au fond ?

Aucune sentinelle ne gardait la poterne. Je crois que toutes, fort éméchées, étaient occupées à lutiner des villageoises. Mon ennemi seul m'y attendait dans l'ombre ; il se frotta les mains en m'apercevant.

« Eh bien, descendons-nous ? » lui dis-je avec hauteur, pour décourager les sarcasmes que visiblement il m'apprêtait.

« Dès qu'il vous semblera bon », répondit-il ; et nous passâmes la porte.

La lune brillait sur les pierres de la pente. C'était à peine un sentier, plutôt une sorte de ravin où nous nous serions cent fois rompu le cou sans les secours de l'astre nocturne. Les secours, mon Dieu !... Je voudrais n'avoir pas eu cette chance : je serais mort sans gloire, mais sans déshonneur, et surtout j'aurais emporté dans l'au-delà une moins piètre idée de l'homme.

Nous parvînmes en bas, nous nous assîmes ; la falaise nous surplombait. Du remous de la fête nous n'entendions plus un son. Rodolphe, sifflotant, examina le tranchant de ses lames ; j'en fis autant. Nous restâmes ainsi une éternité à ne rien dire. Qu'attendions-nous ? La nuit était pourtant assez claire ; à présent j'avais hâte de m'y mettre et de finir tout cela.

J'allais ouvrir la bouche quand une chouette, au loin, hulula. Ce bruit parut tirer Rodolphe de sa songerie. Il se leva, je me levai aussi, nous échangeâmes un regard d'entente. Alors je m'éloignai de quelques pas, étudiai machinalement les accidents du terrain qui m'entouraient, afin que mon pied n'y achoppe pas si j'avais à reculer.

« Veux-tu prier, petit frère ? » ricana mon adversaire.

« Mille mercis », marmonnai-je en serrant le poing sur mon pommeau. « Je suis en règle avec le ciel. »

Derrière moi la chouette cria encore ; je me raidis.

« Alors je suis à toi ! » proféra Rodolphe, d'une voix qui résonna comme un tonnerre à mes oreilles. Je parai sa première passe avec une aisance qui me ragaillardit ; je respirais mieux, toute ma crainte s'était envolée. Bing ! Bang ! les lames se heurtaient durement, mes yeux ne quittaient pas la forme détestée qui me faisait face. Comme j'étais fort, ô Dieu ! et quelle facilité ! J'aurais cru mon ennemi plus coriace : c'était sans doute mon bon droit qui me portait ainsi.

Insensiblement nous tournions, et je me trouvai bientôt à l'opposé du point où je m'étais mis en garde. Mais là, que vis-je en gris devant l'orée du bois ? À vingt pas de Rodolphe, coutelas à la main, se tenaient trois sinistres figures, n'attendant que son signal pour s'élancer !

J'eus un violent haut-le-corps, mon adversaire appela. En un clin d'œil je fus entouré, harcelé, mon épée virevoltait avec l'énergie du désespoir – ah l'ignoble trahison, je ne pouvais y croire – comme il me donnait raison, ce lâche et fourbe, à voir de quelle racaille il se faisait aider ! C'était un tourbillon où je me trouvais pris. J'essayais de me dégager : de quelque côté que je me tourne mes yeux rencontraient l'un de mes assaillants. Je reçus une piqûre au bras ; la douleur et une mortelle angoisse me firent me ressaisir, je me fendis à l'aveuglette et sentis, dans un éclair de triomphe, mon épée traverser une poitrine. Misère ! un nouvel assaut sur mes arrières m'avait fait lâcher prise, je m'écartai vivement, terrifié par ma dextre vide dans laquelle je me hâtai de faire passer ma dague.

Et alors – ma foi, je perdis la tête : je m'étais préparé à un combat singulier, non à l'embuscade d'une meute de brigands. Je n'eus plus qu'une idée, celle de remonter la côte pour faire venir la garde à ma rescousse. L'une des brutes me talonnait ; j'entendais derrière moi son souffle rauque, les pierres du chemin rouler sous ses semelles. Je haletais ; déjà j'étais sous la poterne et secouais follement le cordon de l'alarme, lorsque j'entendis en bas rappeler mon poursuivant – encore cette huée de chouette, dont j'avais été si sot de ne pas me défier. L'homme fit demi-tour et détala ; au même moment une dizaine de gardes hébétés arrivèrent enfin à la porte, me découvrirent et (après un temps considérable) comprirent qui j'étais. J'en entraînai cinq avec moi, tandis que le restant montait se poster sur le chemin de ronde et que le château, peu à peu, se ressaisissait.

Je n'avais guère eu le loisir de m'expliquer. J'avais lâché le mot de « brigands », montré le sang à mon bras et bredouillé je ne sais quoi à propos de Rodolphe ; nos gens prenaient les armes comme pour un siège. Je sentais bien que j'avais fait maldonne, mais il n'était plus temps de reculer. En un instant nous fûmes dans la friche ; le ciel blêmissait à l'approche de l'aurore, et sa lumière grêle nous découvrit un spectacle dont je fus tout à coup glacé d'épouvante. Envolés mes trois gredins ; et dans l'herbe gisait, au milieu d'une flaque noire, Rodolphe inanimé, le sein pourfendu par mon épée, ma propre épée, cadeau de mon oncle Dietrich.

XII

Je ne saurais assez dire l'horreur qui m'étreignit. Je m'éveillais comme d'un long sommeil, et, dans ce jour cru, la monstruosité des choses m'accablait. Moi, Mardochée, j'avais tué un homme ! Considérez qu'à la différence des époques troublées où les fils nobles, au sortir de l'enfance ou peu s'en faut, sont amenés à combattre et à ôter la vie, ma jeunesse à moi s'était passée dans la paix et dans l'innocence. Hormis quelques lapins que la chance, plus que l'habileté, m'avait fait prendre à la chasse, ma main n'avait encore occis aucune créature – et voilà que j'avais sous les yeux ma première victime, qui était aussi, par un méchant caprice du sort, le premier homme mort, ou du moins mort violemment, que je voyais. Abomination ! Je comprenais un peu tard, malgré l'égarement belliqueux de mes derniers mois, combien un tel acte était étranger à ma nature – oui, je le comprenais soudain : sans la félonie de Rodolphe, qui m'avait contraint à me défendre, jamais je n'aurais poussé jusqu'au bout notre projet, dont j'apercevais maintenant toute la funeste aberration. Jamais je n'aurais commis ce crime entre les crimes, contre lequel nous prévient le cinquième des commandements.

J'en parle, bien entendu, avec la lenteur de qui relate ses souvenirs et s'y complaît, ne trouvant point dans sa vie présente d'intérêt assez puissant pour l'y retenir ; mais sur le moment, il ne me fallut qu'une seconde pour concevoir ce que je viens de dire – le temps de faire les dix pas qui nous séparaient du corps.

Arrivé près de lui, je relevai des détails qui accrurent ma consternation. Mon adversaire gisait là dans son habit de fête tristement souillé, les yeux clos, aux lèvres une écume rose qui moussait encore et lui mettait comme un fard. Ce trait féminin, l'élégance raffinée de son costume éloignaient toute idée de joute, le faisaient apparaître infiniment vulnérable : un bon vivant fauché dans sa fleur par la lame d'un vil assassin. Et, comble d'effroi, je remarquai alors qu'il n'avait plus sa dague, ni son épée.

« Sorcellerie ! » balbutiai-je, tremblant de tous mes membres. Le fait pouvait s'expliquer simplement ; c'était sans doute les trois coquins qui avaient ainsi dépouillé leur commanditaire en s'enfuyant ; mais je n'y songeai pas. Mes nerfs étaient déjà à vif ; je n'étais pas loin de croire que tout – les brigands, l'attaque dont j'avais été victime, et même notre loyale entente – n'avait été qu'une formidable illusion de mes sens, ourdie par le malin pour me faire accomplir ce dont je rêvais, mais que ma conscience m'eût interdit : abattre un homme qui me gênait. C'est ce qu'on penserait assurément : déjà je voyais les gardes, préparés à repousser une cohorte d'assaillants, considérer avec stupeur le calme des bois à l'aurore, dans lesquels, paisibles, les alouettes chantaient ; puis se retourner vers moi d'un air que je jugeai soupçonneux.

Je me jetai sur mon épée et l'arrachai de la plaie ; un geignement parut s'en échapper.

« Il vit encore », observa l'un des hommes.

« Tentez de le sauver ! » ordonnai-je avec un mélange de joie et de frayeur. « Allez, allez, courez lui chercher des secours, le temps presse ; pour moi je vais partir à la poursuite de ces malandrins, que Dieu les damne ! Je crains qu'ils ne soient déjà loin. »

Un garde remonta en trombe vers la poterne, un deuxième se pencha sur le blessé pour essayer de le ranimer, murmurant avec respect que je n'aurais pas dû retirer l'arme, car le sang s'était remis à couler.

« Vous n'y entendez rien ! » dis-je très fort tout en couvrant l'épée de ma cape – je ne savais plus ce que je faisais, je ne pensais plus qu'à disparaître, à laisser derrière moi ce désolant gâchis. Les trois hommes restants parlaient de m'accompagner, protestaient qu'ils ne me laisseraient pas aller seul. M'avaient-ils deviné ? Je le crus. Je rassemblai mes vestiges d'autorité ducale, je fus catégorique et tranchant : l'un des gardes battrait les taillis qui bordent la friche ; les autres courraient vers les Halliers, où il me semblait bien, affirmai-je, avoir vu s'enfuir la crapule. Quant à moi je m'occuperais du village et m'assurerais que personne n'y était caché. Ils s'exécutèrent.

Il me fallait faire vite. Mon ton impérieux les avait réduits au silence, mais sans doute sentaient-ils l'absurdité de cette battue à pied. Ils reviendraient au château, des cavaliers repartiraient en multitude, on me poursuivrait. En un clin d'œil je courus jusqu'aux premières maisons du village, enfonçai la porte d'une étable. Un âne était là : va pour l'âne ! Je lui passai son licou, le tirai au-dehors et grimpai sur son dos. Par bonheur je suis léger ; l'animal ne renâcla que pour la forme et bientôt, avec une docilité rare chez ceux de son espèce, prit le grand trot sous mes coups de talon. Peut-être avait-il reconnu en moi un de ses semblables ; car j'étais un bien grand âne en cet instant, un sot fieffé, que dis-je ? un sot qui par sottise renonçait à son fief. Je le vois nettement aujourd'hui : tous mes déboires ne sont venus que de cette fuite imbécile, alors qu'en restant où j'étais je me serais sans mal disculpé. Toute différente aurait été ma vie : plus élevée et plus droite qu'elle n'a été, mais aussi plus ordinaire ; et j'aurais certainement eu mon nom dans les annales, comme l'ont eu mes ancêtres et comme l'auront toujours leurs héritiers ; mais sans que mon existence particulière m'apparaisse mériter que moi-même j'aille sacrifier de nombreux mois à la coucher par écrit.

Eh oui : c'est ici que ma vie sortit de son ornière, et dès l'abord il fut clair que ce fourvoiement m'éloignerait de mon état. Car enfin, avait-on jamais vu un Löwenfels adulte courir les chemins à dos de bourricot ? Ce fut pourtant ainsi que je quittai ma terre ; et il est heureux pour moi que personne n'en ait été le témoin.

Je me trompe : quelqu'un me vit. En parvenant dans l'unique rue du village, j'aperçus une haute et lourde silhouette : c'était Krischan l'idiot qui revenait de la fontaine, un seau au bout du bras, et s'écarta sur mon passage en me tendant le poing. Sa bouche me criait quelque chose ; mais comme au-dedans ne remuait qu'une langue mutilée, je n'en compris pas un mot, et poursuivis sans ralentir ma course.

Presque sans réfléchir j'avais pris la route de Marienstein. N'était-ce pas la seule que je connaissais ? N'avais-je pas là-bas des amis, une vraie famille ? « Eux au moins me croiront », marmottais-je, à demi fou, tandis que mon baudet me secouait rudement sur les cailloux de la montée. Ils me croiraient, parce qu'ils m'aimaient ; il fallait en effet beaucoup d'amour pour me penser sincère en une affaire aussi extravagante, où tout semblait m'accuser.

Tout, non pas. J'avais bel et bien reçu au bras une blessure, que mon émoi m'avait fait perdre de vue, mais qui à présent commençait à me lancer. Tenant ma bride d'une main je relevai ma manche : hélas ! je ne trouvai qu'un petit trou violâtre dont le sang ne coulait même plus. L'épine d'un rosier un peu fort aurait pu me blesser davantage – c'était bien ma chance ! Et, si cela m'assurait, à moi, que toute la scène n'avait pas été le fruit d'une imagination possédée, je devais renoncer à présenter cette égratignure en témoignage de ma bonne foi : on me rirait au nez. Était-il vraisemblable que, tombé dans une embuscade, je m'en sois aussi heureusement tiré, et qu'au surplus l'unique victime, dans la mêlée, soit tombée sous mes coups à moi ? Ah, malheur, malheur, malheur, comme ma providence m'avait mal servi ! Elle ne m'avait couvert que pour mieux m'accabler, n'avait soutenu ma main que pour la souiller d'un crime horrible !

Et je revis l'affreuse blessure, le sang répandu et poissant l'herbe tout alentour ; Rodolphe au visage cireux et blême, comme la peau d'un goret après qu'on l'a saigné – peut-être était-il mort à cette heure, j'entendais dans mon dos les lents coups d'un glas, mêlés au tintement du tocsin qui répandait l'alerte – vite, vite, fuir au loin, oublier Löwenfels et m'en faire oublier ; j'étais maudit, je le voyais bien.

Et de talonner ma bête ; et de faire voler, en blanches volutes, la poussière du chemin.

Parvenu dans les grandes sapinières qui s'étendent à perte de vue après le premier col, je sentis un peu refluer mon angoisse. Mon âne, sur le plat, allait plus vaillamment, le son des cloches s'était tu. Il faisait grand jour à présent, et la lumière du soleil commençait à fondre le froid qui glaçait mon cœur depuis les événements. Ici, avant trois lieues, n'était pas âme qui vive ; je n'avais pas à redouter le regard accusateur des hommes. J'étais seul parmi les montagnes, il n'y avait rien entre moi et le ciel, que j'apercevais tout bleu au sommet des deux murailles de branches noires, comme un second chemin suspendu au-dessus de ma tête ; et là-haut, tout là-haut était Dieu, qui me voyait et me jugeait.

Je progressai ainsi un long moment, en proie à de sombres pensées, jusqu'à ce que la chaleur du jour finisse par pénétrer même au pied des futaies. Un engourdissement me gagnait ; je n'avais pas dormi depuis la veille, ma lutte et mes effrois m'avaient brisé, je sentais mes paupières s'appesantir.

« Ah, et puis tant pis ! » me dis-je au terme d'une longue et pénible résistance. Qu'on me rattrape, qu'on me prenne, je m'en moquais : il me semblait que j'allais mourir si je ne dormais un peu.

Mon âne poussa un braiement joyeux quand je lui commandai de prendre le pas et de tourner à droite. Lui aussi devait être las et flairer dans mon ordre la promesse d'un repos, et de chardons à croquer. Nous marchâmes longuement sous les branches ; la proximité de la route, derrière nous, m'inquiétait. Enfin il y eut une clairière avec une source, et plusieurs sentes indiquant que les bêtes sauvages venaient la nuit s'y désaltérer. Comme elles je redoutais les lieux hantés par l'homme : j'en fus, pour cette raison, favorablement impressionné.

Ayant bu et fait boire mon grison je l'attachai solidement à ma botte, afin qu'il m'avertisse, le cas échéant, d'une présence ; puis je m'étendis sur le flanc, et bientôt je dormais.

Mon somme dura longtemps, car au réveil le soleil était déjà bas sur l'horizon. Je fus un moment sans me rappeler pourquoi j'étais là ; mon âne broutait paisiblement, des bourdons dansaient dans l'air tiède – et soudain tout me revint à l'esprit. Une brusque nausée me secoua. Que faisais-je ici à traîner, moi, meurtrier d'un duc et peut-être d'un frère ? Je revoyais tout à tête reposée, et mes affaires me paraissaient plus critiques que jamais. Ce fut alors que, frottant ma tunique salie, je m'aperçus qu'hormis au bras sur lequel j'avais dormi, les perles en avaient disparu : à leur place pendaient autant de petits fils noirs, dérisoires, provocants, comme une insulte à ma coquetterie et à mon intelligence.

Je regardai autour de moi, regardai mon âne, revins à ma tunique : rien à faire, je ne rêvais pas. Je ne cherchai pas à comprendre. Le sort m'en voulait, c'était assez clair, je ne voyais que cela. Au moins ne m'avait-on pas pris ma bourse ni mes chères lettres, comme je m'en assurai en tâtant ma doublure. Allons ! ainsi attirerais-je moins l'œil et la convoitise ; c'était autant de gagné.

Et, avec un haussement d'épaules, je me hissai derechef sur ma monture et repartis – l'estomac encore en bataille, et sentant néanmoins que manger un morceau ne m'aurait pas fait de tort ; mais qu'avais-je à espérer de ce côté ? Rien, jusqu'au lendemain sans doute. Aussi en pris-je mon parti, et maintins notre allure sur la route qui se déroulait, interminable, sans accidents et sans variété.

Comme le soir tombait je me trouvais encore dans la solitude des collines. J'avais moins à craindre désormais, les cavaliers ne pousseraient probablement pas si loin à la nuit ferme, et, s'ils le faisaient, je pourrais facilement me cacher d'eux. C'est pourquoi je mis pied à terre pour laisser souffler mon âne, qui paraissait harassé.

Ce fut après un coude que j'aperçus, devant nous, un homme qui marchait. Il se retourna ; c'était un moine. J'esquissai avec peine un sourire avenant ; l'autre, après un mouvement de recul, parut rassuré par ma mise et par l'équipage peu martial qui était le mien.

« Dieu vous bénisse », saluai-je une fois arrivé à sa hauteur.

« Eh ! bonsoir, mon garçon », repartit le moine d'une voix assez grossière. « Beau temps pour faire route, n'est-ce pas ? »

« Je... oui, murmurai-je. Peu suivent notre exemple, pourtant ; car la route a l'air bien déserte. »

« Vous vous trompez, doux sire », fit l'autre qui m'avait étudié par-dessus le dos de ma bête et devait avoir reconnu en moi, à la distinction de mon costume, un homme de qualité. « Sur cette route que vous trouvez déserte, j'ai vu me dépasser, puis revenir, une troupe de cavaliers plutôt fournie. Les hommes du duc, m'a-t-il semblé ; j'ignore ce qu'ils cherchaient. »

Je demeurai silencieux. C'était un soulagement d'apprendre qu'ils étaient déjà passés, apparemment pendant mon somme. Mais avec eux s'était sans doute répandue la nouvelle de mon crime, et de ma disparition : j'allais au-devant d'autres ennuis.

« Ne le leur avez-vous pas demandé ? » articulai-je enfin d'un ton de naïf étonnement.

Le moine toussota puis répondit : « Heu ! C'est que voyez-vous, à leur premier passage je n'ai fait que les apercevoir de loin, car j'arrivais par un chemin de traverse ; à leur retour ils ne se sont pas arrêtés non plus, car je m'étais retiré sous les fougères pour y chier. Eh quoi ! » grogna-t-il comme je sursautais,

« croyez-vous que pour être entrés dans les ordres nous autres religieux échappions aux lois communes de la nature ? »

« Certes non », reconnus-je, frappé maintenant par l'odeur de vinasse et de chenil qui émanait de l'habit monacal. Mon interlocuteur, une main sur l'encolure de mon baudet, reprit sans transition :

« C'est un brave animal que vous employez là, messire, par une modestie qui vous honore et dont je vous félicite. On en a vu qui portaient jusqu'à des poids de deux cents livres, et je crois que votre bête ne plierait pas sous le mien. Oh ! oui, l'âne est un brave, et même un saint animal. Un âne souffla sur Notre-Seigneur pour Le réchauffer quand Il naquit ; un âne Le porta vers l'Égypte pour Le soustraire au massacre des Innocents ; et c'est sur un âne encore qu'Il entra dans Jérusalem. L'âne est têtu, comme l'âme droite qui persévère dans le bien ; il est également sobre et se contente de peu, montrant au vrai chrétien ce qu'est la tempérance... »

Le voilà qui prêchait ! Mais je n'écoutais plus. Une pensée venait de m'ébranler comme la foudre. Cette rencontre, si curieusement engagée, m'apparaissait soudain providentielle : Dieu ne m'avait pas abandonné, il m'envoyait son émissaire, et pour m'éprouver me l'avait choisi vulgaire et fruste à souhait, car la Vérité aime à se dissimuler sous une humble vêture. C'était un peu hâtif, mais mes esprits, j'y insiste, étaient troublés. En bref, je vis cette divine main qui m'était tendue, et je m'y cramponnai.

« Frère, écoutez-moi », fis-je au milieu de son homélie. « Frère : je veux me confesser. »

Le moine se récria ; il n'était pas content. J'avais barré tout net son torrent d'éloquence, dont il semblait tirer quelque fierté ; et je l'avais fait pour quoi ? pour satisfaire une lubie, un désir saugrenu – me confesser ici, au fond des bois, comme si la chose ne pouvait attendre !

La discussion devenait vive. À la fin je n'y tins plus, me jetai à genoux au milieu du chemin, devant ses pieds ; et je dus crier pour le faire taire :

« Frère, vous devez m'entendre ! J'ai tué un homme. »

« Quoi, quoi ? »

« J'ai tué ! » répétai-je d'un ton déchirant – oh, que d'embûches me fallait-il surmonter ! Elle ne m'était pas rendue facile, la dure route de l'aveu ; sans doute ma faute me l'avait-elle fait mériter. Enfin, ayant obtenu le silence, je me lançai dans un récit embrouillé de l'affaire. Le moine, à présent, buvait mes paroles, me posait des questions, se faisait expliquer tel ou tel point obscur. Parfois j'osais relever la tête pour le regarder : je voyais alors son œil, étrangement perçant, posé sur moi sans horreur, même avec une sorte de lueur intéressée... Ô Dieu ! me comprenait-il ?

J'étais au bout de ce que j'avais à dire : je me prosternai en attendant le verdict. Rien ne venait. J'entendis le bruit d'un crâne qu'on gratte, puis mon confesseur s'éclaircit la voix :

« En effet ! En effet. Vous vous êtes fourré, mon fils, dans de vilains draps. Tuer reste un bien grand péché quand ce n'est sur l'ordre de Dieu : je ne sors pas de là. »

« Mais, protestai-je, puisque je ne faisais que me défendre ? »

« Que vous dites ! répliqua le moine. Vous admettez vous-même avoir douté si vos assaillants étaient de chair et d'os, ou des démons sortis de votre cervelle. Pour moi... »

« Frère ! gémis-je, j'en suis revenu ; ne vous ai-je pas dit avoir reçu une légère blessure, ce qui par conséquent prouve leur réalité et mon bon droit ? »

« Ce qui ne prouve rien du tout, corrigea l'autre. À l'évidence ces choses-là vous dépassent. On sait que des incubes peuvent féconder des femmes ; et s'ils le peuvent, croyez-vous vos démons incapables de vous avoir lardé le bras, ce qui exige beaucoup moins d'adresse ? »

J'étais abasourdi. Tant de bêtise, ou de malice, me révoltait. Et moi qui m'étais figuré être compris de cet homme !

« Vous n'allez donc pas m'absoudre ? » balbutiai-je.

« Mais non », trancha l'homme d'un ton important, « du moins pas tout de suite. De deux choses l'une : soit vous êtes vraiment possédé, et alors il est nécessaire de procéder un peu plus longuement que vous n'avez l'air de croire. Soit vous n'avez lâché ça qu'en passant, hein, à tout hasard ! parce que vous espériez en faire accroire au vieux frère Ildefonse. Eh bien, ça ne prend pas. Je sais, moi, reconnaître un véritable repentir : vos histoires me paraissent témoigner d'une contrition pas bien solide. Non ! pas solide du tout. »

Qu'était cela ? Le vieux frère Ildefonse ! En fait d'âge, l'homme avait tout au plus le double du mien. Et quelle suffisance, quel manque absolu de cœur ! Je tombais de haut. Et soudain la fureur m'emporta, une fureur mêlée d'un certain malaise, que j'attribuai sur le moment à la conscience de mon sacrilège – car j'avais tiré mon épée de sous ma cape :

« Oui ou non, allez-vous me donner l'absolution, méchant homme ? »

Le personnage ne parut pas le moins du monde troublé.

« Ah, c'est joli, ça, c'est joli ! » fit-il les poings sur ses robustes hanches. « On tire l'épée contre un servant de Dieu – mes compliments ! »

Et tout à coup ses prunelles se mirent à luire jaune, et sa voix se réduisit à un susurrement : « Mais mon garçon, sais-tu ce qu'il en coûte d'agir comme tu le fais ? Sais-tu bien à qui tu as affaire ? »

Quelque chose dans ses propos, et dans son maintien, me terrorisa ; je reculai d'un pas, puis de deux, et tandis que le moine éclatait d'un rire énorme qui secoua le silence de la forêt, je – j'en rougis aujourd'hui – je pris mes jambes à mon cou.

Je courus longtemps, longtemps, sans même savoir où j'allais ; mes cheveux se dressaient sur mon crâne ; des pensées informes se heurtaient au-dedans, le formidable rire y résonnait encore, y résonnait même, me semblait-il, de plus en plus fort ; et les hi-hans d'un âne s'y mélangeaient, et toutes sortes de cris de bêtes, de cris d'oiseaux...

« Reine des cieux ! » pensai-je en un éclair, « je suis là, à minuit, dans je ne sais quelle forêt du Harz, et il me souvient à présent que c'est demain la fête de sainte Walburge – ah, pauvre pécheur, que va-t-il advenir de moi ? »

Dans cet état d'esprit, on imaginera sans peine l'épouvante qui fut la mienne lorsque au plus profond des ténèbres j'entendis, près de moi, un grelot. Je fis un brusque coude, me cognai à un tronc, repartis de plus belle, le front endolori : le grelot me suivait. Et avec cela un grand bruit de branches cassées et de pas lourds – je haletais d'angoisse, je courais éperdu, et quand enfin mes forces m'abandonnèrent et que je m'effondrai sur la mousse, il ne me resta plus qu'un souffle pour marmotter, sans suite, des bribes de prières.

Le grelot fut sur moi ; je sentis dans ma nuque une chaude haleine ; la chose s'ébroua. C'était un cheval.

Je me relevai penaud, touchai son chanfrein. L'animal me répondit d'un amical coup de tête : il paraissait m'avoir pris en affection. Alors je poussai un long soupir, et montai dessus ; et jusqu'au matin je me laissai mener par lui, faisant plus de confiance à son instinct qu'à ma raison égarée. C'était une solide bête de trait, peut-être échappée d'un camp de bûcherons. Elle enjambait en se jouant fossés et ruisseaux, traversait les plus affreuses ténèbres sans se départir de sa placidité. Je ne sais ce que j'aurais fait sans elle au cours de cette nuit ; à défaut de mauvais esprits, ma propre terreur m'aurait sûrement jeté au bas de quelque à-pic.

Enfin le jour se leva, je respirai. Nous arrivâmes sur un sentier qui ne cessait de descendre, dépassâmes un petit lac où nous bûmes, mon cheval et moi ; et après une heure encore nous nous trouvâmes devant une bicoque où aboyaient des chiens et dont la cheminée fumait. Un palefrenier sortit à ma rencontre ; il examina avec surprise ma monture, me jaugea d'un coup d'œil et, m'estimant solvable, s'enquit si je voulais manger. Une auberge ! Grand Dieu, j'avais oublié qu'il existait au monde quelque chose comme des auberges. J'acquiesçai avec empressement, il emmena mon cheval et j'entrai.

À la mine de l'hôtelier, je compris tout de suite que je n'avais pas à craindre de lui les questions indiscrètes de l'honnêteté affable. Ici l'on servait sans interroger, pourvu qu'il y ait à gagner de bonnes espèces sonnantes. J'exhibai un ducat, soutins calmement les regards de la compagnie, et m'assis à une table inoccupée. Bientôt je dévorais – deux ou trois truites grillées, une omelette de dix œufs avec une grosse miche de pain bis. Maigre et commune chère, en vérité, mais que j'engloutis comme si je ne m'étais jamais nourri d'autre chose. Je revivais. Comme l'existence me semblait simple, et lointaines mes frayeurs ! L'hydromel que je lampais n'était peut-être pas pour rien dans cette quiétude. N'importe, je me trouvais mieux ; et j'allai jusqu'à donner quelques pfennigs à un joueur de vielle qui avait jugé bon d'agrémenter de ses harmonies la fin de mon repas. Je le regrettai, car il m'importuna ensuite de remerciements en baragouin ; je dus même lui allonger une nasarde lorsqu'il s'enhardit à tirer, en ricanant, les fils mutilés de ma tunique.

En payant l'aubergiste, je lui demandai si je m'étais beaucoup écarté de la route de Marienstein. Nullement, m'assura-t-il ; je serais avant la nuit à Grünethal, et encore en flânant. À Grünethal ! Mon cœur bondit au souvenir de mes voyages passés. J'y serais en terrain connu, achèverais d'y reprendre mes esprits. Je partis aussitôt, le vielleur sur mes talons. Le drôle prétendait m'accompagner, disant dans son sabir que lui aussi se rendait à la ville. J'eus bien du mal à m'en débarrasser : à chaque lacet je croyais l'avoir semé, puis le voyais débouler du haut d'une traverse. Enfin il y eut un plat, je me lançai au trot, et le perdis de vue pour de bon. Alors, presque allègre, je me surpris à chantonner : je faisais mes premiers pas dans le vrai monde.

XIII

Mon insouciance fut de courte durée. Elle dura, pour être plus précis, jusqu'à ce que je distingue, du haut de la dernière pente, les clochers de Grünethal ; quand j'eus atteint les maisons, mon cauchemar recommença.

Ce fut d'abord une terrible puanteur, que je mis au compte des pourceaux qui divaguaient autour des masures tenant plus de la ferme, en cette partie du faubourg, que de la bâtisse citadine. Mais je passai les portes, et les choses s'aggravèrent ; c'était suffocant. Les sabots de mon cheval glissaient sur le pavé gras, quoique je me tinsse à bonne distance de l'égout où roulaient des ordures ; et sans cesse j'étais gêné par une marmaille au nez sale qui venait regarder curieusement ma monture, et par toutes sortes d'éventaires, placés à la diable, qu'il me fallait contourner. La cohue était générale, je ne reconnaissais plus rien : ni la grand-rue, que je ne me rappelais pas si décrépite, ni les accueillants bourgeois de Grünethal, qui semblaient tous s'être convertis en butors déguenillés.

Je dois être entré par une autre porte, pensai-je. Et, observant la direction de la cathédrale dont la flèche pointait au-dessus des toits, je m'engageai dans une venelle qui devait, à mon sens, me conduire en des quartiers plus convenables. Je déchantai vite : faute de pavés – luxe qui, je m'en aperçus ensuite, était réservé à la seule rue que je venais de quitter –, la boue y était indescriptible, faite d'excréments, de détritus, voire de la tripe des volailles qu'un rôtisseur, sous son auvent, vidait. Quand, constatant que j'étais dans une impasse, j'eus la mauvaise idée de mettre pied à terre pour aviser, j'en eus jusqu'au haut de mes bottes.

Qu'était-il donc arrivé ? Quelle incurie, ou quelle calamité avait pu frapper la petite ville que j'avais connue si riante ? Un mendiant, la paume tendue, surgit d'une embrasure de porte. Je l'attrapai au collet :

« Manant, que se passe-t-il chez vous ? Qu'avez-vous fait de vos bonnes gens ? Et toute cette fiente, par terre, d'où vient-elle ? »

L'homme me regardait sans comprendre. Je le secouai, et n'en tirai qu'un clignotement d'yeux, tandis que sa main se levait comme pour parer mes coups.

« Mais réponds donc, bougre ! Es-tu chrétien ? »

« Oui, monseigneur », geignit-il, avant de m'échapper.

Cependant, d'un bouge voisin, deux sergents sortaient attirés par mon vacarme, et leur vue me rappela mon imprudence. Qu'étais-je ici pour trancher du seigneur ? Plus rien ; un malfaiteur que peut-être on recherchait. Je détalai – c'est-à-dire que je me jetai tête baissée, entraînant mon cheval, sous une voûte où l'affluence, considérable, me parut apte à me dissimuler. Des sifflets m'accueillirent apparemment lés bestiaux n'avaient que faire là. Je reçus des bourrades, des faces grimaçantes vinrent danser devant mes yeux ; et au milieu de tout cela, j'entrevoyais un groupe de gotons qui se troussaient pour me montrer... les plus frappants attraits dont la nature les avait pourvues.

« Sainte Vierge ! » m'écriai-je au comble du désarroi, « voilà le sabbat qui reprend, et en plein jour encore ! » Et, pour ne plus voir ces trognes ni ces gros derrières blancs, je tombai à genoux le visage dans mes mains, tandis que s'abattait sur moi une pluie de sarcasmes.

À ce moment quelqu'un me toucha l'épaule :

« Allons, allons, mon garçon, debout. Vous êtes encore en train de faire des bêtises. »

Mes bras retombèrent : je découvris à côté de moi, l'air goguenard, mon confesseur de grand chemin. Pénible vision !... Et pourtant, dans cette foule hostile, lui seul semblait me témoigner une sorte de bienveillance.

« Frère Ildefonse ! »

« Pour vous servir. Et maintenant levez-vous en vitesse : on va vous souffler votre cheval si vous n'y veillez pas. »

En effet, deux patibulaires emmenaient déjà ma bête vers la rue, et je dus leur montrer mon épée pour leur faire lâcher prise.

« Très bien », approuva le moine, qui se mouvait parmi cette faune sans la moindre apparence de gêne. « Bon ; je crois que vous pouvez à présent me confier votre flamberge. Vous vous êtes déjà assez fait remarquer comme ça. »

J'obéis, hébété. Il m'avait pris les rênes des mains et, de son autre poigne, m'enserrait le bras pour me guider à travers la presse. Ces familiarités n'étaient pas à mon goût, d'autant qu'il appuyait sur ma blessure, mais je ne trouvai que dire. Si j'avais certes cessé de voir en lui un suppôt du démon, l'étreinte implacable de ses doigts ne me laissait qu'à demi rassuré.

« Vous me faites mal », murmurai-je quand même.

« Ah oui ! notre petit bobo », fit-il en déplaçant sa main. « On va vous soigner ça, tenez ; mais commencez par me suivre. »

Je le suivis. C'était un vrai dédale de petites rues, toutes plus sales, malodorantes et encombrées les unes que les autres. Nul, à part moi, ne semblait s'en étonner. On y voyait des commères glousser, des enfants barboter dans la fange ; partout une paisible activité qui ne signalait en rien un état d'exception. Je devais me rendre à l'évidence : ainsi était cette ville (et peut-être même toutes les villes) quand une personne de marque ne la traversait pas.

Mon compagnon devait avoir vu sur mon visage l'effroi le céder au dégoût, puis à l'amusement. Il me poussa du coude :

« Êtes-vous encore puceau, que la vue d'un cul de femme vous fasse ainsi tomber en oraisons ? »

« Des femmes, ça ! »

« Mais oui, des femmes, monseigneur ! comme il est habituel d'en trouver cour des Petites-Vertus. Tout le monde, voyez-vous, n'est pas aussi difficile que vous l'êtes, et plus d'un apprécie grandement qu'on le laisse inspecter la marchandise avant que de toper. J'allais moi-même conclure un tel marché quand je vous ai vu dans la détresse : j'y ai renoncé pour vous – mais non, non, ne me remerciez pas. »

J'écoutais interdit ces paroles ; leur grossièreté me laissait pantois.

« Vous n'êtes pas moine, n'est-ce pas ? » hasardai-je après un silence.

« Je ne suis pas plus moine que vous n'êtes évêque », fit-il ; et, sans s'arrêter au mouvement de surprise que je n'avais pu réprimer, il enchaîna : « Enfin si, je le suis un peu plus ; car moine j'ai été, tandis que vous, je le crains, ne serez jamais évêque. Mais baste ! la Fortune nous tient sous sa roue, et bien sot qui cherche à en arrêter les rayons. »

La moutarde me monta au nez :

« Qui êtes-vous, à la fin, et comment êtes-vous ici ? Est-ce hasard si je vous croise deux fois sur ma route ? Tonnerre de Dieu, et quand je pense que vous m'avez, à la faveur de votre habit, arraché une sincère confession !... »

« Taratata, mon garçon, ne soyez pas si sanguin. Comment je suis ici ? Mais, pardi, grâce à votre petit âne, que vous avez eu la bonté de me léguer hier, et dont je viens de tirer une aimable somme chez un maquignon de mes amis. »

« Larron ! »

« Larron, larron – était-il à vous, cet âne ? »

« Non, ou plutôt oui : il était à nos serfs, et tout ce qui est à nos serfs... »

« ... est à vous. Oui, je vois ce que vous voulez dire. Eh bien, qu'attendez-vous pour réclamer justice ? Tenez, j'aperçois là-bas sur la place un sergent qui agite son gourdin de cuir ; voulez-vous que nous l'allions chercher ? »

Je demeurai coi. Il poursuivit : « Quant à votre confession, je ne vous l'ai pas arrachée comme vous dites : c'est vous qui, rappelez-vous, me l'avez imposée, et pas des plus poliment. Sachez au demeurant qu'elle ne m'apprenait pas grand-chose... Ah ! mais qui voilà ? Notre ami Jan, par exemple ! Permettez-moi de vous le présenter plus formellement ; car je crois qu'entre vous la connaissance est faite. »

Devant nous était le joueur de vielle, sortant d'une ruelle adjacente, qui me salua d'un sourire imbécile et serra rudement la main du moine.

« Jan, que vous voyez ici, est un de mes plus anciens camarades. L'esprit ne l'étouffe pas, vous l'aurez constaté ; mais il compense cette faiblesse par un remarquable jeu de jambes, et par sa familiarité avec tous les chemins, cols et gués des montagnes de l'Empire. Sans oublier, bien sûr, ses talents musicaux. »

Comme pour ponctuer ces propos, ledit Jan imprima un tour de manivelle à son instrument, dont s'échappèrent quelques notes criardes.

« Tu nous l'as bien rabattu, Jan », fit mon guide avec amitié. « Sans toi je ne sais si notre petit seigneur n'aurait pas filé au diable vauvert, tant je lui avais, par mes facéties, inspiré de terreur... »

Quelle était cette comédie ? Devais-je rosser ces deux coquins qui apparemment me jouaient depuis la veille, dans un but que je ne saisissais pas clairement ? Je dus m'appuyer à un mur pour reprendre mon souffle.

« ... Tiens, regarde ! Le voilà encore qui se trouve mal, rien qu'à m'entendre raconter. Quelle sensibilité !... Mais il sait aussi être brave, on l'a vu. Allez, petit gentilhomme », gronda-t-il doucement comme je lui décochais un regard meurtrier, « ne faites pas le méchant et réservez vos forces aux trois pas qui nous restent à faire. Un gîte vous attend, ainsi que l'explication que je sens bien que nous vous devons. »

Une sordide hostellerie s'élevait à un angle de la place sur laquelle nous venions de pénétrer. Nous coupâmes à travers la foule, et ce fut arrivé devant l'entrée que je découvris, à mes pieds, le spectacle qui l'y attirait : un épileptique se roulait au sol, bavant et les yeux révulsés, cependant qu'à côté de lui une soucoupe de fer recevait le billon des plus compatissants.

« Ah ! mon Dieu, le pauvre homme », m'écriai-je, ému, en me penchant vers lui. « N'y a-t-il pas quelque part un bout de bois à lui mettre entre les dents ? Je crains qu'il ne se les brise, à grincer comme il fait. »

« Ouais », dit frère Ildefonse qui m'avait rejoint. Puis, baissant la voix : « Allez crache ton savon, toi ; c'est fini pour aujourd'hui. Nous sommes au complet. »

Le malade s'exécuta en maugréant : les affaires marchaient bien ce soir, il se sentait en verve, et de plus les mineurs avaient touché leur paie. Mais mon guide, d'une bourrade, l'obligea à se lever.

« Tu es cupide, Klaus, tu ne sais pas t'arrêter. Nous n'avons pas besoin de tes quatre sous, l'argent ne nous manque pas pour l'heure, grâce à Dieu. Et le garçon est là : que souhaiter de plus ? Entrons. Il me tarde, à moi, de vider une chopine et de dormir dans un vrai lit, chose dont nous n'avons pas joui depuis belle lurette. »

Et notre groupe, ayant confié mon cheval au valet d'écurie, de s'engouffrer dans l'entrée de cet établissement, l'endroit le plus répugnant où j'ai jamais mis les pieds, me semble-t-il, même dans la suite de mon existence.

Dans le couloir, à hauteur d'appui, des traces de doigts étoilaient par centaines la chaux des cloisons ; un individu de chétive apparence, aux fonctions incertaines, nous gratifia au passage d'un grognement de bienvenue. Presque courbés en deux, nous entreprîmes d'escalader l'escalier minuscule tandis qu'une maritorne, du palier de l'étage, continuait de pousser sur les marches, à coups de balai, de grandes giclées d'eau sale. Elle ne daigna s'interrompre que quand nous fûmes en haut, et encore en grommelant ; et sous le regard dépréciateur dont elle nous considéra l'un après l'autre, mon cœur se serra. Quelle déchéance, mon Dieu ! Être méprisé par cette pas grand-chose, n'était-ce pas en avoir fini avec l'élévation de ma naissance ? Je relevai la tête, et m'efforçai de songer intensément à ce que j'étais en vérité ; mais en mon for intérieur je sentais que cette vérité en avait pris un coup. L'homme n'est pas comme les monnaies, qui à se frotter au tout-venant ne font que gagner en éclat ; je me dévaluais à vue d'œil.

On me fit signe d'entrer dans une chambre. Deux lits y étaient dressés, ainsi qu'une table sur laquelle je notai une abondance d'écuelles, de pots et de pichets qui me réconforta. J'ignorais ce que me voulait cette clique, mais au moins n'avait-elle pas à cœur de m'imposer des privations. Au milieu, une chandelle fumait. Frère Ildefonse la moucha adroitement de la pointe d'un coutelas qu'il avait sorti de sous sa robe, et s'assit d'un air satisfait : cette petite prouesse, dont il semblait coutumier, lui était manifestement un sujet d'orgueil.

« Près de moi, gentilhomme », m'ordonna-t-il en tapotant du poing le tabouret à sa droite. « Ah, permettez : je connais les usages. »

Je pris place comme il disait ; les deux autres nous imitèrent sans un mot. Klaus, à peine installé, repoussa son écuelle et posa devant lui un sac de toile dont il défit les cordons pour y plonger la main. Des pièces apparurent, qu'il empila gravement en trois tas inégaux. J'observais à la dérobée la mine des assistants : frère Ildefonse, impassible, suivait les progrès du partage ; Jan, qui avait intercepté mon regard, m'adressait force clins d'œil en désignant du menton la table – sans que je comprenne ce qui, du repas ou de la cagnotte, l'émoustillait à ce point.

Enfin ce fut fini, chacun prit son tas et Ildefonse le plus gros. Le sac restait à moitié plein ; le moine l'attira à lui, en tâta le contenu avant d'en ramener une poignée à la lumière : c'étaient des perles, menues et piriformes, telles que je n'en avais vu qu'une seule fois en ma vie.

« Mes perles », m'écriai-je, me levant à demi. « Mes perles ! »

Ildefonse, d'un geste, m'intima l'ordre de me rasseoir.

« Oui, vos perles, et après ? Nous en avions besoin. Nous ne sommes pas, nous autres, de ces enfants gâtés du sort qui naissent et meurent avec une cuiller en argent dans la bouche. Nous avons des frais : qui y pourvoira sinon nous, par la bonne industrie de nos mains, que le Seigneur nous donna pour toute fortune en cette vie ? Et puis cela vous apprendra, mon garçon, qu'on n'endosse pas sa tenue du dimanche pour s'en aller ronfler tout seul sous les frondaisons. »

Jan gloussa.

« C'étaient donc vous, misérables, qui m'avez... »

« C'étaient nous, en effet, ou plus exactement l'habile Klaus que voici. Oh ! il n'a pas eu grand mérite. Vous dormiez comme un Jésus, et le claquement de ses petits ciseaux vous a même inspiré d'angéliques sourires : vous sembliez une brebis que tond le bon pasteur. »

Tous trois rirent ; je bouillais de colère. Que m'étais-je dépris de mon épée !

« Assez badiné, reprit frère Ildefonse. Montrez-moi votre bras : une blessure, même légère, ne doit pas être négligée. Votre bras, vous dis-je ! »

Il releva ma manche ; ses sourcils se froncèrent.

« Ce n'est rien », dis-je assez sèchement.

« Ce n'est rien, ce n'est rien ! vous êtes un enfant, mon cher. Avec vous il suffit qu'on ne voie plus de sang pour que tout soit arrangé. La plaie s'est refermée sans que vous l'ayez rincée ; elle n'était pas propre, et maintenant la voilà qui prend vilaine tournure. Allez ! laissez-moi faire. »

Je protestai, mais déjà il sortait de sa manche un sachet de poudre dont il mêla de salive une pincée sur le bois de la table. De son ongle il avait rouvert ma petite plaie, l'arrosait d'eau-de-vie. Je grimaçai.

« Tu vois, Jan », murmura-t-il d'un ton absorbé tandis qu'il m'appliquait son emplâtre du bout des doigts, « tu n'aurais pas dû abîmer monseigneur. Il faut dire qu'il se débattait comme un lion, le gaillard – un vrai Lōwenfels ! »

J'avais eu un haut-le-corps qui fit tomber l'emplâtre par terre ; Ildefonse jura.

« Faut-il donc que vous gigotiez sans cesse ? C'est une maladie, chez vous, ma parole ! »

Il faisait mine de repétrir de la pâte. Je l'arrêtai, le sommai de me faire grâce de ses immondices et de s'expliquer : « Car enfin, homme, dois-je croire que vous êtes les sicaires que Rodolphe, ce maudit, engagea pour mieux m'occire ? »

« Sicaires, comme vous y allez ! » répliqua, froissé, Ildefonse. « Nous sommes d'honnêtes gens de métier, qui accomplissons en conscience les tâches pour lesquelles on nous paie. En l'occurrence, c'est plutôt nous qui serions fondés à nous plaindre, car la défaite de votre frère, défaite tout à fait imprévue, et qu'il nous avait assurée impossible dans un combat si inégal, nous a lésés des deux tiers de la somme. Enfin ! vos affûtiaux nous ont permis de nous refaire, et je nous estime quittes, nous et votre famille. N'en parlons plus. »

Sur ce il souleva le couvercle d'une terrine et s'en tailla une tranche, tout en nous invitant à l'imiter. Pour moi j'en étais incapable, et me bornai à me verser une rasade de vin que j'avalai d'une traite, les yeux rivés à mon singulier commensal. Je ne savais que penser : ce n'était certes pas pour achever leur mission que les manants m'avaient tracé à travers bois, sans quoi je ne serais pas même parvenu jusqu'ici. Et que dire de cette médication, laquelle annonçait un souci presque excessif de ma santé ?

« Frère Ildefonse... » commençai-je au milieu d'un silence qu'entrecoupait le bruit des mâchoires et des glottes.

« Appelez-moi Ildefonse tout court, mon garçon », fit l'interpellé la bouche pleine. « Entre nous pas de façons. Vous êtes un blanc-bec, qui ne savez rien de la vie ; mais la première impression que vous m'avez donnée était excellente, peu auraient aussi vaillamment repoussé les attaques de quatre hommes. Il y a de l'étoffe en vous, c'est certain ; et aussi des qualités de cœur qui vous ouvrent le mien. Oui ! j'ose le dire : j'ai de l'affection pour vous, Löwenfels ; et vous pouvez vous en féliciter, car nous aurons un bon bout de route à faire ensemble. »

« Pourquoi donc ? murmurai-je. Pensez-vous, vous aussi, aller à Marienstein... ? »

« Point du tout, coupa Ildefonse. Et vous n'irez pas non plus. »

« Homme, vous vous oubliez ! » fis-je, piqué au vif – c'était à moi, à un fils de duc, que l'on s'adressait ainsi ! Jamais je n'avais subi une telle impertinence, sauf de mon maître Venetius ; et rapprocher ce dernier du vulgaire goliard que j'avais à ma gauche, c'était presque blasphémer. « Je vais où bon me semble, et n'ai point d'ordre à recevoir de vauriens comme vous. Mes affaires m'appellent à Marienstein, et je m'y rendrai sans faute. Quant à vous, tirez à dia si cela vous chante : je m'en lave les mains. »

Un nouveau gloussement salua la fin de ma tirade : c'était encore Jan, qui se tourna ensuite vers mon interlocuteur, comme si nous étions deux joueurs de paume se renvoyant la balle.

« Ah, j'aime ça », riposta le moine. « Il a du sang dans les veines, ce garçon, ce n'est pas comme son frère, ce pingre sans loyauté que j'avais dégoût à servir, tant il dérogeait à son rang dans toutes ses actions. Mais ce n'est pas tout ça : mon petit ami, il est exclu que vous nous quittiez maintenant. Nous devions vous tuer, c'est vrai ; mais la donne a changé. Vous êtes devenu la prunelle de nos yeux. Qui d'autre que vous pourra prouver, si la malchance nous fait prendre, que nous ne sommes pour rien dans ce qui s'est passé ? Votre frère... »

« Cessez de l'appeler mon frère », dis-je sombrement. « Il ne l'est pas. »

« Soit ; je comprends votre rancœur. Rodolphe, donc, s'était porté garant de notre tranquillité : il avait précisément choisi pour votre combat un jour de beuverie, afin que nul ne vienne nous déranger, et pensait assumer seul la responsabilité de votre mort. Vous étiez convenus de vous affronter en une lutte à outrance, et il saurait le prouver, s'étant assuré la veille de la rencontre que vous en aviez témoigné par écrit. Ne dites pas non : il vint nous l'annoncer l'après-midi de ce même jour. »

Je fouillai mon habit à la recherche de la lettre que destinant à ma cousine j'avais cachetée. Pas de doute : la cire avait été cassée, puis couverte hâtivement d'une deuxième couche ; je n'aurais pu manquer de m'en apercevoir si l'idée m'était venue de l'examiner. Ah, quelle ignominie ! Rodolphe avait donc lu ma prose pathétique – son œil vert avait glissé, visqueux, sur mon cœur dénudé ! C'était nauséabond.

« Vous voyez bien, reprit Ildefonse. Mais là-dessus, voilà que tout se gâte et que c'est vous, par miracle, qui l'estourbissez. Mettez-vous à notre place : la terre de Löwenfels nous brûlait sous les pieds. Oh ! nous savons, nous, qu'il ne fait pas bon demeurer là où il y a eu mort d'homme, même si nous n'en sommes pas coupables ; et quand il s'agit d'un duc... Qui nous aurait cru quand nous aurions clamé la vérité, qui de surcroît salissait l'honneur de la victime ? Personne – peut-être vous ; mais nous n'en voulions pas prendre le risque. Aussi jugeâmes-nous bon de déguerpir. Bien nous en a pris : on dit en ville qu'une trentaine de malheureux ont été ramassés sur les routes autour de votre château, et je gage qu'ils auront du mal à se dépêtrer de votre justice ; mais enfin cela nous laissera un peu plus de temps pour nous mettre à couvert. »

« Voulez-vous dire, balbutiai-je, que personne ne me cherche ? »

« Oh, je n'ai pas dit ça ; on vous cherche, au contraire, avec beaucoup d'inquiétude. On vous croit égaré dans la montagne, et la pensée qu'une bande s'y promène ne rassure nullement votre père qui, semble-t-il, n'a pas grande confiance en votre épée. »

Je m'étais relevé d'un bond. Vite, à cheval ! Ma bourde n'avait que trop duré. On m'attendait, on m'accueillerait à bras ouverts, j'étais le fils que le Seigneur leur rendait, faute d'avoir sauvé l'autre... Mais la porte, malheureusement, se trouva fermée à clef.

« Nous prenez-vous pour des enfants, Löwenfels ? » railla le moine tandis que ses acolytes, fermement, me ramenaient à table. « Voyons, rasseyez-vous et réfléchissez. Nous ne vous demandons rien d'impossible : nous voudrions, sous votre protection, passer les frontières du duché et gagner la Franconie, où notre Klaus a une femme qu'il prétend légitime et qui, en tout cas, l'attend. On aime voir du pays à votre âge, que diantre ! Ce sera délicieux : et pour vous, qui ne ferez guère de choses aussi amusantes dans votre vie ducale, je vous en fiche mon billet ; et pour nous, à qui votre présence apportera toutes sortes de commodités. »

« Oui », approuva le taciturne Klaus.

« Oh, tout doux, toi, je t'entends déjà venir, sur tes petits sabots de bois. Il n'est pas question que monseigneur nous défraie en route, j'y mets un point d'honneur. Ce sera chacun pour soi : libre à lui de nous prodiguer ses largesses quand l'envie lui en prendra, mais pas avant. Déjà tu nous as mis en mauvaise posture en dépouillant le duc de ses armes – c'est une rage qu'il a, voyez-vous, tout gain lui est bon, même s'il peut, comme dans cette circonstance, fournir contre nous la plus fâcheuse des pièces à conviction... Il m'a fallu le menacer pour qu'il accepte de jeter tout ça dans un fossé. Enfin que disais-je ? Oui : nous partirons, dès demain, vers le sud. Nous ferons diligence ; et votre bonne mine nous servira de recommandation. »

« Mais ma famille !... »

« Bah ! vous lui écrirez demain avant de prendre la route ; vous trouverez bien une façon de lui tourner les choses. Et maintenant, gentilhomme, au lit. Vous êtes chanceux : c'est avec moi que vous couchez ce soir, et je suis, de nous trois, de loin le mieux tenu. »

Sans plus de formalités le voilà qui ôtait sa robe puis l'habillement complet de cavalier qu'il portait au-dessous, et se glissait tout nu entre les draps, me laissant la ruelle. Le cœur me manquait ; mais je vis Klaus en faire autant et s'allonger dans l'autre lit, Jan, patient et décidé, se planter devant la fenêtre...

« Allons ! » me dis-je, résigné ; et, me mettant en chemise, je me faufilai avec précaution au côté d'Ildefonse.

L'indiscret trouva encore le loisir de me complimenter sur la finesse de mon linge et la blancheur de ma peau ; ensuite il se retourna pesamment et, avec un soupir, s'endormit. Il me fallut beaucoup plus de temps avant d'en faire de même. Les draps rêches me démangeaient, les punaises me harcelaient, et ma jambe à tout moment rencontrait celle, poilue, de mon voisin de lit, ce qui m'était désagréable. À la lueur mourante de la chandelle, je voyais quelquefois les deux autres échanger leurs postes ; et je songeais, perplexe, que le destin nous réserve vraiment de bien étranges surprises.

XIV

Notre équipée dura près de deux mois – bien plus que nous n'avions prévu en nous fondant sur les premiers jours, où nous avalions les lieues ; mais obstacles et contretemps se multiplièrent. J'en garde un souvenir non pas délicieux, comme me l'avait impudemment promis frère Ildefonse, mais extraordinairement précis et coloré : tout me frappait, rien de ce que je voyais n'avait la moindre ressemblance avec mes autres voyages, qui, je le découvrais, n'avaient été qu'une vie de château étirée le long d'une route.

Ma nouvelle société était rude et grossière ; j'en éprouvai au commencement bien des dégoûts. On y avouait avec complaisance des appétits ignobles, on s'y salissait, d'âme et de corps, sans rechigner, et l'on y parlait haut, mais souvent pour le seul plaisir de s'entendre : j'en eus la preuve dès le matin de cette fâcheuse nuit.

Au moment de partir, alors que nous descendions l'escalier, le nabot surgit au milieu du couloir, tout vêtu, quoiqu'il ne fît pas jour encore. Ce devait être le tenancier, malgré sa piètre mine, car il nous brandissait sous le nez une note fort longue, d'un air qui semblait dire : Attendez, mes gaillards, je ne suis pas si sot. Frère Ildefonse eut un haussement d'épaules, j'entendis derrière moi Klaus murmurer « Tant pis » : la méfiance du patron n'était apparemment pas excessive. Le moine attrapa le papier graisseux, n'y jeta qu'un coup d'œil, et, fouillant ses poches avec un feint affairement, finit par me le tendre. Je relevai les sourcils ; il marmonna que je l'obligerais en lui avançant la somme, et qu'il me la rendrait tantôt.

« Sur mon honneur », insista-t-il en évitant mes yeux.

Sachant sa bourse pleine, je fus édifié sur la solidité de sa parole : c'était une mauvaise surprise, et la lecture de la note en fut une autre. On y trouvait tracé, en lettres maladroites :

Coucher, dont
Chambre à 2 lits : 18 schillings
Feu : 3 schillings
Draps : 2 schillings 3 pfennigs
Brosse : 8 pfennigs
Bassinoire : 5 pfennigs

Souper, dont
Vin : 9 schillings
Cinq plats froids : 6 schillings
Couvert : 1 schilling 3 pfennigs
Pain : 8 pfennigs

Écurie, dont
Avoine : 8 pfennigs
Paille : 5 pfennigs
Palefrenier : 5 pfennigs

Pour le tout : 4 ducats 2 schillings 9 pfs.

« Quatre ducats deux schillings... ! » m'écriai-je effaré. « Mais savez-vous, homme, que c'est presque là le prix dont on paie une petite croix en grenat de Bohême ? »

Mon exclamation déchaîna la joie sonore de Jan. J'en fus irrité, car je crus qu'il me moquait. Je me trompais pourtant : étant lui-même tchèque, il avait reçu ma comparaison comme une flatterie particulière à l'endroit de son pays, et me voua dès lors une affection inébranlable, dont je fus quelquefois gêné.

Je relisais la note, y décelais d'autres sujets d'indignation :

« *Brosse ! Bassinoire !* Qu'est cela ? Dois-je comprendre que nos habits ont été brossés, et nos draps bassinés ? »

« La chambrière », répliqua notre hôte sans ciller, « s'est présentée pour le faire, mais votre porte était fermée à clef. »

J'eus beau murmurer, rien n'y fit. Mes compagnons ne jugèrent pas opportun d'appuyer mes plaintes, surtout lorsque arrivèrent, alertés par le bruit, la servante en personne, deux cuisiniers, trois valets d'écurie, et enfin l'épouse du tenancier, forte personne dont la carrure annonçait le naturel querelleur et la vigueur de voix.

« Allez, allez, payez donc », me chuchota frère Ildefonse ; « nous perdons du temps. Apprenez au reste qu'il est dangereux de se faire des ennemis de ces aubergistes, qui sont comme cul et chemise avec l'autorité. »

Je dus m'incliner, mais je n'en pensais pas moins ; et ces pensées, je les remâchai longuement pendant les premières heures de notre voyage. Que d'écailles me tombaient des yeux ! Je m'étais fait bien des idées fausses sur les lois qui gouvernent les rapports entre les hommes. Affirmer son droit et accomplir son devoir, telles étaient, avais-je cru, les deux jambes sur lesquelles marchait le monde humain, du moins dans les contrées policées de notre Saint-Empire. Il n'en était rien : il ne s'agissait que de voler, ou d'être volé soi-même, le reste était fariboles. Le prix juste n'était que pour les riches, le bon droit pour les puissants, qui les uns et les autres en avaient le moins besoin. Quelle amère ironie !

J'en étais heurté, car l'épiderme à cet âge est sensible ; par bonheur les circonvolutions du cerveau y sont aussi, pour les mêmes raisons, humides et malléables, et rectifient sans trop de mal les représentations aberrantes qu'elles s'étaient formées. Aussi fus-je, de jour en jour, moins choqué par ce que j'apprenais. Je pris de l'assurance, et pour rabattre les sommes que de temps à autre on m'extorqua encore, et pour en emprunter ; car mes compagnons avaient surestimé le contenu de ma bourse, et j'en avais moi-même surestimé la valeur. Elle s'épuisa vite en chevaux, en victuailles et en autres prodigalités, et nous n'étions pas parvenus en Thuringe que je dus m'en remettre aux expédients de la bande pour subsister. Et quels expédients, grand dieu ! – Un mois plus tôt je ne me serais pas cru capable d'une telle bassesse ; mais d'évoluer dans une nature aux traits nouveaux, d'ouïr des patois de plus en plus étrangers au mien, fit que dans le même temps les repères de la bienséance eux aussi s'estompèrent, et que je me surpris à lâcher des jurons et à ourdir des astuces qui m'auraient épouvanté au sein de ma famille.

À cette dernière il m'arrivait de penser, mais elle me semblait, à mesure que nous descendions vers le sud, étonnamment lointaine. Je ne m'en inquiétais pas autrement, pensant que l'illusion se dissiperait à mon retour. Je mettais au compte de la distance ce qui n'était dû qu'à mon égoïsme ; la vérité était que je ne me souciais guère des miens. Parfois j'avais un pincement au cœur en pensant à mon crime : mais ma victime étant détestable, et sa mort une aubaine pour moi, mon sommeil n'en était guère troublé.

J'avais pourtant écrit à mon père dès avant notre départ de Grünethal. À ma demande, nous fîmes halte dans une gargote des faubourgs où nous bûmes, pour ainsi dire, le coup de l'étrier.

« Tenez », fit ensuite le moine en me tendant une feuille et une plume que lui avait fournies le maître de ces lieux. « Voici de quoi épancher vos tendresses filiales. – Ne soyez pas trop bavard pourtant, car cet encrier est plus qu'à moitié vide. »

Une fois de plus sa libéralité n'était que de pure forme. Loin d'épancher quoi que ce fût, je dus subir continuellement ses recommandations et ses critiques, et jamais je ne me sentis aussi contraint pour écrire que sous ces trois paires d'yeux qui suivaient curieusement chacun de mes jambages.

« Monsieur », avais-je fini par noter, après avoir à deux reprises dû retailler la plume, qui était infecte. Déjà j'étais interrompu :

« Tudieu, la belle main ! » s'exclamait Klaus, en qui germait peut-être je ne sais quelle idée monnayable. Ildefonse, agacé, claquait la langue : « Ta, ta, ta, Franconien, épargne à notre petit seigneur tes remarques oiseuses, tu lui embrouilles l'esprit. Voyons, mon garçon, faites-nous ça comme il faut. *" Monsieur "*, vraiment ! Vous nous la baillez belle. N'allez-vous pas écrire *" Mon cher papa "* ? »

« Je n'en ferai rien », protestai-je. « Cela est contraire à l'usage. »

« L'usage ! Appelez-vous vraiment votre père monsieur ? »

« Ma foi oui », fis-je, « du moins quand je lui écris ; ce qui, je vous l'accorde, n'est pas fréquent. »

« Ah ! c'est l'usage », grommela le moine, contrarié que je lui en remontre sur un sujet qu'il se targuait de posséder. « Bon, si c'est l'usage, hein !... vous savez ça mieux que nous. – Eh ! mais que faites-vous ? Voilà qu'à présent vous galopez comme si vous aviez le feu aux trousses ! Pas si vite, mon garçon, pas si vite : montrez-moi ça. »

J'avais en effet noirci cinq lignes, où je priais mon père de me pardonner le souci que je lui avais causé en le laissant deux jours sans nouvelles, et m'en expliquais par l'absence de tout courrier que j'eusse pu employer dans le désert de ces montagnes.

« Moui », approuva mon conseiller ; « cela ira. Maintenant parlez de nous. »

« Quoi ? »

« Oui, enfin, parlez des coupables, des brigands que vous poursuivez et que vous avez bon espoir de rattraper si vous faites diligence, *etcetera*. Cela disculpera les pauvres badauds que l'on a arrêtés, et qui à cette heure gémissent peut-être sous la question. J'ai assez de méfaits sur la conscience pour ne pas vouloir, au surplus, accabler des innocents. »

Confus de n'y avoir pas moi-même songé, je le regardai d'un œil neuf ; je ne m'attendais plus à trouver dans sa bouche des considérations aussi charitables. Ce monde était décidément moins simple que je n'avais cru.

« Écrivez, écrivez », s'impatientait le moine, « nous n'avons pas de temps de reste. Ah ! vous avez fini. Bien. Surtout n'allez pas être trop précis sur votre destination, dites que... et puis non, ne dites rien : on imputera cette omission à votre étourderie, cela fera vrai. »

J'écumais intérieurement, et pourtant je lui obéis. C'était un homme terrible que ce frère Ildefonse. Son franc-parler, son ton péremptoire lui étaient si naturels que l'on pliait devant lui sans y prendre garde. Déjà il me gouvernait comme un tuteur : j'en étais fâché, mais je devais reconnaître que son savoir pratique et sa prévoyance dépassaient les miens. Ne l'eussent-ils pas fait que je lui aurais obéi tout de même, car son entêtement ne se lassait jamais le premier, et l'on perdait sa salive à contester ses vues : c'est ce qu'avaient compris de longue date ses acolytes, qui le plus souvent se reposaient sur lui sans discuter.

Nous confiâmes ma missive, avec un peu d'argent, à un colporteur qui buvait à quelques tables de la nôtre et clamait à qui voulait l'entendre qu'il se rendait dans la Marche. (Une des choses qui m'étonnaient, dans cette humble société, était en effet le besoin qu'y éprouvaient les gens d'étaler leur vie et de bavarder, même quand personne ne les écoutait. Cela nous servait en la circonstance, mais j'en étais néanmoins frappé.) J'eus charge d'aller le trouver et, d'un ton de hauteur qui arrêterait ses questions, l'engager à faire pour moi ce détour, dont il serait dédommagé. Il accepta quand il vit briller les pièces dans ma main et, remontant jusqu'à mon visage, me devina seigneur. J'avais honte ; pour la première fois, il me semblait que j'usurpais ma dignité.

Ce fut à plusieurs jours de là que Klaus, voyant diminuer nos réserves après l'achat de trois chevaux, regretta que nous n'ayons pas ajouté à ma lettre une discrète demande d'argent.

« C'était la moindre des choses, soupirait-il ; après tout, même un duc sait qu'on ne voyage pas pour rien. »

« Mais, objectai-je, il eût fallu pour cela indiquer une adresse, et ainsi révéler à mon père vers où nous cheminons ? »

« Bah », intervint le moine, « nous aurions bien trouvé quelque moyen d'y parer : décider d'une ville éloignée de notre route, puis reprendre celle-ci – je ne sais pas, moi ! J'ai été bien stupide de n'y pas penser : en d'autres temps je me serais infligé pour une telle bévue vingt coups de discipline. Mais peut-être n'est-il pas trop tard encore : que ne lui écrivez-vous, et demandez qu'une lettre de crédit.. »

Je leur représentai le risque que cette démarche offrirait pour eux-mêmes ; ils m'écoutèrent maussadement. Ces êtres inconséquents, pour qui seul l'instant comptait, changeaient d'opinion plus souvent que de linge. Le danger s'éloignant, et leur crainte apaisée, Ildefonse mettait autant de feu à défendre cette nouvelle idée qu'il en avait mis naguère à m'imposer la première. Et il en allait constamment ainsi. Rien ne tenait. La promesse du soir était oubliée au point du jour ; on arrêtait, avec des finesses de stratèges, le prochain lieu d'étape, et puis l'on en changeait sur un coup de tête, parce qu'un chemineau, en route, nous avait annoncé dans un bourg proche une fête de la Saint-Jean, et que Jan ne voulait pour rien au monde manquer le mystère qui devait y être joué.

Ce manque de rigueur était ce qui me déconcertait le plus chez mes compagnons – plus que leurs us vulgaires et leur immoralité. Aux premiers je me faisais, voire trouvais des avantages, comme on va bientôt le voir ; et la seconde était toute relative, car je découvrais, dans ce vide de principes, des îlots d'honnêteté. Après m'avoir escroqué sans scrupules, après avoir, en riant de mes hauts cris, assommé une vieille dont la coiffe s'ornait d'une épingle d'argent, voilà que mes trois drôles aidaient un vrai aveugle à traverser un gué ; et Ildefonse m'offrait une veste de laine, ma cape n'étant pas assez chaude pour les nuits passées à la belle étoile. En somme ils me traitaient avec aménité ; mais leur inconsistance m'éloignait d'eux. Il me semblait qu'il y avait plus de moi à eux que d'eux à la bête des bois, qui se déroute dès que le vent tourne – même si l'ingéniosité d'Ildefonse échafaudait toujours des arguments pour justifier leurs volte-face, ou pour se faire mérite de leurs foucades.

« Pourquoi », lui demandai-je un jour, « ne m'avez-vous pas enlevé quand vous me vîtes endormi à côté de mon âne ? Vous prîtes alors la peine de déparer mon habit en profitant de mon sommeil : n'était-il pas plus simple de me maîtriser dès alors, et de me dépouiller en ville ? »

« Eh, eh », fit Ildefonse en me pinçant amicalement la joue (nous chevauchions et nos étriers se touchaient presque, ce qui favorisait, sans l'excuser, ce genre de privautés) ; « cela remue, cela crépite dans votre cervelle, vous vous dégourdissez de jour en jour, Löwenfels ! Je vois le moment proche où vous me remplacerez, et concevrez à ma place les coups que nous autres nous bornerons à mettre en œuvre. – Mais je plaisante, je plaisante, et je ne vous réponds pas. C'est que, voyez-vous, je n'ai pensé qu'ensuite à faire de vous notre mascotte. Vous trouvant sur notre chemin, nous crûmes que, occupé à nous poursuivre, vous nous aviez dans votre zèle dépassés. Cela nous fit bien rire, de même que votre idée de vous choisir pour monture un âne, et d'interrompre votre battue par une bonne sieste. Dame ! nous étions loin de deviner les pensées qui vous couraient la tête, et qui l'emportaient encore en bizarrerie sur nos suppositions. Vous me les apprîtes peu après en vous confessant à moi : ce fut pour moi une illumination. Vous vous sauviez ? Fort bien : vous nous sauveriez par la même occasion. – Et vous connaissez la suite. »

Ainsi toutes ces tribulations n'étaient dues qu'à ma propre sottise ! J'en fus momentanément consterné, d'autant que nous traversions alors une période de vaches maigres : à pied, car ayant dû revendre nos chevaux, nous parcourions une rude région de montagne et n'avions plus de pain depuis la veille, ce qui me gâchait le plaisir que je commençais à tirer de cette escapade. Au lieu d'être chez moi, mangeant du fricandeau, ou peut-être à Libbitz caressant ma maîtresse, je courais les routes avec ces va-nu-pieds ; et tout cela parce que je m'étais jeté à genoux devant la première tonsure venue, sans même examiner la tête qu'elle surmontait ! La Vérité, vraiment ! c'était tristement comique ; et je me jurai à l'avenir d'accueillir les messages divins avec plus de circonspection.

Je me déridai pourtant, car Ildefonse, à ce souvenir, ne pouvait contenir une joie folâtre qui finit par me gagner. Le drôle semblait si enchanté de la trouvaille que mes aveux lui avaient inspirée !... Ainsi l'on rit avec les fous, et l'on se trouve un jour hurler avec les loups.

Fou, l'un des trois compères ne l'était pas ; ou plutôt il l'était d'une autre manière. En Klaus, en effet, je trouvais un peu plus de bon sens et d'esprit de suite, même si le seul ressort en était le gain. C'était chez lui, comme m'en avait averti le moine, une idée fixe, dont il fallait beaucoup pour le faire dévier. Cela m'effraya d'abord, jusqu'à ce qu'entrant dans ses confidences j'en apprenne la raison. Klaus avait dans son pays une femme, dont il ne parlait jamais sans nous répéter qu'il l'avait épousée, et de la main droite ; il en avait eu trois ou quatre enfants, aujourd'hui presque adultes, et cette descendance en était venue à former l'unique fin de ses actions. Il grappillait, amassait, recomptait – « pour mes fillots », disait-il, et sa face peu avenante recevait dans ces moments la grâce d'un sourire, qui à dire vrai ne l'embellissait guère. De temps en temps il retournait là-bas déposer le fruit de ses rapines, et attendait beaucoup de leur valeur accumulée. Sa femme vendait de la bière aux gens du village : un jour il l'établirait, elle tiendrait auberge, un de ses fils l'aiderait ; un autre aurait un champ à lui, sa fille une dot – que sais-je encore !

Le malheureux s'imaginait sur ses vieux jours en patriarche nanti, ayant son banc à l'église et un autre sous sa treille ; il ne voyait pas qu'à laisser toujours les siens, et à s'enrichir de si basse manière, il détruisait lui-même ses belles espérances. Ses vauriens de fils, instruits par son exemple, promettaient d'être pendus avant d'avoir barbe au menton, sa femme délaissée buvait, sa fille était déjà une pute des plus malpropre ; et lui ne voyait rien, comme me le racontait frère Ildefonse, que toute l'histoire divertissait fort. C'était effectivement risible, mais le personnage en devenait plus humain ; et lorsque je l'interrogeais sur les siens et qu'il se répandait en anecdotes attendries, ce n'était pas seulement, de ma part, en vue de le narguer. J'aimais l'entendre, je l'aimais presque quand l'œil humide il étendait la main au-dessus du sol et proférait :

« Haut comme ça ! Haut comme ma botte, il était, mon Bernard, le jour où il grimpa au poirier de la cure et se cassa une côte, le cornichon ! »

Cette tendresse paternelle me surprenait chez ce moins que rien, je la croyais un sentiment plus rare. Chose absurde : dans ses épanchements il me rappelait ma tante, ma bonne tante de Marienstein.

Et Ildefonse, lui non plus, n'était pas un mauvais bougre, comme sa sécheresse de cœur en ces occasions aurait pu le laisser croire. Du moins ce n'était pas absolument une brute : il s'exprimait avec une certaine recherche, gardait de ses études quelques vestiges d'érudition, fort circonscrits en fait, car ils concernaient seulement la personne et les œuvres de Marie, unique objet de sa dévotion. Pour elle il avait choisi, en prononçant ses vœux, de s'appeler Ildefonse, parce que le saint archevêque de ce nom avait consacré à sa Dame un traité qu'il disait supérieur.

C'était, quant au reste, un abominable mécréant, blasphémateur, grand amateur de gueuses et de bordels – Rodolphe, qui avait fait sa connaissance dans un tel lieu, avait été d'emblée impressionné par son verbe et par l'hécatombe de ribaudes qu'il y avait, en deux heures, provoquée. Mais il ne s'agissait pas de discuter devant le moine certain dogme, ni de l'interrompre lorsqu'il entonnait en marchant l'une de ses hymnes favorites, au sens obscur et aux strophes innombrables : c'était risquer sa vie. Récemment, me raconta Klaus, il avait ainsi tué un Italien qui dans l'adversité parlait mal de la madone – « Refroidi, comme ça ! » appuyait le conteur, mimant le geste expéditif d'une main qui tranche une gorge. Je me le tins pour dit, quoiqu'il ne fût pas dans mes habitudes d'attenter aux choses saintes ; et nous restâmes toujours bons amis.

Le plus inquiétant des trois était le Tchèque, Jan. Il était demeuré, et se conduisait généralement avec la douceur qu'on attribue aux simples d'esprit. Mais cette simplicité même le rendait redoutable. Vie et mort, pour lui, étaient tout un ; on l'avait vu trucider un enfant avec le sourire, pour la seule raison qu'on le lui demandait. Il était efficace et précis, et c'est certainement par sa lame que je serais mort au pied de mon château, si la chance n'avait pas retourné le combat en ma faveur. On le chargeait des basses œuvres, et même il en revendiquait jalousement certaines, comme d'achever le lièvre, la grive pris au collet. Car il excellait à tendre ces pièges, n'ayant de sa vie presque jamais vécu sous un toit ; tout ce qui s'y prenait lui était comestible, reptile, merle ou mulot. Je lui vis manger des lézards rôtis au feu, et il ne se plaignait que de leur petitesse.

C'était aussi, sans ironie, un grand ami des bêtes ; sa musique y était pour quelque chose. Non sa vielle, instrument mercenaire dont il ne jouait que pour subsister. Mais il chantait comme un ange, d'une voix étrangement aiguë, des mélodies sauvages qui commençaient et finissaient selon son caprice ; et il touchait de plusieurs flûtes qu'il se taillait lui-même, au couteau, dans du bois de sorbier.

Une nuit que nous dormions sous un surplomb de roche, je m'éveillai. Jan était de quart ; je ne le voyais pas près de notre feu, mais j'entendais son pipeau. Je m'approchai. Il était accroupi au clair de lune, modulant une infinie suite de notes, et devant lui une vipère, dressée, dansait. Quand il me vit, il me grimaça un sourire sans interrompre son jeu. Je n'osais approcher ; bientôt après il empoigna brusquement sa flûte et l'abattit sur le crâne du serpent, qu'il tua net. Je fis effort pour l'applaudir et me retirai en frissonnant, pendant que cet Orphée, je crois, dépiautait et mangeait sa prise.

J'allais encore le découvrir sous un autre jour lors du mystère de la Saint-Jean, que nous vîmes interpréter par les habitants d'un village de Franconie ; épisode à la faveur duquel je fis un pas de plus sur la voie de l'indignité. Mais il me faut, avant que d'en parler, faire halte et reprendre mes forces, car j'oublie, à dévider ces souvenirs, combien elles sont chancelantes...

Je suis trempé de sueur, et voilà que mon ventre, de nouveau, me point méchamment. Quelle tristesse d'user peut-être mes derniers mois à narrer d'aussi pauvres faits, sans gloire ni morale ! Je ne sais ce qui m'y pousse, sinon le désœuvrement et l'attente de ma mort, dont je n'espère ni ne redoute rien. Une vie est peu de chose, et il y a bien de l'orgueil, je m'en rends compte, à la ressasser quand elle ne comporte aucun trait édifiant. Ainsi les avares caressent-ils leur trésor ; c'est laid. Mais qu'y puis-je, si ce trésor est aujourd'hui tout ce que je possède ?

XV

J'ai oublié le nom de cette bourgade, et pourtant je revois avec netteté les toits pointus de ses maisons, qui se serraient frileusement au centre d'un petit val. Nous arrivions par un chemin de crêtes, il y eut un coude, et soudain nous eûmes sous les yeux, en contrebas de nous, cette herse d'église, où les pignons embrasés par le soleil couchant étaient comme la flamme des cierges.

« Nous y sommes », affirma Klaus, qui commençait à se trouver en terrain familier. Ce fut lui qui insista pour que nous passions la nuit en ville avant le spectacle du lendemain. Ildefonse, lui, aurait préféré coucher dans les collines : ces rassemblements populaires l'inquiétaient, étant souvent une occasion de rixes et un vivier de sbires. Klaus les recherchait au contraire, car les flâneurs enivrés s'y montraient plus pitoyables à ses pantomimes, et moins vigilants à garder leurs poches. Ces derniers arguments, chose rare, vainquirent notre moine, qui ne savait que trop combien était critique l'état de nos finances. Nous descendîmes, convînmes de nous retrouver dans un fossé pour y dormir, et entre-temps d'occuper la soirée chacun à notre guise. On se sépara ; je laissai hypocritement mes compagnons regarnir notre sacoche, et m'en fus musarder en ville dans la satisfaction de ma propre honnêteté.

Il n'était pas déplaisant, ce séjour montagnard, quoique les rues n'en fussent pas mieux tenues que la plupart de celles qu'il m'avait été donné de voir depuis Grünethal. Ces toits en aiguille, aussi, me faisaient un peu peur, et à tout moment me revenait l'idée saugrenue que l'on devait s'y empaler en tombant du ciel. Mais les colombages, au-dessous, étaient beaux ; si nulle lampe ne se voyait aux fenêtres, la foule y suppléait par l'abondance des torches et des feux de joie qu'elle alluma dès la nuit tombée.

J'avançais là-dedans avec curiosité. On parlait autour de moi un dialecte que je n'entendais guère, et ma mine, quoique hirsute et dépenaillée, devait être charmante de gaucherie, car une vieille me tendit un craquelin et refusa que je l'en paie.

J'en gobais les dernières miettes quand j'arrivai sur la place, où la fête battait son plein. Il y avait là toutes sortes de bateleurs qui se faisaient concurrence et, au milieu de leurs tours, en appelaient au chaland, si bien que chaque fois le cercle des badauds se défaisait et allait se reformer autour de qui criait le plus fort. L'un d'eux jonglait avec des pommes d'orange, et l'on se récriait devant son adresse, ou peut-être devant l'audace avec laquelle il mettait ainsi en jeu une denrée aussi coûteuse. Plus loin, des acrobates, juchés sur les épaules les uns des autres, édifiaient une pyramide humaine, qui du reste croula. Il y eut des os brisés, du sang, des acclamations : les pièces pleuvaient, ce fut un vrai triomphe.

Dans les moments de tréve on entendait la cacophonie des différentes musiques qui, comme les cris des saltimbanques, cherchaient mutuellement à se couvrir, et parmi lesquelles je crus distinguer la vielle du suave Jan. Je m'en approchai, car je lui aurais bien demandé de quoi m'offrir une soupe : le gâteau de la marchande n'avait fait que m'ouvrir l'appétit. Sur ces entrefaites on me bouscula, et j'allai heurter le dos d'une femme qui observait, immobile, un avaleur de sabre. Elle se déhancha souplement pour me considérer par-dessus son épaule. C'était une toute jeune fille, mais de taille élancée : ses yeux obliques, à fleur de tête, s'étiraient à hauteur des miens. Je bredouillai une excuse, elle me répondit d'une phrase que je ne compris pas et, me voyant interdit, eut un lent sourire qui faisait dans son visage comme un V. C'était assez troublant ; troublante aussi la teinte cuivrée de ses boucles, qui tombaient de sa coiffe le long de son cou étrangement délié. Je battis des paupières ; un tambour roula tout près de nous ; et, brusquement, elle avait disparu dans la foule.

Je l'avais perdue – et de Jan, point, les oreilles m'avaient corné. Soudain morose, je commençais à regretter d'avoir voulu faire cavalier seul quand j'aperçus Ildefonse qui jouait des coudes pour me rejoindre. Un sourire s'épanouissait sur son visage ; j'aurais juré qu'il était en fonds ou en bonne fortune, sinon les deux.

« Avec qui parlais-tu, monseigneur ? » m'interpella-t-il, l'œil égrillard, lorsqu'il fut à portée de voix.

« Je ne sais pas, fis-je, nous nous sommes cognés, et puis je ne l'ai plus vue... »

« Allons donc, elle était à l'instant à regarder les feux, et j'allais à mon tour l'entreprendre – tiens, mais tu as raison : je ne la vois plus non plus. Dommage ; beau brin de femme. Et pas farouche, si tu veux mon avis. »

Je ne trouvai rien à lui répondre. Déjà il passait au récit de ses exploits : une quinzaine de bourses dont il avait coupé les cordons, et certaine maison dont il me vanta, pouce et index réunis sur les lèvres, les pensionnaires. Il se sentait maintenant l'envie de se restaurer, disait-il ; et je lui emboîtai le pas de bonne grâce. Nous trouvâmes une taverne accueillante où mon aîné commanda force plats et breuvages, auxquels je m'attaquai d'autant plus vaillamment que nous n'avions plus, depuis des jours, fait de repas digne de ce nom.

« Pas mal, pas mal », apprécia le moine une fois avalées deux portions d'une potée que j'avais trouvée bonne, quoique exotique. Nous payâmes, fîmes un dernier tour de la place, où l'animation déclinait, et regagnâmes enfin notre gîte de fortune. Nos deux compères, le sac sous la nuque, y ronflaient déjà.

Ce fut un tintamarre de cloches qui me réveilla le lendemain. Près de nous, des familles entières, dans leurs meilleurs habits, s'étiraient comme des chapelets – les plus petits allant devant, dans leur hâte joyeuse, le père et la mère gravement au bras l'un de l'autre ou soutenant une aïeule, et les jeunes gens à la traîne, occupés qu'ils étaient à échanger, d'un groupe à l'autre, des œillades avec leurs belles.

Nous nous ébrouâmes. Jan dansait d'allégresse et eût voulu que nous allions de suite vers le pré où s'élevaient les tréteaux du spectacle : il craignait que, mal placés, nous ne voyions pas bien. Je l'appuyai, car je n'avais encore jamais vu jouer de théâtre, distraction populacière que les miens dédaignaient. Mais il nous fallut consentir auparavant à rincer, dans un cabaret proche, nos gosiers asséchés par le jeûne de la nuit : c'était là un rituel dont Ildefonse nous faisait un devoir chaque fois que la possibilité s'en présentait.

Nous nous mêlâmes donc au public alors qu'apparaissaient déjà sur l'estrade les premières attractions. Ce n'était toutefois qu'un prélude sans grand intérêt. Des fillettes couronnées de fleurs glapirent une longue complainte, puis une autre, puis une troisième ; à la suite de quoi un pitre vint débiter une drôlerie dont le sel nous échappa. Les gens riaient beaucoup : il devait faire allusion à la chronique du village, et quelquefois un protagoniste ouvertement visé agitait le poing et jetait vers la scène une charretée d'injures. C'était amusant, mais peu varié. Enfin nous en vîmes le bout, le pitre changea de ton et je compris, à quelques bribes de phrases, que les choses sérieuses allaient commencer. Alentour les rires tombèrent ; l'estrade se vida ; on aurait entendu voler une mouche.

Et à pas lents arriva sur la scène un couple de vieillards dont le costume de fête disait l'importante dignité. Ils se lamentaient doucement, et la femme derrière elle tirait une chèvre, qu'elle désignait parfois du doigt avec tristesse et dédain. Je reconnus Élisabeth, mère de saint Jean Baptiste, mais ne pus déterminer ce que la bête avait à voir dans l'action : si la sainte l'accusait d'être bréhaigne comme elle, ou déplorait seulement de n'avoir qu'elle au lieu de descendance. Quoi qu'il en soit, un ange parut, qui mit la chèvre en fuite : et je ne fus pas peu surpris de découvrir, sous la robe azurée et les grandes ailes du messager de Dieu, ma connaissance de la veille, plus diaphane, plus délicieuse encore au grand jour et dans son nouveau rôle.

« Ah ! saperlotte », entendis-je sacrer Ildefonse ; sans doute regrettait-il la désinvolture avec laquelle il m'avait entretenu d'elle, et dont il ressentait à présent toute l'incongruité.

Or l'ange s'immobilisait, et, tirant de sa manche une fleur, adressa à Élisabeth une tirade rimée, d'un timbre de voix singulièrement grave pour une si jeune fille. « Tu enfanteras », saisis-je ; et la vieille riait aux éclats, puis tombait à genoux et se signait d'importance.

Comme tout cela était étrange ! Voilà que ma beauté, d'une démarche raide – aussi raide que je l'avais vue souple et serpentine naguère – repartait dans la coulisse, en ressortait tenant par la main un homme d'âge mur, qui parada un instant sous le regard du public avant de se prosterner devant ses futurs parents. Un grondement de satisfaction montait de la foule. Jan eut un rire joyeux, son patron lui faisait honneur, il en buvait bouche bée toutes les paroles. Les comprenait-il ? J'en doute, car moi-même je n'entendais pas grand-chose à ce récitatif ; mais celui-ci s'acheva, et apparut sur l'estrade un malheureux dont une couronne de vraies ronces déchirait le front. Le silence redevint absolu, saint Jean s'avéra porter sous sa robe un récipient d'eau dont il éclaboussa le divin martyr, et prononça d'une voix forte : « Je te baptiserai, car tu es Notre-Seigneur, qui rachèteras nos péchés en mourant sur la croix. »

Aspergés, les plus proches spectateurs reculèrent avec des cris de religieuse extase ; puis le tableau changea. Le saint demeurait à l'avant de la scène, tandis qu'une mégère outrageusement fardée, en retrait, lui jetait des regards malveillants. Et soudain le public, naguère recueilli, se mit à trépigner d'enthousiasme. De l'angle où nous étions nous ne pouvions pas voir ce qui causait ce remous, et j'enrageais de manquer un épisode aussi savoureux ; mais les clameurs, bientôt scandées à l'unisson, m'éclairèrent tout à coup, et au même moment j'aperçus une figure d'homme à la barbe démesurée, qui de ses doigts crochus cardait sinistrement les mèches de ses tempes. « Juif ! Juif ! » hurlaient les paysans de Franconie ; « Juif maudit ! sale Hérode ! » Jan se dévissait le cou et soliloquait âprement en tchèque ; du moins c'est ce qu'il me semblait à le voir si disert, car le vacarme ambiant me couvrait ses paroles.

Or, à ces clameurs, une gêne m'avait saisi ; je me sentais devenir rouge, et espérais que nul ne le remarquerait parmi mes voisins. C'est qu'un instant je m'étais cru moi-même apostrophé, et enfant poursuivi par Rodolphe dans les couloirs de Löwenfels. Je revenais à la raison, mais mes poings continuaient de se serrer et de se rouvrir en cadence. J'avais bien fait de le tuer, oh oui ! je m'en félicitais maintenant, et ma propre violence m'effrayait néanmoins.

En même temps je craignais aussi pour le pauvre acteur. Aux huées qu'on lui lançait s'ajoutaient à présent des épluchures et des mottes de terre, dont saint Jean, malencontreusement proche, recevait d'ailleurs aussi sa part. Il fallut que ce dernier y mît un frein : avançant jusqu'au bord des tréteaux, il aboya une semonce qui certainement n'était pas dans le texte. Le flot des projectiles faiblit, sans toutefois tarir. Certains énergumènes semblaient exaspérés qu'on leur en remontrât, et menaçaient de faire descendre de scène et leur censeur et leur victime. Alors le Juif, inquiet, prit le parti d'arracher sa fausse barbe et ses fausses mèches, et, ôtant sa coiffure conique, écarta les bras avec un large sourire, comme pour recevoir une ovation.

« Schumpeter ! Schumpeter ! » acclama la foule apaisée et ravie ; et je reconnus le pitre du début. J'étais soulagé moi aussi, et je ris très haut de ce coup de théâtre. Pourtant il m'en restait un obscur malaise, comme si en riant j'avais trompé mon monde. Sans doute mon amusement à moi était-il moins sincère ; si je pouvais me fondre parmi ces rustres, la délicatesse de mes origines y faisait toujours de moi un étranger, et j'avais l'impression d'être là en contrebande, de me faire passer pour ce que je n'étais pas.

Le spectacle avait repris après cet incident. Une discussion confuse s'engageait entre les trois personnages : Hérode glabre et Hérodias dépeignée s'invectivaient, saint Jean – supérieur, patient et déjà résigné – commentait leurs dires à l'intention du public. Mon ami Jan chaque fois hochait la tête ; son agitation m'alarmait. Il vibrait de tout son corps, et ses traits d'habitude placides se crispèrent lorsque reparut sur la scène la jouvencelle qui m'émouvait tant. C'était Salomé. Des voiles rouges et jaunes drapaient sa haute stature, ses paupières bombées étaient presque closes ; un tambourin tinta dans les mains de sa mère, des volutes de fumée s'échappèrent d'un fourneau caché dans la coulisse mais que, de notre place, nous voyions ; et dans cette brume elle se mit à danser.

Or voilà que Jan me quittait, lentement se rapprochait de la scène, la bouche entrouverte par saccades, comme un chat qui guette des oiseaux. Je crus bon de le suivre, d'autant que j'espérais, près des tréteaux, recueillir de la belle un regard ; mais elle était trop à son affaire pour cela. Un à un elle dépouillait ses voiles, qu'elle lançait en direction du terrible tétrarque ; et quand elle n'eut plus sur elle qu'une longue chemise blanche, elle continua sa danse, les prunelles à demi révulsées, pâle et chaste au centre des regards.

Je voyais à portée de ma main s'agiter ses beaux pieds nus, qu'au demeurant elle n'avait pas petits. Ces pieds me fascinaient, je me demandais si je ne pouvais pas étendre le bras et, comme par mégarde, les toucher. Je m'apprêtais à le faire, quand Hérode se leva et rugit un cri de mort. Alors tout bascula. Jan, échappant à ma vigilance, sauta sur les planches en criant lui aussi. Il avait à la main son coutelas, et, soulevant le saint sur son épaule avec une aisance qui me stupéfia, pourchassa les méchants à travers toute la scène. La panique saisit ces derniers ; un soldat d'Hérode s'empêtra dans une tenture, qui en tombant sur le fourneau prit feu ; le chaos devint total.

Ma Salomé, de frayeur, était tombée de tout son haut, et avait atterri précisément dans mes bras. Elle était en convulsions et roulait frénétiquement la tête, si bien qu'occupé à la maîtriser et à lui murmurer « n'ayez crainte », je ne tirais pas autant de plaisir que j'eusse escompté de cet attouchement. Jan, lui, avait fini par être plaqué au sol par son saint patron lui-même, aidé de quelques gaillards ; maintenant il sanglotait sans plus se débattre. Alors le panneau des coulisses, tout en flammes, s'écroula dans l'herbe ; et après un dernier spasme, la fille s'évanouit.

Grand était le scandale ; plus grande encore ma perplexité. Que devais-je faire ? Secourir Jan, à qui l'on allait certainement faire un mauvais parti ? Mais j'eusse dû pour cela déposer l'inanimée à terre, où la foule l'aurait piétinée. Je demeurai à ma place, égaré, chancelant – car mon fardeau me pesait –, et cherchant dans la mêlée mes autres compagnons pour apprendre d'eux la marche à suivre. La fâcheuse idée d'aller voir cette pièce ! On ne m'y prendrait plus.

Je me rassérénai lorsque je vis Ildefonse escalader l'estrade et brandir à bout de bras la croix qu'il portait habituellement à sa ceinture. Le tumulte reflua : le feu était éteint, certains croyaient à un épilogue et revinrent, curieux, se masser devant la scène.

« Mes frères ! » s'égosillait le moine. « Mes frères ! Que la paix du Seigneur revienne avec vous. L'incident est clos. Saluons les acteurs et leur talent, qui a su abuser un brave homme à la tête faible. Mais bienheureux les simples d'esprit ! bienheureux les simples d'esprit ! »

Ces paroles firent l'effet d'un baume sur tous les présents. J'en vis beaucoup approuver de la tête, heureux de reconnaître des phrases qu'ils avaient ouïes en chaire. Les comédiens, quoique vexés de s'être fait voler la palme par un inconnu, se rengorgèrent en s'entendant louer de la sorte ; et ma patiente, qui commençait alors à ouvrir un œil, eut un mince sourire avant de sauter prestement sur ses pieds, toute confuse de se découvrir en chemise dans mes bras. Elle prétendait se retirer ; je pris mon air le plus ducal pour lui assurer qu'elle n'en devait rien faire, que son malaise exigeait des ménagements, et en particulier que je lui soutienne la taille.

Nos idiomes n'étaient que cousins, mais nous nous comprîmes : la belle me fixa un moment des yeux, ondula de la nuque, et pâlit violemment quand mon bras s'enroula autour de ses côtes minces, sous lesquelles je sentais galoper son cœur.

Mes affaires me semblaient en bonne voie. C'est pourquoi je fus assez fâché de voir près de moi Klaus, qui pendant l'échauffourée s'était rendu comme transparent. Il n'eut qu'un regard rapide pour ma conquête et me demanda si je savais ce que nous devions faire ; car Ildefonse, toujours sur les tréteaux, parlementait ferme avec la troupe, qui s'était dessaisie de Jan, mais paraissait soucieuse d'obtenir quelques réparations pour les dégâts et le dérangement causés.

Enfin le moine nous aperçut. Il me fit signe de m'approcher, ce que je fis, non sans mimer l'embarras du galant homme qui se sait appelé à d'importantes tâches mais n'ose, par délicatesse, interrompre le doux service qu'il s'occupe à rendre. La sensitive, en effet, reposait encore contre moi, et ce fut seulement quand je grimpai sur scène et fis mine de la hisser qu'elle me repoussa avec une soudaine frayeur. Étonné, je me retournai : Ildefonse me présentait, avec force mouvements de manche, le pitre de tout à l'heure, Peter Schumpeter de son nom complet.

« Quant à monseigneur, poursuivit-il, c'est un gentilhomme voyageant inconnu pour son loisir et son instruction ; il vous exprime toutes ses excuses pour cet incident provoqué par sa suite. »

J'approuvai du buste, tandis que Peter Schumpeter me détaillait des pieds à la tête. Il y avait bien de la sécheresse dans son salut, et je crus qu'il nous en voulait encore d'avoir gâché la représentation. Aussi lui promis-je, encouragé du regard par Ildefonse, de verser à la commune de quoi acquérir une nouvelle toile de fond. Le personnage eut un sourire acide ; son œil sans cesse glissait derrière moi, allait se poser plein de colère sur ma compagne. Allons bon ! on avait pris ombrage de mes égards. Je crus rentrer en grâce en me fendant d'un petit compliment, et en réclamant comme une faveur d'être à mon tour présenté à la jeune fille.

J'avais été trop fleuri, et trop alambiqué : il fallut me traduire, à la suite de quoi Schumpeter me toisa et, attirant à lui l'intéressée d'un geste sans douceur, cracha :

« C'est ma fille. »

Bigre, pensai-je. On avait un père ; et pas des plus commode à ce qu'il paraissait. Toutefois je fis bonne figure, outrai la distinction de mon ton, et demandai s'il nous permettait d'aller lui faire visite avant l'heure du souper, pour prendre des nouvelles de sa fille, dont la santé m'inquiétait, et débattre avec lui de ce que nous lui devions. Le malgracieux daigna accepter. Nous le trouverions, disait-il, dans telle maison du faubourg, que nous reconnaîtrions sans peine aux meubles qui en garnissaient le seuil. Il était menuisier de son état, « un état qui en valait un autre, et dont il n'avait point honte devant d'aucuns mieux nés que lui, mais qui avaient leurs raisons pour ne pas se nommer ».

« Je suis le comte de Ravenau », lançai-je tout à trac, car les impertinences de ce raboteur de village commençaient à m'irriter ; et, pour mieux le remettre à sa place, je lui jetai en acompte une piécette et tournai les talons avec un bel effet de cape, saluant à peine la fille qui, d'ailleurs, gardait les yeux baissés. Alors seulement je sentis mes joues s'empourprer, et maudis les vicissitudes qui m'avaient conduit, moi, à m'affubler par prudence d'un nom et d'un titre d'emprunt. – Et quel nom !

songeai-je, rougissant de plus belle. Mêler ma future femme à ce risible imbroglio, quelle pitié ! C'était assurément la faute à ces cheveux de cuivre, qui m'avaient suggéré son image ; et je fus tout à la fois choqué et bizarrement chatouillé par cette similitude.

Je maudissais aussi l'arrogance dudit Schumpeter, et m'étonnais qu'un homme qui, sur les planches, exprimait un tel tempérament de boute-en-train se montrât en privé aussi pisse-vinaigre. *« C'est ma fille ! »* Eût-on pas dit qu'il était un des princes électeurs et moi un quelconque maraud qui lui aurait, par inadvertance, pris le haut du pavé ? Je conclus que sa dignité de tétrarque lui était temporairement montée au cerveau ; à tort. Quelques heures plus tard nous devions le retrouver, en son logis, tout aussi quinteux et imbu de sa personne. Il avait en l'occurrence un motif bien précis, que je n'allais pas tarder à apprendre ; mais on sentait que de pareils motifs, chez lui, étaient légion, et qu'un rien suffisait à lui chauffer la bile.

J'ai pu constater, depuis que je fréquente les placettes de la belle Italie, que les gens de scène sont fréquemment sujets à de telles discordances, et apparaissent à la ville tout différents de ce qu'ils sont sur scène. C'est curieux ; moins curieux, cependant, que la folie qui nous pousse tous à nous croire différents de ce que nous paraissons, et détenteurs uniques (avec Dieu) du grand secret de notre être. Les histrions, au moins, n'ont pas cette vanité. Ils se savent déjà dédoublés, et n'éprouvent pas le besoin de s'inventer encore une troisième personnalité, qui ne serait ni celle qu'ils jouent habituellement, ni celle qu'ils révèlent une fois leur masque tombé. J'ai appris à croire qu'il n'est de vérité qu'en nos œuvres, bonnes ou mauvaises ; et si j'y insiste maintenant, c'est pour condamner d'avance l'œuvre mauvaise que j'étais sur le point d'accomplir, et que j'accomplis certes avec quelques scrupules, mais en pensant que je valais mieux qu'elle, et qu'elle était une incartade de mon corps à mon âme défendant. Il n'est point en nous de telles frontières. Nous sommes tout un ; et le crime que je commis alors, et dont je pensais à l'époque me dédouaner en le jetant par-dessus le bord de mon essence, ce crime reste une tache sur ma conscience, et une vilaine épine dans mon pied.

XVI

Nous passâmes les heures suivantes à conférer dans notre fossé, et ma foi avec véhémence. Klaus était furieux contre le pauvre Tchèque, qui allait nous coûter Dieu sait quelle somme faramineuse et retarder d'autant le retour en ses foyers ; et il l'aurait cogné si nous ne l'avions retenu. Le moine lui représentait que les insanités de Jan étaient un risque qu'ils avaient pris en l'adjoignant à leur bande, le revers de sa vaillance et de son dévouement ; qualités dont nous n'avions certes pas à nous plaindre.

J'abondai dans son sens. L'émoi retombé, je m'égayais plutôt de cette mésaventure, qui m'avait fourni l'occasion de revoir et même de palper la belle fille ; et je poussai de hauts cris quand Klaus, calmé, promit de pardonner au Tchèque pourvu que nous filions sur-le-champ. Quelques heures, disait-il, nous séparaient de notre rendez-vous chez Peter Schumpeter ; que n'en profitions-nous pour racheter quatre chevaux et décamper avant que les villageois nous courent derrière ? Plus loin, nous revendrions nos montures et rentrerions dans nos frais ; le voyage, de surcroît, en serait raccourci.

Il n'en était pas question, lui opposai-je, m'enhardissant pour la première fois à m'immiscer dans leurs décisions, et pour la première fois leur parlant en maître ; car l'appétit qui m'était venu pour la jolie rousse me rendait ingénieux et péremptoire. (Ah ! fallait-il qu'enfin je prenne barre sur eux, non pour les remettre dans la voie droite, mais pour faire d'eux les complices d'un nouveau méfait !) J'invoquai mon honneur de gentilhomme ; je m'étais engagé, disais-je, à cette réparation, et aurais la plus grande répugnance à m'en dédire. Et d'ailleurs que penserait-on de nous si je m'en dédisais ? que je n'étais pas seigneur, ni eux gens de ma suite. Le Schumpeter m'avait déjà paru bien méfiant ; notre fuite nous signalerait escrocs, et de là à nous découvrir voleurs, insistai-je en leur remémorant leurs indélicatesses, il n'y avait qu'un pas. Aurions-nous tant à gagner de mettre à nos trousses, outre peut-être les émissaires de Löwenfels, une troupe de paysans en colère ? S'ils redoutaient les lenteurs et les supplices de notre justice ducale, je redoutais plus encore, moi, les coups de fourche dont nous serions percés si on nous rattrapait. – Non, non, il nous fallait agir ici avec componction : nous attarder quelques jours, pour gagner la bienveillance de ces rustres et l'affermir.

Je n'eus qu'en partie gain de cause. Ce que j'avais dit de mon honneur mettait à quia mes compagnons, nous entrions là dans un domaine où éclatait notre inégalité de race ; mais ce rappel de ma grandeur suggéra au moine d'en exploiter les avantages, et lui remit en tête son ancienne idée. Soit, je ne pouvais manquer à ma parole : il respectait cela. Cependant, une fois notre petit pécule dépensé à la tenir, nous partirions. Nous irions à Nuremberg, qui n'était pas très éloignée. Je m'y ferais connaître auprès de quelque banquier : mon nom m'ouvrirait toutes les portes, et l'on m'avancerait...

« Vous divaguez », coupai-je, mécontent de voir s'écrouler mes perspectives. « J'ai, c'est vrai, peu fréquenté l'espèce financière jusqu'à présent, mais à ma connaissance elle n'est pas réputée se fier aux chalands sur leur mine, ni leur faire crédit contre de vagues promesses. Ces banquiers écriront à mon père, et... »

« Eh ! dans ce cas, que ne lui écrivez-vous vous-même pour commencer ? Vous lui direz que votre chasse vous a mené plus loin que vous ne pensiez, et que vous vous trouvez à court ; qu'enfin il vous faut de l'argent. Et, s'il juge imprudent de vous en faire parvenir par un courrier, au moins il donnera ordre au correspondant que vous lui indiquerez, et son cachet fera foi. Ce sera l'affaire de quelques semaines ; d'ici là nous vivoterons en ville, vous de votre côté, nous du nôtre. »

« Et pourquoi ça ? » grogna Klaus, qui m'imaginait sans doute disparaissant avec leurs espérances, et les laissant tout nus.

« Pourquoi ? Mais parce qu'il se pourrait que monsieur son papa lui envoie, avec son viatique, quelques hallebardiers pour l'assister dans ses recherches, et que je ne me soucie pas de les rencontrer. – Voyons, Klaus, ne grommelle pas. Cela s'arrangera très bien. Nous perdrons un peu de temps, peut-être, mais ce temps perdu ne fera qu'arrondir ta petite fortune : monseigneur est notre ami, et saura nous le prouver avant de nous quitter. N'est-ce pas, monseigneur ? »

Je sursautai. Déjà, en effet, j'étais en train de soupeser les avantages de ce nouveau dessein. Nous serions à Nuremberg, à une ou deux journées d'ici ; nous y serions pour plusieurs semaines, probablement pour un bon mois. Rien ne m'empêcherait de revenir de temps à autre conter fleurette à la fille Schumpeter, puisque ma nouvelle indépendance me laisserait un peu libre de mes déplacements et de mes fréquentations.

Je ne me fis donc prier que pour la forme, et me rangeai bien vite aux raisons d'Ildefonse. Klaus m'imita, et nous parlait déjà du petit lit de poupée qu'il achèterait à Nuremberg pour sa *fifille*. Ildefonse m'adressa un clin d'œil, j'esquissai un sourire averti, l'entente était revenue ; ce que voyant le pauvre Jan, jusque-là resté à l'écart, les épaules rentrées, vint s'asseoir près de mes pieds et improvisa un air de danse tout en roulades et en cabrioles, pour célébrer le pardon qu'on lui accordait.

Quand arriva l'heure de notre visite j'avais pris soin de me rafraîchir à une fontaine, de frotter ma barrette et ma cape jaunes de poussière, et de peigner de mes doigts le duvet de mes joues, qui, je le constatais avec bonheur, s'étoffait grandement ces jours-ci. Alors, le menton haut, je pris la tête du cortège et le conduisis à pas comptés vers la maison du menuisier, devant laquelle s'entassaient, comme il nous l'avait dit, les fruits de son industrie. Et quelles horreurs, mon Dieu ! On apercevait des tables et des chaises, de bonne facture sans doute, mais barbouillées sur toutes leurs faces de vermillon et de moutarde. De grosses armoires, sur leurs panneaux bleutés, étalaient des soleils, des lunes et d'improbables animaux. Campé au milieu de tout cela, l'homme nous attendait l'égoïne au poing, tandis qu'autour de lui officiaient ses apprentis ou ses fils – qui vernissant une tablette, qui allongeant de son pinceau la queue d'un écureuil. Il y avait aussi la fille, qui surveillait avec indolence une ribambelle d'enfants. Ses yeux rencontrèrent les miens ; mais un geste de son père la renvoya aussitôt à l'intérieur, sa fratrie sur ses talons.

D'épouse, point. Schumpeter en personne nous fit les honneurs de sa maison et de son atelier, qui étaient une seule et même chose. Nous y vîmes d'autres hideurs en devenir, tandis que l'homme, les yeux enflammés de hargne, nous mettait un à un sous le nez les instruments coupants, piquants et raclants dont il se servait dans l'exercice de son art. Ma patience était mise à rude épreuve par cette exhibition, qui me fit craindre mille fois de ressortir de là l'œil crevé, et par les manières du drôle, qui m'appelait messire du bout des lèvres et ne m'avança un siège qu'après une éternité.

Enfin nous nous assîmes à une grande table : son chef-d'œuvre, nous dit-il. J'y conviai Ildefonse, que je promus mon conseiller et intendant ; et, l'air hautain, demandai à notre hôte si la somme de cinq kreutzers lui paraissait suffire. J'entendis dans mon dos Klaus hoqueter. C'était sensiblement plus que nous n'étions convenus, mais j'avais, pour monter l'enchère, plusieurs raisons. D'abord cet argent était en quelque sorte le mien, puisque ma fortune, ou celle de mon père, allait le rembourser. Je pouvais donc traiter avec une magnificence digne de mon rang, qui à la fois satisferait les mécontents et ferait taire les sceptiques – dont était le sieur Schumpeter, me semblait-il, car sa bouche se tordait chaque fois qu'il lui fallait me donner mon titre ou prononcer le nom de Ravenau. Je voulais aussi l'éblouir : la vue de tant d'argent le rendrait peut-être plus humble, et (espérais-je secrètement) plus conciliant aux caresses que j'adresserais à sa fille.

Ébloui, je ne puis dire qu'il le fut. Il accepta ma largesse d'un sec hochement de tête, et, au nom de la commune, me remercia en peu de mots. Je lui aurais volontiers botté le derrière, mais mes amoureuses visées me l'interdisaient. Aussi avalai-je stoïquement cette couleuvre, et, comme le menuisier se décidait enfin à nous offrir à boire, et qu'arrivait pour nous servir une de ses filles cadettes, je m'enquis poliment de l'aînée, à qui je formulai le vœu de rendre mes devoirs.

« Ulrique n'est pas assez grande dame pour comparaître devant votre Seigneurie », siffla le butor. « Au reste, vous êtes bien bon de craindre pour sa santé : mais elle est parfaitement rétablie, et il n'y paraît plus. Nos filles ne sont pas aussi délicates que les femmes de votre monde, qui pour une fluxion de nez courent se mettre au lit. »

D'agacement je sentis mon bras se tendre vers le col de sa blouse ; mais Ildefonse l'intercepta, me fit rasseoir, et avec onction approuva la réserve de cette vierge, si convenable à son modeste état. Le compliment n'eut pas l'heur de plaire à notre hôte :

« Modeste, modeste, il vous plaît à dire ! Nous ne sommes pas des loqueteux. Ma fille aura, en se mariant, une dot point méchante, qui lui fait déjà dans le village bien des envieuses. »

Ildefonse s'inclina, et voulut savoir à quand était fixé cet heureux événement. Schumpeter ébaucha un sourire ; encore n'était-ce qu'un sourire de commisération.

« Peuh ! Il faudrait pour ça qu'elle ait un fiancé, et je n'en ai pas trouvé jusqu'ici qui soit à sa pointure. Je ne suis pas, moi, de ces imbéciles de pères qui disent amen au premier galant venu. Elle attendra. D'ailleurs, je ne pourrais pour l'instant me passer d'elle. J'ai sept enfants, dont plusieurs en bas âge ; leur mère est morte, et Ulrique la remplace en tout. »

J'étais en train de me féliciter de ce que j'apprenais, mais à cette dernière phrase je m'étranglai dans mon verre. Schumpeter parut troublé, devint cramoisi, et rectifia tant bien que mal les conclusions que nous pouvions tirer de ses paroles. Pour moi j'étais édifié : le misérable était tout bonnement épris de sa fille, ce qui expliquait son animosité à mon égard ; et si sa langue avait fourché, c'était probablement en excédant les faits, non pas faute d'avoir traduit ses désirs.

Là-dessus l'entretien s'acheva, car, embarrassés, nous ne trouvions plus que dire. Nous prîmes congé, et Peter Schumpeter accueillit nos adieux avec moins de hauteur, soit que sa bourde lui ait rabattu le caquet, soit que, simplement, il se réjouisse de notre départ. Un peu écœuré, je m'éloignai en pensant n'avoir plus jamais affaire à cette curieuse famille. Je fus bien étonné de voir, au bout de la rue, Ulrique surgir d'un retrait où elle s'était cachée – comment la téméraire s'était-elle glissée hors de chez elle sans être surprise, c'est ce que je ne sais ; mais cet exploit la révélait pleine de ressources, et amoindrit encore le respect que j'avais pour elle, déjà mis à mal par la rivalité que son lubrique de père m'avait fait entrevoir.

Pourtant mon cœur fondit de pitié devant le réel désespoir qui marquait ses traits. Sa lèvre pâle tremblait ; elle voulait me parler seule à seul, et n'eut de cesse que mes compagnons ne nous aient laissés, malgré ma crainte que sans leur entremise nous ne nous comprenions pas. J'avais sous-estimé l'éloquence qu'ont certains gestes en toutes circonstances et dans tous les pays, nous rendant moins sévère la malédiction de Babel. Ulrique commença par poser sa bouche sur la mienne, et déploya dans ce baiser un savoir-faire qui, je l'avoue, me mit mal à l'aise. Puis, estimant s'être ainsi assuré ma bienveillance, elle reprit haleine, et énonça en pleurant une requête dont je saisis aisément le fond : elle voulait que je l'enlève, et son doigt tendu montrait avec répugnance la maison de son père. Je n'imaginais que trop bien la pauvre vie qui devait être la sienne auprès de ce tyran domestique aux ordres incessants, aux appétits mal réprimés ; elle me tendait ses mains rougies, me découvrait sous sa manche une trace de coup, sur un bras qui était du reste fort blanc et joli, quoique un peu nerveux à mon idée ; et, agrippant ma tunique, elle faisait mine de m'entraîner au large, bégayait des protestations où revenaient toujours les mots *partir*, et *avec toi.*

Quand elle eut terminé, je pris un petit air patelin et lui tins des propos très raisonnables et apaisants : c'est que je réfléchissais. J'étais perplexe. Je me félicitais bien sûr d'une victoire aussi facile – car le prix dont la belle entendait payer mon dévouement était on ne peut plus clair ; mais je ne me dissimulais pas les inconvénients d'un tel rapt. Quelqu'un nous verrait bien partir ensemble : était-il opportun, alors que nous venions d'arranger à grand-peine notre situation, d'attirer sur nous de nouvelles foudres ? Mes compagnons n'y consentiraient pas. Moi-même j'étais peu enclin à me charger d'une conquête qui n'était pas, comme je l'avais cru d'abord, une manante, mais la fille d'un artisan jouissant dans le bourg d'une considération certaine, sinon méritée. Et ensuite, qu'en ferais-je à Nuremberg ?

Elle était bien belle, cependant. Me voyant hésiter, elle s'était mise à genoux et me baisait le haut de la cuisse, tandis que ses longues mains enserraient convulsivement mes jambes. La malheureuse ! Sa douleur me remuait l'âme. Elle était prête, pour s'échapper, à toutes les folies, et sans doute ne tarderait-elle pas, si je la refusais, à réitérer son offre auprès d'un autre voyageur moins scrupuleux que moi. Pouvait-on arrêter une volonté pareille ? Un observateur sensé jugerait son père, par son inclination contre nature, seul coupable de cette chute : et la même cause qui rendrait celui-ci furieux de se la voir ôtée l'empêcherait peut-être de s'en plaindre trop ouvertement.

« Allons », fis-je, la remettant debout. « Je t'ai dit ce que dit tout honnête homme à une fille qui veut quitter le toit de ses parents. Il vaudrait mieux que tu y restes, c'est évident. Mais je gage que tu n'en feras qu'à ta tête ? »

« Oui », finit-elle par murmurer ; et je supposai qu'elle avait compris ma question.

« Tu t'exposes pourtant à bien des dangers – le sais-tu ? », insistai-je, la voix plus caressante. « Peut-être, pauvre fille, t'es-tu prise d'affection pour moi, que tu veuilles faire fi de tout honneur pour me suivre ? »

Elle me regardait entre ses cils.

« M'aimes-tu ? » fis-je encore plus bas, en lui pressant éloquemment la main.

Elle fit oui de la tête, les joues un peu colorées. Je m'estimai quitte, et la relâchai avec le léger soupir de qui vient de trancher un dilemme moral. Mais il fallait, lui expliquai-je, mettre quelques précautions dans l'exécution de notre projet. Je ne pouvais l'emmener devant tout le village : avec mes domestiques je partirais devant sur la route de Nuremberg, et elle nous rattraperait à notre première étape. J'escomptais en effet que mes compagnons, mis devant le fait accompli, murmureraient moins.

« Sur la route de Nuremberg – près d'un feu – nous dormirons », répétai-je pour être bien sûr d'être compris. Son visage s'éclaira, elle hocha énergiquement le chef, et, m'embrassant une dernière fois, partit en courant vers chez elle. Il ne me resta plus qu'à rejoindre mes compagnons.

Ildefonse, naturellement, me taquina sur ce tête-à-tête. Je lui exposai sans sourire que la fille, gênée des insolences de son père, m'avait prié de lui pardonner et que, pour leur apprendre, je m'étais fait tirer l'oreille.

Et ce fut tout. Une heure plus tard nous reprenions la route et regagnions les futaies, mes trois amis avec l'entrain que donne un cœur insouciant, moi plus taciturne et, je dois le dire, passablement inquiet de ma machination. À la nuit tombée nous fîmes halte, et je n'eus même pas à exiger que nous ne couchions pas trop loin du chemin, car justement une clairière s'ouvrait tout à côté. Il me sembla que le destin, ou le diable, favorisait mes vues ; je ne sus si je devais m'en réjouir, et m'endormis difficilement à la lueur des braises, l'esprit ballotté par de contradictoires appréhensions.

XVII

Je m'étonne encore qu'un plan aussi hasardeux se soit réalisé presque sans accident. J'eus bien une déception à mon réveil, en constatant qu'Ulrique n'était pas là ; mais la route reprise, nous n'avions pas fait deux cents pas que j'entendais dans notre dos la fugitive nous héler. Elle avait marché une bonne partie de la nuit, sous ces grands arbres noirs, et pourtant n'offrait aucun signe de fatigue ni d'effroi. Elle avait même l'air si naturel, si dégagé, son baluchon au coude et sa coiffe nouée sous le menton, que mes compagnons n'eurent aucun soupçon dans les commencements.

« Vous voyagez aussi ? Vous allez à Nuremberg ? » lui demanda Ildefonse ; et elle acquiesça sans même ciller.

Étrange fille ! Je n'étais pas au bout de mes surprises la concernant. Tout le jour elle chemina à mon côté, comme mon ombre, et ne me parla pas ; j'eus beau me répéter que je lui en imposais, je n'en croyais rien. Il y avait dans ses traits un fatalisme tranquille, et sans doute estimait-elle qu'il n'était pas besoin de mots, que ses actes en disaient assez long. Simplement, vers le milieu du jour, elle prit mon bras : j'ignore si c'était lassitude ou promesse d'allégeance.

Mes compagnons ne bronchèrent pas. Il faut dire que, se croyant par sa présence tenus de prolonger la comédie de la veille, ils n'osaient sortir de la réserve qui convient aux gens. Après notre pitance du soir, qu'elle avait partagée sans un mot d'excuse ni d'explication, ils haussèrent bien les sourcils en la voyant se lever à ma suite et reprendre mon bras d'un air patient et décidé ; mais ils se tinrent cois. Je les saluai avec une assurance que j'étais loin de ressentir, et m'éloignai avec ma cavalière, les laissant derrière nous chuchoter et supposer. Le temps viendrait de les instruire ; pour l'heure, j'avais assez à faire de mener ma propre barque.

Quand nous fûmes bien loin, et que la lumière du feu ne fut plus qu'un point sous les arbres, je m'arrêtai ; Ulrique aussi. Il y avait par terre une herbe moelleuse, et dans le ciel un petit bout de lune qui nous éclairait, sans le faire de façon gênante. En bref, tout venait à point : mais je n'en étais pas moins cruellement en peine d'une entrée en matière. – Songez que je n'avais encore eu que Mila pour maîtresse, et que celle-ci, en sa qualité d'aînée, m'avait épargné certains préliminaires dont je n'espérais plus, cette fois, pouvoir me dispenser. Je regardais Ulrique qui attendait, les bras ballants, que je lui fisse quelque chose. Ses yeux obliques bravaient les miens sans coquetterie ni pudeur ; mon cœur battait, je me sentais bien sot.

« Donne-moi un baiser », fis-je enfin à voix basse. Elle s'exécuta et, par bonheur, interprétant cela comme une sorte de signal, se mit aussitôt à se dévêtir. Que d'oripeaux ! Je ne puis déterminer si c'était ma gêne qui me fit paraître ce déshabillage tellement long, ou si les filles de ce pays mettaient réellement plus de cuirasses à leur chasteté que nos servantes sorabes, ce qui est fort plausible. Toujours est-il que les cuirasses, une à une, tombèrent ; les doigts d'Ulrique défaisaient posément cordons et attaches, et voilà qu'elle fut nue, grande et mince sous la lune de juin.

Je ne pousserai pas la bassesse jusqu'à décrire intimement une malheureuse avec qui j'en ai déjà si mal usé. Je n'évoquerai que certaines particularités de lisse et de dépouillé qui me frappèrent comme une anomalie, quoique son âge tendre en fût peut-être cause. – Elle n'était pas si jeune, au demeurant, ayant exactement dix-sept ans comme moi. – Il suffit ; je l'ai séduite, et toutes ces considérations n'atténuent en rien ma faute. J'observerai cependant que son père, si déplaisants que fussent ses motifs, avait raison de la surveiller de près ; car je n'ai jamais observé chez une pucelle autant de prédisposition animale à se laisser pervertir. Elle subit tout placidement ; elle ne pleura même pas ni ne se débattit quand je la déflorai, chose que je faisais pour la première fois de ma vie, et qui me causa, je crois, plus de confusion qu'à elle.

Comme tout cela est loin ! et comme ma juvénilité me fait sourire ! Mais elle avait aussi ses bons côtés : ma maîtresse reprenait à peine souffle, et s'occupait à essuyer son sang avec une poignée d'herbe, que déjà le spectacle de sa nuque ployée me ressuscitait. Derechef je l'attaquai, avec plus de confiance ; et j'eus la satisfaction, ce coup-ci, de troubler un peu son calme, et d'imprimer à ses lignes quelques contorsions du meilleur aloi.

Je me réjouissais trop vite. Plût au Ciel qu'elle ait été moins bonne élève, et moins endurante au péché ! Après une courte nuit, dont je sortis moi-même quelque peu éteint, elle reprit la route non moins vaillamment que la veille. Cette fille était en fer ; et cela au physique comme au moral, car elle soutint imperturbablement les regards curieux de mes acolytes, et bientôt – la situation perdant toute équivoque – leurs ricanements.

À Nuremberg, nos relations étaient si fermement établies qu'aucun des trois ne s'étonna qu'au lieu d'aller aux affaires qui censément l'avaient appelée en ville, elle me suivît en mon nouveau logis. C'était une mansarde que cédait, pour quelques sous, une veuve point trop regardante aux agissements de ses locataires. Nous y avions une paillasse, un coffre et deux chaises ; mais ce dénuement n'émut pas mon amie. À dire vrai rien ne l'émouvait, hormis les étreintes qu'il me fallait lui prodiguer un peu plus souvent que je n'en avais l'envie, et qui occupèrent au début une partie non négligeable de notre temps.

Nous passâmes là près de six semaines ; j'en garde un souvenir mitigé. Je commençai par savourer cette liberté, pour moi toute nouvelle, d'avoir une femme à ma discrétion. Cependant Ulrique n'était disposée qu'au plaisir, et se rebiffa lorsque je lui demandai, comme un amoureux service, de ravauder mes vêtements. Et puis, la sordidité de notre habitation me rebutait, moi, je ne pouvais m'y faire. J'avais accepté sans dégoût de vivre dans les bois, mais cette sale bâtisse, résonnant nuit et jour de rumeurs grossières, m'accablait. Il me semblait que je m'installais dans cette existence, du fait que j'y tenais ménage. J'avais écrit à mon père, et confié ma lettre au commis d'une maison de négoce qui se rendait au nord. J'attendais sa réponse ; je l'attendais avec une hâte croissante, car mon courrier nous avait coûté presque tout ce qui nous restait. Déjà j'avais des dettes chez la veuve. Nous lui payions régulièrement notre modique loyer, mais Ulrique, en particulier le soir, réclamait des mangeailles que je ne pouvais lui refuser ; et nous avions de gros frais de blanchisserie, attendu que nos draps, à ce régime, ne nous duraient guère.

Nos compagnons dormaient au grand air, parmi d'autres gueux avec qui ils eurent au début maille à partir ; car Klaus et le Tchèque avaient repris leurs occupations habituelles, et les indigènes voyaient d'un mauvais œil leur concurrence. Ce repaire de canailles n'était pas éloigné de notre mansarde. Souvent nous croisions frère Ildefonse qui déployait une activité de fourmi, courant sans cesse d'un couvent, où il avait sollicité quelque aumône, à une demeure bourgeoise où il quêtait pour les œuvres du comte de Ravenau.

« Alors, les tourtereaux ? » badinait-il, avec un regard approbateur pour mes yeux battus et les pâles couleurs de mon amie. Quand personne n'était à proximité, il gratifiait même cette dernière d'une chatouille sous le menton, qu'elle supportait avec la patience qu'on a pour un vieil oncle. Cela ne m'enchantait pas ; mais elle me rit au nez quand je le lui fis comprendre. Elle avait perdu, en même temps que son innocence, toute sa modestie. Elle me parlait haut, et d'une façon générale se dérangeait. On eût dit qu'elle voulait mettre autant d'obstacles que possible à sa rédemption, au cas où son père la retrouverait. (De ce dernier nous n'eûmes d'ailleurs jamais de nouvelles.) Dans la rue elle prenait des airs hardis, on la regardait beaucoup ; et j'étais en train de me demander ce qu'il adviendrait d'elle quand, recevant la réponse de Löwenfels, je penserais au retour, lorsqu'un incident survint qui dissipa mes doutes et balaya mes derniers scrupules.

Il faut dire que, dans l'indigence où nous étions, j'avais dû me résoudre à une chose qui heurtait au vif ma fierté de sang. Oh ! rien de déshonnête, rien qui pût, dans l'absolu, me faire rougir ; mais enfin j'étais heureux, ce faisant, de me trouver aussi loin de ma terre natale et de ne pouvoir être reconnu de quiconque. Pour trancher le mot, je travaillais ; je travaillais pour de l'argent. Je m'étais établi scribe. Ma carrière débuta fortuitement : notre logeuse, un jour, me pria de l'aider dans ses comptes, et fut si comblée du résultat qu'elle m'engagea, moyennant quelques ristournes, à en faire autant chaque lundi. Puis le besoin, peu à peu, m'amena à étendre mon activité. Je tenais cabinet dans une gargote, et l'on venait m'y trouver avec un mémoire à dresser, ou une supplique à mettre en forme. Plus tard je reçus aussi des minutes à transcrire, et une fois les sermons d'un prédicateur alors fort en vogue dans l'Empire, dont les notations s'arrachaient.

Avec quel trouble je copiai les dits de ce bonhomme Eckhardt ! La langue en était si frappante, les images si persuasives ! Nous autres créatures y semblions néant ; seule notre âme éternelle brillait dans ce désert, aspirant à rejoindre la grande lumière de Dieu, et à laisser derrière elle notre lourde enveloppe de chair. Hélas, de cette chair pécheresse mon âme à moi restait captive : j'étais Caïn, j'étais Sardanapale, et les gouffres de l'enfer sans doute seraient pour moi... Je n'osai de tout ce temps approcher mon amie, ce qui se trouva bien, car ses jours étaient venus.

Ulrique appréciait que je misse, comme elle disait dans son parler vulgaire, « la main à la pâte ». Notre condition s'améliorait, je pouvais, quelquefois, lui offrir un colifichet ou un pain d'épice pour me faire pardonner mes absences. Elle s'accommodait d'ailleurs de celles-ci. Je la laissais, le matin, profondément endormie ; et il était agréable de la retrouver à l'heure du souper, que nous prenions avec la bande, puis le soir pour nous aller coucher. Nos ébats gagnaient en saveur à ne plus entrecouper de longues journées oisives ; je revenais parfois fourbu et le poignet endolori, mais retrouvais des forces pour elle.

À quoi elle passait ses journées, je l'ignore ; mes questions la fâchaient. Je ne cherchai pas plus avant, et me consacrai fidèlement à ma tâche. Je finis même par y trouver de l'intérêt : c'était un peu sonder les âmes que de découvrir, sous la dictée de mes chalands, tant de tracas, d'intrigues, de petites joies et de petites douleurs. Je m'apercevais que l'humanité était bien uniforme, et, dans le fond du moins, ne variait guère ses sentiments. Partout les enfants donnaient du souci à leur mère, partout les amoureux considéraient leur élue la plus belle de toutes. Là-dessus il me fallait broder, et ce n'était pas toujours facile. « Dites-lui qu'il nous manque, et qu'il nous fait bien de la peine », commandait un vieux boutiquier dont le fils était soldat ; et je devais en tirer trente lignes, sans quoi l'homme, mécontent, menaçait d'en rabattre sur mes honoraires.

Du reste j'étais bienveillant, je m'efforçais de faire exactement ce qu'on attendait de moi, chose souvent malaisée, bien que je comprisse maintenant le dialecte du cru ; car chez les gens de peu la pensée est confuse. Je n'imitais pas ces écrivains facétieux qui, m'a-t-on raconté, profitent de l'ignorance de leurs clients pour glisser dans leurs épîtres des obscénités ou des sornettes. Une seule fois je le fis, pour me venger d'une pécore qui prétendait me payer d'une pièce toute rognée et que je lui rendisse la monnaie comme sur une neuve. Las de marchander je lâchai prise, et écrivis de sa part, à sa sœur relevant de couches, qu'elle était une putain, son fils un bâtard, et que son lait sentait le chou.

Ce que j'aimais le mieux, c'étaient les lettres d'amour. Quand le commanditaire m'agréait, je poussais la complaisance jusqu'à les tourner en vers. Je réclamais en ce cas un délai raisonnable, exigeais de rester seul et m'étendais sur la banquette. Alors je scrutais le plafond, tambourinais des iambes et des anapestes sur le crépi du mur, et tout d'un coup, pris par le rythme, attrapais mon stylet pour jeter une strophe sur la cire – sur la cire, oui, car je me corrigeais quelquefois avant de récrire cela à l'encre.

Ah, que d'alouettes, que de rossignols ai-je fait chanter dans cette taverne de Franconie ! Que d'ensorceleuses Vénus, que de cliquetants squelettes, propres à rappeler aux belles la vanité de leur pruderie ! Je me demandais parfois ce que devaient penser les destinataires, après s'être fait déchiffrer les productions de mon lyrisme ; j'aurais voulu voir leur visage quand elles s'entendaient baptiser mes princesses lointaines, ou apprenaient que leur âme était un luth de bois précieux. J'ai dû faire avancer plus d'une amourette languissante, et instiller de la flamme dans d'honnêtes fiançailles de raison. J'ai dû aussi – ce que je ne voyais pas à l'époque – en rompre quelques-unes, mais j'en ai peu de remords : qui n'est pas capable d'ouvrir son cœur à la beauté et de secouer un instant le voile prosaïque des apparences, ne mérite pas le bonheur en amour.

Je parle de beauté, car il y en avait bien un peu dans mes poèmes. Sans doute les trouverais-je aujourd'hui médiocres, si je pouvais les relire à la lumière de ce que j'ai appris depuis. J'y faisais mes premières armes ; toutefois je m'y défendais bravement, et au moins y ai-je pris le goût de ces choses.

Ulrique me réclamait que je compose un chant en son honneur. Je l'eusse fait si elle me l'avait demandé par affection ; mais je ne lisais dans ses yeux que sotte gloriole, et n'eus garde de lui obéir. C'était à ma promise que je songeais quand je cherchais l'expression de quelque sentiment délicat. Ma maîtresse, elle, ne m'inspirait que des images – marbre, albâtre, prunelles céruléennes, elle était la plus exquise des statues ; mais son âme était un vide traversé d'éclairs zigzagants, et il me semblait que cette âme, de jour en jour, imprégnait davantage sa physionomie.

Voilà que j'ai perdu le fil de mon récit ; j'en étais resté à la taverne de la Pierre-Assise, où je griffonnais à longueur de journée, récoltant péniblement des monnaies disparates. Tout me passait entre les mains – hélas ! sans jamais longtemps y séjourner : des pfennigs usés, des kreutzers qu'on me pleurait, et des couronnes de Bohême, qui avaient cours ici presque comme la monnaie locale. Je vis même un jour une curiosité, un denier parisis du royaume de France. Comment le malheureux s'était égaré sous nos latitudes, c'est ce que j'aurais aimé apprendre : ces pièces m'émouvaient, chacune avait son histoire, ses coups, ses taches à elle, qui la rendaient presque humaine. N'avaient-elles pas souvent un petit visage, comme des personnes ? Leurs singularités, d'ailleurs, ne me simplifiaient pas la vie, et j'étais stupéfait de voir l'assurance avec laquelle les gens du peuple, si naïfs ou ignares dans tous les autres domaines, reconnaissaient et évaluaient d'un coup d'œil ces morceaux de métal. Il me fallait à moi des heures d'examen ; pourtant je ne m'en lassais pas, et éprouvais toujours une vague tristesse quand, finissant par les connaître si bien, je devais m'en défaire.

Un matin, donc, je venais d'accueillir ma première cliente et de lui copier, d'un jet de plume, un inventaire d'objets ménagers

– travail de routine qui n'intéressait en rien mon esprit et que j'accomplis mécaniquement, n'étant pas encore très bien réveillé. Mais j'eus un sursaut lorsqu'elle me paya : car elle avait tiré de son réticule non moins qu'un ducat de Löwenfels, où je voyais se découper le profil auguste de mon père encerclé de la devise, si familière : *ALBERICUS DUX PETRAE LEONUM.* Ô Dieu ! mes yeux se mouillèrent presque. Cependant je n'avais pas de monnaie dans mes poches : le tavernier me proposa de me changer ma pièce, ce que je refusai véhémentement – dans mon exaltation, je ne m'en serais pas dessaisi pour tout l'or du monde. Je priai donc ma cliente de m'attendre, le temps que je regagne mon gîte et en rapporte du billon.

Arrivé près de ma demeure je tombai sur Klaus qui soit en sortait, soit passait devant. J'envisageai de lui emprunter ce dont j'avais besoin, mais il m'esquiva, l'air gêné ; croyant que je l'avais surpris au milieu de quelque manœuvre, je haussai les épaules et m'engouffrai dans l'escalier, qui en ce moment était désert.

Il était dit que cette matinée serait celle des émotions ; mais la seconde fut de nature moins pieuse que la première. Comme je poussais doucement la porte de notre mansarde, je vis – je vis d'abord le dos de frère Ildefonse, et sa bure fort relevée au-dessus de la taille ; et ce qu'il fouissait ainsi de tout l'élan de son corps velu, c'était celui, blanc et satiné, de ma maîtresse, qu'il avait entreprise, constatai-je dans un paroxysme d'horreur, *more ferarum.*

Foudroyé je refermai la porte ; elle claqua. J'entendis un juron, un pas lourd sur le plancher de la chambre, et mon rival m'apparut, les joues empourprées, sous le chambranle. Il me vit, parut interloqué puis éclata de rire ; enfin, s'étant aperçu de ma consternation, il reprit son sérieux, rentra prendre ses chaussures et, me sembla-t-il, poser sur le coffre une petite offrande, et ressortit en fermant la porte, derrière laquelle je ne percevais plus qu'un silence atterré.

Je l'attendais, furibond, mais aucun son ne sortait de ma gorge. Le moine m'administra une claque dans le dos, et dit :

« Allons, allons, monseigneur, ne tire pas cette figure. Redescends avec moi boire une chopine : deux bons amis ne se brouillent pas pour si peu. »

J'aurais voulu l'injurier, mais il n'est pas facile d'injurier un homme qui vous entraîne bras dessus, bras dessous, avec l'autorité de l'aînesse ; nous étions déjà attablés que je n'avais pas encore trouvé moyen d'articuler un mot.

« Vois-tu », poursuivit Ildefonse une fois que nos bières furent devant nous, « tu t'estimes abusé, tu es prêt à crier au parjure ; mais songe que c'est nous qui aurions pu t'en vouloir d'avoir gardé pour toi tout seul un si juteux morceau. »

« *Nous !* » l'interrompis-je, outré.

« Pluriel de majesté », rectifia le moine avec un toussotement ; mais je repensai à la mine furtive de Klaus, et courbai les épaules sous ce nouveau coup. Seul le brave Jan, devais-je apprendre ensuite, n'avait pas tâté de ma maîtresse ; et encore n'était-ce pas faute d'encouragements. Tout était bon à cette drôlesse. C'était déjà chez elle un commerce régulier, quoiqu'elle s'en tînt pour l'heure à notre cercle ; ainsi elle faisait coup double, joignant les menus profits que lui apportaient ces visites à la satisfaction d'avoir trois mâles à elle. – En clair, il était grand temps que j'ouvre les yeux. Un peu plus, et j'ajoutais aux accusations qui pesaient sur ma tête à mon insu celle, honteuse entre toutes, d'avoir exercé le métier de ruffian.

On croira peut-être que ce fut la fin de mon amitié avec les trois hommes ; on se trompera. Apparemment je m'étais si bien immergé dans leurs usages que le soir même je riais avec eux de mes déboires. Il va de soi que je quittai Ulrique ; mais je lui épargnai de trop amers reproches, conscient que j'étais, au fond, de la responsabilité que j'avais eue dans sa perte. J'allai jusqu'à lui laisser la chambre, et ce fut moi qui me relogeai ailleurs – à l'autre bout du même grenier, du reste ; et je la voyais toujours, mais moins souvent, et désormais à titre onéreux comme les deux autres.

Je dirais même que mes liens avec ces derniers furent resserrés par notre communauté de condition : elle autorisait des familiarités, des allusions à d'identiques expériences. Comme avant, nous nous retrouvions tous, chaque jour, pour souper ; j'y payais ma quote-part, ni plus ni moins. Je travaillais comme eux, et n'avais plus à vivre sur leur caisse ; en même temps, l'humilité croissante de ma situation leur faisant oublier, au moins temporairement, que j'étais seigneur, les dissuadait de vivre sur la mienne.

Et c'étaient de joyeuses tablées que nous formions alors. Ildefonse et Klaus y levaient allégrement le coude, et je tendais à les imiter ; j'avais découvert le besoin qu'ont les êtres laborieux, leur journée finie, de se réchauffer l'âme pour oublier la morne perspective du lendemain. Nous mangions, nous nous esclaffions à de basses plaisanteries : je m'enfonçais dans leur fange, et il y faisait bon. Simplement, quelquefois, je regardais Ulrique accoudée à la table ou à l'épaule de l'un de nous, moins décemment vêtue chaque jour ; je regardais son long cou de martyre, renflé en cet instant d'un rire crapuleux ; et je m'assombrissais à la revoir toute droite dans sa robe, sous ses deux ailes d'ange, et tenant par la main Jean Baptiste charmé.

XVIII

Les jours passaient. Déjà je songeais avec une pointe de nostalgie que le temps était sans doute proche où mon escapade finirait. Par deux fois je m'étais rendu à la maison de négoce Schulze et Fils pour y prendre des nouvelles, qui ne venaient pas, et chercher à obtenir, à force de flatteries, un petit crédit qui eût agrémenté la fin de mon séjour. Maître Schulze fut poli, mais inflexible ; et les deux fois je m'en retournai bredouille.

Ce n'était pourtant pas du temps perdu. J'y trouvai l'occasion de fréquenter le beau quartier de la ville, auquel, attelé à ma tâche du matin au soir, et mêlé à une compagnie qui n'avait cure de ces beautés, je n'avais pu m'intéresser comme je l'aurais voulu. Sortant de chez Schulze, déçu, je m'attardais dans sa venelle. Des buissons de roses s'y balançaient entre deux murs, des guêpes bourdonnaient, une calme opulence s'exhalait des pignons de bois ouvré. Puis je passais un porche, et c'était un autre monde : non moins luxueux, mais plus chatoyant. Des boutiques aux contrevents repoussés déployaient des joyaux, des profusions de dentelles ; la femme d'un changeur, belle et grave sous son béguin blanc, rêvait derrière une croisée.

Les passants, ici, étaient rares et retenus. Un intendant de maison noble examinait des verreries, s'enquérait dans un murmure de leur prix ; une demoiselle montrait à ses femmes des étoffes, et hésitait. Rien ne rappelait le chaos des bas-fonds dans lesquels j'étais dorénavant contraint de vivre : pas d'enfants grouillant sur le pavé et chapardant des pommes ; pas de camelots hurlant, ni de bonnes femmes désinvoltes criant « Eau sale ! » au moment précis où, de leur étage, elles en balançaient vers la rigole une pleine cuvette. Quel repos ! Ces promenades étaient pour moi un bain régénérant ; je m'y retrempais dans l'atmosphère qui, pensais-je, m'était naturelle, j'y raffermissais mon sentiment d'être, au fond, différent de mon vil entourage ; et je pouvais à mon retour le retrouver d'un cœur plus léger, et l'appétit aiguisé pour ses sordides appâts.

Je ne m'expliquais pas que mes compagnons refusent de savourer ces agréments qui s'offraient à tout le monde, alors même que, par un reste de piété, ils ne faisaient rien de leurs dimanches, ou en tout cas rien de rémunérateur. La seule fois que je les en persuadai, ils me suivirent les pieds lourds jusqu'aux belles rues commerçantes, où le repos hebdomadaire faisait planer une paix plus délicieuse encore. Ildefonse se raclait la gorge et fixait le sol, Jan, intimidé par le silence, courbait le dos ; et Klaus, à la traîne, lorgnait les escarboucles au cou des promeneuses en grommelant d'obscures imprécations.

Leurs goûts, à eux, les portaient vers les spectacles violents ou tapageurs. Il leur fallait de la foule, du rire, de l'imprévu. Nous ne devions manquer aucun concours lyrique entre savetiers du faubourg, au prétexte que toute la ville y serait et qu'on n'y payait pas ; je pus m'y convaincre que mes chansons à moi valaient bien les leurs, même si j'ignorais beaucoup de leurs règles et croyais neuves des images vieilles comme les chemins. Ou bien nous allions, avec la populace, mesurer les progrès de l'église Saint-Laurent, dont les bases sortaient de terre dans un fouillis de perches et de gros cailloux. On s'exclamait devant ces pierres si blanches, devant l'audace des bâtisseurs qui en semaine allaient œuvrer si haut dans le ciel ; pour moi je regardais avec pitié ces criardes joliesses, et pensais à la petite chapelle, trois fois centenaire, de Löwenfels.

Ensuite nous revenions prendre Ulrique, qui avait mis sa nouvelle robe de soie verte, et sur ses cheveux sa coiffe villageoise. Ces apprêts dominicaux n'étaient pourtant destinés qu'à pimenter notre bamboche : après un dernier tour du quartier, où nous trouvions parfois la distraction d'une sauterie ou d'une bataille d'ivrognes, nous retournions à notre auberge favorite, et y passions à baguenauder toute la fin du jour. Ildefonse offrait à boire ; nous nous faisions préparer quelque plat recherché, ou alors Jan, s'introduisant dans les cuisines, y accommodait lui-même une carpe à la façon de Třebon, son pays.

Un dimanche soir, nous étions là, à peu près seuls, car l'heure du couvre-feu était proche. Il flottait dans la salle l'odeur d'une fricassée d'oignons dont les reliefs poissaient encore nos écuelles ; et, la journée ayant été fraîche, comme il arrive parfois au plein cœur du mois d'août, nous avions décidé de guérir nos frissons à grands coups de vin épicé.

Je ne sais plus d'où nous vint l'idée de disputer aux dés qui raccompagnerait notre gaillarde, privilège fort envié le dimanche ; car Ulrique, ce jour-là, refusait par décence tout émolument, mettant dans ces ébats et la grâce d'un don et l'ardeur que confèrent des libations répétées. Je gagnais, et, moi-même assez éméché, jetais à chaque coup gagnant un baiser sur sa gorge ; et elle piaillait, au milieu des rires tonitruants de la tablée. Enfin j'amenai une paire d'as qui scella ma victoire : avec un cri d'allégresse je repoussai la table et, une main passée sous les jupes d'Ulrique, la bouche dévorant le haut de ses seins, je fis mine, par plaisanterie, de la subjuguer ici et maintenant. De gaieté Jan et Klaus se tapaient les cuisses, tandis qu'Ildefonse, déchaîné, roulait presque au bas de sa chaise.

Ce fut alors que je sentis dans mon dos un petit froid venant de la porte. Je tournai la tête, et – oh ! mon âme à ce souvenir se liquéfie encore de honte – je vis, debout dans l'entrée, cette chose affreuse : maître Venetius qui me regardait.

De saisissement je ne pus d'abord esquisser le moindre geste. Je demeurai là, la bouche ouverte, les membres entremêlés à ceux de mon amie ; et devais présenter en cet instant une parfaite image de la culpabilité.

Mais je me repris, car mon maître, blême et considérablement vieilli, me semblait-il, ôtait tristement de dessus moi ses yeux et, se murmurant quelque chose à lui-même, replongeait déjà dans le crépuscule d'où il était venu. Il m'évitait ! Ah, comme je mesurai alors ma déchéance, ma vraie déchéance – non pas celle, accessoire, de ma situation, mais celle de mon être intime, au spectacle duquel mon maître ne m'avait même plus estimé digne d'une parole !

« Non !... Attendez ! ... » balbutiai-je avant de m'élancer à sa suite, sans me soucier de la stupeur de mes commensaux. Il s'éloignait à grandes enjambées. Je le rattrapai, lui saisis le bras ; et j'eus le chagrin supplémentaire de le voir s'écarter comme s'il craignait que je ne le frappe.

« Maître, mon maître, que faites-vous ? Le ciel vous envoie sur ma route, et vous vous détournez ? C'est votre main que je voulais baiser, et non vous faire du mal... Comment... Ah, Dieu ! ai-je mérité ?... »

« Loin de moi, misérable ! et ne m'approchez plus. Je ne voulais pas croire ce qu'on disait de vous : j'ai eu tort, la vérité dépasse en turpitude tout ce qu'on vous impute. Et vous fûtes mon élève – ah, vanité des vanités ! »

« Ô maître, j'implore votre pardon ! Vous m'avez surpris là en fâcheuse posture, il est vrai ; mais m'allez-vous juger sans même m'entendre ? »

Mon désespoir parut le toucher, mais sa physionomie ne s'en fit que plus grave :

« Ce n'est pas à moi, Lōwenfels, de vous pardonner. Et que vous importe, à vous si criminel, le pardon d'un tuteur dont vous bafouez dans chacun de vos actes les enseignements ? Il faut croire que vous m'aimez encore un peu ; eh bien », et sa voix redevint vibrante, « sachez que je n'ai que faire de l'amour des gredins ; je n'en veux pas. Laissez-moi aller, et gardez votre affection pour vos nouveaux amis : telle est la société qui vous convient. »

Sous ces injures je frémis, et mon orgueil enfin s'insurgea :

« Homme, le courroux vous égare ; vous êtes trop prompt à blâmer. Dites-moi, oui, dites-moi quel est mon crime. J'ai séduit une fille, et frayé au-dessous de mon rang : est-ce là... »

« Serpent ! » coupa mon maître. « N'ajoute pas à tes fautes la souillure de la fausseté. Tu veux savoir quel est ton crime ? Tu dois bien être le seul, ici, à l'ignorer. Va, demande à tes complices pour quel abject assassinat tu les as engagés ; demande-leur s'ils ne t'ont pas aidé à abattre ton frère ; et surtout rosse-les, car ils t'ont mal servi, et ont laissé vivante leur malheureuse victime... »

« Non ; non, cela ne se peut », bégayai-je incrédule. « Vous me dites... vous me dites que Rodolphe est vivant, et qu'il m'accuse de ?... »

« Oui, il vit ! Ce n'était pas ta faute : la blessure que tu lui as faite était pourtant de celles dont on ne guérit pas, et tout un mois il est resté entre vie et mort... »

« Il vit ! »

« Il vit, pour te confondre ; et rends grâce à sa générosité, car un moment il a voulu taire ton nom, et dissimuler ton infamie...

Que ne l'a-t-il fait jusqu'au bout ! Il m'aurait, à moi, épargné la plus cuisante des douleurs ; et ton père Albéric, sans ce coup, ne serait pas mourant. »

J'étouffai un cri, et ma main se glissa dans ma poche pour y serrer mon cher ducat.

« Tu t'étonnes ? Tu crois peut-être qu'un père voit son fils devenir félon, fratricide et parjure sans sourciller ? Sache, misérable, que tu l'as tué ; aussi sûrement, plus sûrement que si tu lui avais, à lui, plongé l'épée dans le cœur. »

« Maître, mais je n'ai jamais voulu... »

« Ne me fais plus croire, maintenant, à ton innocence. Je m'y raccrochais, j'ai poussé la faiblesse, même, jusqu'à te défendre – imbécile que j'étais ! comme si tout ne clamait pas ta faute ! Cette lettre, Mardochée, cette lettre que tu as eu l'outrecuidance d'envoyer à ton père, pour rejeter la responsabilité de ton crime sur tes complices ! Tu te pensais habile, n'est-ce pas ? Tu pensais te mettre à couvert, voire te faire valoir par ce semblant de poursuite ? Tu n'as pas seulement la loyauté de tes basses accointances... »

« Maître ! »

« ... Eh bien, cette lettre t'a perdu », poursuivit-il sans m'écouter. « Quand même Albéric, comme moi, aurait refusé de te croire infâme, elle était là – il pouvait la relire, comprendre maintenant toute l'hypocrisie qu'elle recelait ! Ton père ne s'en relèvera pas. Il n'a pas repris connaissance depuis son coup de sang, et peut-être est-il mort au moment où j'arrive ici, pour sottement te mettre en garde contre un châtiment que je pensais immérité... »

« Il l'est », m'écriai-je, avec le feu que me prêtait le sentiment de tant d'injustice ; mais ensuite je me tus. Je ne savais par quel bout attaquer ce tissu de mensonges ; j'eusse préféré me laisser aller à ma tristesse et pleurer tout haut mon père, si je n'avais été sûr qu'on y verrait encore une simagrée... Mort, mourant, mon pauvre père ! J'en étais écrasé ; et ce d'autant plus qu'il mourrait me croyant infâme, et sans doute me maudissant.

Et l'imposteur triomphait, m'attribuait paisiblement le forfait qu'il avait lui-même commis ! L'accusation n'était pas seulement odieuse ; elle était plausible. L'étendue du désastre, peu à peu, m'apparaissait. Désormais Rodolphe était duc et juge, et sa parole faisait loi. J'aurais pu convaincre mon père ; mais ma mère, de bonne ou de mauvaise foi, appuierait son aîné. Nul ne me blanchirait. Klaus, Jan et le moine jamais n'accepteraient de se mettre, pour l'amour de moi, entre les griffes de leur commanditaire... J'avais tout perdu, tout ; et pour la première fois je déplorai la marche de nos États, où rendent la justice ceux qui n'ont d'elle que profit à tirer.

Venetius, d'une toux, m'arracha à mes réflexions. Je redressai la tête, et, dans l'obscurité maintenant profonde, cherchai ses yeux. Ils étaient sévères et méprisants, et seule une lueur de pitié y mettait quelque chaleur. Non ! Je ne pouvais ainsi me laisser dépouiller de l'estime de mon maître, le dernier de mes biens. Il allait partir : je l'arrêtai.

« Ne partez pas encore, mon maître, et je vous en prie, daignez m'écouter. Je vois bien que les apparences me desservent, et que pour une part elles sont mon œuvre ; car je me suis conduit en fou. »

Il haussa les épaules tandis que je reprenais haleine. Sa colère refluait, il ne semblait plus que triste à mourir ; et, soupirant, il me jeta :

« Votre affliction vous honore, Mardochée, comme un reste de conscience humaine ; sans doute vos complices n'ont-ils pas entièrement déteint sur vous. Je le compte à votre décharge ; et en souvenir de l'intérêt que j'eus jadis pour vous, je vous donne ce conseil : quittez cette ville. Votre seconde lettre, dans laquelle vous poussiez l'impudence jusqu'à demander de l'argent au duc votre père, vous a mis en grand danger. Rodolphe a dépêché ses troupes pour s'emparer de vous : j'ai dû faire l'impossible pour les devancer. Dans quelques jours, dans quelques heures elles seront ici, et n'auront pas plus de mal à vous trouver que je n'en ai eu ; car maître Schulze croit vous servir en divulguant votre adresse à quiconque la lui demande. »

« Maître, je compte bien fuir ; mais pas sans vous avoir détrompé. Vous me percez le cœur, à croire si hâtivement le dire d'un prétendu frère qui me déteste. Ne me connaissez-vous pas mieux que personne ? »

« Hélas, murmura Venetius, je le croyais. »

« Croyez-le encore », m'écriai-je, « maître, croyez-le toujours ! Rentrez donc en votre âme ; songez à votre premier mouvement, qui fut de récuser les noirceurs dont Rodolphe m'accablait. Ne m'avez-vous pas vous-même dégrossi ? Faites-vous si peu de cas de vos propres lumières, pour croire qu'il n'en reste déjà plus aucun éclat dans l'être qu'elles ont éclairé ? Voilà une preuve bien abstraite, me direz-vous ; mais j'en ai d'autres. – Tenez, revenons à l'auberge ; revenons-y, j'y insiste. Je rougis de vous imposer pareille compagnie ; mais il le faut, car elle seule pourra me disculper. »

Mon maître maugréait, et pourtant il me suivit. Il paraissait heureux qu'enfin je me défende ; nous entrâmes, j'allai jusqu'à la table et priai Ulrique de nous laisser, ce qu'elle fit avec une prometteuse œillade à laquelle je ne répondis pas.

Or Venetius, d'un geste de la tête, refusait de s'asseoir. Je restai donc debout, et, accablé par son dédain, dus rassembler tout mon courage pour affronter les impertinences de mes compagnons.

« Alors quoi, Löwenfels ? grognait Ildefonse. D'abord tu disparais sans crier gare, et quand tu reviens c'est pour nous enlever notre coquine, et nous mettre à la place ce grand rabat-joie... Fameux cadeau ! »

Consterné, j'allais le rappeler à l'ordre, mais mon maître s'en chargea. Ayant noté l'habit du moine, il l'apostropha en latin, s'enquit de son ordre et condamna la licence dans laquelle il vivait ; et j'eus la surprise de voir Ildefonse lui répondre docilement, puis humblement, et petit à petit rentrer les épaules sous le regard étincelant de ce diable d'homme. Jan et Klaus ne pipaient pas, m'interrogeaient des yeux ; je les esquivai avec gêne, et attendis la fin de la semonce.

Alors je pris la parole, et demandai au moine d'exposer à mon maître, le savant Venetius ici présent, ce que lui était Rodolphe de Löwenfels.

« Parle, parle », le pressai-je, comme il hésitait ; « mon maître n'a pas de préventions à son égard. Dis tout le bien ou tout le mal que tu sais de lui. C'est une faveur que je te demande, et qui a, pour une raison qui me regarde, la plus grande importance à mes yeux. »

Ildefonse, dans un latin embarrassé, commença. Il avait connu mon frère, disait-il, dans un lupanar du canton d'Unterwald, il y avait de cela environ deux ans. Ils avaient fait une longue route ensemble, car Rodolphe, lui aussi, remontait vers l'Allemagne où il prétendait avoir un duché à lui. Ildefonse n'en avait rien cru, blasé qu'il était sur les naissances illustres et les revers fabuleux qu'invoquaient toujours les hères pour expliquer leurs infortunes. Chemin faisant ils avaient vécu d'expédients et de rapines, et Rodolphe ne s'y montrait pas moins habile que lui, ce qui l'avait conforté dans son opinion. Aussi avait-il été bien surpris, quelque temps après leur séparation, d'apprendre que le personnage avait dit vrai.

« Et quoi de plus naturel alors, sire Venetius, que de vouloir renouer avec lui ? Nous autres gens de chemin vivons rudement ; et quand l'un de nous réussit, il serait bien ingrat d'oublier son ancien état, et de ne pas jeter quelques miettes à ses anciens camarades... »

Venetius, sèchement, lui fit signe d'aller au fait. Le moine baissa les yeux ; c'est que la suite, pour lui, devenait moins aisée à dire. Si le jeune duc ne l'avait pas repoussé, et même avait consenti à le revoir seul à seul, c'était pour lui confier un malhonnête service : réunir deux ou trois escarpes de son espèce, et, dans des circonstances qui restaient à préciser, l'aider à...

« Poursuivez », fit Venetius comme Ildefonse, effrayé, me consultait du regard.

« Va, continue », l'encourageai-je ; « les sergents ne parlent pas latin ; et d'ailleurs nous sommes presque seuls dans cette gargote. »

Eh bien, reprit le moine, il s'agissait tout bonnement d'aider le duc à tuer son frère Mardochée. Le jeune sot – que l'intéressé lui pardonne, mais c'était ainsi que parlait le duc – l'avait provoqué en duel, et lui-même, peu soucieux de risquer sa vie en affrontant ce frénétique, voulait mettre toutes les chances de son côté.

« Et vous avez accepté ! » tonna mon maître rouge d'indignation, en me considérant d'un œil neuf, où l'affection et une inquiétude rétrospective pouvaient à présent se lire.

« Dame, oui », balbutia Ildefonse.

« Par ma foi », reprit Venetius après un silence, « votre histoire est à dormir debout. M'allez-vous dire maintenant que c'est vous qui, pour un motif peu clair, embrochâtes votre patron, et qu'il n'en accusa son frère que par méchanceté ? »

Ce fut au tour d'Ildefonse de n'y plus rien comprendre, et il fallut que je l'instruise : Rodolphe était vivant, Rodolphe régnait,

Rodolphe m'accusait d'avoir tendu l'embuscade, sans même dire un mot du combat dont nous étions convenus.

« Sacrement ! gronda Ildefonse. Voilà qui met un comble à ses perfidies. Ah, monseigneur, je suis bien fâché de ce que tu m'apprends : et j'aurais voulu que tu le tues pour de bon. »

« Il suffit, trancha mon maître. Ne jurez pas, et cessez de souhaiter à mon élève de s'être définitivement damné. J'en sais suffisamment. – Venez, Mardochée ; le temps presse. Laissez là cette racaille qui envisageait froidement de vous tuer, et dont je saisis mal pourquoi vous en avez subi si longtemps la société ; mais vous m'expliquerez cela en route. »

Déjà il m'entraînait. Je n'eus que le temps d'agiter le bras vers mes compagnons, et de leur jeter subrepticement une poignée de pièces ; et je me retrouvai dans la rue, abasourdi, suivant à grand-peine mon maître qui marchait au pas de course.

Il songeait, et son visage de nouveau exprimait la fureur ; mais je voyais que je n'en étais plus l'objet, ou du moins ne l'étais plus que pour une faible part. Aussi m'enhardis-je à regretter qu'il ne m'ait pas laissé prendre un congé plus formel des trois hommes. Il les méprisait, et j'en étais chagrin – nous aimons à cet âge que nos amis s'entr'aiment, et pourtant nouons amitiés en toutes directions, ce qui rend la chose impossible. Bref, entre deux halètements j'en vins à les défendre, louant la bienveillance avec laquelle ils m'avaient, moi leur otage, traité.

« Ce ne sont pas les brutes que vous vous figurez, disais-je. Frère Ildefonse a réellement été moine, et il lui en reste un fond de décence. Quant à Klaus, le petit homme ridé qui était à sa droite, il est assurément vulgaire, mais il vous surprendrait. Savez-vous qu'il aime tendrement ses enfants, et travaille à les enrichir ? »

« Aimer ses enfants est à la portée de quiconque, Mardochée. Ce n'est qu'un égoïsme élargi. Et ne me parlez plus de votre goliard : c'est une espèce que j'ai en horreur, et rien ne me répugne tant que ces lambeaux de piété tournés en parodie, ou servant de parure à une existence ignoble. Car enfin ce sont des assassins et des voleurs, vous ne le nierez pas. Soyez à l'avenir plus avare de votre estime, et tenez-vous à l'écart de pareilles gens. Votre écorce est trop fine encore, elles pourriraient à la longue votre cœur, que je persiste à croire bon. »

Ô Venetius ! C'était bien là votre verbe implacable ; mais cette dernière phrase rattrapait tout. Je renonçai à faire l'apologie du pauvre Jan, ce dont j'eusse d'ailleurs été en peine, et me penchai sur la main de mon maître pour y poser ma bouche – cette fois, il ne me repoussa pas.

« Mon bon maître, que je suis aise que vous m'ayez finalement cru ! J'aurais supporté mille déboires, mais non celui d'être méprisé par vous. »

« Enfant que vous êtes ! J'ai été présomptueux en estimant avoir achevé votre éducation ; je vois maintenant qu'il restait tout à faire. Quelle a été votre vie, en effet, depuis que vous m'avez quitté ? Vous avez engrossé votre nourrice – eh oui, Marienstein n'est pas si éloigné de Löwenfels que nous ne l'ayons su ; vous avez renié votre frère et vous êtes obstiné à vouloir être duc à sa place. Et maintenant qu'apprends-je ? Vous l'avez bel et bien provoqué en duel, cet aîné revenu d'entre les morts ! Ah, Mardochée, Mardochée, était-ce là le fruit de mes leçons ? Était-ce en ces termes que je vous avais défini la légitimité – une lutte à outrance entre intérêts avides ? »

Je baissai la tête sans répondre ; au reste nous arrivions devant son hôtellerie, et dûmes interrompre notre conversation pour y régler certains détails – me faire préparer une chambre, et envoyer quelqu'un chercher les affaires laissées à mon ancien logis. Au surplus, une pudeur m'empêchait d'exposer à mon maître, comme ses reproches m'y invitaient pourtant, toutes les raisons de ce duel. Mon ennemi, je le pensais toujours, n'était pas mon frère ; mais soudain il me paraissait puéril, et déplacé, d'en convaincre Venetius. Aussi, quand ce dernier m'eut accueilli dans sa propre chambre en attendant que la mienne soit chauffée, ne lui en touchai-je mot et, au lieu de cela, je lui tendis la lettre adressée à ma cousine :

« Vous y trouverez une ultime preuve de ma bonne foi, et peut-être y verrez le pourquoi de mes actes. Je ne vous en dis pas plus : lisez. »

Je l'observais avec crainte pendant qu'il parcourait gravement mes lignes. Jamais je ne l'avais fait entrer si avant dans ma confidence, et je redoutais de sa part des sarcasmes, ou un recul offusqué. Enfin, après un temps qui me parut interminable, il parvint au bout, replia ma lettre et me la rendit sans me regarder.

« Jolie plume », apprécia-t-il ; mais je crus voir dans ses yeux briller une furtive larme. Alors mon cœur bondit ; je me jetai à ses genoux et, pleurant à mon tour, lui demandai pardon de toutes les peines que je lui avais causées.

« Mon enfant », fit-il ému, « je te pardonne volontiers, même si je t'en veux de n'avoir pensé qu'à ta cousine, et non à moi, au moment de mourir. Car tu pensais mourir, généreux étourneau, tu pensais digne et enviable de finir ta vie pour elle – tu l'aimais donc tant ? »

« Hélas, mon maître ! » sanglotai-je.

« Pauvre Mardochée, je ne t'accable plus : je vois que tu as été puni bien au-delà de tes fautes, et n'en veux pas rajouter. – Ta cousine, mon enfant, n'est plus pour toi ; elle va être fiancée à ton frère, et s'achemine à l'heure qu'il est vers la terre de Löwenfels où doit avoir lieu cette cérémonie. Tel a été le premier arrêt de Rodolphe quand il fut sur pied : j'en saisis maintenant toute la bassesse, et augure mal du futur règne de ce brigand. »

« Son règne, ah Dieu !... »

« Eh oui, Mardochée, car il régnera ; et nous n'y pouvons rien. Oublie, mon fils, oublie tes espoirs et ton amour, ils ne sont plus que chimères. Je t'offre aujourd'hui, pour réparer l'inachèvement de mon œuvre et les durs soupçons que je t'ai tout à l'heure exprimés, mon soutien dans cette épreuve. Je te l'offre du fond du cœur et, pour l'amour de nous deux, te supplie de l'accepter. Il te faut fuir : fais-le avec moi, et remets-t'en à mes vues aussi longtemps que durera ta douleur. »

« Elle n'aura pas de fin », murmurai-je.

« Elle en aura une, mon enfant. Crois-moi, il est peu de pertes qui ne se puissent réparer, sinon celle de ton âme : et de cela je te garderai. »

Anéanti, je me laissai mettre au lit et presque border par mon maître. J'étais froid et raide comme un morceau de glace ; et longtemps encore je l'entendis murmurer, à mon chevet, des paroles apaisantes, jusqu'à ce qu'enfin, me voyant assoupi, il aille lui-même se retirer dans la chambre qui m'était destinée.

XIX

Nous partîmes le lendemain dès l'ouverture des portes de la ville, mon maître sur son cheval, moi sur un autre qu'il avait acquis au matin sans même marchander. Je ne me souciai pas tout de suite de savoir d'où lui venait cet or qu'il dispensait si largement, tant nous étions occupés à distancer les soldats de Löwenfels ; en outre, mon âme endolorie était comme vide de pensées. Je suivais mon maître, je n'avais plus que lui au monde ; et nous allions à telle allure que mes larmes séchaient sur mes joues avant même d'y avoir roulé. Après quelques heures, pourtant, il m'instruisit, et ce qu'il me dit alors me consola un peu : c'était d'accord avec mon oncle qu'il s'était ainsi porté à mon secours. Dietrich me soutenait, Dietrich ne pouvait croire, non plus que lui, la félonie que l'on m'attribuait.

« Ah, mon bon oncle, soupirai-je, je reconnais là la douceur de votre nature, si étrangère au mal qu'elle ne s'abaisse pas même à le concevoir ! – Et ma tante, ma bonne tante de Marienstein, qu'en dit-elle ? »

« Votre tante vous est tout acquise », dit Venetius avec un sourire. « D'ailleurs vous ignorez encore jusqu'où va leur bonté. »

« Je le devine », m'écriai-je vivement. « Ils m'accueillent chez eux, n'est-ce pas ? et vous m'y conduisez. Oh ! je le sentais bien : c'était pour dérouter nos poursuivants que nous avons pris la route du midi. Qu'y a-t-il par ici, en vérité ? Rien : des terres étrangères, des costumes et des mœurs bizarres, et une façon de parler à laquelle décidément je ne me fais pas. Foin de ces contrées misérables ! rentrons chez nous. Ah, mon maître, qu'il me tarde d'y être déjà ! »

Déjà, effectivement, je me voyais revenir à Marienstein, y être reçu comme un fils et, fort de ces appuis, mener campagne contre Rodolphe. Nombreux étaient sans doute mes partisans, le monde ne pouvait être aussi mauvais, mon bon droit était manifeste... Mais Venetius coupa court à ces fantasmagories.

« Détrompez-vous, Mardochée, et redescendez sur terre. Je constate avec ennui que vous n'avez pas dit adieu à votre ancienne vie, et gardez tout entière votre propension à vous illusionner. Vous à Marienstein, vraiment ! Vous n'y songez pas : votre oncle est bon et libéral, mais il est vassal de votre père, et frère de votre mère. N'attendez pas de lui qu'en vous prenant dans sa maison il s'expose à perdre le bénéfice de cette alliance – son fief, sa fortune et celle de ses enfants. »

« Mais alors... »

« Alors, alors, apprenez qu'il est des gradations entre le tout et le rien, ce que j'ai l'impression que vous ne concevez guère.

Je n'aime pas ce petit air morfondu que vous me présentez. Vous êtes un ingrat. Grâce à qui pensez-vous que j'ai volé jusqu'à Nuremberg, crevant quatre chevaux ? Qui a, sans hésiter, consenti à me laisser partir, alors que j'avais charge de trois adolescents dont l'éducation n'est pas moins précieuse que la vôtre ? Enfin, considérez que Dietrich, désormais, subvient à vos besoins, même s'il doit le faire dans le plus grand secret. Est-ce là peu de chose ? peu de chose l'asile que sa belle-mère vous promet à Pavie, au cas où il s'avérerait dangereux pour vous de rester en Allemagne ? »

« Non point », fis-je, abattu, et recevant avec un bonheur mélangé l'annonce de ces bienfaits. C'est que maintenant seulement j'apercevais le désespoir de ma situation. Jusque-là, il faut croire qu'il était resté à mes yeux irréel, puisqu'un simple mot de mon maître avait pu m'abuser, et me faire imaginer je ne sais quel redressement miraculeux. J'éprouvais aussi, pour la première fois, combien la charité est amère à qui se sait incapable de la payer de retour. J'en étais pourtant réduit à ne pouvoir la refuser : et il fallait qu'au surplus je m'en réjouisse !

Je n'osais faire part de ces pensées à mon maître. D'ailleurs était-ce nécessaire ? Ne lisait-il pas en moi à livre ouvert ? Son sermon me l'avait rappelé ; je retrouvais sa terrible lucidité, sa rigoureuse morale – bien courts étaient chez lui les moments de tendresse, hélas !

« Vous ne dites plus rien, Mardochée ? »

Je relevai les yeux vers le visage de mon maître. Il me regardait avec exigence et reproche ; et je sus, tout à coup, que je devais parler, que le temps était fini pour moi de recevoir instructions et bontés sans en accuser recette. J'en avais perdu le droit : et cette vérité que je découvris subitement, dans un regard de mon maître, marqua vraiment, je crois, la fin de mon enfance.

« Si fait, maître, mais je songeais ; je songeais à mon inconséquence, et que l'on n'apprend pas à être humble en un jour. Figurez-vous qu'à l'instant j'en voulais presque à mon oncle de si bien me traiter. Je ne sais comment m'acquitter de cette dette, et il me semble qu'elle pèse sur mes épaules comme le poids du ciel sur le géant Atlas. »

« À la bonne heure ! rit Venetius. Vous êtes franc, j'en suis heureux ; car c'est un premier pas vers la rectification d'un sentiment fautif que de se le formuler sans ambages. Toutefois n'attendez pas de moi que je vous décharge de votre fardeau ; que je vous dise, par exemple, que les présents de votre oncle ne font que rendre ce qui était dû à vos charmes et à vos mérites, réparant justement les accidents de votre sort. Vous vous tiendriez quitte, et ce serait trop facile. »

« Mais en ce cas... »

« ... qu'ai-je à vous apporter ? Eh bien, rien. À vous de choisir : soit vous prenez le parti le plus répandu, qui est d'empocher les aumônes de votre oncle et de l'en haïr cordialement. C'est jeter au fossé votre voûte céleste, et votre dos, j'en suis sûr, en sera soulagé. Il est une autre voie plus malaisée : continuez d'aimer Dietrich et reconnaissez, en vivant grâce à lui, sa supériorité morale. C'est déplaisant, sans doute, du moins pour le jeune fat que vous êtes – d'autant que je parie que, malgré votre affection, vous n'aviez pas grande estime pour votre oncle ? »

Je détournai la tête.

« Là, qu'est-ce que je vous disais », entendis-je triompher mon maître ; mais son ton était sans dureté. « Regardez-moi, Mardochée, et ne rougissez plus. Mon but n'est pas de vous faire honte : ce serait vous reprendre d'un péché en en commettant un moi-même. – Allez, mon fils, et si vous m'en croyez, prenez cette voie ardue : votre poids vous paraîtra moins grand à mesure que vous vous élèverez, vous rendant réellement digne du bien que l'on vous fait. C'est là, au quotidien, où ne se présente pas toujours vie à sauver ou catastrophe à empêcher, la seule façon d'être reconnaissant. »

Je restai très longtemps silencieux, effrayé de cette ascèse qu'il me proposait. Le pas de mon cheval me balançait doucement, et alentour la campagne était verte ; mais au-dedans mon cœur était bien abattu. Un troisième parti plus glorieux eût été, me disais-je, de refuser ces faveurs, de repousser et la bourse de mon oncle et la compagnie de Venetius, qui était, je m'en rendais compte, un sacrifice qu'il me faisait, car le cours de sa vie l'appelait sûrement ailleurs que sur la poussière de ces routes. Ce parti, allais-je le prendre ? Non, tranchai-je. Livré à moi-même, et si jeune, je ne ferais rien de bon en ce monde accueillant et trompeur : mes récents égarements me l'avaient trop prouvé. Je poussai un soupir ; je venais de prendre une grande leçon de sagesse.

« Ah, mon maître », fis-je en le regardant enfin, « je vois que je ne vaux pas cher. Remerciez mon oncle, si vous lui écrivez ; et – je n'ose le lui demander moi-même – priez-le d'ajouter un service à ses dons. Ma nourrice est honteusement établie dans le bourg de Libbitz : qu'il voie s'il peut obtenir des Löwenfels qu'ils allègent son sort ou, mieux, qu'il la prenne parmi ses gens ; car je suis cause de son malheur. »

« Je le ferai », répondit laconiquement mon maître ; et je lui sus gré de ne pas pousser plus loin son avantage.

Je demeurais curieux, néanmoins, d'apprendre de lui où il m'emmenait. Dans ma prostration première, je n'avais pas eu l'idée de m'en enquérir ; et lui-même ne disait rien pour m'éclairer. Quel était son projet, si du moins il en avait un ? Étions-nous simplement en fuite, et mon maître ne se réglait-il que sur les mouvements supposés de nos poursuivants ?

« Je vais vous placer en lieu sûr », m'expliqua-t-il sans autre précision quand je me hasardai à le questionner ; et au bout d'une semaine de voyage je découvris ce qu'il me préparait. Nous nous dirigions plein sud, vers les bords du Danube, ce fleuve aventureux qui prend sa source dans notre Saint-Empire et s'en va, paraît-il, porter ses flots jusqu'en terre valaque. Nous y parvînmes : je fus ébloui par la beauté de son cours et de sa vallée. Au-delà apparaissaient, la journée étant exceptionnellement claire, des montagnes colossales, dont nous apercevions les pointes blanches au fond de l'horizon.

« Ah, mon Dieu, murmurai-je, est-ce là, maître, que vous nous faites aller ? Êtes-vous bien sûr que l'homme puisse vivre à de telles altitudes, où je ne vois, moi, que neiges et nuées ? »

Mon maître moqua un peu mes craintes, peu dignes, observa-t-il, d'un si fervent admirateur des conquérants antiques. Mais que je me rassure : ma bravoure ne serait pas tentée, et il n'avait en tête que de nous faire remonter, doucettement, les berges où nous étions. Qu'elles étaient amènes, ces rives, et comme j'eus de plaisir à achever la route ! L'été revenu, il faisait tiède, les arbres étaient dans leur splendeur. J'en oubliais presque mes déboires, et finissais par penser que mon exil était en somme une bénédiction : marcher sous les aulnes, manger au soleil, en m'imprégnant paisiblement de la sapience vénétienne – n'était-ce pas la plus douce existence dont je pusse rêver ?

Elle ne dura pas. Encore une fois, je me montrais aveugle en m'imaginant que mes erreurs pouvaient se réparer sans que j'en paie autrement le prix. Sans le savoir, je prenais là congé des attraits de ce monde : non pour toujours, mais pour une éternité, ce qui est considérablement plus à notre échelle humaine. À Ulm nous traversâmes le fleuve. Le temps, ce matin-là, avait changé, le ciel était couvert, et les ondes bouillonnaient tant sous les arches du pont que la tête m'en tournait. Sur l'autre bord nous cheminâmes quelques heures dans une campagne peu habitée. Elle l'était même de moins en moins ; et brusquement, à un détour du chemin, se dressèrent des murailles grisâtres, percées de rares fenêtres – un vrai cube de moellons dont la vue me refroidit l'âme. C'était, me dit mon maître, une abbaye, l'une des plus grandes de la région ; en cet instant un chant s'élevait de la chapelle, lugubre, puissant, et porté, me semblait-il, par des voix innombrables. Était-ce l'abri qu'il me destinait ?

Je le suivis au trot sur la pente qui menait aux portes. Nous sautâmes à terre, il carillonna : bientôt, scrutés à travers un judas, nous entendîmes la serrure craquer et un moine portier, la ceinture bardée de clefs diverses, fut en face de nous. Il écouta muettement ce que lui chuchota mon maître, referma la porte derrière nous, et nous fit signe de le suivre.

Quel dédale ! Partout s'ouvraient des galeries, des escaliers et des salles présentement désertes ; partout le moine devait fourrager dans des serrures énormes qui cédaient à regret, dans un ferraillement rageur. Enfin il poussa une dernière porte : c'était celle d'une cellule, vide, nue, éclairée par une lucarne qui s'ouvrait sur le ciel.

« Voilà », dit Venetius.

Je le fixai avec une stupeur telle qu'il me sourit :

« Eh quoi, Mardochée, vous paraissez mal à l'aise. Regrettez-vous votre taudis de Nuremberg ? »

« Je ne sais », dis-je honnêtement. « Dois-je comprendre que nous allons vivre au milieu de ces moines ? Oh ! mon maître, j'espère que vous ne pensez pas, au moins, faire de moi... »

« Que non, que non, mon élève ! Vous ne serez pas même postulant ici, tout au plus pensionnaire. Mais il faudra néanmoins vous plier, sur certains points, à la règle en vigueur : c'est une condition que mettra l'abbé à votre admission. »

« *Mon* admission ? Mais vous, maître, où serez-vous ? Pensez-vous me laisser ?... »

« Dans quelques jours, oui. Allons, Mardochée », dit-il en me voyant défait, « aucun lieu ne vous abritera plus sûrement que ce monastère, dont les contacts avec le monde sont infimes, et dont le supérieur est de mes amis. Je vous laisserai ici, en effet, et le ferai l'esprit tranquille. Vous travaillerez, vous vous instruirez peut-être ; quant à moi il me faut rejoindre Marienstein pour un temps. J'ai quitté votre oncle en grande peine de savoir à qui confier ses fils : je dois me trouver un remplaçant de confiance, et la chose n'est pas toujours facile. Au surplus, j'aurai bien d'autres affaires à régler là-bas. J'y vivais depuis douze ans, le saviez-vous ? et douze ans comptent dans la vie d'un homme. Je ne peux pas, pour votre commodité, abandonner sans un adieu cette maison si chère, où restent, épars, les fruits de mon étude, et où m'attendent inquiets mes amis et les vôtres. Je leur dirai votre situation, prendrai des nouvelles de votre père, et m'assurerai que Rodolphe entend mettre fin à ses poursuites. »

« Le croyez-vous ? » fis-je surpris.

« Oh ! j'en suis à peu près sûr ; du moins si la version que vous m'avez donnée des faits est exacte. » J'eus un haut-le-corps : pas un instant il ne m'était venu à l'esprit que mon maître pouvait encore en douter. « S'il vous accuse injustement, il se doit, pour sauvegarder les apparences, de vous faire pourchasser et menacer de supplices. On s'étonnerait qu'il ne le fît pas. Mais je gage qu'il se satisfera de vous savoir à jamais proscrit, pour l'opprobre désormais attaché à votre nom, et qu'il ne se soucie guère de vous rattraper vraiment. Patientez quelques mois, attendez mon retour : ou je me trompe fort, ou vous serez alors libre – libre, veux-je dire, de mener à mon côté une existence obscure et studieuse, renonçant à tout espoir de retourner vivre un jour dans votre duché. »

Il y avait à boire et à manger dans ce discours. J'y voyais d'abord une chose qui me touchait à l'extrême : c'est que Venetius, par affection pour moi (et peut-être aussi par lassitude de son ancienne vie), envisageait bel et bien de quitter le château où il avait tant d'aises pour les vicissitudes d'une existence nomade, ou du moins indépendante. Mais d'ici là, que de misères à endurer ! Je me représentais tristement les mois à venir, sans lui, sans autre compagnie que ces religieux qui, m'avait-il appris tandis que nous suivions le portier, faisaient vœu de se taire quand ils ne chantaient pas. Je n'étais pas si naïf : Venetius ne croyait pas que je fusse en un tel danger, et s'il m'enfermait ici, ce n'était pas pour me protéger mais pour m'imposer une pénitence.

Je m'inclinai devant ces rigueurs ; elles me paraissaient méritées. Pendant les deux jours que mon maître passa à l'abbaye, je lui obéis en tout, écoutai docilement tout ce qu'il m'expliqua ; et quand il remonta en selle, ce fut sans murmurer que je pris congé de lui. Simplement, je croisai les bras sur la robe de laine dont on m'avait vêtu ; et avec fierté, presque avec appétit des macérations que l'on me réservait, je le regardai s'amenuiser sur le chemin, rêvant au jour de son retour où il apprendrait combien dignement je les aurais subies.

Du reste, je me méprenais sur la nature de cette épreuve. Je m'étais cru aux mains de geôliers et de bourreaux : il n'en était rien. Ces portes que de toutes parts on verrouillait, il me suffisait d'un geste pour me les faire ouvrir, même celle de l'entrée. J'en fis l'expérience dès le lendemain de ce départ : dans le vestibule le portier m'examina – je ne dirai pas sans un mot, ce qui allait de soi, mais sans un froncement de sourcil ; et le portail, pour moi, tourna sur ses gonds. Je n'allai pas loin. Je remontai à pied la côte : il y avait çà et là des champs, un paysan poussait sa charrue, des corbeaux s'envolaient sur son passage ; et de là-haut, je distinguai au loin la ville d'Ulm, et le fleuve, et la route qui y descendait en serpentant. Je restai bien une heure à contempler cela, et à réfléchir ; puis, comme une petite pluie fine se mettait à tomber, je revins au monastère. On me fit rentrer aussi facilement qu'on m'avait fait sortir ; et j'allai reprendre mon service auprès de mon gardien, qui m'accueillit imperturbable, et sans marquer la moindre irritation de mon retard.

Ce jour-là je mesurai la prévoyance de mon maître. Il avait tout pesé, y compris la possibilité que je fusse réellement l'assassin de mon frère, et faussement repenti de mes errements. Il n'était pas jusqu'à une coquette somme d'argent qu'il n'ait mise à ma disposition dans ma cellule, de sorte que rien, si ma noirceur ou ma faiblesse m'y poussaient, ne pût faire obstacle à ma fuite. Le soupçon que trahissaient ces mesures me causa quelque chagrin, mais je le surmontai vite : qu'avais-je fait pour gagner la confiance de mon maître ? Rien ; il eût été plus vrai de dire que j'avais tout fait pour la perdre, et que seule sa bonté me la conservait un tant soit peu. C'en serait fini, je le savais, à mon premier faux pas. Je me tins pour averti, et par la suite fis rarement usage de ce loisir qui m'était accordé d'aller courir les champs.

Peu à peu, je renonçai de même à mes autres privilèges, qui étaient de vivre à mes heures, de parler autant qu'il me plaisait, et de ne point travailler si j'en avais le dégoût. Il est bien difficile de se dérober seul aux pratiques d'une communauté : n'avais-je pas adopté celles de mes premiers compagnons d'errance ? J'étais encore à l'âge où notre but n'est en tout que de ressembler à autrui, même si cela exige ténacité et courage. J'aurais été gêné, devant ces moines, de dormir jusqu'au jour quand ils se levaient au milieu de la nuit ; gêné de jacasser à leurs oreilles quand ils n'avaient pas le droit de me répondre. Ce n'étaient pas toujours, je m'en apercevais, des modèles d'esprit ni de sainteté. Plus d'un était obtus, et visiblement jaloux de chanter mieux et plus clair que le reste du chœur, ce qui rendait parfois ces assemblées comiques. Mais leur discipline forçait mon estime, et mon amour-propre me poussait à les imiter. Je cessai donc moi aussi de parler : non pas les premiers temps, où je n'avais pas encore l'art de me faire comprendre sans mots et m'interrogeais constamment sur telle disposition ou telle directive, mais plus tard. Et ce fut la raison pour laquelle je me mis, à mon tour, au chant : sans cet exutoire, je craignais que tant de sons refoulés ne me montent à la cervelle, ou du moins que ma voix, à la longue, ne se rouille pour de bon.

Ma tête devenait plus active au milieu de ce silence. N'ayant pas à descendre jusqu'à mon palais, les pensées s'y déroulaient plus suivies, plus étoffées, prenaient une richesse de teinte, une amplitude qui étaient pour moi tout à fait nouvelles. Ce que je regrettais, c'était de n'avoir aucun accès aux pensées des autres, à ces paysages, à ces grottes mentales que je découvrais en mon for intérieur. Qu'en était-il de mes compagnons ? Cela restait pour moi un mystère ; et il ne fut pas dissipé lors de ce qu'on appelait ici le « jour de parole ». J'y assistai deux fois. Un jour par an, les frères avaient en effet permission de rompre le silence. C'était un des rares traits cléments de la règle ; je ne sais, cependant, si son auteur en avait bien anticipé le résultat. Car cette soudaine liberté, si attendue, jetait la plupart des religieux dans l'affolement : du matin au soir, c'était un caquetage à rompre les oreilles. Personne n'écoutait, chacun s'efforçait d'émettre le plus de mots possible en un temps si restreint. J'avais espéré profiter de ce jour pour mieux connaître mes compagnons, c'était tout juste si je les reconnaissais encore dans un pareil pandémonium.

La seule privation qui m'était vraiment imposée et que je subissais de mauvaise grâce concernait notre régime. Quand nous descendions au réfectoire pour laper un brouet où nageaient des racines, ah ! comme le temps me paraissait long ! Alors je recomptais les semaines, les mois déjà écoulés, et supputais le nombre de ceux qui restaient à venir. Au demeurant mes espoirs sur ce point furent plusieurs fois trompés, et mon séjour dépassa en longueur mes prévisions les plus pessimistes. Je rêvais quelquefois d'une belle pièce de viande, ou d'un légume fin assaisonné de miel : je ressortais toujours de table affamé, et pourtant ayant avalé toute la ration qui m'était impartie. Et ces fèves, ces tubercules me ballonnaient ; je devenais, comme les frères, gonflé du ventre, tandis que mes membres et mes joues s'étriquaient. Ils l'auraient fait plus encore si je n'étais allé, de loin en loin, me ravigoter dans une ferme voisine, où l'on me servait du lait mousseux et force cochonnailles ; mais un scrupule me retenait d'y recourir trop souvent.

Oui, je puis dire que je payai alors durement ma voracité et ma paillardise. Je les payai, mais ne les guéris pas ; et tel n'était pas, je crois, le propos de mon maître. C'était mon esprit qui l'intéressait, et ce que j'en pouvais faire, non de me transformer en cénobite – encore que lui-même fût sobre comme un chameau. Il me punissait par là où j'avais péché, mais n'en attendait pas pour moi une réforme morale ; et je lui donne raison. Je passai dans ce monastère vingt mois : pas une fois je n'eus la conviction qu'en me serrant la ceinture, en dormant mal et peu, en ne parlant qu'en rêve, je devenais meilleur que je n'étais avant. Simplement, je savais que chaque jour prouverait un peu mieux à mon maître que j'étais innocent, et décidé à mériter son estime ; et cela, me disais-je, valait bien que je souffrisse un peu.

XX

J'AI DÉCRIT LÀ ma vie monacale en négatif, pour ainsi dire, en m'appesantissant sur ce que je ne faisais pas. On aurait tort, pourtant, d'en déduire qu'elle était tout entière faite d'interdictions ou d'abstinence : j'avais aussi, dans ce lieu, une fonction active, à laquelle on attendait que je consacre le plus clair de mon temps. Dans son principe elle était simple. Je la crus utile au commencement, et m'en enorgueillis ; ce fut seulement en comprenant qu'il me fallait sans cesse la reprendre, sous une forme immuable, que le doute me gagna : j'y vis alors le fruit du génie pénal de maître Venetius.

L'abbé Joachim, le premier jour, m'écouta d'abord lui exposer, à la demande de mon maître, qui j'étais, quelles étaient mes qualités, quels avaient été mes apprentissages. Je le fis avec un certain embarras : contraint de condenser à l'extrême dans un latin dont j'avais perdu la pratique, je trouvais que mon existence, qui jusque-là me paraissait si remplie, tenait au fond en peu de mots. L'abbé hochait la tête et, quand j'eus terminé, il me congédia.

Je ne devais plus le revoir avant le jour qui suivit le départ de mon maître. Ce matin-là il m'accueillit avec la même impassibilité, puis me conduisit dans une pièce attenante, où écrivait un moine chenu et voûté. C'était le frère Jean, et cette pièce, modeste dans ses proportions mais dûment éclairée, la librairie du couvent. J'en ai vu depuis de mieux pourvues ; elle était pourtant loin d'être indigente, et dépassait en ampleur, avec ses quelque trois cents volumes, tout ce que j'avais pu voir par le passé. Sur ce trésor veillait Jean, doux vieillard et doyen de la communauté : à mon arrivée il plissa les yeux en guise de bienvenue, puis posant sur mon bras une main qui tremblait beaucoup, me conduisit jusqu'à son pupitre, où il m'invita à le regarder faire. Il était occupé à rubriquer à l'encre rouge un exemplaire des Psaumes : je le vis reprendre son pinceau et soudain, d'un geste parfaitement ferme, tracer dans la marge, en petites lettres trapues et fort décoratives : « L'homme dans le feu, Dieu dans l'homme. »

J'avais eu un sursaut, tant je m'attendais peu à lui voir produire autre chose qu'un sénile barbouillage. Le fait est que son tremblement lui revenait dès qu'il lâchait ses instruments. Aussi les lâchait-il toujours à regret, et le plus tard possible : souvent, par sa faute, je mangeai, non seulement mal, mais froid. Pauvre frère Jean, je lui pardonnais vite ; qui pouvait en vouloir à une âme si bénigne ? Elle s'étalait, cette âme, non dans sa physionomie, pétrifiée par les rides et les pâleurs du grand âge, mais dans la façon qu'il avait de se pencher avec dilection sur la feuille, d'arrondir ses lettrines, de faire courir parfois, au bas d'une page, un tout petit lapin. J'adorais ces dessins débonnaires, qu'il multipliait sans souci de les accorder au contenu et, je crois, en partie pour me divertir. La première fois que je lui en vis former un – c'étaient trois abeilles voletant autour d'un sommaire comme pour le butiner –, je fus tellement ravi que, d'enthousiasme, je ris haut et battis des mains ; ce dont il me morigéna de son index levé, mais l'œil plein d'indulgence.

Ce n'est pas sans tristesse que j'évoque sa mémoire. Il me fut donné, en effet, d'assister à sa fin, humble et sereine comme avait été sa vie ; et cette perte me rendit plus amers les derniers mois que je passai ici. C'était plus d'un an après mon arrivée et peu après la visite de Venetius, que je raconterai plus loin. Frère Jean écrivait à son pupitre, moi au mien. Tout à coup je l'entendis balbutier un nom, manquement à la règle qui me fit pressentir un malheur ; et le temps que j'accoure, il était tombé le nez sur son manuscrit, où sa plume en roulant mit une tache d'encre. Déjà il n'était plus ; et je trouvai Dieu méchant de faire faire dans la mort un pâté à un homme qui avait été, jusqu'à son dernier souffle, si méticuleux.

Sous un tel instructeur j'appris donc par le menu cet art de copier, que pour subsister j'avais pratiqué à Nuremberg en toute ignorance. Mes débuts me firent peu d'honneur, et j'y gâchai bien de l'énergie et du parchemin. L'écriture mondaine à laquelle j'excellais ne m'était ici d'aucun secours. Il ne s'agissait nullement de laisser trotter sa plume ; chaque lettre, en fait, était comme un dessin, et les miens pour l'instant étaient dérisoires : si à mon tour je constituais mon bestiaire, c'était involontairement – mes initiales paraissaient des singes accroupis, mes jambages incertains des chenilles.

Quand j'eus pris un peu d'assurance, frère Jean me fit installer un pupitre et me donna pour tâche de copier un psaume. Il eut le tort de me faire confiance toute une journée : j'avançai bravement, jusqu'au soir, fier de ma neuve maîtrise et de ma rapidité. Quelle ne fut pas son horreur en voyant mon travail ! Dans mon élan j'avais noirci chaque page du sommet jusqu'au pied, et sans laisser de marges : où mettrait-on les marques, grondaient ses yeux, et la glose de Pierre Lombard ! Et les débuts de chapitres que j'avais recopiés tout uniment, en noir et en petit, sans même prendre le soin de passer à la ligne ! Du manche de son pinceau il me tapota le front avec colère, et je passai le lendemain à gratter mon ouvrage, affreusement honteux de cette balourdise.

Dorénavant je fus plus attentif, et donnai à mon maître pleine satisfaction. Au bout d'un mois, sans doute, je lui parus mûr. Il apporta sur mon pupitre, en titubant, une grande bible in-folio ; et j'appris que j'allais devoir la copier entièrement et en faire un livre. Je m'y jetai à corps perdu, y besognai tout l'automne. À la Noël, j'avais non seulement abattu les livres du Pentateuque, mais encore quelques-uns de plus. Je transcrivais, frère Jean se réservait la tâche prestigieuse de relire et d'orner. J'aurais pourtant aimé, moi aussi, tâter de l'encre rouge et des pigments dont il tirait, sous mes yeux, de minuscules paysages. On en avait décidé autrement ; sans doute n'était-il pas question que mon labeur m'apporte trop de plaisir. Je m'en rendis compte le jour où, croyant encore que ces fantaisies ne m'étaient interdites que pour mon manque d'expérience, je passai outre, et profitai de l'absence de Jean pour dessiner en marge du livre de Ruth une figure qui s'avéra plus belle que je n'avais espéré. Ma plume, d'un seul trait, avait fait naître une Vertu qui, à mon délicieux effroi, se trouva ressembler à ma cousine. Au bas de sa robe j'écrivis l'injonction *NOTA DE FIDE* ; et le bras gracile de mon allégorie se tendait adroitement vers le verset où la Moabite promet à Noémi : « Où tu iras, j'irai, où tu demeureras, je demeurerai. »

Je rougis fort de mon audace, et passai ensuite un long moment à rêvasser. Au retour de frère Jean, je lui présentai fièrement mon essai : il l'approuva d'un mouvement de lèvres mais, aussitôt après, posa le doigt au centre de la page et me signifia l'ordre de n'en plus déborder.

Cela m'assombrit un peu, mais je continuai avec courage. Les mois se succédèrent ; de l'Ancien Testament je passai au Nouveau, et j'avais par quatre fois consigné la mort du Rédempteur, puis détaillé les lettres et actes de ses Apôtres, quand l'été arriva. Le jour où je finis, je ne pus me résoudre à rester enfermé : je me sauvai dehors, où je n'étais plus sorti depuis longtemps, et allai célébrer cela par une promenade le long des blés, sous un soleil radieux. Je chantais ; proche était ma délivrance, j'avais déplacé des montagnes, terrassé le dragon, bientôt peut-être Venetius serait là, et nous nous en irions.

Mon allégresse retomba un peu lorsque, poussant ma songerie plus avant que je n'en avais l'occasion pendant mon travail, je m'avisai que nous étions à peu près à l'anniversaire du jour où j'avais séduit Ulrique. Que ce temps était loin ! Et pourtant il faisait alors chaud et lumineux comme aujourd'hui, et cette similitude, peu à peu, me faisait apparaître ce souvenir plus vivace, presque obsédant. Quelle pitié d'aller souiller cette journée bénie par de telles réminiscences ! pensai-je. Et, comme arrivaient à travers pré deux petites paysannes toutes pimpantes sous leurs fichus, je rebroussai chemin et revins me plonger, mécontent de moi, dans la fraîcheur de la librairie.

Une autre déconvenue m'y attendait. Frère Jean avait mis de côté mon ouvrage et posé à la place d'autres feuillets vierges ; et je lus, au haut du codex qu'il m'avait mis à copier : *Au commencement Dieu créa les cieux et la terre...*

« Misère de moi ! » m'exclamai-je, brisant un silence de quarante semaines ; « frère Jean, me dites-vous que tout est à recommencer ? »

C'était effectivement le cas. Et je repris ma tâche, moins impatient cette fois d'en voir venir la fin, car je soupçonnais désormais que ce serait pour entamer un troisième exemplaire : en quoi, d'ailleurs, je ne me trompais pas.

Je comprenais qu'on me mît à l'épreuve, c'était de bonne guerre ; mais je regrettais qu'on n'eût pas pour moi la clémence de marquer au moins l'achèvement de ce cycle par... je ne dirais pas une petite fête, mais quelque chose qui me récompensât. Rien de tel ; je n'avais même pas l'humble satisfaction que connaît l'artisan quand, son œuvre achevée, il l'époussette et peut la mettre en montre. Ma tâche à moi n'avait pas de bout. Que j'avance bien ou peu, c'était du pareil au même ; et, par-dessus le marché, rien d'attrayant ne m'en délassait.

Ainsi je saluai avec jubilation l'arrivée de mon maître, qui survint à la Saint-Michel. Je me réjouissais trop vite : elle ne devait m'apporter que des accablements. La première chose que m'apprit Venetius, qui m'avait pour cela accompagné dans ma cellule et fait asseoir, c'est que mon père Albéric était mort, mort à l'automne de l'année précédente. Je pleurai amèrement. N'avais-je point, par mon idée de duel et mon insubordination, déclenché un enchaînement de causes dont son décès était l'effet ultime ?

« Pauvre, pauvre père, sanglotais-je, c'est moi qui t'ai tué ! Oh ! comme j'espère qu'à cette heure tu sais déjà que mon crime n'était pas aussi noir qu'on te l'a fait paraître ! – Maître, dites-moi qu'il le sait. C'était un homme droit ; estimez-vous possible que Dieu lui ait épargné la purification, et que déjà il jouisse de Sa sainte vue et de la clairvoyance des bienheureux ? »

Mon maître, sur ce point, garda un silence qui m'étonna, et que j'attribuai au désir de ne point me faire de peine. Assurément, aux yeux d'un si sévère censeur, Albéric n'était pas parfait comme je l'avais pensé. Cette sévérité me navrait, mais je fus reconnaissant à mon maître de ne pas l'étaler en paroles. Bien au contraire, quand il parla, ce fut pour me témoigner une mansuétude à laquelle il ne m'avait guère habitué.

« Mardochée, me dit-il, votre douleur est la marque d'une âme noble. Il est bien à plaindre, celui qui ne trouve pas en lui des larmes pour pleurer son père, et ne s'estime pour rien dans sa mort. Tous, sachez-le, nous poussons un peu nos parents dans la tombe, ne serait-ce qu'en vivant nous-mêmes et en vieillissant. Car les générations se succèdent, et l'une chasse l'autre : ainsi va le monde, et vous n'y êtes pour rien. Aussi ôtez-vous de la tête, mon enfant, que vous l'avez tué. Vous ne l'avez pas plus tué qu'un autre, et les enchaînements de causes dont vous me parlez ne sont qu'une vue de votre esprit. J'aurais été le premier à vous tenir coupable de la mort de Rodolphe s'il avait péri de vos coups, car vous la désiriez ; mais vous ne désiriez nullement celle de votre père, et bien fou qui vous en accuserait. »

« C'est pourtant moi qui... »

« Cessez de témoigner contre vous-même », m'interrompit mon maître doucement. « À la mort de votre père je ne vois qu'une vraie cause : c'est qu'il était malade, et son cœur fragile, même sans vos fredaines, aurait succombé à la première émotion forte. Voilà une cause bien naturelle, et peut-être à vos yeux est-il lâche de l'invoquer. Mais à cette nature je voudrais que vous rendissiez ce qui lui appartient. Soyez probe avec elle, et avec vous ; laissez en paix votre conscience. Je vous défends de vous tourmenter à ce sujet. »

Il m'enlevait un poids de la poitrine ; pourtant ses consolations avaient pour moi un je ne sais quoi d'inquiétant.

« Que je rende à la nature ce qui lui appartient », répétai-je avec malaise, et confusément je sentais qu'il ne m'aurait pas parlé en ces termes si nous n'avions été seuls. J'attendais qu'il poursuive son discours ; il me semblait qu'une chose importante y avait fait défaut – Dieu, songeai-je tout au fond de moi-même. Mais Venetius, après un affectueux serrement de mains, se contenta de se lever et de gagner la porte :

« Je descends chez mon vieil ami l'abbé Joachim. Je lui avais remis, à mon dernier passage, une ébauche de traité dont j'aimerais savoir s'il l'a lu et annoté. En ce cas j'en aurai pour quelques heures à examiner ses commentaires : ne les employez pas trop tristement. Il n'est pas bon de ruminer ses douleurs. Tenez, voici mon conseil : allez reprendre votre travail de chaque jour ; j'irai vous y trouver quand j'aurai fini. »

« Ne vaudrait-il pas mieux, m'étonnai-je, que je passe ce temps à rassembler mes effets ? Ils sont peu nombreux, mais en désordre ; et je... »

« N'en faites rien : je repars sans vous. »

Ma mine dut clairement refléter ma consternation, car il poursuivit : « Oui, Mardochée, je vous laisse derechef. Soyez patient. J'ai eu fort à faire, voyez-vous, à dénouer chez votre oncle mes engagements et mes attaches. Il me reste encore à régler certaines affaires d'argent sans lesquelles je ne pourrais mener avec vous la vie que je me propose. Vous devez l'accepter : je n'y reviendrai pas. – Allez à votre tâche, mon fils ; vous me la montrerez tout à l'heure. »

Là-dessus il sortit et je restai sur place. Mon sang bouillait. C'était donc pour me rendre la pilule moins amère que mon maître m'avait cette fois épargné ses semonces : du propre, en vérité ! Il aurait été plus décent de sa part de me blâmer un bon coup comme je le méritais, et puis de m'emmener ; mais m'abandonner ici peut-être un an de plus, en proie à des remords qui, il le savait sûrement, ne manqueraient pas de me revenir malgré ses belles paroles, c'était un raffinement de cruauté devant lequel mon être se révoltait. Des affaires d'argent ! Sans doute en avait-il, mais qui l'empêchait de les traiter en ma présence ? Je n'étais pas dupe. Cet homme impitoyable n'avait qu'une chose en vue sous ses petits airs bonasses : me faire boire le calice jusqu'à la lie.

En cet instant je fus bien près de partir sans demander mon reste. Tout m'y incitait : mon ressentiment, ma déception, et surtout les facilités qui, je l'ai dit, étaient à tout moment offertes à ma fuite. Pourtant je ne cédai pas, ni alors, ni pendant les mois qui suivirent. (Sévère Venetius ! Il vous fallait éprouver ma constance jusque dans la colère, voire dans le désespoir : car j'avoue que l'idée me vint parfois, durant votre seconde absence, que vous ne reviendriez plus, que mon expiation serait illimitée. Me laisser dans ce doute, c'était exiger beaucoup de moi. Vous avez eu cette dureté, et je vous en sais grâce : je vois aujourd'hui quelle estime elle recouvrait.)

Je ne cédai donc pas. Mais, loin de m'être apaisé dans mon occupation, je vibrais de fureur quand mon maître me rejoignit, et ma main tremblait non moins que celle de frère Jean.

« Ah, vous êtes là », murmura Venetius avec un imperceptible sourire. Ma rancœur n'attendait que ce signal pour s'épancher ; et je fus si véhément qu'à ma deuxième phrase le bon frère ouvrit grands les yeux et, d'embarras, quitta la pièce.

« Maître, vous m'assassinez ! criais-je. Que voulez-vous faire de moi ? Est-ce ma raison que vous voulez détruire, à m'imposer cette tâche sans fin ? Tenez », fis-je, montrant mon feuillet, « voilà deux fois que je copie pour vous complaire le livre des Chroniques : combien de fois encore m'allez-vous faire écrire toute la Bible ? Voudriez-vous par hasard me la faire prendre en horreur ? Vous êtes... vous êtes un homme bizarre, voilà ! Je ne sais plus que penser ; ni de vous, ni de ça, ni de rien ! »

Mon maître m'écoutait imperturbable. Quand j'eus terminé il claqua la langue, et me répondit, d'un ton parfaitement calme qui me fit honte de mes éclats de voix :

« Combien de fois ? Eh ! je ne sais. Cela dépendra de vous et de votre promptitude. Vous vous ennuyez, dites-vous, à copier la Bible. Sans doute la connaissez-vous déjà par cœur ? »

« Certes non », fis-je, démonté.

« Eh bien ! vous voyez : votre tâche a une fin, et vous êtes loin de l'avoir atteinte. »

Je le regardai, et il me sembla qu'à ce moment mon corps se détachait de mon âme et voulait vivre sa vie propre : simplement j'ignorais si le premier acte de cette vie serait de tomber à la renverse, ou d'étrangler mon maître.

« Je plaisante, je plaisante, Mardochée, cessez de me faire ces yeux-là. Je ne voulais, en vous taquinant, que vous montrer combien vous sous-estimez – votre dépit le prouve – l'intérêt de ce pensum. Appliquez-y votre esprit, exercez votre réflexion : maintes choses, dans ces pages, sont énigmatiques, et donnent à penser à de plus habiles que vous. Et vous vous ennuyez déjà !... »

Ce disant il approchait son nez de mon feuillet, lisait tout bas mes dernières lignes.

« *Cenacula* », fit-il soudain, le sourcil froncé.

« Plaît-il ? »

« *Cenacula*, dis-je, oiseau sans cervelle. Vous avez écrit *cnacula.* »

C'était vrai. Dans mon agitation j'avais recopié l'erreur que portait mon modèle ; et non seulement je ne l'avais pas relevée, mais je m'apercevais que j'avais travaillé depuis deux heures sans la moindre notion du sens de ce que j'écrivais – donnant malencontreusement raison à mon maître ; de plus mes lignes n'étaient pas si droites qu'à l'accoutumée. Je me sentis rougir, et insérai rageusement un petit *e* dans mon manuscrit, puis dans l'original.

« Voilà qui est mieux », observa Venetius. « Faites cela comme il faut, mon ami. C'est la moindre des choses. »

« Oh ! » m'écriai-je piqué – que n'avait-il inspecté mon bel ouvrage de la veille ! – « vous êtes injuste. Que de reproches pour une petite lettre, que le premier lecteur aurait pu rajouter ! »

Enfin mon maître daigna rire, et ses prunelles brillèrent tendrement :

« *Une petite lettre !*.. Enfant : toutes sont petites, ou aucune ne l'est. Quoi qu'il en soit, n'en oubliez plus. Me le promettez-vous ? »

« Oui », marmonnai-je.

« Vous me le promettez. Bon. C'est que je compte sur vous, Mardochée. À votre sortie il se pourrait que je doive mettre à contribution votre science littérale. »

Je n'acquiesçai que de la tête. Je lui gardais rancune, et ne me laissais pas amadouer par ces douceurs finales, où j'étais prêt à voir une moquerie de plus. Mon maître toussota ; déjà il me disait adieu ; je lui répondis le front baissé.

« Un mot encore, Mardochée », dit-il sur le pas de la porte. « Je dois vous laisser : cette nouvelle séparation, encore un coup, est nécessaire. Trouvez mauvaises les raisons que je vous ai données, mais sachez que j'en ai aussi de bonnes. Sachez également que je ne vous laisse pas sans chagrin, car vous m'êtes cher, et je voudrais en avoir terminé avec tout cela et pouvoir enfin être sûr de vous. Ne me décevez pas : vous décevriez un père, un père qui vous aime autant que celui que vous avez perdu. Mais non, n'en doutez pas, pauvre orphelin à l'âme inquiète ! Tenez, voulez-vous que je vous parle en père ? Eh bien, écoutez-moi. Vous observez ici une conduite exemplaire,

Mardochée, je l'ai appris. Continuez – sans excès. Vous vous rendrez malade à force de zèle. Je vous enjoins de sortir plus souvent et d'enrichir au-dehors l'ordinaire des moines qui, je le crains, ne convient ni à votre jeunesse ni à votre tempérament ; car vous avez un teint à faire peur. »

J'esquissai un sourire.

« Je vois que j'ai fait mouche, s'égaya mon maître. Bien ; vous m'obéirez. Adieu donc, Mardochée. Veillez sur votre corps, et sur les *petites lettres*, comme sur un bien précieux. »

Cette fois il partit pour de bon ; et ce fut seulement au soir de ce jour que, rentré en moi-même, je mesurai toute la sottise de mon emportement. Car il m'avait empêché de goûter en la présence de mon maître une chaleur dont j'étais par ailleurs quasiment privé, et surtout de m'enquérir auprès de lui des rares êtres qui m'étaient encore quelque chose.

XXI

Regrets, regrets, qu'elle est grande la place que vous tenez aujourd'hui dans ma vie ! Je ne suis guère vieux au regard des âges de l'homme, dont je parcours à peine le quatrième. Mais ces regrets accroissent mes ans : de là peut-être mon front usé, mes mèches grises, de là ma maladie – car vous m'avez appris, maître, à le penser, nos maladies ne sont souvent que l'expression de notre lassitude d'être. J'ai connu des rémissions à ce mal qui dévaste mes entrailles, et à cet autre mal, jumeau, du regret. À ce dernier j'en ai même connu qui s'étendirent sur plusieurs années. Oh comme elles étaient lumineuses, ces rémissions, et comme leur éclat imitait bien celui de la santé ! Chaque fois je pensai : à présent j'entre vraiment dans l'existence ; chaque fois, sans le savoir, je ne faisais que hâter ma ruine.

J'ai été plus d'un lustre le disciple de mon maître ; j'ai consacré mes jours et une partie de mes nuits à tenter de l'égaler. Je me suis haussé, ou enfoncé, jusqu'à sa sagesse, sa secrète sagesse, dont je dus lever un à un les voiles. Il fallait une robustesse morale presque inouïe pour les écarter, ces voiles pesants comme du granit. La piété, le respect des lois en étaient, et non des moindres. Combien souvent j'ahanai à l'ouvrage, et combien souvent le souffle me manqua lorsque je découvris ce qu'il y avait dessous !

Et cela pour quoi ? pour m'apercevoir, au terme de sept années, qu'il ne me satisfaisait plus, moi, d'adorer cette pépite brillant au creux d'une forteresse ; qu'ici s'ouvraient deux voies qui n'étaient plus celles du vrai et du faux, mais étaient vraies l'une et l'autre ; qu'encore une fois j'allais me séparer de vous, Venetius, non plus pour errer, ce qui m'eût donné l'espoir de vous revenir, mais pour réaliser vos doctrines, que vous vouliez tenir cachées. C'était à la fois me montrer digne de vos efforts, et vous tourner le dos pour toujours. Hélas, mon maître, vous aussi je vous ai poussé dans la tombe – au figuré – en apprenant que je pouvais, que je devais me passer de vous. Ces regrets-là, où n'entre aucune faute, sont les plus lourds à porter : car d'une faute on fait amende, tandis qu'une perte souhaitée et nécessaire reste douloureuse à jamais.

Un matin de mars, enfin, je quittai avec Venetius ma geôle monacale, dont une neige épaisse couvrait les abords. Le ciel était bas, nos chevaux trébuchaient dans les fondrières, j'étais heureux et agité. J'avais sous les yeux ces grandes étendues blanches, et croyais y voir la table rase de mon esprit. J'aspirais à ce que mon maître prenne son style et la grave d'une main preste ; j'aurais voulu qu'il commence en chemin. – Je n'avais rien compris.

En chemin, en effet, il se borna à me conter sa vie, ou du moins ce qu'il lui parut utile de m'en conter. Je n'appris point, par exemple, quelle était sa famille, quoique de certaines allusions je pusse déduire qu'il était d'ascendance illégitime et né sur quelque rivage de l'Adriatique. Mais il s'étendit longtemps sur ses années d'études. À elles remontait son amitié avec l'abbé Joachim, lequel était cadet d'une grande famille du Mecklembourg. Ce dernier avait été, enfant, d'une intelligence vivace, et tous deux rivalisaient d'ardeur à apprendre. Mon maître ne se souvenait pas sans émotion de leurs disputations en aparté, où plus d'une fois il lui envia sa mémoire et son talent spéculatif. Tous ces dons, selon Venetius, étaient mal employés dans son actuelle charge, qui consistait platement à mener un couvent d'hommes.

« Car son érudition est restée admirable, dit-il, et son esprit éminent – dans son domaine. »

Je voulus savoir quel était ce domaine. Venetius me transperça du regard puis, sans répondre, détourna les yeux :

« Sur certains points il m'en remontre encore. Je l'ai bien vu dans ses critiques de mon traité. Jamais il ne saisira les prémisses de mon travail, et je me garderais bien de les lui laisser saisir ; mais il a mis le doigt sur une autorité que j'employais à contresens, et sur d'autres points m'a indiqué des sources que j'ignorais. Oh ! il ne se rouille pas, il m'intéresse et je l'intéresse encore ; c'est pourquoi nous continuons de nous apprécier. »

« Mais pourquoi », fis-je d'une voix incertaine, « ne vous apprécieriez-vous donc plus ? »

« Mais songez, mon enfant, à tout ce qui nous sépare ! Songez qu'il a persévéré dans une carrière à laquelle j'ai renoncé, et qu'enfin... »

Il s'interrompit de lui-même. Je ne m'y arrêtai pas, et le questionnai avidement : par cette carrière, entendait-il l'Église ?

« Mais oui, Mardochée, j'ai moi aussi été ordonné, même si j'ai désormais passé plus d'années dans le siècle que vous n'en avez encore passé sur terre. C'est qu'il me convenait mieux, pour des motifs que vous saurez un jour, d'être précepteur de fils noble ; ou d'en avoir le titre sans en avoir la fonction, ce qui était le cas chez votre oncle Dietrich avant votre arrivée. »

Venetius homme d'Église ! J'étais surpris ; en même temps c'était fort naturel, et je m'étonnais de m'en étonner. Moins limpides étaient les raisons de sa défection. Je m'attendais qu'il me parle d'un amour terrestre, d'une juvénile passion, de quelque dame dont le culte trop charnel l'aurait dévoyé... Je fus déçu ; il n'évoqua rien de tel. En fait la conversation tourna court, et pendant quelques heures il resta plongé dans ses pensées.

Pourtant je l'en tirai, car j'avais à lui poser nombre d'autres questions – non pas à son sujet, ce que je ne me serais pas permis, mais au mien. Brève avait été sa dernière visite, et nous l'avions passée tout entière à parler de mon père et de mon œuvre biblique. Qu'en était-il du reste de ma parentèle ? Était-ce pour m'épargner qu'il ne m'en disait rien ?

Dans une certaine mesure, oui, m'avoua-t-il. Il n'avait à me donner que de sombres nouvelles, hormis que mon oncle de Marienstein restait bien disposé à mon égard ; et cette fidélité était d'autant plus estimable qu'en me la témoignant il se mettait en danger, et bravait secrètement un pouvoir qui s'annonçait, de jour en jour, plus féroce et vindicatif. Rodolphe ne manœuvrait-il pas pour me faire mettre au ban de l'Empire ?

« ... Oh, rassurez-vous, nous n'y sommes pas encore. L'empereur n'est pas pressé d'obliger ce duc au verbe haut, qui a publiquement blâmé l'institution d'un antipape... »

« Comment ! »

« Mon pauvre Mardochée, s'égaya mon maître, j'oubliais que vous sortez d'une retraite que j'ai moi-même voulue totale. Apprenez en effet, mon fils, que nous avons aujourd'hui deux papes. Si Jean demeure en Avignon, à Rome règne un franciscain du nom de Nicolas, que Louis le Bavarois soutient ; aussi ce dernier n'a-t-il guère prisé les réserves émises par votre frère... »

La tête me tournait un peu, mais je remis à plus tard d'interroger mon maître sur ces choses. D'ailleurs il ne tenait visiblement guère à s'y étendre, et déjà revenait à Rodolphe, dont les visées hégémoniques et les protestations de souveraineté, disait-il, faisaient déjà grand bruit dans l'Empire. Ses soldats se voyaient trop par-delà ses frontières, et on bronchait au-dehors. On bronchait également au-dedans, et broncher était ici un mot faible : il était plus vrai de dire qu'on y pleurait. Car Löwenfels, hélas ! s'enfonçait dans les ténèbres. Partout les paysans libres étaient pressurés, les serfs mouraient comme des mouches, les bourgs se paraient de monuments splendides et l'on n'y mangeait pas à sa faim... Belle chose qu'un règne héréditaire si la valeur l'était aussi, observait mon maître, et il avait eu plaisir à me former dans cette perspective ; mais l'homme qui s'avérait hériter à ma place ne lui inspirait qu'horreur et mépris.

« La Fortune nous préserve de le voir accéder un jour au titre d'empereur ! Mais le danger n'est pas grand : à part sa mère, je veux dire la vôtre, je ne vois heureusement personne de bon sens qui l'élirait. »

Je l'observais à la dérobée et encore une fois n'osai lui soumettre les pensées que son récit, pourtant, corroborait. Rodolphe n'avait pas hérité la valeur de mon père : quoi d'étonnant, s'il n'était pas son fils ! Je ne l'osai ni alors, ni jamais. Et je dois bien me l'avouer finalement (car à quoi bon ce récit si je ne m'y montre sincère et lucide ?) : je ne l'osai jamais, parce que je n'y croyais pas moi-même.

Un autre sentiment me retenait de lui répondre : c'était la perplexité que m'inspiraient ses propos. J'y découvrais un homme à la fois très semblable, par sa rigueur, et très différent de celui qui m'avait éduqué. Ces propos me donnaient le vertige ; il y avait en eux quelque chose de mouvant et d'inconnu qui... Comment dire ? Mon maître se révélait, par exemple, bien plus loyal à l'empereur que je n'avais supposé jusqu'alors et qu'on ne considérait décent dans ma famille. Et cette façon moqueuse d'imaginer la duchesse, ma mère, parmi le corps de ses électeurs ! d'évoquer cette institution avec une désinvolture critique, comme s'il ne s'agissait pas de personnages bien vivants, aux noms illustres, mais de je ne sais quelle abstraction, dont on pouvait débattre ainsi que d'une propriété de l'âme !

Tout cela me mettait mal à l'aise ; je l'aiguillai vers un sujet plus sûr et qui, à moi, me tenait plus à cœur, même si j'en attendais peu de réconfort après l'exposition qu'il venait de me livrer.

« Et ma nourrice Mila, maître, est-elle toujours au bourg de Libbitz ? Vous me dites qu'on y vit mal, et que... »

« Ah, votre nourrice ! Pauvre femme, je l'oubliais. C'est là, par-dessus tout, qu'éclate la vilenie de votre frère – Rodolphe, s'il est besoin de le spécifier. Car vous avez un autre frère, Mardochée, qui a tenu un certain rôle dans cette affaire. Vous ne m'en aviez rien dit ; savez-vous qu'il est charmant ? »

« Certes, bredouillai-je ; enfin, c'est un enfant. »

« C'était un enfant, oui, quand vous avez pris l'intelligent parti de quitter votre famille ; mais vous ne pensez quand même pas que le temps, là-bas, s'est arrêté parce que vous n'y êtes plus. Ce jeune frère que vous avez m'a fait, à moi, une impression excellente. Il est posé, réfléchi et néanmoins généreux ; et l'évêché qui lui est désormais promis sera avec lui entre de bonnes mains – entre de meilleures mains, pardonnez-moi, qu'il ne l'aurait été avec vous. »

« Parlez-moi de ma nourrice, maître », fis-je assez sèchement, irrité que j'étais par cette digression au vexatoire épilogue. Elle m'avait montré, plus crûment que jamais, que mon départ leur profitait à tous, et que le vide ouvert par mon absence n'avait guère mis de temps à se reboucher. J'étais donc si peu de chose que l'empreinte laissée par ma vie, déjà, s'effaçait ?

« J'y viens, j'y viens, répliqua Venetius. Vous vous faites justement du souci pour cette femme ; mais figurez-vous que vous n'étiez pas le seul, et que mon entremise, ou plutôt celle de votre oncle, a été superflue : tout s'est réglé sans nous. »

« Comment cela ? »

« Le plus simplement du monde ; et vous devez en rendre grâce à votre frère Othon. Le corps d'Albéric n'était pas encore froid que ce jeune homme, sortant d'une réserve dictée par le respect filial, tenait tête au nouveau souverain. Oh ! calmement, sans faire de remous, et sans lever le ton plus qu'il ne convenait à son âge. Mais je vous assure que votre oncle, qui se trouvait là pour les obsèques et assistait à l'entretien, en était frappé. Othon articulait sa petite requête, et rien ne l'en faisait dévier : ni votre mère, qui ne voulait pas entendre reparler de *cette gueuse*, ni Rodolphe qui, ricanant, prétendait n'avoir aucun droit de regard sur les bordels de Libbitz ni sur celles qu'on y emploie. Votre jeune frère s'est déclaré heurté qu'on ait si mal traité une femme qui l'avait, lui et sa sœur, bercé de ses chansons ; et au reproche qu'on lui faisait de contester la décision de feu son père, il a répondu que ce dernier avait bien pu se tromper quelquefois ; que son rôle était de régner et de punir, mais que son orgueil blessé, en l'occurrence, l'avait induit à mal faire. En chrétien, et en futur prélat... »

Je reniflai bruyamment.

« ... En futur prélat, donc, il se devait de faire réparer cet excès, et n'en démordrait pas. Le duc était très contrarié, et sa vengeance, vous l'allez voir, s'est assouvie ailleurs ; mais sur ce point il a cédé, ne souhaitant pas, je suppose, paraître avide de satisfaire une rancune personnelle, et insensible aux arguments pieux : car il tranche maintenant du zélé, flatte l'Église, et ses pillages s'accompagnent de dévotions qui enchantent votre mère. De temps à autre il fait brûler un Juif ; il rêve, paraît-il, de substituer au nom de Rodolphe le Borgne, que le peuple lui donne déjà, celui de Rodolphe le Catholique. Oh ! votre frère cadet aura fort à faire une fois sous la mitre, il lui faudra prouver, et je l'attends au tournant, qu'un monarque religieux et un religieux qui règne sont deux espèces distinctes... Mais pour l'instant il se défend bien, et en cette occasion a obtenu gain de cause avec dignité et maîtrise : on aurait dit Nathan faisant plier le roi David. »

Je l'écoutais pantois. Je revoyais Othon, naguère, pleurer après une gaufre, ou verser du sable sur les pales de son petit moulin de bois ; et j'étais humilié de constater combien ma condescendance avait vite cessé d'être de mise.

« Je ne m'explique pas », dis-je avec aigreur, « que vous vous galvaudiez en ma compagnie, plutôt que de courir proposer vos services à ce parangon qui, d'ici peu, en aura tant besoin. »

« Mardochée ! » gronda mon maître avec bienveillance. « C'est le dépit qui parle par votre bouche, et je serais tenté de faire comme si je ne vous avais pas entendu. Pourtant je vais vous répondre avec sérieux, car vous avez touché une question cruciale. Eh bien ! apprenez que non seulement je ne songe pas une minute à vous préférer votre frère, mais encore que je ne vous proposerais nullement mes services, comme vous dites, si vous étiez évêque de Grünethal à sa place. »

« Hélas ! » fis-je sombrement, « c'est lui qui sera à la mienne. Sans ma bêtise je l'occuperais déjà, je jouirais de ce pouvoir qui, sans être celui d'un duc, n'en est pas moins réel, et que j'ai été assez fou pour dédaigner. »

« Vous en jouiriez ; et vous ne me verriez plus. »

« Pourquoi cela ? »

« Parce que, mon enfant, j'ai beaucoup d'estime pour votre frère ; j'en ai aussi pour certains évêques ; mais je ne crois pas pouvoir leur être d'un quelconque secours dans leur ordinariat. J'ai, sans fausse modestie, des lumières en théologie, et j'en ai également dans la science qui intéresse les États. Toutefois je n'ai pas encore réussi, malgré mes efforts, à me former une idée de ce que doit être le croisement ou l'addition de ces deux choses. Mais revenons à votre nourrice », poursuivit-il, me voyant interdit, « je ne veux pas mettre votre patience à bout. Rodolphe, disais-je, a donc consenti qu'elle quitte cette maison où, d'ailleurs, elle donnait peu de contentement, étant trop simple, trop pudique et – je m'excuse de vous le répéter – trop... avancée en âge. »

Je m'étais mordu la lèvre à cette appréciation qui, pour ne m'être que rapportée, ne m'en blessait pas moins péniblement. Avais-je donc aimé une femme dont nul autre ne voulait plus ?

Douce, belle Mila, on te méconnaissait, le commun s'arrête à la grossière apparence et ne conçoit pas qu'il y ait encore des attraits sous quelques cheveux blancs. Eh oui ! mais c'est lui aussi qui fait les renommées ; et la mienne me semblait déjà suffisamment mise à mal sans cette dérision d'avoir aimé une vieille. – Je soupirai ; j'avais hâte d'être instruit, et que mon maître puisse quitter ces sujets qui seyaient si peu à sa bouche.

« Vous semblez soulagé », reprit mon maître, se méprenant sur mon soupir. « Pourtant je ne puis vous peindre sa condition sous de gaies couleurs. Tout aurait été parfait si Dietrich, comme vous le désiriez et comme il se hâta de l'offrir, avait pu la prendre parmi ses gens. Mais le duc, soudain, s'y est opposé avec la plus grande vigueur : elle était à eux, il se rendait aux arguments de son frère, ils accueilleraient la pécheresse repentie... »

« Mon Dieu ! »

« Oui, Mardochée : votre frère Rodolphe, décidément, est un insigne scélérat. Voilà votre nourrice reprise à Löwenfels, traitée vilement par la duchesse mère, qui la méprise, et par les autres domestiques, qui se gaussent de son ancienne splendeur et de son récent métier ; et Rodolphe prend prétexte des enfants qu'il va avoir pour lui interdire tout commerce avec Jula. »

« De qui parlez-vous ? » dis-je, décontenancé par son aplomb.

« De votre fille, jeune fornicateur. L'aviez-vous oubliée ? »

Je ne répondis rien, car j'avais doublement honte : honte d'avoir à mon âge une bâtarde qui sans doute marchait déjà, et honte de l'avoir, non pas oubliée, mais négligée au point de ne pas même connaître son nom.

« De ce côté, reprit Venetius, fondez peu d'espoir. L'enfant, m'a-t-on dit, est élevée par des serfs et ignore qui sont ses parents – je me demande d'ailleurs ce qu'elle n'ignore pas, dans l'abandon total où elle est tenue. Il est heureux que vous n'ayez pas engendré un mâle, Mardochée : le duc lui aurait certainement fait un sort pis encore. On meurt si facilement dans ces campagnes ! Votre frère n'aurait pas même eu à violer les lois pour éteindre votre lignée... Vous vous taisez, mon fils ? Oh, je le comprends. Vous n'avez pas là un grand sujet de fierté ; mais ne songez pas à le chasser tout bonnement de votre mémoire. Elle vit, cette enfant, malgré que vous en ayez ; elle vit, quoique mal nourrie d'avoine bouillie et de raves. En elle, puissiez-vous voir que nos fautes – car c'était une faute, Mardochée, que de semer ainsi et de n'en pas prévoir les conséquences – ne nuisent pas qu'à nous, et que vous avez donné au monde une malheureuse de plus. »

Écrasé, je baissai la tête. Comme j'aurais voulu éprouver une réelle pitié, qui m'eût un tant soit peu relevé à mes propres yeux ! Mais je n'y parvenais pas ; je ne pouvais pas même me représenter cette fille, la mienne, sous quelque trait que ce fût. Je ne voyais qu'un paquet de haillons courbé sur un champ à glaner, et parlant tout juste une langue humaine. Oh, je les connaissais, nos tenures des confins, peuplées d'êtres hâves, aux faces terreuses, et où nos intendants ne demeuraient pas une heure de plus qu'il n'était nécessaire pour prélever l'impôt. Et pourtant il aurait fallu que mon âme à moi y demeure, qu'une part d'elle séjourne toujours là, où était une part de ma personne ! C'était au-dessus de mes forces ; et je considérai cette étrange chose qu'est la génération, qui nous rend cause matérielle d'êtres avec qui nous avons si peu en commun.

« Votre mère », reprit Venetius en un coq-à-l'âne qui me fit tressaillir, « est une curieuse femme. On chercherait en vain chez elle la tendresse de cœur que l'on prête généralement à son sexe – du moins dès qu'il n'est pas question de son premier-né. Car enfin cette Jula, même irrégulière, est aussi de son sang ; et quand il en fut question devant moi, c'est votre mère elle-même qui avançait l'idée que la *créature*, trop malingre pour être vouée aux travaux des champs, devrait bien plutôt être vendue d'ici à quelques années. Les Turcs, disait-elle aussi froidement que je vous le raconte, et fort peu chrétiennement, sont friands de ces filles au teint clair, et l'on en tirerait plus d'argent que ce qu'elle rapporterait en sarclant toute une vie... »

« Vous les avez donc tous vus ! » murmurai-je, pressentant quelque catastrophe dont l'ombre planait non loin de ma conscience depuis le début de cette conversation. Hélas ! Mon maître s'éclaircissait la gorge ; ses yeux évitaient les miens ; et il y avait sur son visage tant d'embarras, tant de compassion que les larmes me vinrent et que, pour les essuyer, je lâchai mes deux rênes.

« Ah, mon maître, vous ne me dites pas tout. Vous gardiez en queue le venin – non pas le vôtre, grâce à Dieu, mais celui que ma destinée me prodigue avec une telle abondance. Vous les avez vus... Vous étiez... »

« J'étais, infortuné, aux noces de votre frère et de Roswitha de Ravenau : toute la maison de votre oncle en était. Ce fut une fête sans joie, si cela peut vous réconforter. J'avais peine pour cette pauvre rose sans épines, livrée aux rudesses d'un homme qui visiblement lui fait peur, et qu'elle n'aime pas... Mardochée, vous pleurez ! Enfant, vous me fendez le cœur ; ignoriez-vous encore qu'elle n'était plus pour vous ? »

Je fis non de la tête, et ne pouvais parler. Je pleurais, en effet, toutes les larmes de mon corps – et comme il en était riche, ce corps ! Je m'étonnais stupidement que de tels flots pussent sortir de mes yeux. C'était un torrent de tristesse qui coulait sur mes joues ; et au-dedans de moi ne demeuraient que vide et hébétude, et accablement devant tant d'adversité.

« Au moins », hoquetai-je finalement, « est-elle toujours belle comme elle m'apparut ? Dites-moi, maître, qu'elle a gagné votre âme ; dites-moi que mon inclination ne s'égarait pas... »

Mon maître s'humecta les lèvres, et je vis avec amertume qu'il n'y avait guère réfléchi. Je m'étais abusé en attendant autre chose d'un esprit aussi détaché des sensations physiques. L'affaire, semblait-il, ne lui était apparue que sous l'angle de mon bonheur et de ma situation. C'était certes estimable, et même aimable à mon endroit ; mais je lui aurais su gré, moi, de m'apprendre de quelle couleur était la robe de ma dame en ce jour si sombre de ses épousailles, et si Rodolphe, à côté d'elle, était bien laid !

« Ô Dieu, la malheureuse, comme elle est à plaindre », soupirai-je à cette pensée. « Comme elle doit souffrir auprès de cet infâme, qui la trompera, j'en suis sûr, et lui brisera le cœur ! Un seul point me console dans ce que vous me dites : c'est que ma bonne Mila la sert, et adoucit un peu cette vie désolée... »

Mon maître détourna les yeux, et son visage s'allongea encore :

« Il n'en est malheureusement rien, Mardochée. Votre candeur ne conçoit pas la noirceur de votre frère. Le drôle a révélé à sa jeune épouse... Mais non, c'est invraisemblable. Est-il possible, vu le peu de confidences qui passaient entre vous, qu'il ait connu votre affection pour elle ? »

« Il la connaît », fis-je avec un frisson de dégoût rétrospectif. « La lettre d'adieu que je vous lus autrefois, le misérable l'avait décachetée, et lue lui aussi. Mais que ?... »

« Voilà qui explique beaucoup de choses, murmura mon maître. Eh bien ! apprenez que pour mettre un comble à ses bassesses Rodolphe n'a pas caché à sa femme vos frasques passées ; de sorte que votre pauvre Mila est fort maltraitée par sa nouvelle maîtresse, et doit à la fois subir ses avanies et vous entendre calomnier à tout propos. »

Triste joie ! Ce dépit me prouvait que Roswitha m'avait aimé ; et j'en étais réduit à saluer comme un bienfait qu'elle maudisse ma mémoire et persécute mon amante mère.

Cette dernière émotion eut raison de moi : je sombrai dans une stupeur qui dura jusqu'au lendemain. Je ne m'étonnais plus que Venetius ait remis à la fin de ma clôture l'annonce d'événements si funestes. Qu'aurais-je fait, rendu à ma cellule, sans l'appui de son amitié et de son intelligence ? Je n'ose l'imaginer ; et pourtant je ne fus pas loin, au soir du jour où je repris ma liberté sous ces fâcheux auspices, de le haïr, lui, pour ce qu'il m'apprenait.

XXII

Comme j'étais injuste ! Je ne le mesurai qu'à la fin de notre voyage, que mon maître s'ingénia pourtant à me rendre moins morne en évitant ces sujets, et en me faisant miroiter les stimulants travaux qui nous attendaient à Munich. Il y avait loué, pendant sa deuxième absence, une petite maison assez coquette, qui me parut un palais après l'inconfort de ces derniers mois. Elle avait aussi le grand avantage, à ses yeux, de jouxter presque un cloître franciscain dont les possessions en matière de livres nous seraient précieuses. Ses papiers à lui occupaient déjà toute une chambre, qu'il me fit visiter avec orgueil. Un autre étage m'était dévolu, aux pièces exiguës mais hospitalières, et donnant d'un côté sur une forêt de toits rouges. Je disais oui à tout, et ne pensais rien ; il me fallut un mois pour revenir à la vie et découvrir les charmes de notre habitation.

Que d'heures douces passai-je alors à lire à la clarté de ces fenêtres, et à y contempler le ciel quand une difficulté m'arrêtait ! Un peu après, ce fut le printemps, et notre brave vieille femme de gouvernante y mit des pots de fleurs qui embaumèrent mes lectures et les marquèrent d'étrange façon. Aujourd'hui encore, je ne puis humer une feuille de verveine sans que me reviennent des phrases entières de la *Somme théologique*, et, chose plus curieuse, n'ouvre jamais Quintilien sans me figurer qu'il en émane un parfum de violette.

Elles ont passé vite, ces longues années calmes. Pour mieux dire – car l'étude et la réflexion, par leur richesse, font parfois d'une seule heure une éternité, et semblent ouvrir dans le temps des voies transversales qui le suspendent, ou le font provisoirement paraître négligeable –, elles seraient rapides à raconter ; mais chacune me changea au point de me sembler contenir toute l'expérience d'une vie. Pour vraiment dire ce que furent ces années, il me faudrait ici reproduire toutes les pages que j'y lus, annotai, ou écrivis moi-même ; et toutes les pensées qu'elles nourrirent ; et toutes les perceptions qui les accompagnaient, et qu'elles modifièrent, jour après jour, insensiblement.

Je ne le ferai pas, de crainte de lasser mon lecteur, et aussi de le mettre en danger par une peinture trop suggestive des doctrines qui me furent découvertes : elles pourraient le convaincre à son insu. Du reste je me montrerais un piètre élève de mon maître si j'allais croire que l'art d'écrire nous a été légué pour que nous consignions tout ce qui nous passe ou nous est un jour passé par la tête, sans que nous lui donnions forme. Et par cette forme vous entendiez beaucoup, Venetius. Non qu'il vous tînt à cœur qu'elle fût belle – jamais je n'ai connu d'homme plus indifférent à ces grâces-là, et moins prévenu contre la lourdeur et l'obscurité. Vous les chérissiez au contraire dans votre style écrit ; elles étaient l'arme de votre prudence. Souvent je m'exclamais d'admiration en retrouvant dans telle de vos pages la substance de récents entretiens, sans rien pouvoir y déceler néanmoins qui permît de remonter à eux, et ne pût être compris d'une façon aussi bien que de façon contraire. Il fallait une patience infinie pour cerner votre propos ; jamais je n'y serais parvenu si vous n'aviez été à mes côtés pour me dessiller les yeux et aiguiser mon entendement.

Je revois encore votre sourire narquois lorsque vous me fîtes lire un écrit ancien dans lequel vous commentiez *La Cité de Dieu*, et qu'ayant terminé, étourdiment, je le louai en bloc.

« Admirable, dites-vous ? Vous me flattez. Toutefois je ne saurais recevoir un tel compliment sans m'assurer qu'il est émis en connaissance de cause. Vous avez donc tout compris ? »

« Tout, bredouillai-je, non pas. La finesse, la complexité en sont si grandes qu'il me semble quelquefois perdre pied dans vos arguties. »

« Ah ! voyons ce *quelquefois*. »

Mon embarras s'accrut, car je n'osais lui dire que c'était toute l'œuvre qui me laissait perplexe. J'avais pensé sur le moment en être édifié : ses questions me faisaient voir qu'il n'en était rien, que cette lumière, pour moi, était plus noire encore que la pénombre qu'elle prétendait éclairer.

« Alors ? Je vous écoute. Parlez sans crainte, ne faites pas le poli avec moi. Auriez-vous en fin de compte des réserves à apporter à votre louange ? »

« Pour être franc, oui, m'enhardis-je. Vous m'avez vous-même dit, maître, que votre commentaire était un travail de jeunesse : je trouve, pardonnez-moi, que cela se sent par moments. Si vous le relisiez aujourd'hui, sans doute verriez-vous qu'il y a manqué quelques polissages. Votre glose est souvent moins claire que le texte ; et de surcroît, il vous arrive de vous couper bel et bien. »

« Diantre ! je suis fâché de ce que vous m'apprenez, Mardochée », fit mon maître d'un air de contrariété qui ne me convainquit pas tout à fait. « Je me coupe ! Vous m'en voyez marri. En avez-vous quelque exemple à me donner ? »

« Je... je crois, oui », dis-je, feuilletant son ouvrage, et m'effrayant moi-même de ma témérité. « Tenez, ici : *Augustin a raison de dire que Varron et les païens errent en voulant dérober au peuple la science des dieux naturels et en leur laissant celle des dieux mythiques au prétexte que la première est matière à débat et affaire de philosophes, la seconde bien assurée mais mensongère.* »

« Eh bien ? »

« Eh bien ! mais c'est une absurdité », m'enflammai-je. « Il ne peut être écrit une chose pareille ni dans Augustin, ni dans Varron. Est-ce à Varron que vous faites dire qu'il faut laisser au peuple la connaissance des dieux mythiques *parce qu'*elle est mensongère ? »

« Certes non », reconnut mon maître. « Je ne prêterais à personne, fût-ce à l'adversaire d'Augustin, une telle impudence. »

« Donc vous voyez ! – Vous voyez », répétai-je, car je commençais à ne plus bien savoir ce que j'avais voulu dire.

« Je vois », dit Venetius avec une suave humilité, « que vous avez mis le doigt sur une bourde, et qu'en effet ma phrase est mal tournée. Le fait que cette connaissance soit mensongère n'entre effectivement pas dans le prétexte : c'est simplement un fait. »

Je me rengorgeai de ma petite victoire, et pourtant il m'en restait une impression mélangée, que la conclusion de mon maître ne dissipa nullement :

« Je vous félicite, Mardochée, de votre vigilance ; toutefois je juge inutile d'introduire la correction que vous me suggérez. Je m'abstiens de retoucher mes œuvres de jeunesse, afin de pouvoir toujours évaluer le progrès de ma pensée. Et puis l'erreur est si criante que chacun la rectifiera sans peine comme vous l'avez fait. Ce n'est pas comme si j'avais malencontreusement glissé ici quelque opinion qui paraîtrait recevable, et qui ne serait pas la mienne. »

Je n'ajoutai rien, mais j'en gardai une durable méfiance devant ces accidents logiques que je trouvais d'ailleurs à foison dans les écrits de mon maître. Souvent il se contredisait, et je lui en faisais la remarque, quoique avec moins d'assurance qu'en cette première occasion ; car je n'étais pas certain de m'en être tiré à mon avantage.

« Je me contredis ? Ah ! voilà qui est troublant. Il semblerait donc qu'en toute rigueur l'une de mes propositions devrait être fausse, n'est-ce pas ? »

J'approuvais timidement.

« Eh bien ! choisissez », jetait mon maître ; et il me plantait là.

Redoutable individu ! Ses explications elles-mêmes étaient des énigmes, et plus d'une fois je sortis de son étude plus tracassé que je n'y étais entré. Dans l'escalier je tournais et retournais sa réponse ; et le lambris, au bout de sept ans, en était devenu noir à hauteur d'épaule, car chaque fois, brutalement illuminé, je devais m'y appuyer pour me soutenir, tant ce que me révélait cette illumination était renversant, voire monstrueux.

Comprenne qui pourra était la devise vénétienne : pour moi je comprenais de mieux en mieux, quoique mon maître m'en dît de moins en moins. J'avais appris à entendre à demi-mot, comme il écrivait entre les lignes. C'était avec un sourire de connivence que je lui présentais mes objections : souvent j'en devinais la réponse, et c'était, de nous deux, à qui feindrait le plus habilement.

« Une chose m'étonne, disais-je, dans le chapitre de votre abrégé de psychologie où vous reprenez l'argument de Thomas critiquant Averroès : c'est que cet argument, et les phrases par lesquelles vous l'approuvez, me restent totalement inintelligibles, tandis que la thèse d'Averroès, paraphrasée par vous, m'apparaît plus limpide que jamais. »

« C'était de ma part une coupable maladresse », articulait mon maître en souriant à peine ; « il me faudra revoir cela. »

Ainsi j'avançais, guidé par ses silences. C'était bien différent de nos leçons de Marienstein. Toujours le savoir de mon maître me subjuguait, et son ironie m'éperonnait ; mais la substance de ce savoir et le but de cette ironie avaient changé, l'une de nos tâches, et non la moindre, était même de défaire une partie de ce qu'il m'avait enseigné autrefois. Après m'être difficilement rendu à ses premières raisons, il me fallait maintenant admettre plus difficilement encore qu'elles n'en étaient que pour certaines, et que ne méritaient le nom de raisons que celles qu'il me suggérait aujourd'hui.

J'avoue que cela n'allait pas pour moi sans malaise. Venetius me le fit surmonter jusqu'à un certain point ; mais il m'en resta toujours quelque chose, et ce fut là l'un des motifs de notre dissension. Certes je concevais que, par crainte du bûcher, mon maître camouflât sa pensée sous des formules obscures ou dans les interstices de ce qu'il écrivait : c'était conforme à son respect de la vie, qui incluait la sienne propre, et ne lui inspirait qu'horreur pour le martyre volontairement recherché. Le martyre, me disait-il, était bon et honorable pour ceux qui croyaient – croyaient que leur âme existait ailleurs que dans leur corps, et lui survivrait ; qu'un jour viendrait un Règne qui les payerait de ce sacrifice. Mais lui, ne se serait-il pas démenti en sacrifiant si héroïquement cette vie qui, à son sens, était la seule ?

J'admettais son point de vue, d'autant que sa hauteur morale et son intransigeance m'interdisaient d'y voir de la lâcheté.

« Pourtant, lui opposais-je, si vous ne pensez pas qu'il y ait un Dieu, ni qu'il soit juste que les papes amassent des trésors et gouvernent temporellement – pourquoi avoir passé tant de temps, autrefois, à m'inculquer le contraire ? »

« Mardochée : auriez-vous préféré ne point m'avoir pour maître ? »

« Oh ! je ne dis pas ça. »

« Mais vous vous rendez compte sans doute que je ne pouvais alors vous éduquer dans ces principes. Vous deviez être duc : j'avais pour vous une tout autre ambition qu'à l'heure présente, où, délivré de cette charge, vous pouvez ne plus vivre que pour l'esprit. Je voulais faire de vous un nouveau Dietrich : et ce n'était pas peu vous souhaiter. Votre oncle n'a guère de pouvoir, mais il l'exerce avec justice et sagesse ; il est ignorant, mais craint Dieu et agit en conséquence. Je regrette qu'il n'ait à lui qu'un minuscule comté, car c'est le prince selon mon cœur. »

« Quel mépris ! m'indignais-je. Et vous me reprochiez de ne pas apprécier mon oncle à sa valeur ! »

« Je vous le reprochais à bon droit ; et il n'y a aucun mépris dans ce que je viens de dire. »

« Mais puisque de votre propre aveu il s'abuse, et agit bonnement pour de mauvaises raisons ! Y a-t-il donc deux sagesses, l'une pour la pensée, l'autre pour les affaires de ce monde ? »

Mon maître en était persuadé. Jamais je n'ai pu le suivre sur cette voie, moi qui l'ai suivi sur tant d'autres. Peut-être me serais-je accommodé de ce désaccord s'il était resté purement théorique ; mais il se répercutait sur un sujet auquel mon cœur était suprêmement intéressé.

Ce fut dès la première semaine de notre séjour qu'il éclata, un jour que je me trouvais être particulièrement abattu. L'affairement de notre installation s'était calmé, je resongeais aux nouvelles de Löwenfels et soupirais à fendre l'âme ; de telle sorte que mon maître se décida à m'en reparler lui-même.

« Mon fils, je vous vois triste ; triste et néanmoins résigné. J'attendais que vous ayez atteint ce point et suffisamment médité vos sujets de peine pour vous découvrir un épisode consolateur que je vous ai caché jusqu'ici, de peur que le bienfait n'en soit perdu pour vous parmi tant d'afflictions. »

Je redressai la tête, l'implorai de poursuivre.

« Eh bien, mon enfant, j'ai pris une initiative. Tous, à Löwenfels, vous accusaient, vous croyaient criminel : cela m'a semblé trop dur, et pour vous, et pour certains d'entre eux. J'ai donc voulu alléger ce sort... »

« Qu'allez-vous me dire, grand dieu ! »

« Oh ! n'attendez rien de spectaculaire ; je m'en voudrais d'avoir fait naître en vous de vaines espérances. Voilà : j'ai pris à part votre nourrice Mila au lendemain des noces, me suis présenté à elle comme votre envoyé. C'est une brave femme, et qui vous aime, Mardochée. Elle vous aimait encore quoique se croyant abandonnée de vous – qui deviez, paraît-il, l'aller visiter, et ne l'avez jamais fait. Je lui en ai expliqué la cause ; et lui ai révélé, sous le sceau du secret, qu'on vous chargeait à tort et que le félon n'était pas vous, mais votre frère le duc. »

« Vous avez fait cela ! » m'exclamai-je, ému au-delà de toute expression.

« Je l'ai fait par égard pour vous ; et je l'ai fait en surmontant bien des répugnances, car il n'entre ni dans mes habitudes, ni dans mes goûts de hanter les offices et de chuchoter avec les filles de chambre. Au demeurant votre amie m'a agréablement surpris, je l'ai trouvée dépourvue de la vulgarité que j'attendais, et qui me faisait présumer cette entrevue beaucoup plus pénible qu'elle n'a réellement été. »

Je reçus muettement ce nouveau camouflet. Quelle pauvre opinion mon maître avait de moi pour me prêter des affections à ce point indignes ! Il est vrai qu'à repenser à l'épisode de Nuremberg, je ne pouvais lui donner tort. Il est vrai aussi que je mesurais une fois de plus son affection pour moi, qui lui avait fait passer outre à cette opinion et s'abaisser, dans le seul but de me blanchir, à une telle démarche. Venetius s'entretenant avec Mila ! L'idée était extravagante, et j'avais du mal à concevoir la rencontre entre deux sphères de ma vie aussi éloignées.

« Pauvre Mila ! soupirai-je. J'espère que son malheur en est allégé, et que la vie parmi les miens lui en devient moins dure... »

« Sans doute ; et je me réjouis qu'au moins un cœur, là-bas, connaisse votre innocence. »

« Ah ! mon maître, explosai-je soudain, que n'avez-vous de même ouvert les yeux à ma cousine Roswitha ! N'était-il pas plus important encore de la désabuser, elle qui au fond me connaît peu, et en croit d'autant plus aisément les méfaits que l'on m'impute ? »

« Certes cela a beaucoup d'importance pour vous ; mais considérez les intérêts des uns et des autres, et vous verrez que c'était impossible. »

« Les intérêts ! » fis-je, méprisant et malheureux.

« Les intérêts, oui », répéta calmement mon maître. « Car enfin réfléchissez. Votre cousine est aujourd'hui la femme de votre frère : c'est ainsi, et vous n'y changerez rien. Je le tiens en piètre estime, et comme homme, et comme souverain ; mais loin de moi l'idée de monter contre lui son épouse, et de transformer la crainte respectueuse qu'elle lui voue en aversion déclarée. Rodolphe meurtrier et parjure ! elle le prendrait en horreur ; est-ce cela que vous voulez ? »

Je le voulais de toute mon âme, mais le respect humain m'empêchait de l'avouer.

« Meurtrier et parjure, il l'est, après tout ! »

« Il l'est, oui. Pensez-vous la rendre plus heureuse en le lui apprenant ? »

« Hélas ! Peut-elle être plus malheureuse qu'elle n'est déjà ? »

« Certainement, trancha mon maître. Il n'est de pire sort pour elle que de rester jusqu'à sa mort liée à un objet détestable, de subir ses caresses et de porter ses enfants. Du reste, son bonheur n'est pas ma seule motivation. Considérez aussi que votre frère règne et, malgré sa noirceur, règne légitimement. Qui sommes-nous pour porter sur son autorité pareille flétrissure ? Déjà il est haï de ses sujets : voudriez-vous qu'en l'accusant nous affaiblissions son sceptre par un foyer de révolte qui, d'abord conjugal, pourrait s'étendre ? Considérez, Mardochée, quels troubles... »

« Je vois surtout que la vérité se trouve, en cette affaire, tristement bafouée », rétorquai-je avec feu. « Comment, maître ! Que de scrupules pour un homme qui n'en a aucun, qui tyrannise et affame son peuple, comme vous-même me l'apprenez, et a assis son pouvoir sur d'infâmes mensonges ! »

« Je vous l'accorde, Rodolphe n'a aucune des qualités qu'on doit attendre d'un duc de Löwenfels. Mais il l'est ; et ce règne mauvais n'est ni le premier ni le dernier sur terre. J'en suis aussi chagrin que vous ; toutefois ce que je vous dis à vous n'est pas forcément bon à dire devant tous. »

« Oui, je comprends que vous ne vouliez pas risquer... »

« Je ne pense pas seulement à ma sécurité, mon fils. Je pense que cet ordre, même défectueux, vaut mieux que la discorde et les luttes intestines qui ne sauraient manquer d'éclater si je vous écoutais. »

« Mais la vérité, maître ! A-t-elle si peu de prix à vos yeux, que vous la celiez à ceux qu'elle intéresse le plus ? Je ne vous comprends pas : vous êtes amant de la vérité, vous me le montrez chaque jour en m'enseignant avec tant de rigueur, tant d'exigence... »

« La vérité n'existe pas moins pour n'être pas connue, mon enfant. – Et puis voilà une curieuse comparaison ! Je suis amant de la vérité, dites-vous ; et si vous aviez une maîtresse, la verriez-vous de gaieté de cœur devenir fille publique ? »

Je crois que mon maître s'était emballé, et avait pour une fois laissé sa langue devancer sa réflexion ; car il ne m'aurait pas, de propos délibéré, blessé si cruellement. – Hélas ! Mila, Ulrique, qu'avais-je fait de vous ? Les joues me cuisaient ; je vis mon maître s'agiter sur sa chaise.

« Ne parlons plus de ça, dit-il. J'espère un jour vous amener à mes vues : pour l'heure pliez-vous à elles sans vous contraindre à les adopter. Pliez-vous à elle, ne serait-ce que pour votre bonheur : car je ne pressens que déboires dans la voie que vous voudriez prendre, et vous supplie de ne rien faire pour détromper votre cousine. »

Sur ce point il disait vrai, je ne le voyais que trop. Son mot malheureux m'avait rappelé combien, jusqu'ici, mes amours avaient été funestes à celles qui en étaient objets. – Quant au reste, son espoir fut déçu : jamais je ne pus voir comme lui, malgré les sept années qu'il passa à tenter de m'en convaincre. Je découvris en ce laps de temps l'audace presque folle de sa pensée, puis peu à peu cessai de m'en ébahir pour y adhérer. Or y adhérer, c'était bouleverser le monde dans tous ses fondements : et moi je ne concevais pas qu'un tel bouleversement dût n'avoir lieu qu'entre les quatre murs de notre étude, ni que mon maître mît autant de passion à l'y confiner que j'en mettais, moi, à vouloir l'en extraire. Ce que j'appris en revanche, ce fut à épurer cette passion : et je rends grâce à mon maître de m'avoir montré ce qu'elle contenait au départ d'égoïsme ; de m'avoir montré l'ambition qui entrait dans ma haine de l'injustice, et l'esprit de vengeance qui m'avait fait aimer le vrai.

XXIII

Ainsi, à mesure que grandissait mon refus de l'ordre général du monde, grandissait aussi ma résignation devant mon sort particulier. Ni Löwenfels n'était pour moi, ni ma cousine : je le savais déjà depuis près de deux ans, j'appris désormais à l'accepter. Une à une mes prétentions tombèrent ; je renonçai à regagner l'estime de ma dame, à renverser mon frère, et même à croire que le destin de notre État aurait été considérablement changé si j'avais été duc au lieu de lui.

Je ne dis certes pas que ce fut la fin de mon amour. Roswitha demeura en mon âme et, tandis que son souvenir charnel s'y estompait, elle s'éleva petit à petit au rang immatériel et inaltérable d'une Idée. Parfois je délaissais mon étude pour rêver à elle et lui tourner une amoureuse stance qui me coûtait force larmes. Puis je la cachais avec soin dans un casier de ma librairie, honteux d'une faiblesse que Venetius aurait sûrement réprouvée.

La vie que nous menions était d'ailleurs bien faite pour me garder fidèle. Nous n'avions en ces quartiers d'autre fréquentation que celle des franciscains dont quelquefois nous consultions les livres, et avec qui nous devisions doctement ; et je ne connaissais les Munichoises que sous l'espèce de notre gouvernante, personne fort sotte et fort bonne qui me mitonnait sans cesse des chatteries comme à une accouchée, et d'une petite voisine dont j'apercevais, de ma fenêtre, le sage profil et l'infatigable rouet. Elle me paraissait jolie ; mais à aucun moment je ne pris la décision d'aller le vérifier. Je ne voulais plus de ces amours inégales, et elles étaient les seules qui m'étaient accessibles. Ne pouvant contracter d'union légitime, je ne pouvais aimer une femme sans l'avilir ou du moins la déshonorer : aussi l'évitais-je, et je ne rompais mon abstinence que lorsqu'elle pesait vraiment à mon corps. Alors j'allais la soulager auprès de créatures que mes hommages ne pouvaient rendre plus viles, ni appauvrir d'une seule once d'honneur.

Ces quelques fredaines, Venetius les censurait avec distraction ; et je percevais, à son indifférence, combien le temps avait passé. Je n'étais plus un mioche que l'on sermonne pour un mouchoir perdu ; Venetius demeurait mon maître, mais un maître qui, de jour en jour, attirait à lui son élève et lui marquait un peu moins de supériorité. Et le temps nous avait atteints l'un et l'autre : moi pour m'amener à l'apogée de notre vie corporelle, lui de façon plus insidieuse.

J'ai dit auparavant que mon maître, quand je le vis entrer dans l'horrible taverne de Nuremberg, m'avait semblé vieilli. C'était vrai ; mais mon impression se dissipa en même temps que son courroux. Une fois retrouvée sa sérénité habituelle, c'était bien l'ancienne flamme qui brillait dans ses yeux, l'ancienne énergie qui relevait ses robustes épaules. Si son chef avait un peu blanchi, si les sillons de son front s'étaient creusés, je ne m'en rendais compte qu'en ses jours de fatigue ; et ces jours, dans les premiers temps, restèrent rares.

Mais quelquefois je le surprenais courbé sur un lourd codex, la bouche amère et tiraillée d'impatience ; et alors, malgré la cécité que nous avons pour la décrépitude des êtres chers, je ne pouvais pas ne pas voir que mon maître s'installait dans l'âge mûr pour n'en plus revenir. J'en frémissais, car je distinguais au loin, oh ! très loin encore, la mort de ce second père qui était désormais ma seule société. Je n'aimais pas ces moments ; et lorsqu'il voulut que j'écrive sous sa dictée pour épargner ses yeux et que, dehors, je soutienne son pas moins ferme, j'acceptai avec la mauvaise grâce qu'on a pour un caprice bizarre. Elle était la politesse de mon chagrin.

Notre maisonnette de Munich restait notre havre, mais nous fûmes souvent aussi sur les routes. Je crois que mon maître, en dépit de ses poses stoïques, était autant que moi sujet à l'intranquillité, et n'aimait guère à rester trop longtemps à la même place. Je l'avais constaté à Marienstein, dont il lui arrivait de s'absenter pour une ou deux semaines ; de même ici, où nous ne demeurâmes jamais six mois d'affilée. Studieux, certes, étaient ces voyages. De temps à autre nous nous rendions au monastère d'Ulm, parce que Venetius désirait soumettre à son vieux condisciple le fruit de ses ruminations. J'y retrouvais mes habitudes monacales, et il m'arriva même de reprendre mon travail de copie que, désormais libre, je pouvais agrémenter d'autant de fantaisies marginales qu'il me plaisait. Ou alors nous poussions jusqu'en des contrées de moi inconnues : c'était un érudit célèbre dont Venetius, par une humilité à mon sens excessive, estimait nécessaire d'entendre la leçon ; c'était un manuscrit rare dont il avait jadis transcrit des passages et dont il voulait aujourd'hui vérifier le texte de ses yeux, ne se fiant pas à une simple correspondance, ou peut-être ne voulant pas attirer l'attention de ses correspondants sur ces passages parfois scabreux.

L'un de ces voyages marqua un véritable tournant dans ma vie ; dans ma vie morale, et aussi dans ma vie matérielle, par les rencontres que j'y fis et qui allaient se révéler si lourdes de conséquences pour moi. Mais voilà qu'une fois de plus j'engage par la conclusion un récit que je voulais plat et sans prolepses – tant il nous est difficile, à nous autres hommes, de ne pas nous faire un peu dieux là où nous le pouvons, c'est-à-dire dans nos chroniques ; et cela vaut même pour ceux d'entre nous qui voient le cours réel des choses comme étranger à tout projet divin, et l'accomplissement des prophéties comme l'effet de la chance ou la simple preuve d'une perspicacité. Quand il s'agit de nous et de notre passé, peu résistent à cette tentation de jouer au souverain juge, et d'organiser eux-mêmes leur petite fin des temps. Vanité !... Mais je ne suis pas meilleur qu'un autre.

Ce voyage-là se décida sur un coup de tête de mon maître. C'était quelque trois années après le début de notre vie commune ; et Venetius traversait, chose pour moi inédite, une période de doute et d'insatisfaction. De plus en plus il semblait préoccupé, envoyait des lettres à l'abbé Joachim et secouait la tête devant ses réponses. Souvent je le trouvais assis, le visage fermé, devant ses livres qu'il n'ouvrait pas, ou au contraire feuilletait avec frénésie, mais sans écrire une ligne. Mes questions l'agaçaient, il me renvoyait à mes propres lectures, me reprochait de ne pas progresser dans l'étude des langues bibliques qu'il m'avait assignée dernièrement pour tâche.

« Croyez-vous, jeune indolent, avoir toute votre vie pour apprendre le grec, l'araméen et l'hébreu ? Hâtez-vous, ou vous verrez que par la suite ces choses-là donnent infiniment plus de mal. J'ai eu toutes les peines, voici dix ans, à apprendre l'arabe. – Il est vrai que ces peines ne sont rien au regard des difficultés que j'éprouve aujourd'hui. »

Ou alors il se répandait en invectives contre lui-même : il ne savait rien, ne comprenait rien, avait étudié en pure perte ; il voulait s'en remettre à mon esprit, plus frais et sans doute plus vif, pour lui faire de nouveau voir clair. On imagine la pénible stupeur que m'inspiraient ces protestations d'ignorance et ces aveux d'incapacité.

« Je n'avance pas, Mardochée, je n'avance pas dans mon œuvre, que je croyais maîtresse dans ma stupide présomption. Un traité *De la lettre* ! J'avais bien choisi mon thème, c'est le seul mérite que je me reconnais. Il promettait de déployer, clandestinement, tant de thèses périlleuses... Mais voilà : je suis un imbécile, ou mon sujet était trop ambitieux. D'abord allez savoir ce qu'est la lettre ! Cela me semblait simple ; cela vous semble simple, à vous, hein ? Eh bien vous êtes un âne, vous aussi, un âne qui a copié, sur mes ordres il est vrai, deux fois et demi toute la Vulgate, et s'en croit plus malin pour cela. »

Je ne croyais rien de tel, mais laissai passer l'orage, dont j'étais loin d'avoir essuyé toutes les foudres.

« ... Au moins je ne prétends plus, moi, qu'on puisse trouver cette lettre dans un texte traduit – bien traduit, mal traduit, peu importe : traduit-on jamais autre chose que l'esprit ? Mais je me perds : c'est toute cette distinction qui m'échappe, elle paraît claire au commencement, quand on est écolier et qu'on gobe avidement les catégories que les maîtres vous jettent, parce qu'elles soulagent la tête et la dispensent de penser. Mais aujourd'hui... Ah ! »

« Maître, calmez-vous », murmurais-je d'une voix tremblante. Il se calmait en effet, replongeait dans ses paperasses ; et après quelques jours je le trouvais plus défait encore, traçant des diagrammes où dansaient les sens *allégorique*, *anagogique*, *moral* et *littéral*, griffonnant des caractères illisibles, et s'arrachant les cheveux. Sa table de travail, d'ordinaire si rangée, devenait un chaos qui faisait peine à voir ; et lui-même me faisait pitié quand j'avançais jusqu'à son côté et qu'il ne m'entendait pas, occupé qu'il était à relire les Épîtres et à marmonner sombrement : « Saint Paul ! saint Paul ! que je te veux de mal ! »

C'était contre ce dernier que se portait principalement sa véhémence. Cet agité, disait-il, avait par ses divagations définitivement brouillé les idées à la terre entière, ou du moins à la partie chrétienne de celle-ci. Lui-même, un athée cependant, ne pouvait s'empêcher d'entendre la voix paulinienne, si vigoureuse encore au bout de treize siècles. Il avait beau se boucher les oreilles, elle les vrillait, lui clamait qu'il n'était pas capable de lire seul le Pentateuque et le reste de l'Ancien Testament.

« Et quand je crois les lire, c'est encore lui que j'entends. Je n'arrive pas, et par sa faute, à saisir le sens de ce que je lis, simplement le sens, enfin, la lettre, dont je fais si grand cas ! Toujours je pense : ah oui, Abraham et Isaac, ingénieuse amorce, on voit déjà le bois de la Croix, et le Fils qui gémit dessus ! – Mais non, Mardochée ! » fulminait-il comme j'approuvais d'un sourire accommodant, « ce n'est pas cela qui est écrit ; je ne sais plus ce qui est écrit, il me semble que je ne sais plus lire ; si loin que j'aie poussé mon étude de l'hébreu, la vérité hébraïque reste pour moi lettre morte – *lettre morte*, ah ! sapristi, encore ! »

C'était bien éprouvant, surtout quand, dans sa fureur, il s'en prenait à la fois à l'apôtre, ce falsificateur, et à moi-même, qui dérangeais ses notes sous couvert de les classer et l'irritais par une toux bruyante. Alors il nous confondait dans un seul et perfide blâme, et me décelait même des ressemblances avec ce triste sire :

« Méfiez-vous, Mardochée, de ces enthousiastes qui, comme vous, veulent violemment transformer l'ancien monde. Avec eux la folie n'est jamais loin. Tout succombe devant leur zèle ; la vérité et la justice, qui prétendument les motivent, en sont les premières victimes. Méfiez-vous, car c'est ainsi que vous finirez si vous suivez votre pente. »

D'habitude je haussais les épaules devant tant de mauvaise foi. Un jour cependant je fus froissé de ces attaques *ad hominem*, et ripostai qu'au lieu de s'en prendre à moi, il ferait mieux d'aller chercher dans quelque juiverie cette vérité hébraïque qui lui tenait tellement à cœur. Aussitôt je regrettai mon insolence : mon maître me regardait fixement, et je m'attendais qu'il me chasse de son étude d'un coup de pied au derrière. Mais il ne dit rien, et je finis par conclure qu'il ne m'avait pas entendu.

Je me trompais. Le surlendemain, alors que par gêne je l'avais évité et, pour tromper ma solitude, étais allé en une rue mérétricienne où j'avais mes entrées, je découvris à mon retour Venetius affairé, jovial et rajeuni de dix ans. Nous partions, m'annonça-t-il. Lui-même avait déjà empaqueté une partie de ses effets, et m'invitait à l'imiter ; maintenant il lui fallait donner ses instructions à la mère Gertrude, car nous serions sans doute absents pour plusieurs mois.

J'étais éberlué.

« Mais où allons-nous donc ? Et pourquoi un départ si précipité ? »

« Ah ! vous êtes trop modeste, mon cher. Sachez-le : vos conseils sont si bons que je ne puis retarder leur exécution d'une semaine. »

« Mes conseils ? »

« Précisément. Depuis notre dernière conversation ils me trottent dans la tête. Voici quelque temps déjà que j'hésitais à m'engager dans une voie d'étude que j'ai laissée inexplorée jusqu'ici, et qui, je crois, me serait précieuse ; vous m'avez décidé. – Voyez-vous, Mardochée, j'ai ouï parler de l'interprétation multiple en vigueur chez les Juifs, et d'une chose appelée *pschat* qui semble correspondre à ce que les théologiens chrétiens appellent sens littéral. Je ne suis pas sûr, toutefois, de bien la pénétrer. Nous irons en juger sur pièces, auprès d'une éminence en la matière qui professe dans la ville de Spire. J'ai fait jadis sa connaissance en Rhénanie, et ses récents écrits m'ont encore été vantés hier par un de nos amis franciscains, qui voit en lui un second Rachi. Qu'en dites-vous ? »

« Vous vous moquez, murmurai-je. Et vous en avez le droit : je n'aurais pas dû... »

« Détrompez-vous, mon ami. Je suis on ne peut plus sérieux. »

« Comment ! Vous êtes... vous avez... Vous fréquentez vraiment des Juifs ? »

« Cela m'arrive, en effet. Et il me semble qu'il est arrivé à votre famille d'en fréquenter aussi, si j'ai bonne mémoire de l'histoire de votre nom ? »

Je sentis mes joues me picoter et y passai la main : elles étaient brûlantes. Et mon cœur, bêtement, se mit à bondir dans sa petite cage : oh ! je lui en voulais de se tenir si mal quand j'avais tant besoin qu'il m'assiste – mon maître, mon propre maître me blessait au vif, mettait cruellement le doigt sur ce point si sensible...

« Monsieur, m'écriai-je, je tiens à offense vos allusions. Hormis mon frère détesté, et quelques rustres sans cervelle, vous êtes le premier qui osez me rappeler cette fatalité dont je fus l'innocente victime. »

« Et de quoi, au juste, vous jugez-vous victime ? » coupa mon maître subitement irrité. « Pour moi, vous n'êtes victime que d'une triste ironie : celle de porter un nom qui vous va aussi mal que possible. Il fut un Mardochée qui brilla par sa clairvoyance et son courage : de ces deux qualités vous êtes dépourvu. Les auriez-vous, et vous feriez l'effort de reconnaître que pour solder vos comptes, ce seraient tous les mâles de votre maison qui devraient avoir été dénommés aussi bibliquement que vous. »

« Mais... »

« Taisez-vous, Löwenfels, et laissez parler votre maître. Je vois que j'ai été trop confiant, que j'ai trop fondé sur votre entendement et la hauteur de votre âme. Les non-dits sont convenables aux têtes déjà faites : mais la vôtre ne l'est pas, et vous allez m'écouter jusqu'au bout. Vous êtes innocent, dites-vous. Soit ; vous n'êtes pas le seul : et bien des innocents sont tombés sous les coups de vos ancêtres – vos fiers croisés, n'est-ce pas, vos saints hommes, si empressés d'aller délivrer un tombeau et qui, pour ce faire, ont cru bon d'en faire béer tant d'autres ! »

« Maître, mais je ne suis pas... »

« Vous êtes leur digne fils, mon ami ; et comme eux je vous vois bien, par paresse, vous épargner la fatigue d'aller jusqu'en Terre sainte défendre votre Sauveur, et massacrer ici même quelques milliers de ceux qui, censément, l'ont crucifié ! »

J'avais attrapé le dos d'une chaise et m'y effondrai. Jamais mon maître ne m'avait parlé ainsi. Jamais, même en mes pires égarements, il ne m'avait percé d'un regard si haineux – ô ciel ! m'aimait-il encore ? Il paraissait si loin de moi ; quelle distance mettait-il entre nous ! Et dans cet intervalle il me semblait voir des rivières de sang, et des corps, et des membres, et des brandons enflammés...

« Mon maître », fis-je, me couvrant le visage, « reprenez-moi près de vous ! chassez ces images, elles me font tant d'horreur ! Et la seule pensée que vous me croyiez, moi, capable de... capable de... »

Je ne pus achever, car les larmes m'étaient venues ; ce que voyant mon maître s'apaisa quelque peu, et reprit d'une voix plus douce :

« Je suis heureux, Mardochée, qu'elles vous fassent horreur. Je regrette seulement qu'elles le fassent si tard, car sans doute vous n'en ignoriez rien, et avez pu lire dans vos chroniques familiales le récit de tels actes de foi. »

« Certes, mais... »

« ... Mais vous les lisiez vite, n'est-ce pas, ces passages-là ? » compléta mon maître avec une ombre de sourire. « Oui, je l'imagine bien : vous les sautiez adroitement, les trouviez mal écrits, d'un style bizarre – comme il était plus agréable, et plus rassurant, d'entendre parler des talents stratégiques de Charles votre grand-père ! »

Je restai interdit, car il m'avait exactement deviné.

« Mon pauvre Mardochée, soupira-t-il, vous êtes un enfant. Je ne pousserai pas la dureté jusqu'à vous les faire relire, et traduire en bon allemand pour m'assurer que vous en comprenez bien chaque mot ; ni la malice jusqu'à vous demander quel était votre sentiment lorsque vous lisiez, dans les livres de l'Ancien Testament, ces histoires d'un peuple qui vous trouble à ce point... »

« Oh ! ce n'est pas la même chose. »

« Ce n'est pas la même chose, hein ? » fit mon maître qui riait pour tout de bon. « Ah ! saint Paul !... – Enfin, mon fils, oubliez mes accusations, elles étaient excessives. Je vous rendais coupable du crime de vos pères, argument qui me répugne, car on le trouve trop souvent dans la bouche de ceux-là mêmes que je fustige. En revanche je m'aperçois d'une chose : c'est que l'idée de ce voyage était encore meilleure que je ne pressentais. Un tel voyage manquait à votre instruction, j'aurais dû m'en aviser depuis longtemps. Il me sera profitable à moi, et à vous salutaire. »

« Ah ! ça, non », protestai-je, recommançant à trembler. « Partez, mon maître, mais partez seul. Je n'irai pas. Je ne veux pas. »

« Tt, tt, mon élève, vous voilà indocile, ce n'est pas bien. Vous ne voulez pas : je le conçois aisément, mais vous irez quand même. Vous vous faites une montagne d'une démarche toute simple. En somme il ne s'agira que de m'accompagner, et d'ouvrir grands vos yeux et vos oreilles. Je n'entends pas, soyez sans crainte, vous présenter à Meïr ben Yehuda de Spire comme le rejeton des ducs de Löwenfels : c'est un titre, d'ailleurs, dont il ne vous sied plus de vous orner dans l'Empire, ne serait-ce que pour votre sécurité. Vous ne serez que mon disciple, comme vous l'êtes ici pour tous depuis trois ans déjà. Maintenant que vous avez coupé votre barbe, vous faites un petit moine tout à fait passable. cela ira très bien, et il ne reste qu'à vous trouver un nom en religion moins détonnant que celui de “ frère Mardochée ”. Tenez : soyez frère Perplexe. Cela m'amuse, pour des raisons qu'un jour vous saurez, et cela s'accorde parfaitement à la mine naïve et tracassée que vous m'offrez à voir en cette minute.

« Allez, mon fils, je n'y reviendrai pas. Montez dans votre chambre, rassemblez vos affaires, reprenez vos esprits ; et quand vous serez prêt vous redescendrez partager avec moi un solide repas. Nous aurons de la route à faire, et il ne convient pas de nous y lancer le corps affaibli. »

XXIV

Et nous partîmes, en effet, le lendemain, laissant derrière nous une maison vide, aux contrevents fermés, aux meubles recouverts. La bonne Gertrude ne devait y revenir que de loin en loin, et passer le temps de notre absence chez des parents ; car Venetius ne prévoyait que vaguement la date de notre retour. Aussi nous fit-elle de déchirants adieux, disant que, vieille comme elle était, elle ne nous verrait plus, et me bourrant les poches de gâteaux ; et je dois dire que moi-même je n'en menais pas large. Triste perspective que ce voyage ! Je ne pouvais déterminer exactement ce qui fondait ma répugnance : si c'était honte de me mêler à ce qu'on m'avait toujours affirmé être la lie de la terre, ou d'affronter les survivants de tant de carnages auxquels les miens étaient directement mêlés.

Quoi qu'il en soit, les éléments parurent comprendre cette répugnance et l'appuyer. Bien que nous ayons pris la route après la mi-carême, nous ne cheminions pas depuis quatre jours qu'un froid terrible s'abattait, aggravé de neiges et de vents d'une force rarement vue. Les forêts étaient un chaos de troncs brisés ; les campagnes gisaient sous des épaisseurs poudreuses qui se relevaient en tourbillonnant à chaque rafale. C'était à peine si les hameaux s'apercevaient encore, tant les reliefs en étaient noyés.

Après avoir lutté toute une matinée contre cette furie et constaté que nous nous y épuiserions, nous prîmes le parti de nous retirer en un gîte et de n'en plus bouger jusqu'au redoux. Nous errâmes longtemps sans rencontrer trace humaine. Enfin des toits apparurent ; il était temps, car nos chevaux étaient fourbus.

Dès l'abord il s'avéra pourtant que nous n'entrions pas dans un lieu de délices. C'était un de ces gros villages sans splendeur, dont les bicoques gagnaient presque à rester ensevelies tant ce qu'on en voyait était peu attrayant. Un grossier torchis formait leurs murs ; au bout du couloir pratiqué dans le givre devant chacune d'elles, c'était rarement une porte qu'on distinguait, plus souvent un chiffon tenant lieu de rideau. Par un froid pareil !... Je n'avais jamais vu une telle misère. Une seule église, mesquine, dépassait de cela. Nous cherchâmes en vain quelque demeure, quelque ouvrage de conséquence – rien ; et nous finîmes dans l'unique auberge de ce trou.

On nous en renvoya. Toutes les chambres étaient prises, et dix hommes déjà couchaient à l'écurie : d'autres voyageurs qui, bloqués comme nous, avaient comme nous dû se rabattre en ces quartiers. Nous trouverions peut-être, nous dit-on, à loger chez le prêtre, puisque nous étions clercs, ou chez des ouvriers. Nous y serions mal, car le monde ici était pauvre ; mais nous y serions à couvert, et c'était mieux que rien.

Nous tentâmes d'abord la cure, imposante pustule gonflant le mur du temple. Un vacarme, dès la grille, manqua nous faire rebrousser chemin : c'était l'homme de Dieu qui bâtonnait une mule, coupable de je ne sais quelle faute, et mêlait ses vociférations aux braiements lamentables de l'animal. Et quand nous entrâmes dans la salle, tout espoir nous quitta : trois moines corpulents étaient déjà assis à table, surveillant la cuisson d'un fricot qui, à en croire leurs mines, ne serait pas pour nous. Eux-mêmes nous déclarèrent occuper déjà les couchettes d'appoint que contenait la maison ; et, ayant dit, nous poussèrent dehors.

« Qu'allons-nous faire ? » murmurai-je, comme nous revenions vers nos chevaux sans encore nous décider à les détacher.

« Je ne sais », fit Venetius ; et au son de sa voix je perçus sa fatigue, qui se peignait également sur ses traits tirés.

« Maître, vous êtes las : cette errance a excédé vos forces. Savez-vous ? je vais entrer dans une de ces masures. Peut-être voudra-t-on bien nous y dresser des lits. »

Et, examinant la rangée de maisons qui s'élevaient devant nous, je me dirigeai vers celle qui signalait le plus de richesse : elle avait un étage, une cheminée qui fumait et une vraie porte de planches. J'y frappai, on m'ouvrit. Tout de suite je fus pris à la gorge par l'odeur de suif qu'exhalaient les chandelles dans cet espace clos, et effaré par le monde qui s'y entassait. Il me semblait être regardé par cent paires d'yeux, et cela dans un mutisme singulier, encore que bienfaisant après le tintamarre de la cure.

« Peut-on... auriez-vous moyen de loger deux voyageurs en détresse ? » demandai-je à la personne la plus proche de moi, et dont, n'y voyant goutte dans cette pénombre, je ne pouvais juger si c'était homme ou femme.

Un soupir me répondit ; et le bruit de frottement, que depuis mon entrée je percevais sans y prêter attention, s'arrêta.

« C'est que nous avons bien peu de place, et bien des bouches à nourrir déjà », fit une voix au fond de la pièce ; et, m'étant avancé de quelques pas, je discernai un miséreux, sans doute le père de famille, qui me dévisageait au-dessus d'une grande pièce d'étoffe, la main posée sur sa tondeuse à drap.

« Nous vous payerons, dis-je, et ne voulons pas abuser de votre hospitalité. Seulement l'auberge est pleine, et mon maître, qui attend dehors, ne peut faire un pas de plus tant notre route l'a fatigué. »

« Ah ! vous êtes valet », dit près du père une sorte de jeune fille maigre comme un chat, et qui me parut affreuse. C'est que je lui gardais rancune de ses paroles. Valet, moi ! Toujours il fallait que ces personnes de peu vous rabaissent pour se rassurer ; la grandeur les effrayait ; elles eussent bien voulu que tous soient néant comme elles.

« Je suis élève, femme », dis-je en écartant le manteau qui recouvrait ma bure, « et je seconde un clerc réputé pour ses écrits. Venetius est son nom : nous sommes en voyage d'étude, et venons de Munich où nous sommes, l'un et l'autre, honorablement connus. »

Le père eut un geste comme pour dire : « Peu me chaut », et m'exposa que, clercs ou non, il nous recevrait du mieux qu'il le pourrait ; mais ce mieux n'était guère, et même contre de l'argent il ne rendrait pas sa demeure plus vaste, ni moins gênant pour nous le train de sa famille.

En effet je distinguais maintenant tous les membres de celle-ci, et la salle en était pleine. Derrière moi la porte avait été refermée, et la mère, avec un nouveau soupir, retournait vers le fourneau, un enfançon au bras. (Je constatai par la suite qu'elle était rarement plus loquace, et que son affairement perpétuel lui tenait lieu de langage.) À côté d'elle, un grand jeune homme se penchait sur son métier, un autre nourrisson dormant dans une caisse près de ses jambes. Une femme, plus que mûre, cousait. D'autres enfants étaient assis çà et là, de tous âges, mais le teint déjà gris et l'expression précocement vieillie ; et eux aussi travaillaient.

« Je ne redoute d'autre gêne », dis-je avec embarras, « que de coucher sous la neige et sans avoir mangé ; mais c'est vous qui, je le crains, serez gênés par notre présence. »

Le père haussa les épaules et sourit faiblement :

« Si ce n'est que ça, murmura-t-il. Allons, Gisèle, ouvre donc à ce savant homme qui attend dans le froid ; et quand il sera entré tu iras à l'étable et arrangeras des couvertures sur de la paille. – Mais vous avez aussi des chevaux ? »

J'acquiesçai.

« Alors vous coucherez avec eux ; cela vous tiendra chaud, vous verrez. »

La fille se levait, découvrant des hanches minces à casser ; et, tandis qu'elle introduisait mon maître tout blanchi de neige, le garçon à son tour sortit. C'était, nous dit son père, pour aller acheter de l'avoine à l'auberge et s'occuper de nos chevaux. Sur ce il nous invita à nous asseoir à table, ôta d'un coin les outils qui y traînaient, puis la femme nous servit de la soupe. Nous l'avalâmes sans un mot. Mon maître était trop harassé pour parler ; quant à moi j'étais honteux de ma méfiance première en voyant combien on nous accueillait, somme toute, civilement.

Nos hôtes, profitant de notre mutisme, avaient repris leur ouvrage. C'était un étrange spectacle que cette assemblée à la fois silencieuse et toujours en mouvement ; car ils n'arrêtaient jamais. Avant le retour du garçon une autre jeune femme entra, sa femme m'apprit-on, qui se mit au métier et délaça son corsage pour donner, en tissant, le sein à son petit. Puis Gisèle disparut dans un réduit attenant, revint avec du bois, attisa le feu et y fit chauffer des fers à repasser qu'elle distribua à ses sœurs, que je trouvais bien petites, pourtant, pour manipuler des objets aussi brûlants. La femme âgée, leur grand-mère, leur apporta des pièces de tissu que notre hôte tondait ; et pendant que les cadettes, avec dextérité, leur apportaient l'ultime apprêt d'un repassage, l'aînée se retira près d'une fenêtre où je découvris encore un autre métier.

Cela dura je ne sais combien de temps. Je m'étais réchauffé, suivais des yeux leur ballet, mon maître dodelinait sur ses tablettes ; quand soudain les vêpres sonnèrent à l'église d'en face, et tout cessa. Le père récita la prière, on se leva, ce fut un tourbillon – et, sans que je comprenne comment, les outils avaient disparu de la grande table, le couvert y était mis, les tabliers accrochés à un clou. On alla chercher, dans l'unique couchette fermée de la salle, une quatrième femme, effroyablement vieille et débile, qui reposait là sans un bruit ; tout ce monde prit place par ordre de taille sur les banquettes et, tête baissée, attaqua le repas.

Mon maître parut se réveiller et considéra pensivement cette tablée de près de quinze personnes, puis se tourna vers moi. J'avais peur que, mécontent de ce gîte par trop incommode, il ne se venge de moi en me laissant faire seul les frais de la conversation – et dans quelle conversation pourrais-je bien engager ces tristes créatures, qui ne semblaient suspendre leur labeur que pour manger et, sans doute, s'abattre sur leurs lits ? Toutefois je me trompais. Venetius attacha sur moi un regard pénétrant, et que du reste je ne pénétrai pas ; ensuite il ramena les yeux sur le maître de maison et, lui ayant souhaité bon appétit ainsi qu'à sa famille, lui posa plusieurs questions sur son art qui, à ma grande surprise, révélaient une certaine connaissance en ces matières.

Notre hôte en fut flatté et sortit de sa réserve. Oui, ils étaient drapiers ; d'ailleurs tout le monde ici travaillait la laine. C'était l'orgueil de la ville : on y faisait un bon drap, et qui se vendait cher, car on le tondait selon une méthode jalousement gardée, qui lui donnait une douceur fort appréciée jusque dans les grandes maisons. Je m'étonnais de cette gloire locale, et de cette vanité d'habiller des seigneurs : apparemment les malheureux ne tiraient guère d'autre fruit de leur besogne, et si leur drap s'achetait cher, ce n'était pas à eux ; sans quoi ils n'auraient pas croupi dans un tel dénuement, ni rassasié leur faim d'une si pauvre chère.

Aussi fus-je plus étonné encore d'entendre l'homme parler de sa relative aisance et l'expliquer avec bonhomie, comme en s'excusant.

« Vous avez bien fait, disait-il, de frapper à notre porte : nous sommes parmi les mieux lotis. Il y a en haut une autre chambre où dorment mon fils, sa famille et trois de nos enfants ; et ma femme y fait aussi sécher des fruits – car nous avons des pruniers, que vous ne pouvez voir avec cette neige, mais qui l'été donnent de belles prunes. Et notre potager n'est pas mal non plus. Oh ! nous ne sommes pas malheureux, nous avons de la chance. Chez Kurt, à côté, on ne mange pas à sa faim. Ces deux-là, les pauvres, n'ont pas d'enfants, seulement la belle-mère ; et on ne fournit guère avec si peu de bras. Ils n'ont qu'un seul métier et font tondre au-dehors, ce qui leur coûte Dieu sait combien. »

Je voyais son épouse soupirer, Gisèle et son frère s'agiter sur leur banc : le père devait avoir enfourché son dada, et nous peindre leur sort sous un jour plus riant qu'eux-mêmes ne le jugeaient être.

« C'est pour ça, continuait l'homme, que le Kurt et sa femme – tiens Gisèle, quand tu auras fini tu iras leur porter un morceau de lard, on m'a dit qu'ils n'en avaient plus... – Qu'est-ce que je disais donc ? Ah oui. Je disais qu'eux, du coup, voudraient bien travailler après l'heure ; ça les arrangerait. Moi je suis contre, c'est offenser Dieu, et il faudra beaucoup pour m'y obliger. »

Là-dessus il promena sur l'assistance un regard farouche. Il était clair que la question était litigieuse, et qu'on ne le laissait dire que pour ne pas, devant des étrangers, attaquer le chef de famille ; mais je surpris la maigrichonne qui me regardait et se mordait la lèvre. Je me redressai sur mon siège, lui jetai un vague sourire : je l'intéressais, semblait-il, et malgré ses faibles charmes cela m'était tout de même agréable, car la discussion, je dois le dire, me passait un peu au-dessus de la tête.

« Qui parle, dit Venetius, de vous y obliger ? »

« Eh ! le maître, pour sûr », dit l'homme qui cligna de l'œil à mon adresse : « Nous aussi, sauf votre respect, nous avons un maître. Oh ! c'est un bon homme, je ne dis pas. Mais là, je dis qu'il a tort, même s'il paraît que ça commence à se faire ailleurs. »

« Ça se fait », intervint le fils, poliment et comme sans y toucher. « On me l'a dit ; et ceux qui le font ne s'en plaignent pas toujours. »

« Peut-être, Henri, mais c'est péché. Pourquoi avons-nous la cloche des vêpres, si ce n'est pour nous avertir qu'il faut lâcher nos outils et penser à notre ventre ? Et à Dieu, aussi ! Mais c'est tout pareil : car ce pain, c'est Lui qui nous le donne. »

Cette foi ingénue me fit rire sous cape. Toutefois je vis que Venetius, lui, ne riait nullement, et même approuvait de la tête ;

et une fois de plus je m'agaçai de cette comédie qu'il jouait à tous ceux qui n'étaient pas moi.

Or le nommé Henri s'obstinait : « Sans doute, père, vous avez raison ; et pourtant les évêques n'y sont pas tous opposés, ni notre curé non plus. Si c'était vraiment péché, tout le monde tomberait d'accord là-dessus : on sait bien ce qui est péché et ce qui ne l'est pas, sapristi ! »

« Garçon, ne parle pas mal ! » gronda notre hôte, le doigt menaçant ; alors je vis ce grand gaillard d'Henri (marié et deux fois père, si j'avais bien compris comment se répartissait cette progéniture) rentrer les épaules et concentrer son attention sur une boulette de pain.

Tout cela était comique et triste : le ton péremptoire de ce patriarche en guenilles, si assuré de ce qui convenait qu'il me semblait entendre, hélas ! mon défunt père ; cette kyrielle d'enfants aux têtes décroissantes, barbotant sagement au fond de leurs gamelles ; et l'aïeule à qui sa fille, elle-même chenue et à demi édentée, mâchait du pain pour le lui glisser entre les lèvres... Était-ce plus triste que comique ? Il faut bien croire que oui ; car je me sentais le cœur terriblement lourd lorsqu'à la fin du repas une partie de nos hôtes disparut dans l'escalier, que l'autre se casa pour dormir dans tous les recoins de la salle, et que nous allâmes rejoindre, dans l'étable, nos chevaux et nos paillasses.

« Mon Dieu, maître, nous voilà bien mal logés », soupirai-je, non sans constater toutefois que la cheminée de la salle irradiait, à travers la cloison, une douce chaleur.

« Si c'est à mon sujet que vous vous faites du souci, enfant, soyez en paix. Je ne suis point si délicat ni si affaibli que vous semblez le croire. »

« C'est une pauvre compagnie pourtant », chuchotai-je, craignant d'être entendu de la salle.

« Misérable », approuva mon maître, se méprenant ou feignant de se méprendre ; « absolument misérable, c'est un fait. Moins, peut-être, que vos serfs de Löwenfels ; mais je gage que vous ne couchiez pas souvent chez eux. »

Je laissai passer sans un mot cette remarque, qui m'avait causé un obscur déplaisir ; et Venetius, s'enveloppant dans ses couvertures, ajouta : « Au reste je ne m'inquiète pas de vous : je vous sais aguerri à la rude vie des chemins depuis les débordements de votre jeunesse, et capable de vous trouver à l'aise en toute société. »

Cette fois ce fut avec colère que je lui tournai le dos pour m'emmitoufler moi-même ; mais elle dura peu, car tout de suite, éreinté par cette journée si pleine, je sombrai dans le sommeil.

Il me sembla que je venais à peine de m'endormir quand la maison se réveilla. On marchait au-dessus de nos têtes ; un tisonnier tintait contre les pierres de l'âtre, de l'autre côté du mur ; quelqu'un entra furtivement dans l'étable, faisant caqueter les poules et bêler une chèvre. Je crus d'abord à un accident, à une maladie ; toutefois comme le bruit s'apaisait, je conclus que la journée, simplement, avait commencé pour nos hôtes, et me rendormis d'une traite jusqu'à l'aube.

Elle se leva toute grise, et porteuse pour nous de mauvaises nouvelles : la neige était encore tombée, le vent soufflait toujours, il n'était pas question de reprendre la route, à peine de mettre le nez dehors – quel ennui ! J'étais maussade, et l'aurais été plus encore si l'on m'avait prédit que nous traînerions ici une semaine de plus. De même que la veille, nous nous assîmes donc à un bout de la grande table, déjà tout encombrée, et y dînâmes d'une volaille bouillie, mets vulgaire que la mère déposa cependant entre nos deux assiettes avec un soupir d'aise, ce coup-ci, et sous les regards concupiscents des quatre ou cinq enfants courbés sur leur ouvrage.

C'était si embarrassant que je finis par lâcher ma cuiller. Il restait un peu de poule dans le plat : rougissant – car je ne m'étais jamais trouvé dans le cas de mentir par courtoisie devant des vilains –, je déclarai n'avoir plus faim, et, d'accord avec Venetius dont les yeux avaient croisé les miens, poussai vers l'hôtesse une pièce d'argent :

« Vous irez, femme, nous acheter autre chose pour le souper. Votre bouilli était excellent, mais nous n'en mangerons plus : mon maître, fragile d'estomac, ne supporte pas les viandes réchauffées. »

Je ne sais si elle fut dupe : j'avais baissé les yeux. Mais lorsqu'à none nos hôtes se partagèrent nos restes tandis que nous grignotions, par contenance, quelques tranches de pain, je crus bien percevoir, sur certains visages penchés, une lueur d'amusement.

Ce fut une curieuse journée. J'avais passé la matinée à les regarder faire pour saisir les étapes du traitement de leur drap ; mais soit gêne, soit crainte que je ne divulgue leur secret, je ne pouvais m'approcher de l'un d'eux sans que rapidement il fasse mine de passer à autre chose. Méfiance exagérée : l'eussé-je voulu, je n'aurais distingué ce que faisaient leurs doigts. Ils allaient trop vite, et la lumière des chandelles était trop faible – si faible que l'habileté de nos hôtes à œuvrer dans cette pénombre restait pour moi une énigme.

Ce qui m'attristait, c'était de voir leur foyer à ce point envahi par leur industrie. Il me semblait que ce tissu était ici le véritable maître, et eux ses esclaves. En lui était l'unique fin de leur naissance et de leur vie ; ils pouvaient pulluler, ce ne serait que chair de plus pour nourrir ce grand Léviathan de laine. – C'était pitié que ces marmots cardant déjà, avec une adresse affligeante, à l'âge où moi-même j'apprenais tout juste à lire. À cet âge-là, songeai-je, j'étais bien inutile ; et pourtant j'avais déjà un avenir et une place marqués. Ici il n'y avait aucune place : qui pouvait, faisait ; et qui vivait, pouvait par force. N'échappaient à la règle que les deux nourrissons, et celui de leur aîné qui marchait à peine ; sans compter la vieille grabataire, respectivement leur arrière- et arrière-arrière-grand-mère, survivant par miracle à cette vie de peine, et que l'on traitait justement comme une relique. Chaque être qui passait devant sa couchette (et cela arrivait souvent, car dans cette multitude il en était toujours deux ou trois debout) baisait sa main diaphane, irriguée d'eau claire, semblait-il, au lieu de sang. C'était là, hors des repos, leur seul geste qui ne fût pas laborieux.

Plus tard mon oisiveté me pesa, et j'allai chercher un livre. C'était un épais manuscrit en latin, que mon maître, avant de partir, m'avait instamment prié de mettre dans mes bagages.

« Lisez cela ; on le dirait écrit pour vous », m'avait-il annoncé, l'air goguenard. « Seulement prenez garde, et ne vous enflammez pas à la légère : car c'est l'œuvre d'un Juif. »

Je n'avais eu que le temps d'en lire le titre : *Dux perplexorum*, et j'en avais déduit, avec une pointe d'agacement, que de là me venait mon pseudonyme. Depuis, je n'y avais plus pensé ; je l'ouvris sur un coin de table et, les poings sur les tempes, commençai à m'en murmurer les lignes. Et, bien vite, j'oubliai le lieu où je me trouvais ; j'oubliai aussi l'irritation qu'avaient suscitée en moi cette lecture imposée, croyais-je, par pure ironie, et l'altercation de la veille. J'oubliai tout : je ne pouvais concevoir que mon maître ne m'ait pas plus tôt invité à lire un ouvrage où je retrouvais tant de sa propre pensée.

Ce fut le bruit des assiettes que l'on mettait à table qui me fit relever la tête. Gisèle, en tablier, me fixait moqueusement, et je m'aperçus soudain que je lisais à voix haute, en hochant du chef aux phrases qui me marquaient tout particulièrement. Je m'arrêtai net et repoussai le manuscrit d'un air que je tentai de rendre condescendant : comme si me nourrir était une formalité à laquelle je me pliais par simple politesse.

« Alors, que pensez-vous de rabbi Moïse ? » murmura mon maître.

« Vous dites ? »

« Maïmonide, mon fils – en êtes-vous édifié ? »

Je n'osai lui répondre ouvertement, car les thèses sur lesquelles il m'interrogeait me paraissaient bien hardies, et notre hôte, s'il les avait comprises, s'en serait sans doute scandalisé. J'étais également troublé par la présence de Gisèle, qui achevait de mettre le couvert et, ce faisant, nous frôlait les épaules : son petit sourire railleur la transfigurait, et je m'avisais que, bien que peu formée, elle avait les traits réguliers et l'œil, ma foi, plutôt sémillant. Je m'en tins donc à des platitudes, et attendis que le repas ait pris fin : alors je m'ouvris à mon maître, lui décrivis l'étonnement où m'avait jeté son livre, et m'ébahis que l'on pût, sous couvert de l'honorer, parler en ces termes de la religion.

« N'allez pas trop vite en besogne, mon ami. Vous me fréquentez depuis trop longtemps : voilà que vous trouvez des sens cachés, et des intentions sacrilèges, dans tout ce qui vous tombe sous les yeux. C'est un livre, il est vrai, scellé de sept sceaux, aussi n'espérez pas pénétrer dès l'abord une si profonde sagesse. Continuez à lire : je n'adhère pas à tout ce qui est écrit là, mais ne serais ce que je suis sans l'avoir préalablement lu. »

Je lui aurais volontiers obéi, mais l'après-dînée s'avéra moins calme que prévu ; ce fut seulement le lendemain que je trouvai le loisir de m'y remettre. Je ne sais pourquoi j'évoque si minutieusement une seule de mes lectures : sans doute les circonstances en étaient-elles frappantes, et n'ont pas peu contribué à en graver dans ma mémoire le contenu. Comment dire ? Tout cela s'est entremêlé bizarrement dans ma tête. Bien des choses disparates me sont apparues au cours de ce séjour forcé, si bien qu'aujourd'hui je ne puis les séparer en esprit, quoique je les sache distinctes ; qu'en pensant à l'éternité du monde je ne puis m'empêcher de revoir les drapiers de cette bourgade neigeuse, et en pensant aux noms de Dieu, d'entendre notre hôte récitant la prière au milieu de ses enfants rétifs.

XXV

J'ai dit que la suite du jour fut plus agitée. Peu après le repas de midi, le maître de maison fut appelé dehors, ainsi que son fils, pour déblayer la neige qui encombrait de nouveau les rues ; et j'estimai décent de leur proposer mon aide. On l'accepta ; toutefois après une heure de cette besogne j'avais les mains en sang à force de manier la pelle, chose dont je n'avais aucune habitude, et il me fallut, assez piteusement, retourner à l'intérieur.

Or en l'absence d'hommes – car Venetius lui-même était allé s'étendre –, le ton, ici, avait changé. J'en eus la preuve dès mon retour, qui fut salué par un rire guère poli de la jeune fille de la maison. J'avais la peau bien fine, observa-t-elle ; et tandis qu'elle m'enduisait les paumes d'un onguent, je vis percer entre ses dents la pointe rose d'une langue qui me fit désirer de prolonger le tête-à-tête. La coquine, hélas, s'esquiva. Disons-le dès à présent : j'allais en être pour mes frais avec elle. Quand même j'en aurais eu le temps, il se trouva que, malgré ses airs libres, elle n'était pas disposée à s'en laisser conter. Toujours elle me rappelait mon état ecclésiastique ; et moi j'enrageais, à la voir babiller et virevolter, d'être renvoyé à mes supposées dévotions par cette fille que j'avais tout d'abord jugée si laide.

À mon retour, donc, je trouvai cette assemblée de femmes et d'enfants non moins appliquée à son travail ; mais les conversations, maintenant, allaient bon train. Quatre ou cinq voisines étaient venues avec leur ouvrage, fuyant l'ennui de foyers également désertés par les mâles. Et il n'était question que de leur tâche, du nombre de pièces abattues en un jour, et de l'heure du soir, qu'il s'agissait ou non de reculer.

« Si ce n'est pas malheureux ! » s'exclamait l'une d'elles, personne vieille, ou le paraissant, dont les paupières chassieuses ne cessaient de battre comme si elle allait pleurer. « Est-ce qu'on ne s'éreinte déjà pas assez comme ça, qu'on veut nous faire trimer jusqu'à l'heure où les poules dorment ? »

Et plusieurs renchérissaient, déplorant la dureté des temps et l'impiété des idées nouvelles. Mais en face d'elles un autre camp se dessinait, dans lequel la femme Kurt faisait office de meneuse. Elle, elle ne plaignait pas sa peine, disait-elle fièrement ; et si le maître le lui demandait, avec la bénédiction du curé, elle ne se ferait pas faute de travailler plus. Elle en avait besoin, aussi ; ce n'était pas comme ceux qui, bien chauffés, bien nourris, vivaient tranquillement sans se soucier des autres. Que ces nantis fassent les seigneurs et passent la veillée à des baguenaudes si cela leur chantait ; mais qu'ils laissent leurs voisins s'occuper à leur guise sans leur faire la leçon.

À ces insinuations, notre hôtesse soupirait avec indulgence ; quant à Gisèle, elle n'en semblait pas davantage touchée. Au contraire, elle acquiesçait vigoureusement du chef, et, quand la femme eut fini, j'eus la surprise de voir ce petit bout de fille lâcher sa navette et s'écrier d'une voix sonore :

« Et pan ! Bien dit, commère. Je regrette que papa ne soit pas là pour vous entendre. Il prêche, il prêche, mais ma dot à moi je n'en vois pas la couleur. S'il me laissait tisser un peu plus tard, je me ferais ma pelote ; et l'Henri et sa femme, est-ce qu'ils ne voudraient pas, eux aussi, s'installer dans leurs murs avec leurs deux petits ? »

Sa belle-sœur, personne effacée, souriait timidement, confuse de se voir prêter une opinion qui n'était pas celle du plus grand nombre. Elle se rassura quand la femme Kurt reprit la parole pour émettre un argument qui mit tout le monde d'accord :

« Bien sûr qu'ils le veulent ! Mais ça n'est pas tout ça. Vous voilà bonnes, ma parole. On discute, on chicane, on donne son avis... Est-ce que ça n'est pas ce que veut le maître, après tout ? et notre premier devoir de chrétiens, est-ce que ça n'est pas de lui obéir ? »

Une rumeur d'assentiment monta dans la pièce. Gisèle me glissa un regard satisfait ; mais l'oratrice eut la maladresse de vouloir asseoir son triomphe par une péroraison :

« Ceux qui font les petits saints, prennent des airs, et trouvent mauvais ce que les maîtres nous commandent, eh bien, je vais vous dire : c'est hérétiques et compagnie. »

« Gretel, tu vas trop loin ! » protesta la maîtresse de maison, que j'entendais parler, je crois, pour la première fois.

« Je vais aussi loin qu'il me plaît ! » riposta vertement l'interpellée ; et la discussion devint si houleuse que je fus soulagé de voir rentrer les hommes, dont la vue, subitement, calma les polémistes.

Pourtant nous n'en avions pas fini avec cette question. Elle resurgit au souper, et le lendemain encore ; et lorsque j'accompagnai notre hôte à l'auberge, puis chez un lainier de ses cousins, je m'aperçus que c'était la grande affaire en ville, et que lui-même était le plus brûlant des partisans de l'heure. On l'apostrophait dans la rue, on l'arrêtait pour entendre son avis ; et lui, si posé dans l'exercice de sa profession, devenait rouge et disert quand on le mettait sur ce sujet.

J'admirais mon maître qui, dans ce brouhaha perpétuel, avait repris la rédaction de son traité. Malgré l'épreuve physique qu'était pour lui ce voyage, sa disposition morale s'était spectaculairement redressée. Sa sérénité lui était revenue, et je retrouvais, dans sa façon d'en user avec moi, son ancienne raillerie, qui m'était bienfaisante après les vitupérations des derniers mois. Finies ses mortelles angoisses, finis ces moments de panne où il considérait, l'œil morne, un verset de la Bible. Je le voyais remplir ses tablettes presque sans hésiter. Il ne s'interrompait que pour m'entretenir de Maïmonide ; et de renouer ainsi avec une œuvre qui avait été une illumination de sa jeunesse l'aiguillonnait encore davantage. C'était au point que je crus qu'il allait renoncer à nous faire aller en Rhénanie, puisque ce remède, faute de mal, n'avait plus lieu d'être. J'en fus à la fois lâchement soulagé, et un peu déçu ; mais je me trompais. Simplement, insensible à l'inconfort d'un gîte où lui était revenue la faculté de composer, Venetius ne se souciait pas que nous y restions deux jours, ou trente.

Je lui enviais son égalité d'âme. Comme j'aurais voulu m'abstraire, moi aussi, du tumulte de cette maisonnée ! Mais je n'y parvenais que par à-coups. Une conversation, une visite, un mouvement singulier de la petite Gisèle, et ma concentration s'émiettait ; de nouveau j'étais tout impatience, et m'irritais, non sans contradiction, de notre assignation à résidence et de mon amourette qui marquait le pas.

J'eus une déconvenue dans ce dernier domaine. Au matin du troisième jour, alors que je luttais pour comprendre un passage peu clair, je sentis un regard posé sur moi : c'était celui de Gisèle, un panier au coude et une main pesant déjà sur la poignée de la resserre à bois, où manifestement elle m'invitait à la suivre. J'y fus en un éclair ; et mon cœur s'émut quand je la vis refermer le battant derrière nous, jeter par terre son panier, et joindre les paumes devant son buste avec une moue implorante.

« Ô ciel ! douce Gisèle », balbutiai-je d'une voix entrecoupée, « que puis-je... »

« Vous pouvez, s'il vous plaît, retirer vos mains de ma taille, et me parler d'un peu moins près. Ah, mais !... »

Cette impertinence si délectable faillit me faire perdre la tête pour de bon : je tentai de lui poser un baiser sur la gorge, lequel fut malheureusement dévié par une tape. La mutine semblait s'amuser comme une folle ; mais folle, elle ne l'était pas au point de me laisser poursuivre, et ses yeux, quoique rieurs, me donnaient peu d'encouragements.

« Vous êtes cruelle, murmurai-je, avec vos soupirants. »

« Turlututu ! Voyez-vous ça. Allez, mon petit clerc, rentrez vos boniments : je ne suis pas du bois dont on fait les flûtes. »

« Alors, méchante, pourquoi m'attirer dans un coin sombre ? »

« Eh ! c'est que j'aurais un service à vous demander. »

« Un service ? »

« Tout juste. – Ah, mais ça suffit, maintenant ! » fit-elle comme, enhardi par sa requête, je cherchais par avance à m'en payer. « Ne faites pas le sale : c'est tout ce qu'il y a de plus sérieux, ce dont je vous parle, et ça ne sera pas grand-chose pour vous. Seulement pour moi... pour moi ce sera beaucoup, na ! »

À ce vibrant exorde je me déclarai vaincu, et lui promis de mettre tout en œuvre pour lui être agréable ; ce qui lui fit hausser les épaules, et sourire malgré elle.

« Eh bien voilà. Je n'ai pas besoin de vous expliquer que mon père, pour ce qui est des principes, il ne plaisante pas. »

« Certes. »

« Seulement il y a que je veux me marier, moi, et même que j'en ai rudement envie... »

Ses petites joues creuses avaient viré au brique, et, tout en me demandant où elle voulait en venir, je me trouvais bien bon d'écouter si sagement ; car j'étais au supplice.

« ... Enfin ça me regarde. Toujours est-il qu'avec ses histoires, nous n'y serons jamais. Mon frère a dû attendre quatre ans avant d'épouser sa promise, et encore elle avait son bas de laine ; mais moi, hein ? »

« Allons, allons », murmurai-je, voyant presque des larmes lui monter aux yeux.

« Pour en venir à notre affaire : votre maître, c'est un homme instruit, et un religieux. Mon père l'écouterait ; ça vous dérangerait-y de lui demander qu'il lui en touche un mot ? »

« Mais... de quoi ? »

« De l'heure, parbleu. Vous savez bien. D'abord, si papa fait le têtu, nous serons en bisbille avec le maître ; et ça, ça n'arrangera personne. Et puis, quoi ! puisque tout le monde le fait. Est-ce qu'on va rester les seuls, ici, à passer nos veillées en patenôtres ? Les autres filles vont se doter et dénicher un mari ; et moi, pendant ce temps-là, je sécherais sur pied ? Ah, non, non et non ! »

« Je vois », énonçai-je, conciliant, car dans son désespoir elle trépignait bel et bien, ce qui me faisait craindre qu'on ne nous entende du dehors. « Vous avez entièrement raison. Votre père est un brave homme, mais il est trop rigide, et ses scrupules me paraissent excessifs. Rassurez-vous, belle Gisèle, je vous aiderai. Et, pour être franc, j'y aurai peu de mérite, car mon maître est un moine qui... un moine... Bref, il possède une grande sagesse mondaine, et sait faire la part de ce que nous devons à Dieu, et de ce que nous nous devons à nous. »

« C'est vrai ? Il le fera ? Ah ! ce que je suis contente », s'écria la fringante pucelle. « Frère Perplexe, vous êtes mignon : je vous aime bien. »

Et, scellant notre pacte d'un baiser sur la joue qui me fit frémir jusqu'aux reins, elle se baissa pour jeter en hâte des bûches dans son panier. J'en pris à mon tour une sous chaque bras, et nous nous dépêchâmes de rentrer dans la salle, où notre aparté commençait à faire froncer quelques sourcils.

Il me fallut attendre le soir avant de présenter cette supplique à mon maître. Sans cesse je guettais le moment favorable, et ne le trouvais pas. J'aurais voulu que nous fussions seuls ; je ne redoutais pas d'avoir à vaincre sa résistance, mais je m'attendais qu'il devine qui m'envoyait et quel motif me rendait éloquent. Or s'il devait me faire honte, j'aimais autant que ce fût sans témoins.

Enfin le repas, la veillée s'achevèrent. Nous nous retirâmes dans l'étable, gagnâmes nos deux lits de fortune ; et là, dans l'obscurité qu'habitaient tant de respirations animales, je lançai l'offensive :

« Que pensez-vous, mon maître, de notre hôte le drapier ? »

« Je pense, Mardochée, que c'est un excellent homme. »

Cela s'engageait mal. Je m'accoudai dans un froissement de paille, et poursuivis, penché vers la tache claire que faisait, dans le noir, le visage de mon maître :

« Un excellent homme, c'est vrai ; et je ne sais où nous en serions aujourd'hui sans son aide – sans l'aide de toute cette famille, d'ailleurs ; car ils sont tous, dans leur genre, excellents. »

Venetius m'écoutait, et – est-ce possible ? – il me semblait l'entendre sourire.

« Vous voyez, maître, comme en trois jours mes préventions sont tombées », dis-je d'une voix moins ferme. « Et il y a mieux : non seulement je perçois maintenant les qualités d'ensemble de nos hôtes, mais je vois aussi combien ces êtres, qui me paraissaient au début tous pareils, diffèrent entre eux. Le père, tenez, dont nous parlions à l'instant – eh bien je trouve que, comparé à certains de ses parents, il est, quoique excellent, un peu... un peu obtus. »

« Aha, fit Venetius. Voilà un jugement bien sévère. Et sur quoi, je vous prie, le fondez-vous ? »

« Mais, sur l'obstination qui est la sienne, et qui lui fait refuser un changement inéluctable et, pour lui-même, avantageux ! »

« Ah, j'y suis, murmura mon maître. Vous faites allusion à la fameuse querelle de l'heure, n'est-ce pas ? Belle question ; et je me réjouis, Mardochée, de vous voir enfin vous y intéresser. »

Bienheureuses ténèbres, qui lui cachaient ma rougeur !

« Elle m'intéresse, repartis-je, pour les passions humaines qu'elle permet d'observer ; au reste l'enjeu n'en est pas grand, et pour moi elle est toute tranchée. Le cas est on ne peut plus clair : voici un homme travailleur, droit d'esprit, point sot – et qui se nuit à lui-même, et aux siens, par attachement à d'extravagantes visions cléricales ! »

Mon maître toussota. Je devançai son objection, et continuai tête baissée : « Ici, maître, ici votre prudence ne s'oppose pas au vœu de votre cœur. Pour une fois, vous pourriez sans danger éclairer un homme, tout en faisant de lui un meilleur sujet qu'il n'est. Car il s'expose, en s'entêtant ainsi contre les ordres de son patron. Il risque d'en être écrasé ; et même sans cela, son attitude fait jaser, j'ai entendu des femmes le taxer d'hérésie... »

« Vous m'inquiétez », fit mon maître redevenu grave. « Ces médisances-là peuvent être fatales à ceux qui en sont la cible. Oh ! soyez sans crainte. Je lui parlerai ; je lui prêcherai la modération, et l'inciterai à émousser certaines de ses attaques. »

« Faites plus que cela, m'écriai-je. De grâce, détrompez-le. Montrez-lui qu'il étouffe les siens par ses interdictions, et leur barre pour toujours la voie de l'opulence. Car enfin vous l'avez reconnu vous-même : ils sont misérables, et le seront de plus en plus si... »

« Non, mon enfant », coupa mon maître avec calme.

J'étais abasourdi :

« Que voulez-vous dire, maître, par ce *non* ? Vous ne le détromperez pas ? Pourtant la tâche est sans épines, il ne s'agit au fond que de lui faire voir où est son intérêt, et dans quelles limites doit rester sa foi. Loin de moi, Dieu me pardonne, l'idée d'en faire, d'ici à notre départ, un averroïste accompli ! »

« Je ne le détromperai pas, mon fils, pour la bonne raison qu'à mon sens il n'est pas dans l'erreur. J'estime son refus justifié ; et s'il l'oppose justement pour des motifs que je juge mauvais, comme vous disiez de votre oncle de Marienstein, eh bien tant pis : il demeure qu'il agit comme il le doit, et qui plus est : dans son propre intérêt. »

« Comment ! » éclatai-je. « Nierez-vous que son intérêt, précisément, soit de travailler le plus possible, et d'augmenter d'autant ses maigres biens ? »

« Ah ! nous y voilà. Or donc, jeune Mardochée, puisque vous êtes parfaitement au fait de ces choses matérielles, demeurons-y ; voyons ça de plus près. Vous voudriez que notre homme – et sa fille, peut-être – travaille après souper au lieu de se fourrer au lit après quelques prières. Très bien ; croyez-vous qu'ils y gagneraient beaucoup ? »

« Beaucoup, non ; mais un peu. »

« Très peu, corrigea mon maître. Leur commanditaire, sans doute, y trouverait son affaire. Mais eux y ruineraient le peu de santé qui leur reste ; et surtout ils se ruineraient eux-mêmes en chandelle, ce que vous avez l'air de compter pour rien. »

« Ah ! oui, la chandelle », marmottai-je, songeant aux ménagements avec lesquels on en faisait ici usage, et au soupir que poussait la mère chaque fois qu'elle devait en entamer une neuve. « Oui, c'est juste ; c'est frappant de justesse. Je suis surpris que les adversaires de notre hôte n'y aient pas eux-mêmes réfléchi. Mais notez qu'ils envisagent peut-être des moyens d'y parer. Tenez : s'ils se réunissaient tantôt chez l'un, tantôt chez l'autre, comme je le leur vois faire quelquefois, n'épargneraient-ils pas de la lumière ? Ou encore – mais cela impliquerait... »

« Oui ? »

« Vous allez rire de moi, car je n'y connais rien ; mais d'autres que moi sauraient peut-être comment s'y prendre... Enfin, je vous donne mon idée pour ce qu'elle vaut : le mieux serait qu'on puisse fabriquer de la chandelle à moindre coût. »

Mon maître eut un bruit de gorge dont je ne sus que penser ; et il lâcha d'un ton mi-sérieux, mi-amusé :

« Savez-vous, Mardochée ? Vous êtes un garçon dangereux. »

Ce reproche indéfinissable me ramena à mon propos ; et celui-ci me semblait mal servi par mes tentatives. Dangereux, hélas ! je ne l'étais pour personne : c'était probablement ce qu'avait voulu dire mon maître. Ma verve spéculative, dont tout à l'heure je me sentais si fier, n'avait au fond qu'un but : délivrer une fille d'une virginité qui lui pesait, et encore sans en recueillir moi-même les fruits... Tout cela pour ne pas même convaincre mon interlocuteur ! C'était déshonorant : j'aurais voulu rentrer sous terre.

« Alors, Mardochée, vous ne dites plus rien ? »

« Non, mon maître, je suis confus. J'ai parlé à tort et à travers, sans avoir une seconde pensé à la question. Assurément... »

« Assurément vous avez vu juste, mon fils : on fabriquera de la chandelle à moindre coût. »

« Mais alors... »

« On le fera, et vos drapiers travailleront après l'heure : c'est inéluctable, vous l'avez vous-même observé. Oh ! je ne sous-estime pas la volonté de notre hôte. Il s'arc-boutera, ainsi que quelques autres ; et un jour il mourra, et ses enfants n'en feront qu'à leur tête. »

« Dans ce cas... »

« Dans ce cas, m'allez-vous dire, puisque je suis si bon prophète, pourquoi de cette clairvoyance ne pas faire métier ? aimer ce qui doit être, n'est-ce pas, et consacrer mon influence à en hâter la venue ? Non, Mardochée ; vous avez mal compris ce qu'était ma sagesse. De ma façon d'accepter les épreuves de notre sort propre, et en particulier la plus dure d'entre elles, qui est la perspective de mourir corps et âme, vous avez déduit que j'acceptais de même le sort général des hommes. Il n'en est rien. Pour moi il y a beaucoup, voyez-vous, de nos destins privés, souvent effet du hasard ou de la nature, à ceux des communautés humaines, qui sont l'œuvre de l'homme et de nul autre. Qu'irais-je huiler les roues de ce char, qui en a si peu besoin ? Voyez comme il fonce ! Assez de puissants sont aux guides, et la pente est aisée, qui descend doucement... »

Je l'écoutais bouche bée, troublé par cette tirade qui, de fait, bouleversait tant d'idées que je croyais aussi être les siennes.

« Mon maître, m'écriai-je, mais c'est une torture que cette clairvoyance dont vous parlez, qui vous fait pénétrer les défauts de notre monde et ne vous engage qu'à – pour filer votre métaphore – à reculer tristement sur le passage de ce char ! »

« Oui », dit simplement Venetius ; et il y avait tant de mélancolie dans son ton que la pitié et aussi la révolte embrasèrent mon âme.

« Maître, je veux vous soulager ! Je ne vous laisserai pas... »

« Que ferez-vous, enfant ? Allez-vous, de votre bras, arrêter le char en pleine course ? »

« Mais cette course, vous l'avez dit, est l'œuvre de l'homme, et ne suis-je pas un homme moi aussi ? »

« Ah, Mardochée, Mardochée », soupira mon maître avec bienveillance, « votre fougue m'étonnera toujours. À l'instant vous preniez fait et cause pour le parti adverse, et voilà que vous montez sur vos grands chevaux, et voulez renverser le monde pour l'amour de moi... »

« Et pourquoi non ? »

« Eh, mon ami, sachez mesure garder ! Je n'entendais, en vous parlant ainsi, que vous convertir à mon lucide renoncement, non vous inspirer cette indignation qui vous fait frémir tout entier, jeune fou que vous êtes ! Souvenez-vous : autrefois vous me blâmiez de garder la vérité pour ceux qui la détiennent déjà, et de ne point tenir à éclairer le commun. Eh bien ! dans cet exemple-ci vous voyez que l'intérêt, le vrai intérêt de nos hôtes, est de rester dans les ténèbres de leur religion. Je ne la partage pas ; mais j'observe, en revanche, qu'en elle réside tout ce qui, dans leur vie, demeure humain. Ne sentez-vous pas que, *en la circonstance*, c'est elle qui met le seul frein à leur inepte et barbare labeur ? que sans elle ils en seraient dévorés, et ramenés au rang des outils dont ils se servent ? »

Je revoyais ces petits enfants qui, presque à la mamelle, étaient mis au métier, et la vieillarde, qui ne l'avait quitté que pour entrer en agonie ; et je me dégoûtai moi-même d'avoir voulu que l'on aggrave cela, et sacrifie quelques heures de plus à l'estomac du Léviathan... Venetius avait raison. Pourtant, quelque chose en moi se révoltait contre cette vue qui faisait la part trop belle à ce qui était, et ne voulait rien savoir de ce qui pouvait être ; contre ces calculs si tortueux, si froidement développés...

« Maître, cela est trop fin pour moi : je ne peux vous suivre sur ce point. Penser ainsi vous convient à vous, qui avez l'âme intègre et bonne ; mais qu'en tirerait un autre moins adamantin que vous ? Je n'ose l'imaginer. Supposez-vous vraiment vos émules parfaits, que vous mettiez entre leurs mains cette arme presque divine de prêcher le faux pour faire éclater le vrai, et de souhaiter le mal pour qu'advienne le bien ? »

« Je ne suppose rien de tel, répliqua Venetius, et ne désire pas faire d'émules, pour reprendre votre terme. Je n'ai pas trouvé, quant à moi, de meilleure façon d'évoluer dans ce monde. Je le déplore, mais cela n'engage que moi ; et je ne prétends nullement l'ériger en système. »

« Non, maître, je ne peux vous suivre », répétai-je à voix plus basse. Et mon cœur se serra, car je sentais que nous touchions à une limite de notre entente, et que, quoi qu'il m'enseignât par la suite, demeurerait ici un fossé que rien ne comblerait.

« Je sais », dit Venetius en me pressant éloquemment la main ; « et, le croiriez-vous, Mardochée ? il me semble que je vous aime pour cela. »

Je restai très longtemps les yeux ouverts dans le noir, à méditer cette parole et celles qui l'avaient précédée ; et ce fut seulement en me réveillant le lendemain matin que je me demandai avec effroi comment j'allais bien pouvoir me disculper devant Gisèle.

XXVI

Dans mon souvenir, cette semaine chez les drapiers dura autant qu'un siècle. Peut-être était-ce la monotonie de ces journées confinées ; peut-être aussi l'espoir, qui me faisait chaque soir attendre que le temps change, et que chaque matin décevait. Le matin qui suivit notre conciliabule dans l'étable, pourtant, je me crus exaucé : il faisait presque doux. Mais la brutalité du dégel nous causa un nouveau contretemps, car les monceaux de neige, en fondant, embourbèrent tout, rendant rues et chemins plus impraticables encore. Ce fut alors un terrible branle-bas : des caves, des maisons étaient inondées, on dut porter des seaux et déménager des meubles. Cependant le soleil qui brillait enfin, et marquait vraiment le début de la belle saison, donnait à ce désordre des allures de fête ; si bien que j'escomptai, dans l'allégresse générale, être tenu quitte de ma mission.

Trois jours durant j'évitai Gisèle, et lui souris de loin ; au terme de ces trois jours j'avais mûri ma décision, qui était, comme la plupart des décisions que nous prenons en notre vie, un compromis de mille considérations divergentes, une chose sans forme, gonflée de velléités, rabotée par l'impuissance. Bref : avant de m'en aller je pris à part le maître de maison, sa femme et sa fille. Les ayant remerciés en notre double nom, je leur remis une somme prélevée sur ma rente avunculaire, qui devait, insistai-je, leur servir à marier Gisèle. Je ne me hasardai pas à leur donner plus de conseils. Les mots me restaient dans la gorge ; et je subis avec gêne les protestations dont ils saluèrent ma libéralité. J'étais trop conscient de n'avoir rien fait : qu'était cette goutte d'eau douce dans leur océan d'amertume ?

Seul mon maître, sans doute, pénétra mon geste. Le père et la mère crurent que nous payions généreusement le prix de notre séjour ; la fille, que j'avais conçu pour elle un béguin plus sérieux. Je le lui laissai croire ; et quand ensuite, dans l'étable, elle me sauta au cou pour m'exprimer sa gratitude, je me bornai à lui demander, d'un ton élégiaque, de ne point trop user à l'ouvrage ses beaux yeux. Qui sait ? Peut-être la vanité ferait-elle ce que n'avaient pu faire les sermons paternels – hélas, voilà que j'en étais réduit, comme mon maître, à fermer l'œil sur les moyens ! Cette pensée acheva de me déconcerter ; et je quittai cette ville chargé d'expériences, de visions nouvelles, mais ayant perdu un peu de mon estime pour ma propre personne.

Venetius, par bonheur, m'avait épargné ses commentaires ; et avec les jours, ma morosité s'estompa. Il faisait si bon chevaucher maintenant ! Nous repassâmes mon cher Danube tout enflé d'eaux tourbeuses ; et au-delà, ce fut comme une explosion. Le printemps rattrapait son retard : partout des fleurs s'ouvraient, à travers l'herbe sèche de l'année précédente perçaient de nouveaux brins tendres et verts. Et nous traversions d'autres villes, des bourgades, des hameaux : j'aimais, et j'aimerais encore, goûter ce surcroît de vie que nous éprouvons à parcourir des lieux, à en changer, à rassasier nos yeux et nos oreilles de cette nourriture si variée du voyage.

Le but de celui-ci ne m'effrayait plus. Si je ne démêlais pas au juste l'effet qu'avait produit sur moi l'épisode des drapiers, il m'en restait au moins ceci : crainte et résistance s'étaient envolées, j'étais uniquement curieux d'arriver à bon port. Avec le recul, je crois comprendre que Juifs et vilains s'étaient confondus dans mon esprit, dès ma plus tendre enfance, en un seul et même rebut – celui de cette multitude qui n'était pas nous, et à laquelle les miens ne se seraient frottés pour tout l'or du monde. Ma communauté de vie avec les trois brigands avait été une première entorse à cette règle : mais elle n'avait pas sensiblement modifié mon opinion. J'y avais vu une promiscuité toute temporaire ; et en fin de compte, dans ce monde des marges, chacun pensait ainsi. Chacun s'y estimait, comme moi à l'époque, meilleur et autre que son personnage. Ildefonse se considérait moine – moine déchu ; Klaus, un père de famille acculé à l'opprobre par la nécessité ; et le pauvre Jan n'avait pas même conscience de notre abjection. En aucun cas cette existence criminelle n'était un état : ni pour ceux qui la menaient, ni pour ceux dont le métier était de la combattre. Les premiers, si durables que pussent être leurs dérèglements, n'y voyaient qu'une condition transitoire, comme les chrétiens font de notre vie entière. Pour les seconds ce n'était qu'un accident social, une chose qui n'aurait pas dû être et qu'il convenait de supprimer. (Je leur souhaite bonne chance, d'ailleurs, et ne puis concevoir qu'on nomme accident un phénomène qu'expliquent et commandent tant de stipulations légales et de rigueurs délibérées en nos États.)

Tout cela pour dire qu'à l'âge de vingt-deux ans, je n'étais toujours pas sorti de ma gangue ducale. Je l'avais portée avec moi au monastère d'Ulm, dans ma retraite munichoise, et l'étude et les livres ne l'avaient pas entamée. Une main d'enfant poussant la navette, la beauté cachée d'un visage qui au premier abord, pour moi, n'avait été que proie, et proie méprisable – tout cela avait ouvert une brèche dans cette gangue, puis l'avait fait sauter. Maintenant je regardais avec stupeur autour de moi, et ne trouvais pas trace de la pyramide sous la figure de laquelle je m'étais représenté le monde jusqu'alors, en me situant, sans modestie, tout près de son sommet.

« Ah ! maître », m'écriai-je un jour au milieu de ces réflexions, « que je suis aise que vous m'ayez entraîné avec vous ! Mes yeux se dessillent, et il me semble avancer à pas de géant vers l'évidence. Savez-vous ? je m'avise aujourd'hui, pour la première fois, que notre monde humain est un terrain tout plat, et qu'un seul être, si ses jours y suffisaient, pourrait de plain-pied en explorer la diversité. »

« Ouais, dit Venetius. Au moins regardez devant vous, monsieur le cosmologue. Ce monde que vous trouvez plat – selon une thèse, je dois vous le dire, déjà contestée par Thalès de Milet – a des aspérités que vous perdez de vue : comme ce trou à vos pieds, dans lequel vous vous foulerez une cheville si vous n'y prenez garde. »

J'évitai le danger de justesse et, dégrisé, ne levai plus les yeux du sentier qui grimpait devant nous. C'était même, comme pour m'apporter un démenti supplémentaire, une forte pente où nos chevaux peinaient, ce qui nous avait, plus tôt, contraints à mettre pied à terre.

« Je suis bête », murmurai-je.

« Mais non », trancha mon maître, essoufflé, dont l'acrimonie venait, je crois, de ce qu'il constatait son manque d'endurance. « Seulement vous êtes jeune et, comme tous les êtres jeunes, avez une fâcheuse propension à vous perdre dans les étoiles dès qu'on vous lâche la bride. – Tenez ! nous voilà en haut. Ce n'est pas dommage. »

Nous avions en effet triomphé de la côte. Un air plus frais me balaya le visage, je clignai des yeux ; et, tout à coup :

« Ah ! mon Dieu, qu'est cela ? » fis-je, le doigt tendu vers la vallée qu'ombrait une brume bleue. « Maître, avez-vous vu ?... »

« C'est le Rhin, mon fils, dit-il avec un sourire. Je m'en réjouis : ce soir, demain au plus tard nous serons à Spire, et je m'y reposerai. »

« Le Rhin ! » répétai-je, ébahi. J'avais décidément vu peu de chose en ma vie. Si puissant que mon maître m'ait décrit ce fleuve, je n'avais nullement soupçonné qu'il pût exister de telles masses d'eau, que notre terre pût être partagée par de telles entailles... Et brusquement, à l'idée que nous allions devoir traverser cela, le cœur me faillit.

« Maître, je... est-ce bien prudent ? Ce fleuve me fait peur. Voyez comme le soleil y étincelle ! J'ai, je l'avoue, de la crainte pour ce qui luit et n'est pas solide – allez savoir ce qu'il y a là-dessous ! »

« Il y a, je pense, des algues, des poissons, et quelques noyés ; mais vous n'en serez pas, je vous en donne ma parole. »

Je n'ajoutai rien, honteux de mon enfantillage ; et chassai de ma mémoire les contes horrifiques de Mila, dans lesquels de belles femmes aux bras blancs attiraient au fond des rivières des jouvenceaux pour les faire mourir. Superstitions ! pensai-je. Mais enfin la raison était peut-être une belle chose, elle ne ferait pas en sorte que je sache nager.

À mesure que nous descendions, le courage me revint. La contrée était belle, habitée et cultivée, avec des villages, des paysans, des vignes qui me rappelaient l'existence de joies bien terrestres. Et, vues du bord, les ondes se présentaient autrement : non plus seulement comme un obstacle, mais aussi comme une richesse. Des femmes y lavaient, des ouvriers y remplissaient des jarres, tout un monde y vaquait, sereinement et sans défiance.

Sur la route du bord nous marchâmes un moment. Venetius, la main en visière, regardait au loin et paraissait contrarié.

« Je n'aperçois nulle part le pont flottant sur lequel je comptais que nous traverserions, me confia-t-il. Aurions-nous dévié de notre route ? »

Nous interrogeâmes un homme ; il s'exclama. Le pont avait été emporté par les crues du dégel. On s'employait à le rebâtir, mais on n'en était encore qu'aux commencements. D'ici là, si nous étions pressés, nous pouvions nous faire porter en barque : il y avait, près de là, le vieux Michel qui faisait le passeur plusieurs fois par journée.

« Eh bien, cela s'arrange à merveille », soupira mon maître, soulagé. Moi je ne disais rien ; et quand je vis l'esquif qui nous était destiné, et les vaguelettes, et la trogne rouge du père Michel, j'eus un frisson et, bien que n'y croyant plus, recommandai mon âme à Dieu.

Au reste nous avions le temps, grommela le nocher. Il attendait sa cousine et sa fille qui avaient affaire de l'autre côté, et n'appareillerait pas sans elles.

« Allez donc manger un morceau ! conclut-il. Il y a du remous, et ça n'est pas bon de tanguer l'estomac vide : on est encore plus malade qu'autrement. »

J'accueillis ce conseil avec alarme, et ne pus m'y plier. Je laissai mon maître à l'ombre d'une charmille où il se commanda du vin et de la friture, et m'en fus chercher, dans le hameau riverain, une pension pour nos bêtes, qu'il n'était pas question d'embarquer sur cette coquille de noix. À mon grand dépit je trouvai assez vite ; et j'eus la faiblesse, en quittant mon cheval, de lui passer les bras autour de l'encolure, songeant que peut-être il ne me porterait plus.

À mon retour Venetius somnolait. Désœuvré, je revins vers la berge, espérant apprivoiser des yeux ce fleuve si redoutable.

Justement quelqu'un s'y baignait. Une tête émergeait, dont j'apercevais la longue et blonde chevelure ruisselante. Elle se tourna ; et je découvris que c'était celle d'un jeune homme, glabre et fin de traits, qui à ce moment fit jaillir son torse ivoirin et jeta vers le ciel un rugissement de bien-être.

« Rude nature ! » pensai-je, après avoir trempé le bout de mes doigts dans cette eau qui le réjouissait tant, et qui, à moi, me sembla bien fraîche. Puis je reculai d'un pas, puis de deux ; car le personnage, maintenant, approchait de la rive, et son corps peu à peu m'apparaissait, vigoureux, élancé, et, ma foi, complètement nu.

C'était embarrassant. À part Michel qui, de sa barque, scrutait le fleuve, nous étions seuls. Je n'osais ni franchement détourner les yeux, ni dévisager le nageur, et je demeurai là, bouche bée et bras ballants. Au reste je me tourmentais sans raison : il ne m'accorda qu'un coup d'œil et entreprit de se sécher à grand renfort de claques, aussi indifférent à ma présence que si j'avais été une bête, ou son valet. Alors j'en pris mon parti : je m'assis sur le ponton et, plissant les yeux à cause du soleil, le regardai se mouvoir.

Le spectacle était plutôt plaisant. Sa nudité, pour être légèrement hâlée, semblait moins crue et n'était pas troublante comme celle, pâle et lumineuse, des femmes. D'ailleurs déjà il n'était plus nu ; déjà il commençait à se vêtir, avec une sûreté de main qui m'éblouissait. Chemise, chausses, pourpoint, chapeau – tout cela, d'une élégance plus grande que je n'avais prévu, vint prestement envelopper la superbe stature ; et, tout d'un coup, le charme fut brisé :

« Que faites-vous, Mardochée ? » disait dans mon dos une voix bien connue.

Je me retournai vers mon maître qui me questionnait des yeux ; et, balbutiant une excuse, me relevai.

Il était temps. Une grosse femme flanquée d'une fillette, toutes deux en deuil, approchait de la barque ; le père Michel les y fit monter, et d'un geste du bras nous signifia que notre tour était venu. Je m'exécutai avec répugnance, quoique sans oser, devant ces créatures, montrer mon peu de bravoure ; et ce fut seulement quand nous fûmes tous assis sur les deux bancs du fond et que le batelier eut commencé de détacher l'amarre, que le jeune homme, un sac sur l'épaule, sauta royalement à côté de nous.

« Attention, donc ! » grogna l'autre, car la barque oscillait. Tandis que je me cramponnais à mon siège, que l'arrivant, impassible, prenait place sur le sien, la barque s'éloigna du bord ; la traversée débutait. Elle dura près d'une heure. Il y avait, en effet, du remous, le père Michel, rubicond, devait sans cesse peser sur sa godille pour nous empêcher de dévier – de dévier d'une ligne déjà bien oblique, car le courant était fort.

Je serrais les dents. Pour comble d'infortune, la cousine se révéla être une bavarde impénitente. Son flot de paroles glissait sur notre conducteur, qui ne répondait que par monosyllabes aux nouvelles, cancans et aphorismes dont elle le gratifia d'abord. Puis elle se rabattit sur sa fille, la morigéna d'avoir mouillé le bas de sa robe et de gratter un furoncle qu'elle avait au bras. Mais cela ne la mena pas loin : et après quelques minutes, l'air gourmand, elle se tourna vers nous.

« Vous n'êtes pas d'ici, n'est-ce pas ? Je m'en doutais : moi je connais tout le pays, vous savez, je suis marchande à la toilette, il n'est pas beaucoup de maisons dans la région où je ne sois pas entrée pour faire mes affaires. Oh ! pas les couvents, pour sûr », rit-elle en lorgnant nos bures ; « doux Jésus, je ne voulais pas dire ça. Mais vous voyez, d'aller toujours à gauche et à droite comme le veut mon métier, ça me fait voir du monde. Et je l'affirme sur ma vie : vous deux, frères, je ne vous ai jamais vus. Alors dites-moi, vous venez donc de loin ? »

Mon maître émit un *oui* plutôt sec, qui ne suffit pourtant pas à la décourager :

« D'où, dites-vous ? »

« De Munich », concéda mon maître.

« De Munich ? Ah ! sainte Marie, voilà une trotte ou je ne m'y connais pas ! » Et la bonne femme, comme chaque fois qu'elle invoquait un membre de la sainte Famille, effleura du doigt le gros crucifix qu'elle portait au cou. « Vous êtes sans doute en pèlerinage, vous et votre novice ? »

« Mmm », grogna évasivement mon maître.

« Ah bien, ah bien, fit-elle, décontenancée. Ce n'est pas que je sois curieuse, vous savez, mais il faut bien passer le temps, et puis on aime savoir avec qui on voyage... Par exemple, vous allez rire, mais je ne reconnais pas votre habit. Et pourtant j'en sais un bout sur les ordres, allez ! moi qui ai un grand fils et deux neveux moines. Vous êtes... »

« Dominicains. »

« Dominicains ? Ah. Tiens donc. Je croyais... »

« En effet ; mais notre couvent de Munich jouit d'un statut à part, et notre habit n'est pas celui des autres. » Et, coupant court à cette conversation qui devenait périlleuse, mon maître lui adressa un sourire plein d'onction, baissa les yeux, et affecta de se plonger dans ses prières.

Moi je regardais avec appréhension l'autre voyageur, espérant de tout mon cœur qu'il n'était pas plus averti que la commère. Mais sa physionomie exprimait tout autre chose que le soupçon : le dégoût – un dégoût pas même déguisé, qui tirait ses lèvres en carré sur des dents éblouissantes. Quelle morgue ! Un fils de seigneur, un excentrique, apparemment, pour faire chemin sans escorte, et que les caquets d'une revendeuse et de deux pèlerins devaient importuner. Ses yeux rencontrèrent les miens : je le vis détourner la tête, cracher dans le fleuve, puis sa belle bouche laissa échapper quelques mots qui me firent tressaillir :

« ... Disgustoso !... questi putti del papa... »

Je crus que les oreilles m'avaient corné ; mais bientôt après, la femme, comprenant qu'il n'y avait plus rien à tirer de nous, s'en prit à lui, lui donna du monseigneur, et voulut savoir – qu'il lui pardonne sa liberté – si lui aussi arrivait du lointain.

« Excuses... Ne comprends pas », articula-t-il maussadement. Son accent me confirma qu'il était bien italien ; et le regard de mépris qu'il abaissa, ce disant, sur le crucifix rendait parfaitement plausibles ses premières paroles.

J'en avais presque oublié que nous étions sur l'eau. À ce moment, un choc m'arracha à mes réflexions, et je poussai un cri de détresse : mais je le ravalai quand, me retournant, je vis que nous étions parvenus au bord. Le père Michel sauta à terre, amarra ; tout le monde se mit debout. Il y eut un instant de confusion quand la cousine voulut s'effacer devant mon maître par égard pour son habit, et que lui, toujours courtois avec les personnes du sexe, même d'humble extraction, protesta qu'il ne passerait pas le premier. Mais l'Italien les mit d'accord : se poussant entre eux deux il affirma muettement sa préséance, d'un bond grimpa sur le débarcadère, mit dans la main de Michel quelque monnaie, et s'en alla.

« Grossier personnage ! » commenta mon maître en le suivant des yeux. Quant à moi j'avais encore dans les oreilles le clapotis du fleuve ; et ce fut dans une sorte d'étourdissement que je suivis mon maître sur la rive, où nous marchâmes assez longtemps sous le soleil, jusqu'à ce qu'apparaisse sur l'horizon la haute masse de la basilique de Spire. Alors je repris mes esprits, et trouvai loisir de m'étonner :

« Pourquoi, maître, nous avoir fait passer pour dominicains ? J'attendais, moi, que vous vous recommandiez du bon François d'Assise, dont nous avons tant de fois, à Munich, fréquenté les brebis. Au moins j'aurais été à même d'inventer, si cette parleuse avait poussé plus avant l'indiscrétion, ou si ce fantasque Italien... »

Je me mordis la langue, car je craignis soudain d'avoir à rapporter les propos que j'avais surpris. Ces façons ordurières auraient confirmé le blâme de mon maître, et sans doute aussi excité sa curiosité ; or la secrète sympathie que je me découvrais ressentir pour le personnage me faisait répugner à l'une comme à l'autre chose. Je voulais lui garder mon admiration, et la garder pour moi seul.

Mais Venetius, par bonheur, ne releva pas mon trouble.

« Italien, dites-vous ? Mmm, peut-être. C'est lui qui, précisément, m'inquiétait. J'hésitais à le situer, quoique à l'évidence il ne fût pas du peuple ; et il me paraissait inopportun, devant un voyageur inconnu, d'évoquer dans la même phrase Munich et les franciscains. »

« Pourquoi donc ? »

« Mardochée, il faut tout vous apprendre. Ne savez-vous donc pas que ce couvent, où vous êtes entré si souvent, jouit dans le monde chrétien d'une réputation équivoque ? »

« Comment !... »

« Mais si. Frère Guillaume, tenez, dont je vous encourageais à rechercher la compagnie... »

« Frère Guillaume ? Celui qui parlait le latin avec un accent si comique ? »

« Précisément. Eh bien, Guillaume l'Occamois n'est pas, c'est le moins qu'on puisse dire, un grand ami du pape. »

Tiens, pensai-je à part moi. Mais j'écartai de moi le souvenir des invectives italiennes, et Venetius poursuivit :

« C'est même la raison pour laquelle l'empereur offre asile à certains membres de cet ordre... D'ailleurs souvenez-vous : l'antipape Nicolas, qu'il soutenait, et qui se soumit si tristement voici deux années, n'était pas seulement franciscain lui aussi, mais franciscain *spirituel*, comme ces proscrits sont désignés. »

« Vous me surprenez, maître, extrêmement. Comment ! frère Guillaume, frère Ranulphe, et ces deux Bolonais dont le nom m'échappe – bref, tous ces moines avec qui nous devisions si pieusement ne seraient pas de bons chrétiens ? »

« Oh ! que si, s'égaya mon maître. Mais ne le dites pas trop haut. Ils en sont même de si bons que certains ont fait vœu de pauvreté absolue, et bataillent dans leur ordre pour faire valoir cet *évangélique* dénuement. »

« Mais... ils ne font en cela qu'imiter leur saint fondateur, si je ne m'abuse. »

« Eh oui, Mardochée ; mais les retours aux origines ne sont pas du goût de tous. Tenez ! c'est comme si vous trouviez naturel que le pape, pour en revenir à lui, attrape et vende du poisson pour subsister, comme faisait au départ le premier de ses prédécesseurs. »

Ce fut à moi de supplier mon maître de parler moins fort, car nous avions franchi la Porte vieille, et les abords de la cathédrale, vers laquelle nous nous dirigions, fourmillaient dangereusement d'ecclésiastiques. La rue aux Juifs était tout à côté : nous y étions déjà que je méditais encore à ce sujet, dont les développements me paraissaient vertigineux. Et c'est ainsi que – avec le sens de l'impropriété qui me caractérise – je parvins ce jour-là chez les Hébreux de notre temps : la tête toute pleine de questions sur les ordres, et sur l'homme que frère Guillaume appelait quelquefois, sans que j'eusse encore saisi de qui il s'agissait, le tyran d'Avignon.

XXVII

Mais il fallut que je me ressaisisse, car nous étions cette fois au but de notre voyage, et ma mission à moi commençait. N'était-elle pas, comme m'avait exposé mon maître, d'ouvrir grands mes yeux et mes oreilles ? Eh bien ! l'heure était arrivée, et tout à coup, alors que nous nous signalions au portier et que celui-ci faisait porter à Meïr ben Yehuda une note annonçant notre venue, je me sentis fort effrayé.

À gauche comme à droite, des murailles solides fermaient la rue juive. Nous n'en voyions que l'huis, devant lequel le vieux portier, avec une curiosité mêlée de méfiance, me semblait-il, nous détaillait de sous sa coiffure conique ; cependant que les cloches de la cathédrale, derrière nous, tintaient. Oh ! je savais pourquoi ces murs, pourquoi cette proximité de l'évêché, protecteur bienveillant – et intéressé – des *serfs de l'empereur* : et cette conscience n'était pas de nature à accroître mon courage. Ici n'était pas venu Rupert de Löwenfels, le Pieux ; mais quelques-uns de ses pairs et semblables, sans doute, et derrière eux une populace déchaînée, brûlante de foi et brûlant au nom de la foi... Que ces murs étaient hauts ! Je me sentis chanceler.

« Maître, je m'avise que j'ai horriblement soif. Ai-je le temps, croyez-vous, d'aller me désaltérer à la fontaine que nous avons dépassée tout à l'heure ? »

Mon maître m'examina d'un œil vif, et répondit avec douceur :

« Allez, mon fils. Reprenez vos esprits, mouillez-vous le cou et le visage : vous êtes tout blanc. »

Mais quand je revins, très peu ragaillardi, une mauvaise surprise m'attendait : en mon absence mon maître avait été introduit, et me faisait dire par le portier de le rattraper.

« Entrez donc et marchez sur ses pas », insista le vieil homme, dont la main noueuse m'indiquait le bout de la venelle. « Il vient seulement de disparaître. C'est là, sous le porche aux deux lions, que vous devez tourner ; ensuite vous trouverez bien, ou l'on vous montrera. »

« Deux lions ! » marmottai-je, égaré, en le remerciant ; et je m'engageai, le cœur singulièrement oppressé, entre les deux rangées de façades où s'empilaient plus d'étages, et à chaque étage plus de linge à sécher, que je n'en avais jamais vu dans aucune ville. Avec cela pas un homme, pas une femme : j'avançai sans croiser personne jusqu'au bout de la rue, raidement rebroussai chemin, cherchant toujours les lions que j'imaginais, comme au château de Löwenfels, robustes et rampant autour d'une monumentale entrée. Mais je ne trouvai rien, n'osai revenir à la porte ; alors, comme un papillon de nuit qu'affole la lumière, je me mis à pousser mon nez sous chaque porche, à l'en ressortir, à traverser et à retraverser la rue pour inspecter, d'en face, les maisons. Je maudissais tout bas ma propre stupidité et, faiblement, appelais : « Maître ! Maître ! où êtes-vous ? »

Enfin il vint du monde : c'était une ribambelle de garçonnets aux yeux brillants, aux bonnets de velours rouge et vert, qui s'échappaient d'une école, sans doute, avec des cris d'allégresse ; et, m'apercevant, la bande fondit sur moi.

« É-picurien ! é-picurien ! » scandaient-ils, pendant qu'un tout-petit, facétieusement, tirait sur ma cordelière ; et les soubresauts de leur ronde, qui faisaient voleter les boucles de leurs tempes, achevèrent de m'ôter ma présence d'esprit.

« Ah ça ! chenapans », réussis-je enfin à dire, d'une voix qui me parut bien peu mâle. « Allez-vous donc vous tenir tranquilles, et m'indiquer, s'il vous plaît, la demeure de rabbi Meïr ben Yehuda ? »

« C'est là », m'indiqua l'un des plus âgés, tendant l'index vers une porte renfoncée sous une voûte. Je levai les yeux : parmi le feuillage des chapiteaux soutenant le linteau, deux bestioles, en effet, ouvraient leurs minuscules gueules.

« Ah, oui, mille mercis », balbutiai-je ; et, impatient d'échapper à mes tourmenteurs, je poussai la porte et m'engouffrai au-dedans.

Mais je n'allai pas loin. À l'intérieur, où il faisait obscur, plusieurs voix de femmes s'exclamèrent à mon entrée : « Abomination ! » ce qui me fit battre en retraite et tomber, devant le seuil, sur les petits drôles qui se tenaient les côtes. Je me serais enfui, si un reste d'amour-propre ne m'en avait retenu.

Par bonheur une fenêtre s'ouvrit dans la cour, et je vis Venetius qui me faisait signe de le rejoindre.

« Vous avez été bien long », me dit-il quand je fus près de lui.

« Ah, maître, je vous cherchais ! »

« Vous y êtes. Prenez le petit escalier qui est à ma droite, mon fils ; et, par grâce, relevez votre capuche sur votre tête. »

Je m'exécutai, encore tout tremblant de mes émotions, et un instant après j'entrai dans une haute salle, surplombée d'une galerie sur trois de ses côtés. L'affluence était grande. Au centre, un homme en robe était assis sur un fauteuil en bois sculpté : Venetius me présenta à lui comme son élève. Je m'inclinai, et dus faire effort pour ne pas laisser paraître mon étonnement ; car je croyais trouver un vieillard chenu, et le maître que j'avais devant moi était dans la fleur de l'âge, caressant d'une main encore lisse sa longue barbe brune.

« Asseyez-vous à côté de moi, me chuchota Venetius. Rabbi Meïr m'a accueilli, mais il doit pour l'heure répondre à quelques-uns de ses coreligionnaires qui sont venus des environs le consulter. Écoutez, et n'ouvrez pas la bouche comme en ce moment : cela vous donne l'air sot. »

Je m'assis donc, et concentrai mon attention sur le cas que commençait d'exposer, à ce que je compris, une délégation venue d'une bourgade proche. Un homme, cassé par l'âge, avait pris la parole : il déplorait qu'en sa communauté la gloire de la

Torah fût assombrie par la faute d'un seul, et d'un, qui plus est, sorti de leurs propres rangs.

« Qu'est-ce à dire, murmura Meïr, et qui est cet impie ? »

« Moi, rabbénou », clama un autre dont le chapeau conique était de soie brillante et le manteau de voyage, bordé de riches fourrures. « Enfin, c'est de moi qu'il s'agit ; car, pour être impie, je ne le suis pas plus qu'un autre – pas plus, en tout cas, que ceux qui trouvent bon d'accuser un pilier de leur communauté par jalousie de sa fortune honnêtement acquise. »

« Tu parles haut, Mendel », répliqua le vieillard, « et tu bâtis plus haut encore... »

« Je bâtis aussi haut qu'il faut pour abriter ma famille ; et ce n'est pas péché, ce me semble. La Loi nous prescrit-elle de vivre encaqués ? Non, n'est-ce pas ? Et si j'ai du bien, ce dont je ne fais pas mystère, est-ce péché de le dépenser à me construire une maison qui fera de l'honneur à toute notre rue ? »

« De l'honneur ! Rabbi, je te prends à témoin : est-ce nous faire honneur que de construire une maison dont le toit est plus haut que celui de notre synagogue ? »

« Il ne l'est pas. »

« Si ! »

« Non ! »

« Mettez-vous d'accord, dit le rabbin agacé. Ce ne sont pourtant pas choses difficiles à trancher. Suis-je couvreur ? Vous me faites perdre du temps ; à moi, et à ceux qui sont venus m'entendre commenter l'Écriture, ce en quoi consiste ma compétence.

Voyons, Mendel : ton toit est-il ou n'est-il pas plus haut que le toit de la synagogue ? »

« Il ne l'est pas, rabbénou. Je suis un homme pieux, quoi qu'en dise notre doyen ; et les maçons que j'ai employés, chrétiens il est vrai, avaient consigne de ne pas dépasser la hauteur de huit toises. »

« Dit-il vrai ? » fit le rabbin, se tournant vers l'accusateur.

« Sans doute, mais... »

« Qu'est-ce que je disais ! » triompha Mendel, qui promena à la ronde un regard suffisant.

« Laisse, Mendel, s'exprimer ton doyen. Il apparaît que tu as eu raison ; mais Menahem ben Samuel lisait déjà la Torah quand tu étais encore dans le ventre de ta mère, et pour cette simple raison tu lui devrais un peu plus d'égards. – Parle, Menahem. »

« Il dit vrai, rabbénou. Mais ce qu'il ne dit pas, c'est que sur son toit il a fait mettre une balustrade, toute splendide, en fer forgé ; et cette balustrade, à elle seule, fait plus d'une demi-toise. »

« Bien sûr que j'ai fait mettre une balustrade. Je suis homme d'étude non moins que vous ; et n'est-il pas écrit : *Si tu bâtis une maison neuve, tu feras une balustrade autour de ton toit, afin de ne pas mettre de sang sur ta maison dans le cas où il en tomberait quelqu'un* ? »

Un mince sourire était passé sur les lèvres du rabbin à cette citation. Le cas semblait enfin l'intéresser ; et, avec un balancement du buste que j'attribuai à cet intérêt, il répondit :

« Tu parles d'or, Mendel, et je me réjouis de voir que les besoins de ton commerce n'empiètent pas trop sur le temps que tu dois à l'étude. – Mais dis-moi : es-tu souvent sur ton toit ? »

« Non, rabbi », fit l'autre, démonté.

« Tes enfants y jouent, sans doute ? »

« Pas plus. »

« Alors tes servantes y étendent du linge ? »

« Pas davantage. Laissez-moi vous expliquer, rabbi : c'est un toit comme on en fait ici, c'est-à-dire que personne n'y monte. Mais la Loi... »

« Tu connais parfaitement la Loi, Mendel, et je t'en félicite. Tu connais bien aussi l'art de montrer ta fortune à tes voisins ; soit. Maintenant écoute-moi, et apprends de moi comment conjuguer l'une et l'autre connaissance. Tu vas faire, de tes deniers, mettre une balustrade à la synagogue de ta communauté. Car tu nous l'as bien dit, sans cela elle reste un édifice imparfait et, qui sait ? peut-être même impur. »

« Mais... »

« Et toute splendide, hein ? en fer forgé. – Va. »

La tête basse, le marchand obtempéra, non sans avoir baisé la main de son instructeur ; et un rire perlé salua sa sortie. Mais je ne pus en déceler l'origine ; quant au rabbin, il se contenta d'élever les yeux au ciel et de froncer le sourcil.

Cependant un autre cas venait nous être présenté : il l'était, cette fois, par un habitant de Worms, que Meïr ben Yehuda devait voir fréquemment – trop fréquemment peut-être ; car je surpris sur ses lèvres un imperceptible soupir.

« Que puis-je pour toi, Joseph ? N'es-tu pas de ceux avec qui je converse régulièrement, et à qui ces lumières devraient suffire ? »

« Si, rabbénou ; mais je ne pouvais m'ouvrir à toi seul, de crainte de me rendre la tâche trop facile. Car j'ai péché, j'ai offensé Dieu : et je veux que tu m'indiques, au milieu de tes élèves, quelle doit être mon expiation. »

« Toi, Joseph, tu as offensé Dieu ? Cela me paraît bien extraordinaire. »

Le tic nerveux qui secouait la bouche du pécheur s'accentua ; il baissa les yeux, et marmonna :

« Je l'ai offensé. Je suis monté dans une charrette attelée d'un cheval et d'un mulet, et ai cheminé quatre heures dans cet équipage. »

« En vérité ! s'écria le rabbin. Je ne m'explique pas que pieux comme tu l'es, tu aies pu te laisser aller à commettre une telle incongruité. Étais-tu donc ivre ? distrait par quelque souci ? »

« J'étais en proie au souci, tu dis juste, rabbénou ; mais non distrait. Et j'ai moi-même attelé la voiture, pauvre de moi, en pleurant de devoir le faire si laidement. »

« Joseph, mon ami, j'ai passé l'âge de trouver goût aux devinettes. Raconte-nous ton affaire, et en la prenant, je te prie, par son commencement. Qu'est-ce donc qui faisait que tu as *dû* atteler ensemble deux bêtes d'espèces différentes ? »

« Le danger, rabbi – un danger de mort ! Mon frère, qui se rendait la semaine dernière à la foire de Francfort, a été en chemin capturé par des Gentils. Ils demandaient une rançon sous peine de le faire mourir ; si bien qu'il m'a fallu, avec la somme, faire diligence pour le sauver d'entre leurs mains. »

« Eh ! mais tu as bien fait. Car dans cette circonstance... Oui ? »

« Dans cette circonstance », énonça dans la salle un adolescent qui depuis quelques instants demandait à parler, « le danger chasse la prescription. »

« Assurément : le danger chasse la prescription », approuva son maître ; et son regard revint se poser sur le pénitent qui, en dépit de ses hochements de tête, semblait insatisfait. « Je m'étonne, Joseph, que tu ne t'en sois pas souvenu. Mais je m'étonne plus encore qu'en cette affaire grave tu n'aies pas obtenu davantage de soutien. Où étais-tu donc quand ton frère t'a fait appeler ? »

« À Francfort, rabbénou, où je l'avais précédé. J'étais chez Nathan le cousin de ma femme ; et ce... »

« À Francfort ! s'indigna le rabbin. Et la communauté de Francfort n'a rien fait pour aider deux coreligionnaires de Worms ? Je suis choqué de ce que tu m'apprends, Joseph ; et j'élèverai publiquement un blâme contre pareille conduite. »

Devant lui Joseph s'agita :

« C'est que, rabbi, je ne l'ai pas consultée. Il fallait faire vite, et j'ai craint qu'à couper les cheveux en quatre nous ne perdions un temps précieux. »

« Oh ! oh ! couper les cheveux en quatre ! Voilà une façon bien cavalière de décrire notre activité. Tu as eu tort, Joseph, de traiter en privé une affaire qui nous intéresse tous. Quand même ton frère et toi possédiez de quoi payer la rançon, tu aurais dû en faire état : et ce manquement, qui pouvait coûter la vie à ton frère, est beaucoup plus grave que la vétille dont tu t'accuses. – Mais enfin, pour en revenir à ça : est-il possible que Nathan de Francfort, qui a au moins trois chevaux et deux mulets, t'ait laissé partir aussi mal équipé ? »

« Justement, rabbi, justement ! dit Joseph dont l'œil s'éclaira. Ce misérable, malgré mes instances, n'a pas voulu me prêter plus qu'une seule jument. Et qu'aurais-je fait, je te demande, avec une seule jument ? »

« Mmm », fit Meïr ben Yehuda qui s'était remis à fourrager dans sa barbe, et examinait son interlocuteur entre ses paupières plissées. « C'est là une noirceur à peine concevable. Toi, son hôte, tu lui as demandé un attelage pour aller sauver la vie de ton frère ; et lui... »

« Enfin... c'est-à-dire... »

« Que lui as-tu demandé précisément, Joseph ? »

« Je... je lui ai dit que j'avais à me déplacer, que c'était une question de vie ou de mort ; et lui n'a même pas voulu en savoir plus, si bien que j'ai dû prendre mon propre vieux mulet pour seconder sa haridelle, pauvre de moi ! »

« Incroyable. Incroyable. – Mais dis-moi, Joseph : aviez-vous fait affaire, toi et ton cousin ? »

« Le cousin de ma femme, rabbénou. Dans ma famille... »

« Le cousin de ta femme, d'accord. Eh bien, toi et lui, aviez-vous fait affaire ? »

« Non », dit Joseph avec une sécheresse qui tranchait sur sa précédente timidité.

« Vous n'aviez pas fait affaire ensemble ? Voilà qui est curieux. Pourtant tu es vigneron, et ton cousin marchand de vin. Ne lui vends-tu pas, ordinairement, ta récolte ? »

« Si, rabbi ! Mais imagine-toi que ce coup-ci, le malhonnête a prétendu qu'il piquait. Mon vin ! piquer ! »

« Hum ! laisse-moi donc résumer », dit le rabbin, dans le regard duquel la gravité le disputait à la malice. « Dans cette détresse tu t'es donc passé de tout secours communautaire pour te tourner vers un homme avec qui... avec qui tu venais de te brouiller, en somme ; n'est-ce pas ? – Sais-tu, Joseph ? M'est avis que tu n'es pas vraiment venu ici pour t'accuser, mais pour te faire valoir ; et dans une certaine mesure avec raison, car ton frère, si j'ai bien compris, est sauf, et le doit à ta diligence et en partie à ta fortune. Mais tu t'es aussi rendu coupable, Joseph ; non d'une impiété, ce à quoi je suis persuadé que tu ne crois pas toi-même ; mais d'avoir voulu être plus pieux que tout le monde, et en particulier plus pieux que le cousin Nathan de Francfort, avec qui tu as maille à partir. Est-ce que je me trompe ? »

« N... non. »

« Je vais conférer par écrit avec les communautés de Worms et de Francfort, afin que le prix de la rançon ne repose pas sur vos seules bourses, ce qui ne serait pas juste. Retourne en paix chez toi, Joseph, et tiens-toi quitte, eu égard au sacrifice que tu as déjà fait. Mais mets-toi bien en tête, à l'avenir, que les prescriptions religieuses sont simplement faites pour être observées, non pour que l'un ou l'autre en tire gloire auprès de son prochain ; et qu'elles sont encore moins prétexte à vider des querelles personnelles. Comme il fut dit à un homme pieux : Ne sois pas un si grand saint. »

« Rachbam ! Rachbam ! » soufflèrent près de moi quelques grands élèves, qui jusque-là prenaient en note les dits de leur maître, et à cette dernière phrase avaient relevé le nez d'un air d'heureuse reconnaissance.

« Quant à ton vin, Joseph, je te conseille d'en rabattre un peu le prix. Sais-tu ? Peut-être bien qu'il pique vraiment. La bonté du vin suit les caprices du climat, et pas seulement le savoir-faire du vinificateur. Il est en vin de bonnes et de mauvaises années : tu n'y peux rien, et ton cousin non plus. Je serais le premier à le blâmer de vendre au même prix le nectar du dernier jubilé et la piquette de cet hiver. – Va. »

Sur ce, l'homme de Worms lui baisa la main, et tous se levèrent, car la séance était close. Je brûlais de questionner mon maître, mais ne pus le faire avant d'être dehors tant le brouhaha, dans la salle, était grand. Les élèves de Meïr, en plusieurs cercles animés, débattaient encore de ses récentes réponses ; plus loin, un groupe soucieux commentait l'affaire de l'enlèvement, et certains, mieux informés, en rapportaient des détails que le rabbin écoutait avec attention. Or à ce moment je vis, par un escalier intérieur, descendre prestement une ombre. Elle chercha à se faufiler dans la cour avant que nous arrivions dans le couloir ; mais le rabbin, d'un geste vif, s'élança, et ramena par le coude une fillette d'une dizaine d'années qui baissait le front sous une couronne de tresses noires.

« Père ! » implora-t-elle d'une petite voix contrite, tandis que ses lèvres retenaient un sourire.

« D'où descends-tu, coquine ? »

« Je ne descends pas, père. J'arrive de la cuisine : maman vous fait dire que le repas est bientôt prêt. »

« De la cuisine, hein ? Et c'est un dibbouk, sans doute, qui tout à l'heure riait là-haut dans la section des femmes ? »

« Non, père », avoua la petite dont le rire perlé, de nouveau, fusa. « C'était moi. »

« Ah ! c'était toi », dit son père qui lui tapota la tempe de son index replié. « En voilà de belles. Ne t'ai-je pas interdit de monter là-haut, où tu n'as que faire ? »

« Mais, père, et si ça m'intéresse, moi, d'entendre vos réponses ? »

« Ça l'intéresse ! » s'exclama le rabbin, nous prenant à témoin d'un geste contempteur que démentait un sourire de fierté. « Le pou monte à cheval, et encore il s'y tient ! – Mais je n'aime pas ces désordres, moi. Si mademoiselle Esther s'obstine à grimper dans la synagogue des femmes pour écouter ce que disent les grandes personnes, je lui coupe ses tresses, moi, sur la tête ! et je la marie », menaça-t-il à voix plus basse, « avec son gros cousin Gumpel-le-louchon. »

« Non ! » cria la petite avec un rire, avant de s'enfuir les mains sur ses cheveux.

Le rabbin soupira et s'excusa auprès de nous de cet esclandre.

« J'ai bien du mal avec cette enfant, nous confia-t-il. Du vif-argent ! Elle n'en fait qu'à sa tête, et voudrait étudier comme un garçon. Je vous demande un peu ! Je reconnais pourtant qu'elle a de la jugeote, et que sa petite caboche sait vous retenir et vous retourner les choses qui lui tombent dans l'oreille. Finaude ! Je voudrais que mes fils et mes gendres mettent autant d'ardeur à disputer avec moi, et à comprendre mes commentaires... »

Et le rabbin, avec un nouveau soupir de feint accablement, nous convia ensuite à partager, dans un instant, leur repas du soir. Il lui fallait écrire quelques lettres qu'il comptait confier à certains de ses visiteurs ; cela fait, il serait à nous.

Nous le remerciâmes de sa civilité et allâmes, en l'attendant, arpenter l'arrière-cour. Pour moi, cette scène débonnaire avait fait fondre mon reste d'embarras ; et ce fut moi qui, enthousiaste, engageai la conversation.

« Ah, mon maître, que vous avez bien fait de me conduire ici ! Rien n'était plus simple, en effet ; et je découvre que ces Juifs, que j'approche ici pour la première fois, sont des gens tout à fait comme les autres. »

« Que voulez-vous dire, mon ami ? Sans doute ont-ils deux jambes, deux bras et une âme, comme en ont tous les hommes ; mais je suppose tout de même que vous n'en doutiez pas ? »

« Non », admis-je, dégrisé. « Ce que je voulais dire, c'est que les propos entendus pendant cette heure m'ont paru... ma foi, extrêmement familiers. »

« Ah ? Expliquez-vous, Mardochée, vous m'intriguez. »

« Eh bien, maître, je crois aujourd'hui comprendre ce que vous me montriez autrefois, à savoir que le divorce entre ces deux religions dont le dieu est le même est le fruit d'une malveillante distorsion des choses. Car, en vérité, il me semblait presque, à l'instant, entendre parler des chrétiens. »

Mon maître eut un geste auquel je ne m'arrêtai pas, et j'enchaînai :

« Je vois bien comment tout s'agence, et se correspond point à point. D'abord voici, avec rabbi Meïr, une sorte de prêtre... »

« Un rabbin n'est pas un prêtre, Mardochée. Un prêtre dessert un temple ; et de temple, les Juifs n'en ont plus, à proprement parler, depuis de nombreux siècles. »

« Bon, murmurai-je. Mais pour le reste, vous m'accorderez que Meïr en use tout comme un prêtre catholique. Les deux visiteurs qu'il a questionnés – eh bien, n'était-ce pas une manière de confession qu'il a extraite d'eux ? Il leur a fait voir leur péché – en public, sans doute ; mais cela se faisait chez les premiers chrétiens ; et puis il les a renvoyés avec une pénitence, ou un sermon à méditer. Et ce n'est pas tout : j'ai bien compris la leçon qu'il tirait de l'Écriture. La balustrade, l'attelage mélangé ! tout ça ne compte guère, n'est-ce pas ? Ce n'est que la lettre, dont il convient de pénétrer l'esprit. »

Mon maître écarquilla les yeux, et se laissa tomber assis sur un banc de pierre qui bordait la muraille.

« Mon pauvre Mardochée, je crains que vous n'ayez rien compris du tout. Mais je vous sais gré de proférer ces énormités : elles ont la vertu de me débrouiller les idées, à moi, et de me faire voir clair dans ce qui me troublait. " La lettre dont il convient de pénétrer l'esprit " – c'est brillant, brillant : on ne saurait mieux décrire la lecture que font les chrétiens de la loi mosaïque, et au nom de laquelle ils se dégagent presque entièrement de cette dernière. Je vous remercie, Mardochée. Grâce à vous, j'ai soudain compris que la lettre des chrétiens et la lettre des Juifs ne pouvaient aucunement désigner la même chose. Car la première, en ce qui concerne l'Ancien Testament du moins, se définit par opposition à l'esprit ; elle est, en gros, ce qu'il ne faut pas faire ; et ne serait ce qu'elle est sans référence à cette autre religion mère, et rivale. – Bon, bon, cette journée sera féconde, grâce à vous. Vous m'épargnez des heures de réflexion, et peut-être certaines bourdes que j'aurais moi-même, sans votre appui, pu commettre devant rabbi Meïr en l'interrogeant. »

J'étais écrasé par ces compliments, et ne m'aventurai plus à ouvrir la bouche de toute la soirée. En silence je suivis la petite Esther qui vint, peu après, nous convier à entrer ; en silence je souris aux paroles de bienvenue que nous adressa sa mère, femme encore jeune, mais usée ; en silence j'écoutai Meïr dire les grâces, bavarder avec ses enfants et ses élèves, nourris et logés dans sa maison, et entretenir Venetius – au point que notre hôte, vers la fin de ce repas, demanda à mon maître si par malheur je n'étais pas muet.

« Il ne l'est pas », répondit Venetius avec un sourire. « Frère Perplexe est mon disciple : un disciple très méritant et très humble, qui ne parle que si je l'y convie, ou si son esprit mesuré s'est convaincu de tenir une question réellement digne d'être posée. »

« Ah, que c'est bien, ça », apprécia le rabbin en m'enveloppant d'un regard amical. « Certains ou certaines ici auraient avantage à prendre exemple de lui. » Ce qui fit faire la moue à sa fille cadette, et me valut un murmure élogieux du reste de la tablée.

Ainsi s'acheva pour moi cette étrange journée : dans le malaise de mon estomac, chargé à l'excès de mouton étuvé que l'on me resservait sans cesse et que je n'osais refuser, quoique n'ayant plus faim, de peur d'avoir à rompre mon mutisme ; et dans l'agitation de mon cœur, tourmenté par ces louanges que je ne méritais pas, et travaillé de gratitude pour mon maître, qui avait étendu sur moi sa dextre miséricordieuse.

XXVIII

Nous restâmes huit semaines chez les Juifs de Spire. « Chez eux » n'est pas exact, d'ailleurs ; car nous logions au-dehors, de l'autre côté de la basilique, dont les cloches, en cette saison de fêtes, m'importunèrent souvent. Notre logeuse était une femme décente qui tenait pension pour des voyageurs non moins décents qu'elle, ce qui nous préserva des indiscrétions et des remarques oiseuses. Mon maître passait chaque matinée à composer, moi à lire ; ensuite nous gagnions la juiverie, dont je dominais à présent toute la topographie, peu complexe il est vrai. Le portier nous saluait comme de vieilles connaissances ; et désormais ma renommée de sagesse me gardait, même seul, de la moquerie des écoliers.

Seule Esther, ma petite parente par le nom sans que nul s'en doutât, me faisait grise mine. J'adorais pourtant ses nattes et ses rires, et eusse bien voulu qu'elle étalât devant nous son enfantine science, que son père lui reprochait d'accroître trop indocilement, et qui faisait pour elle craindre à sa mère un échauffement du cerveau. Mais c'était sans espoir : elle m'avait pris en grippe dès le premier soir, pour les qualités qu'on me prêtait et qu'elle n'avait pas, ou peut-être pour ma figure qui, disait-elle à ses grandes sœurs de façon que je l'entende, la rebutait. À notre arrivée elle prenait un air distant, faisait « Tfou ! » quand mon regard tombait sur elle ; et lorsque à table – car nous mangions là chaque soir – la conversation abordait un sujet scripturaire, et que son père, indulgent, l'encourageait dans sa marotte en lui lançant : « Et que dit Rachi ? » elle répondait maussadement : « Je ne sais pas », et jouait avec les franges de la nappe.

Un jour, étourdi par une dispute talmudique que j'avais vainement tenté de suivre, j'étais sorti respirer sur le banc de la cour. De là j'interceptai par une fenêtre ouverte un échange qui eut lieu entre la petite et sa mère. Était-il convenable, se plaignait mon ennemie, que son père amène des chrétiens dans la maison et les reçoive à sa table ? – Une fois de plus je m'étonnai de la hardiesse de cette enfant qui, malgré le respect que tous vouaient à ses parents, les critiquait, les démentait sans cesse, et riait de leurs semonces. – Semoncer, c'est ce que dut faire d'abord la mère, d'un ton grave et apaisant qui me déroba ses paroles. Mais ensuite elle conclut, d'une voix plus enjouée :

« ... Et puis, petit oiseau, ménage tes coups de bec. Tu récrimines à tort et à travers. Des chrétiens dans la maison ! Ce ne sont pas les premiers ; et tu es bien contente, chaque sabbat, quand la bonne Marianne arrive pour nous allumer le feu. Tu traînes tellement dans ses jupes que j'en suis jalouse. C'est

Marianne par-ci, Marianne par-là ; et les œufs qu'elle t'offrira sûrement pour la fin de la Pâque, tu les mangeras gloutonnement comme d'habitude, tout chrétiens qu'ils sont ! »

« Oui, mais Marianne... »

« Laisse Marianne, et sois plus aimable avec ce lettré que ton père connaît depuis quatre lustres. Et avec son élève aussi. »

« Mais Marianne est plus gracieuse que lui. »

« Que qui ? »

« Le jeune, l'élève, celui qui ne dit jamais rien et me regarde avec des yeux de vache. »

« Mais mon Esther, tu es étonnante. Si tu ne veux pas qu'il te regarde, arrête de lui faire des grimaces dès qu'il paraît chez nous. D'ailleurs, il ne s'agit pas de savoir qui est gracieux et qui ne l'est pas. Marianne sert chez nous, et je suis heureuse qu'elle te plaise ; mais ces deux hommes sont nos hôtes, et je te prie de les honorer comme il convient. »

Le rire d'Esther résonna :

« Oh, je les honorerai, tu vas voir. Viens, mère, que je t'embrasse : tu m'as donné une bonne idée. »

Le lendemain en effet, qui était jour de sabbat, j'eus la surprise de voir la petite venir à ma rencontre. Elle m'exhibait, épinglé à l'épaule de sa blouse, un grand mouchoir blanc ; et, rogue, me demanda de bien vouloir la moucher, car elle ne pouvait le faire elle-même sans enfreindre la Loi. Ce fut avec une secrète délectation que je lui rendis ce service, par lequel elle pensait me mortifier ; et j'eus la prévenance de le lui rendre sans sourire, et sans faire observer à quiconque que ce petit nez était parfaitement propre et sec. Ce jour-là, je me souvins que j'avais, moi aussi, une fille ; et je dus prendre beaucoup sur moi pour chasser ce souvenir et faire taire ma tristesse quand je voyais mon hôte poser doucement sa main sur la noire chevelure. – Je n'en dis pas plus ; on croira autrement que je n'appris de ce séjour que l'art d'écouter aux portes et de moucher des fillettes.

Qu'appris-je en fait ? Ce serait malaisé à dire. J'assistai, avec mon maître, à quatre ou cinq autres séances de réponses ; j'assistai aux lectures que le rabbin faisait des Textes devant ses élèves ; et aux discussions qu'il eut avec mon maître au sujet du *pschat*. Et, bizarrement, il me sembla de tout ce temps que je n'apprenais rien, si ce n'est des termes nouveaux et des autorités dont j'ignorais l'existence. Il me semblait ne rien apprendre, car il n'y avait ici rien de caché, aucune doctrine dont il m'eût fallu pénétrer les énigmes. Toujours revenaient sur le tapis des passages du Pentateuque que je connaissais presque par cœur, même en langue hébraïque, puisque à la pratique de celle-ci, entre autres, j'avais consacré mes deux dernières années. Ou alors c'étaient des commentaires fort concrets de ces passages, où il s'agissait simplement de déterminer ce qui était dit, et ce qu'il fallait comprendre. Toutes choses qui à aucun moment ne me frappèrent par leur étrangeté, et au contraire me faisaient songer en mon for intérieur : « Mais oui. » – « C'est juste. »

Point d'audacieuses antithèses, de non-sens inspirés, d'interprétations bondissant, dans leur fougue subjective, à mille lieues de leur point de départ ; rien de tout cela. Et quand j'eus compris – ce qui ne tarda pas – qu'il importait vraiment à rabbi Meïr qu'on ne chemine pas traîné par une mule et un cheval, que des miettes de pain levé ne restent pas, à la Pâque, dans le fond d'un bahut, et qu'on se lave les mains comme il convenait, il m'arriva plus d'une fois de me dire : « Cela est bien terre à terre ! »

Mais au bout de ces huit semaines je découvris ceci : que j'avais appris à lire ce qui était écrit, et que je croyais parfaitement connaître. Et quel repos ce m'était aussi, de pouvoir et de devoir, tant de jours, me reposer sur l'Écriture telle qu'en elle-même ! C'est ce qu'un matin j'avouai à Venetius. Il écrivait à la petite table de notre chambre. J'avançai devant lui, jetai un coup d'œil aux lignes serrées que sa plume libérait, cherchant en vain à les déchiffrer, car je les voyais à l'envers. Il releva les yeux et me sourit ; et moi je souris à mon tour, et lui dis :

« Maître, je suis heureux. »

« Bonne nouvelle, mon fils. Mais de quoi ? »

« Je suis heureux de vous voir progresser si vite, et de pouvoir espérer bientôt lire votre traité complet. »

« Adulateur ! badina mon maître. Je vous ai pourtant vu, Mardochée, suer sang et eau sur ma prose ; et vous n'aviez pas l'air, alors, extrêmement heureux. »

« Vous avez raison, maître. Je crois que simplement l'air d'ici me convient, et me fait pressentir des délices même dans les tâches les plus ingrates. »

« Eh ! vous voilà injurieux. Tâche ingrate, je vous remercie ! J'admets qu'elle sera ardue, mais je compte bien que vous en tirerez fruit. »

« Sans doute, ris-je. Et cependant j'aurai du mal, après ce loisir que j'ai goûté ici, à replonger dans les arcanes de votre ésotérisme – soit dit sans vous offenser. »

« Appelez-vous loisir l'étude que nous menons ici du matin jusqu'au soir ? »

« Mais oui, dis-je rêveusement. Vous êtes rompu à ces choses ; vous n'imaginez pas la contention d'esprit qu'exige de moi la poursuite de vos pensées occultes, de vos thèses contournées... Comme tout, chez notre hôte le rabbin, est clair et explicite ! Vous m'avez durement appris, maître, à lire entre les lignes. Eh bien ! je ne trouve pas mauvais, pour un temps, de lire les lignes elles-mêmes : c'est, pour ma pauvre tête, un grand soulagement. »

« Hum ! je n'avais pas pour but, mon ami, de flatter votre paresse. Mais pour être plus sérieux, vos reproches – car c'en sont – me paraissent infondés. Est-elle si différente, cette lecture qui vous repose tant, de celle que mes écrits vous ont appris à pratiquer ? »

« Eh bien... »

« Mais non, Mardochée. C'est aux amoureux de la lettre que je m'adresse toujours. Croyez-vous qu'il ne faille pas un œil acéré, acharné à lire *les lignes*, et chacun de leurs mots, pour déceler l'infime incohérence, la lointaine contradiction par laquelle je suggère ce que je crois le vrai ? Lisez-moi mot à mot, traquez l'équivoque, résolvez l'incompatible, comme fait notre rabbin sur l'Écriture : et vous me comprendrez. »

« Ainsi vous me fîtes, maître, copier la Bible lettre à lettre », murmurai-je ; et un frisson me prit à concevoir la grandeur de ce labeur passé, et aussi la maîtrise avec laquelle Venetius dirigeait ma vie. J'étais pâte entre ses mains, et rien de mon parcours n'était laissé au hasard ; du moins c'est ce qu'alors il me sembla.

« Oui, dit mon maître. Je l'ai fait, et vous ai fait interdire de tout ce temps les joliesses de plume, les illustrations et les parlantes allégories marginales qu'en enfant, je le devine, vous deviez aimer. C'eût été vous laisser retomber dans l'ornière : car à mon sens – et rabbi Meïr m'en a hier approuvé – il n'est de vérité que dans le verbe nu, et la peinture, qu'elle soit d'images ou de mots, n'est guère mieux que... »

« Qu'une béquille ? »

« Oh, quand cela serait ! – Non. Un hameçon : un hameçon sensible. Et je méprise, et redoute même, ces séductions. Elles sont comme le miel dont, en certains pays, on couvre les lettres de l'alphabet pour que les petits enfants les apprennent à la pointe de leur langue. Je craindrais, moi, qu'ils n'y prennent d'abord le goût du miel, et moins sûrement le goût de lire... »

Je restai songeur.

« Pourtant, maître, s'il ne s'agit que de rendre éloquent le vrai, ou de le faire mieux comprendre ? J'admets qu'une Passion peinte trouve peu de grâce à vos yeux, si elle vise à ancrer la superstition dans les têtes du peuple qui ne sait pas lire. Mais que reprochez-vous à une belle allégorie qui, au milieu d'un texte exposant la doctrine juste, ne ferait que la rendre directement accessible à l'esprit ? »

« C'est ce que vous croyez, mon enfant. Mais je pense, moi, que n'est pas entré dans l'esprit ce que l'esprit n'est pas capable d'appréhender logiquement. On croit comprendre, et l'on n'a fait que voir ; l'œil seul est frappé. Et pour moi, voyez-vous, il n'est qu'une différence de degré entre cette façon de convaincre et celle qui frappe, non l'œil, mais le corps lui-même – ces arguments frappants, vous savez, que le bon saint Louis conseillait aux chrétiens laïques, peu habiles à disputer, quand ils entendent contester leur foi par un Juif ou un mahométan. – Pardonnez-moi, Mardochée », s'empressa-t-il d'ajouter en me voyant m'assombrir ; car aussitôt ma pensée s'était égarée du côté des violences ataviques.

« Non, maître, je n'ai pas à vous pardonner », dis-je, relevant la tête. « Naguère, dans votre courroux, vous m'accabliez à ce propos ; aujourd'hui vous m'accordez trop d'égards. N'esquivez pas ce sujet. Il s'agit bel et bien de faits, et à ces faits je dois mon nom et tout ce que je suis. Je l'ai compris depuis que nous sommes en cette ville : ne m'ôtez pas cette intelligence péniblement acquise. Elle me fait du bien. »

« Oh ! oh ! J'espère, Mardochée, que vous ne l'entendez pas au sens d'une expiation. Rien n'est plus étranger à mon propos. Nul, je le professe, n'a à expier que ses propres crimes ; et de surcroît, expier n'a guère ce sens pour moi, qui ne suis pas pieux. »

« Rassurez-vous, mon maître. Je l'entends bien autrement et, j'espère, comme vous. – Mais pour en revenir à ce sujet : que n'utilisez-vous votre plume, votre plume logique, pour défendre les membres d'une communauté que, même dans l'Empire, on traite si mal ? Je frémissais, le premier jour, à entendre évoquer cette affaire de rapt sans que quiconque en conçoive le moindre étonnement ; et pis, sans que quiconque songe à faire intervenir notre justice temporelle. »

« L'empereur sévirait s'il en était saisi », m'interrompit mon maître. « Vous ne l'ignorez pas : les Juifs d'Allemagne sont ses serfs, et leurs biens sous sa protection. »

« Mais alors... »

« N'allez pas, mon enfant, attendre trop de cette protection. Elle a ses revers ; et je ne crois pas, dans le fond, qu'il soit si enviable d'être le serf de qui que ce soit. Du reste vous surestimez, hélas, l'autorité impériale elle-même. Souvent elle pèse peu face aux rancœurs et aux appétits de la plèbe ; et les Juifs d'ici, je pense, s'en réclament le moins possible de peur d'aggraver l'hostilité dont ils sont déjà l'objet. »

« Je comprends qu'ils le fassent ; mais vous, maître, qui n'avez rien de tel à craindre, pourquoi ne pas vous réclamer de cette autorité pour défendre une religion que vous estimez, et qu'on accable ? Vous sauriez le faire habilement. Aux moines, aux lettrés, il n'est pas interdit de pratiquer la controverse ; et je vous sais le talent sans pareil de mettre en lumière, et en valeur, ce que vous prétendez attaquer. »

« Il y a des idées dans cette tête-là, s'égaya mon maître. Figurez-vous que c'est en partie le but que je me propose dans mon traité *De littera*. Je ne serais pas le seul à utiliser des autorités rabbiniques pour interpréter chrétiennement la lettre de l'Ancien Testament ; je ne serais peut-être pas le seul, non plus, à attaquer les superstitions judaïques d'une façon qui, chez le perspicace, jettera un doute sur d'autres, incontestées des chrétiens. Telle est mon intention : mais je me garderais bien de me placer, pour ce faire, sous le patronage de l'empereur. »

« Pourquoi donc ? »

« Mais, enfant, c'est presque devenu un aveu d'hérésie, ou de libre pensée, que de solliciter la protection bavaroise ! C'est à peu près dire : " Sauvez-moi du pape ! " Non, mon ami, non ; surtout pas. Plutôt que de commettre une telle erreur, je dédierais mon livre au pape en personne. – Tenez ! je ne plaisante même pas : en lui prêtant pour les Juifs, dans ma dédicace, une bienveillance qu'il n'a pas, et en le louant bien haut, lui, de la tolérance affirmée par certains de ses prédécesseurs ! La belle idée, Mardochée, la belle idée : c'est à vous que je la dois. »

Ces manigances projetées me laissaient chagrin. Je fis quelques pas jusqu'à la fenêtre, y scrutai un instant le cours lointain du fleuve qui brillait, presque blanc, sous le soleil ; et je me retournai vers Venetius.

« L'idée est belle et ingénieuse, maître, mais suffit-elle ? Elle me semble déployer bien de l'astuce pour un résultat qui, excusez-moi, sera mince. Non pas mince quant aux progrès de l'esprit ; mais le sort des Juifs de Spire, en sera-t-il sensiblement changé ? Vous toucherez l'intelligent, qui d'ailleurs est peut-être déjà éclairé ; et tous les autres demeureront dans les ténèbres, quand ce sont eux, pourtant, dont la main est la plus redoutable. Sont-ce les franciscains, les dominicains qui vous liront, qui incendient et ruinent les maisons juives ? »

« Mon fils, je ne peux pas tout. Je combats dans l'arène qui est la mienne, et elle est petite au regard du monde, je le reconnais. Élargir cette arène, donner à l'ignorant les moyens de s'instruire, tel est le but modeste auquel je peux prétendre sans me mettre en danger. Qu'attendez-vous de moi ? Que je m'élève au milieu des nations, les Tables à la main, et d'une voix puissante les convertisse au mosaïsme ? »

« Finissez, maître », dis-je, contrarié, car je voyais qu'il riait de moi.

« Mais non, Mardochée. Poursuivons, au contraire. Ce que vous me prônez là... »

« Je ne vous ai rien prôné du tout ! »

« ... aurait presque mon adhésion, si la chose était possible. Pensez un peu ! La foule, ainsi convertie, serait mieux entraînée à lire mes écrits ; et ce n'est encore là qu'une considération minime, et égoïste. Songez au reste : point de *querelle de l'heure*, point de pape bataillant pour agrandir ses États comme un vulgaire duc de Löwenfels, ni de clergé vêtu avec pompe, puisque aussi bien les Juifs n'en ont pas. Admirable ! Certainement, Mardochée, des trois religions c'est celle-là que je préfère. Vous n'oubliez qu'une chose... »

« Maître !... »

« ... C'est que je n'en ai aucune, et ne pousserai pas le paradoxe jusqu'à me faire brûler pour une foi que je ne partage pas. »

« Maître, il ne s'agit pas de ça ! Cessez de me railler. Ne pouvez-vous pas, simplement, faire connaître au public qu'il n'y a, dans cette foi, aucun mystère criminel, que ces hommes se bornent à lire différemment, ou plus concrètement, un livre que les chrétiens eux aussi révèrent ? Tenez, moi qui ne suis pas plus érudit que des milliers d'autres : eh bien, les leçons chez rabbi Meïr, du moins quand ses élèves ne se mêlent pas de polémiquer trop avant, me paraissent toutes simples, et frappées au coin du bon sens ! Le bon sens est-il denrée si rare que vous ne puissiez vous appuyer sur lui pour faire revenir la foule de ses erreurs ? »

Mon maître s'était levé, me perçait d'un regard tendre ; et, tendant les bras vers moi :

« Âme généreuse ! s'écria-t-il. Je ne sais, Mardochée, si vous aurez été le meilleur de mes élèves ; mais vous êtes la prunelle de mes yeux. Quelle surprise, ô ciel, qu'une telle branche sortant d'un tel tronc ! Je ne veux plus croire, grâce à vous, que les lignées humaines obéissent aux lois du règne végétal : en vous je vois l'aubépine fleurir sur l'aloès. – *Le bon sens !* Dans mes bras, enfant magnanime ! Vous avez foi en l'homme ; je vous envie. »

Je me laissai étreindre avec une certaine gêne, ne pouvant déterminer dans quelle mesure il était sérieux. Puis il se ressaisit, reprit son siège, et continua d'une voix plus posée :

« Au reste, vous concluez trop hâtivement. Les choses ne sont pas aussi simples que cela : ne croyez pas avoir tout compris aux choses juives parce que vous suivez l'exégèse de Meïr ben Yehuda. Apprenez d'abord que sa doctrine, qui coïncide en bien des points avec ma pensée, n'est plus guère en faveur parmi les siens. L'un et l'autre nous révérons la raison, fuyons le récit illustratif et l'interprétation morale, et abhorrons par-dessus tout la mystique. Pourtant Meïr, en cela, est loin de faire école, et j'en suis triste pour lui. Et ensuite... »

« Oh, maître, n'ajoutez rien. Je vois, une fois encore, que j'ai parlé sottement et en ignorance de cause. Gardez-moi pour un autre jour la fin de votre leçon : aujourd'hui il me semble que ma tête va éclater si je ne me retire pour méditer cela. »

« C'est juste, mon fils. Allez donc vous promener en ville, et digérer en toute paix vos découvertes. Un peu de solitude est profitable quelquefois ; un peu d'air frais aussi, sans doute. Allez, et retrouvez-moi tantôt chez notre hôte. – Et n'oubliez pas, Mardochée, que vous êtes heureux. »

Je sortis de là étourdi, chancelant, mais heureux tout de même ; heureux sans mieux en savoir la cause qu'au début de cet entretien.

Il n'était pas midi encore : je me mis à flâner. Je longeai des couvents, dont les murs laissaient dépasser des cimes d'arbres au feuillage vert ; plus loin, des cours de maisons roturières, d'où s'échappaient des tintements de vaisselle, des bruits de voix, tout un remue-ménage quotidien. Il faisait bon et même chaud ; dans ma poitrine, mon cœur était vide et léger comme une coquille.

Enfin, ce vagabondage m'ayant ramené pour la troisième fois devant la cathédrale, j'y entrai. La fraîcheur et l'ombre en étaient bienfaisantes, la nef prodigieusement vaste. Je l'arpentai sans but, l'inspectai de long en large ; si bien que mon manège fut remarqué par un bedeau qui vint vers moi, et me demanda si je cherchais quelque chose.

« Non... c'est-à-dire... »

« Peut-être souhaitez-vous vous recueillir dans la crypte ? L'escalier est là, tout est éclairé, et vous pouvez y descendre sans crainte ; seulement je ne puis vous y escorter, car j'ai affaire ici. »

Je saisis au vol cette échappatoire, car le bonhomme m'examinait curieusement et semblait en mal de conversation.

« Je vous remercie », dis-je en me dirigeant vers l'escalier. « Ne vous souciez pas de moi. »

L'air était glacé là-dessous, et la lumière, malgré les assurances du bonhomme, plutôt chiche. À mon entrée, la flamme des cierges vacilla : les ombres des gisants parurent en prendre vie. Je trouvais aussi que le bruit de mes pas résonnait désagréablement sur les dalles – ma foi, j'allais rendre mes devoirs à cette brochette d'empereurs et remonter au plus vite : ce chaud et froid ne me valait rien.

Mes sentiments étaient mêlés quand je me penchai sur le premier des Saliques. D'instinct je le comparai à nos gisants de Löwenfels, et ne pus m'empêcher de penser que les nôtres étaient plus vénérables, flattaient davantage l'œil...

« Sottises », songeai-je en me redressant. Avais-je fait, moralement, tant de chemin pour redonner maintenant dans ces travers ? sacrifier à l'esprit de clocher, et préférer toujours, comme tant d'hommes, le connu au nouveau, le propre à l'étranger ? Non, non, point de cela. Mes effigies d'ancêtres n'avaient d'avantage sur celles-ci que de m'être familières depuis l'enfance, et d'avoir été proposées de tout temps à mon admiration. Je revis mon père Albéric me les nommer gravement, me désigner les singularités physiques de chacun : Othon et sa jambe torse, Charles au menton fendu... Et dire que ces difformités lui étaient un tel sujet d'orgueil !

« Mon pauvre père, chuchotai-je dans le néant, peut-être as-tu à présent, toi aussi, ton second corps de pierre, que je ne verrai jamais ! et ta barbe, dont tu étais si vain, te signale à l'attention de ta descendance... »

Sa descendance, pauvre de moi !... Je passai aux Henri, et de nouveau crus entendre la voix de mon père, maudissant cette engeance qui lui faisait tant de tort, à lui et à ses pairs, l'accusant de convoiter leurs prérogatives, et de vouloir troubler un ordre terrestre sanctifié par les siècles. Et je me revis, moutard, qui l'écoutais bouche bée et ne concevais pas que le monde entier ne se rangeât pas à l'avis de mon père, qui parlait si sagement.

Que de fariboles on enseigne aux enfants dans le giron de leur famille, pensai-je. Il ne s'agit au fond que de les rendre semblables à leurs géniteurs, de leur persuader que les vues de ces derniers, qui ne sont qu'un intérêt bien compris, ont cours dans tout l'univers ; et c'est ce qu'on appelle les élever !

Je m'apprêtais à mettre cap vers le Habsbourg, dont la tombe était la plus neuve et la plus blanche, quand j'entendis dans mon dos susurrer :

« Alors, petit moine, tu regardes les carcasses ? »

Je me retournai, pantelant. L'Italien était devant moi, plus grand que moi de près d'une tête ; et sa bouche, de nouveau, montrait les dents en un rictus de dédain.

« Les carcasses ! balbutiai-je. Permettez... je... Ce sont les empereurs germaniques ! »

Mon interlocuteur rit haut :

« Ah ! Ah !... Et qu'est-ce que tu connais, petit moine, aux empereurs germaniques ? »

Le gaillard parlait allemand aussi bien que moi. Il nous avait joués ; et seule une inflexion méridionale me révélait qu'il était bien italien tout de même. J'aurais dû être fâché de ce mensonge de l'autre jour, et de la désinvolture avec laquelle il m'apostrophait. Je n'y parvenais pas. Certes, il me faisait vaguement peur, et je m'attendais d'instant en instant qu'il m'attrape par le collet d'une robuste poigne – non, rectifiai-je : d'une fine main blanche, mais nerveuse, aux doigts longs et précis... Battant néanmoins en retraite, je mis entre lui et moi le tombeau d'Henri V.

« Mille pardons, chevalier », lançai-je de mon retranchement, « mais vous-même, qu'y connaissez-vous ? »

« Peuh ! Bien plus que tu n'imagines – homme en jupes ! »

Et, après avoir craché sur les dalles, selon un usage qui semblait décidément lui être coutumier, il fit volte-face et gagna, dans un cliquetis d'éperons, le bas de l'escalier. Je restai à ma place. Je respirais mieux maintenant qu'il avait disparu ; pourtant je discernais aussi dans mon cœur une sorte de regret. Quel personnage ! Cracher dans une crypte, vraiment ! Mais j'aurais voulu pouvoir lui dire que son mépris était injustifié ; que je n'étais pas moine, et encore moins – comment avait-il dit ? – *putto del papa*.

Quand je ressortis enfin de la cathédrale, les cloches sonnaient à toute volée.

XXIX

NON, JE NE QUITTAI PAS Spire le même homme que j'y étais venu. Ce fut là une étrange alchimie, dont les étapes me restent impénétrables ; mais le résultat demeure.

Pourquoi changeons-nous ? Et changeons-nous vraiment ? Si spectaculaires que soient parfois nos revirements, je m'interroge, et ne puis me faire à l'idée que dans ce corps qui demeure un, l'âme passe du noir au blanc (ou du blanc au noir), s'échange contre une autre tout opposée, par une intervention qui ne saurait être que divine. N'est-ce pas paresse que de penser ainsi ? N'est-ce pas s'éviter la peine de chercher le principe constant qui gouverne l'une et l'autre vie, et le passage entre elles ? On trouverait alors, peut-être, que c'est rester fidèle à soi que de soudain modifier ses vues ; et bien des chemins de Damas s'avéreraient des promenades circulaires... Me voilà loin de mon sujet.

J'en étais à ce jour où je revis l'Italien ; rencontre qui me frappa, comme me frappèrent toutes les impressions de ce séjour. Elles me frappaient, et agissaient sur moi en un sens que je ne mesurais ni ne contrôlais moi-même ; et ce que je dis, fis et pensai là-bas me semblait en permanence échapper à ma volonté, se produire sans moi.

Ainsi le soir de cette même journée. À la fin de la séance d'étude habituelle, j'allai vers le rabbin. Il me regarda venir avec surprise, car jamais je n'avais ouvert la bouche en sa demeure si ce n'est pour émettre les insignifiances de la politesse, et encore moins sollicité un entretien en due forme. C'est pourtant ce à quoi j'aspirais. Il le vit, se frotta les mains avec un sourire de contentement – jugeant sans doute qu'au terme d'un tel silence, mes dires seraient d'une valeur inouïe. Le cœur me manqua ; et ce sourire faillit me mettre en fuite avant même que j'aie commencé.

« Rabbi, bredouillai-je, je vous demande l'honneur de vous parler privément. »

« Non, non, non, non, non ! s'écria Meïr. Voilà trop de modestie, trop de manières !... Venez, Samuel, Éliézer, venez, ne partez pas : il va parler. »

À ma désolation je vis que ses gendres, et l'aîné de ses fils, revenaient sur leurs pas, faisaient cercle autour de nous ; et tout ce monde attendait que je parle, engage peut-être une savante disputation.

« Je crains... Pardonnez-moi : mais ce que j'ai à dire est d'ordre purement intime, et n'a d'intérêt... »

« Tt, tt, allons, allons, je suis sûr que ce sera très intéressant. Nous sommes tous impatients d'entendre l'élève de maître Venetius. Je me réjouis ! »

Il fallait y mettre bon ordre. Si je m'étais décidé, dans un sursaut de courage, à m'accommoder de cette trop nombreuse assistance, je ne pouvais entretenir en elle ce genre d'espérance-là.

« Non, fis-je, la main levée. Rabbi, ne vous réjouissez pas, surtout ne vous réjouissez pas – j'ai seulement à vous confesser une chose triste, et qui me pèse. »

« Ah ! dit le rabbin étonné. Eh bien, dites-la. Nous vous écoutons avec bienveillance. »

« Voilà, commençai-je. Rabbi, j'ai tiré profit de vos enseignements, je m'en suis fort enrichi, et votre hospitalité aussi me... me touche à l'extrême ; et, solennellement, je voudrais vous en remercier. »

Je m'étais interrompu pour reprendre haleine, cependant que Meïr, après un coup d'œil interrogateur à ses disciples, m'encourageait :

« Sans doute. Vous êtes trop aimable. Mais assurément ce n'est pas pour me dire cela que vous m'êtes venu trouver ? »

« En effet, rabbi. Il ne m'importe pas seulement de vous remercier, mais également de m'accuser ; il me faut m'accuser d'une indélicatesse. »

« Une indélicatesse ! Et laquelle, je vous prie ? »

« Je ne suis... Écoutez, rabbi : mon maître, pour me complaire, m'a présenté à vous sous un nom qui n'était pas le mien. Je ne suis pas frère Perplexe. Mon nom... Je m'appelle... »

« Au fait, jeune homme, au fait ! » murmura le rabbin qui perdait patience.

Je pris ma respiration, et lâchai très vite :

« Je m'appelle Mardochée. »

Le rabbin était devenu blême sous sa barbe. Il recula d'un pas, leva ses paumes et sa face au plafond :

« Un converti. Maître de l'univers, tu envoies un converti dans ma demeure ! »

« Nullement, rabbi, nullement ! Je suis né chrétien. Je suis le malheureux, l'unique... Mardochée de Löwenfels. »

« Qu'est-ce que c'est que ça, Mardochée de Löwenfels !! » tonna Meïr, furibond. Ah, comme je regrettais de m'être lancé dans cette aventure sans l'appui de mon maître ! J'avais cru que mon nom, mon nom complet, éclairerait mon interlocuteur à défaut de l'apaiser ; et je découvrais que mon histoire, loin d'avoir fait le tour de l'Empire comme je me le figurais, s'était en tout cas arrêtée devant la porte des rues juives. Il fallait encore que je m'explique, ô suprême embarras !

« Je suis, rabbi, enfant des ducs de Löwenfels. Le nom qui m'échut valait réparation pour un crime commis en Terre sainte, voici cent quarante ans... »

En parlant de Terre sainte, je vis que je n'avais pas grandement calmé la colère de mon hôte. Baigné de sueur, je poursuivis toutefois :

« Laissez-moi vous dire, rabbi, combien je le réprouve ! Le coupable était mon aïeul, alors croisé : un homme qui le soigna perdit la vie par sa faute ; et... »

« Père, je crois qu'il divague », remarqua Éliézer.

« Non pas, non pas, mon fils ; laisse-le parler. Je connais cette histoire : c'est celle de Mardochée le Hassid, qui mourut, pleuré de tous les siens, d'avoir été... »

« Précisément, rabbi, précisément ! Mon ancêtre en eut regret ; et c'est ainsi que le nom m'échut en pénitence. »

« En pénitence ! » grondèrent les deux gendres.

« Taisez-vous », leur dit Meïr, qui vint se planter juste devant moi et me scruta d'un œil où ne se lisait pas seulement le courroux. « Alors toi, tu portes le nom de Mardochée le Hassid en pénitence, hein ? »

« Oui », balbutiai-je. Qu'étais-je allé reprendre, en ce moment fatal, les mots dont j'avais toujours entendu mes parents se servir ! « Enfin c'était un vœu : et par suite de ce vœu je porte le nom que je vous ai dit. »

« C'était un vœu. – Mais qu'est-ce qu'il me chante, lui ! » explosa le rabbin, prenant à témoin ses disciples. « Depuis sept fois vingt ans les ducs de Löwenfels s'appelleraient Mardochée, et je n'en aurais pas ouï parler avant cette heure ? »

« Non ; par grâce, écoutez-moi. Je suis le premier. »

« Eh ! comment est-ce possible ? Est-ce qu'on attend si longtemps pour accomplir un vœu ? »

« C'est le hasard qui l'a voulu, rabbi. Nul cadet n'était né à mes pères depuis cette date, et je... »

« Mais j'y suis ! » fit le rabbin avec une ombre de sourire. « Ton ancêtre avait fait vœu de baptiser son *cadet* Mardochée. »

« Oui, rabbi, c'est exactement ce que je m'efforce de vous... »

« Sans doute, à cette date, avait-il déjà un fils aîné, dont il ne pouvait changer le nom ? »

« Euh... à vrai dire, non, répondis-je. Il n'avait pas encore pris femme. C'était un jeune homme encore, rabbi, ce qui d'ailleurs explique, sans l'excuser, l'intempérance de ses actes. »

« Pourquoi, dans ce cas », dit le rabbin sans s'arrêter à cette diversion, « ne fit-il donc pas vœu de baptiser ainsi l'aîné qui lui naîtrait ? »

« L'aîné ! Mais, rabbi Meïr, considérez... L'aîné ? L'héritier du titre ? »

« Ah ! je vois, je vois », fit Meïr qui avait renversé la tête de côté et m'observait d'un œil en coin. « La belle réparation ! Le noble vœu ! Tiens, mon ami : ton ancêtre faisait bien les choses, et ne chipotait pas dans ses comptes avec Dieu. »

Et soudain il éclata de rire ; d'un rire inextinguible, qui le faisait tournoyer sur lui-même et se frapper les cuisses. Il dansait de rire ! Et le plus fâcheux était que ce rire, peu à peu, gagnait tous les présents. Quand je vis les quatre hommes livrés à cette joie plus forte qu'eux, et désormais inaccessibles à la parole, le désespoir me prit. Qu'avais-je fait, que me restait-il à faire, sinon me retirer ? Éperdu, je reculai vers la sortie sans qu'aucun me retienne ou même paraisse le remarquer. Sur le seuil je me heurtai à Venetius qui me cherchait, et lui jetai, des larmes dans la voix :

« Ah, maître, je crois que j'ai tout gâché ! »

Et, alors qu'interloqué il pénétrait dans la salle et que je me sauvais dans le couloir, il me sembla entendre – illusion de mes sens, probablement – un rire supplémentaire résonner au-dedans.

J'étais là, seul avec ma honte, quand l'escalier grinça. Je levai les yeux : Esther était en haut des marches qui me regardait fixement – si fixement que je détournai le visage et courbai les épaules dans l'attente d'un ultime coup. Pourquoi ne me réfugiai-je pas dans la cour, dont la porte béait devant moi ? Je l'eusse fait, si le jour n'avait pas été si clair ni les fenêtres si nombreuses. Mais me livrer à tant de regards, étaler en pleine lumière ma détresse, cela m'était plus insurmontable encore que de subir le rire perlé de cette malicieuse.

Or il ne venait pas. Les marches, lentement, craquèrent. Un pas léger s'approcha. Il y eut derrière moi une sorte de tiédeur, un souffle retenu ; et la petite voix, dans mon dos, chuchota :

« Tu pleures ? »

Je me retournai d'un bloc ; et dans le bref désordre qui s'ensuivit ma main se trouva rencontrer celle, toute menue, de l'oiselette, qui ne se déroba pas et même se coula dans ma paume ; tandis que ses yeux sombres, droit plongés dans les miens, y contemplaient mes larmes et n'en paraissaient pas réjouis, mais bel et bien chagrinés.

Je ne sais quelle émotion monta dans ma poitrine. La petite main me serrait presque avec force, et la bouche restait entrouverte comme pour parler, quoique ne disant rien ; et alors, avec un hoquet, je m'abattis sur ce visage, couvris ses tresses et son front de baisers, y appuyai mes joues, infiniment malheureux, et soulagé, et triomphant.

Puis, comme on venait, je m'écartai d'elle et gagnai la cour, la rue et ses portes. J'étais déjà chez nous, à l'abri de notre chambre et étendu sans mouvement sur ma couchette, que mon cœur battait encore avec la même violence, et il ne se calma pas avant qu'il fît nuit noire. – Ce soir-là, je ne mangeai pas et m'endormis tout vêtu, tout chaussé, tel que j'étais ; et sans doute mon maître me trouva ainsi en s'en revenant, mais je ne me réveillai pas. Je dormis d'une traite jusqu'au lendemain, qui se leva semblable à chaque matin de ma vie antérieure. Ni mon maître ni personne ne revint jamais sur l'incident de la veille ; et, n'eussent été les caressants regards dont me saluait désormais la petite, et l'étrange paix qu'en ressentait mon âme, j'aurais cru l'avoir tout bonnement rêvé.

Ainsi culminèrent ce voyage et ce séjour

Voilà deux semaines que ces lignes restent en suspens. J'ai été bien malade : le sang que j'ai vomi à plusieurs reprises m'a affaibli au point que je reprends, aujourd'hui, sans courage pour relire ce qui précède. Il y aura des trous ; tant pis. J'aurais voulu tout dire, et tout décrire : je commence à comprendre que je n'en aurai pas le temps. Certains jours, même, j'éprouve cette indifférence des mourants pour tout ce qui n'est pas leur corps. Alors il me prend l'envie d'abandonner ce récit qui me coûte tant, et, je crois, déclenche certaines crises, pour me laisser bercer tout le jour par le bruit de la mer et regarder au loin le va-et-vient des bateaux...

Mais je ne succomberai pas à la tentation : mon maître la réprouverait, réprouverait cette emprise du physique sur la vie de l'esprit. J'ignore si lui vit encore ; mais s'il n'est plus, je suis persuadé que jusqu'à sa dernière heure il s'est tenu loin de ces contingences, a refusé de voir l'ombre avant-coureuse du néant et de se laisser abattre par elle.

Voilà : j'ai déplacé mon pupitre. Dos à la fenêtre, encore que cela m'oblige à mettre une bougie sur ma gauche. La vue du port sera pour les mauvais jours, ceux où, d'ailleurs, je ne peux même pas rester debout le temps de remplir le quart d'un feuillet. Cette lumière d'or que met le soleil sur la baie m'est un bonheur aigu lorsque je souffre ; mais ma pensée s'y endort, et je redoute qu'avec elle ne s'endorme ma volonté.

Tous les mois qui suivirent notre retour de Rhénanie, je les passai à parfaire mon intelligence de la marche du monde. Un poids m'avait été ôté qui m'empêchait jusque-là de m'y consacrer : soudain je ressentais l'intense désir de la comprendre. Mon maître m'enseignait les grands principes qui la gouvernent, et, sous cet éclairage pour moi entièrement neuf, je réétudiais avec passion l'histoire des peuples anciens.

Il me semblait moins aisé, toutefois, d'appliquer les mêmes principes à nos affaires contemporaines. Était-ce vraiment, ainsi que le pensait mon maître, parce que le temps suivait une courbe descendante et que nulle chose présente n'égalait jamais les choses du passé ? Ou était-ce seulement qu'à l'instar des vieilles gens, je discernais moins bien ce qui était trop près de mon regard ? Toujours est-il que je ne reconnaissais guère lesdits principes dans la conjoncture de nos États. Ce que j'observais me semblait chaotique et dépourvu de sens : l'empereur Louis reculait, nos franciscains allaient de revers en revers ; et la mort du pape d'Avignon, qui survint un peu plus tard, acheva de semer la zizanie dans leurs rangs et le trouble dans mon esprit.

Mon maître venait de mettre la dernière main à son traité quand cette nouvelle nous parvint. Elle lui parut une bonne chose ; et il s'empressa de rédiger une dédicace au nouveau pape Benoît, laquelle fut le monument de sa subtilité.

Quelque temps auparavant nous avions fait la connaissance, à Munich, d'un Padouan nommé Marsile : autre excommunié que la cour de Bavière protégeait. Mon maître m'avait toujours loué ses écrits, et se tint fort honoré de cette présentation qui, disait-il, marquait le faîte de sa vie. Le mot, malheureusement, ne s'avéra que trop vrai : au faîte succéda la descente en un abîme de contrariétés. À peine la connaissance faite, éclata entre le Padouan et notre familier frère Guillaume une dissension que mon maître tenta d'aplanir, ce qui lui valut leur double animosité. Je crois que, secrètement, sa préférence allait à l'Anglais, même s'il vouait aux deux la même estime intellectuelle. Prudent, aucun des adversaires ne l'était ; mais Marsile, aux yeux de mon maître, faisait preuve d'une audace plus pernicieuse, car susceptible d'être mésinterprétée.

« Représenter le *peuple*, voilà de belles paroles, me confiait-il. Oh, je sais bien de quoi il parle. Le mot, sous sa plume, ne désigne que les laïcs, et un souverain comme Louis peut le lire sans s'en offusquer. Mais songez, Mardochée, au danger de cela ! Songez aux lecteurs moins habiles, et plus enflammés que nous, qui iraient discerner là-dedans je ne sais quelle chimère démocratique ! Les conséquences en seraient incalculables, et certainement funestes. »

J'écoutais rêveusement ces mises en garde ; et bien des fois elles eurent l'effet de me pousser dans la retraite du Padouan pour l'entendre disserter, et m'efforcer d'apercevoir, en plongeant volontairement ma vision dans l'erreur, ces excitantes *chimères*. Hélas ! La prévoyance de mon maître fut cruellement mise en défaut pendant cette période. Tout ce qu'il promouvait se retournait contre son vœu. Marsile, son modèle, l'irritait ; et frère Guillaume, qu'il lui tenait particulièrement à cœur de se concilier, fut pourtant celui qui lui reprocha le plus durement sa « Dédicace », où il ne voulait voir qu'une basse trahison.

Quelques semaines de silence encore ; mais cette fois je suis tiré d'affaire pour de bon. Un sang vicié, m'a exposé le physicien du quartier San Donato, que ma logeuse avait convoqué sans m'en prévenir – un sang vicié empoisonnait mon corps et s'est frayé vers l'extérieur la voie la plus directe.

« L'estomac, la bouche », approuvait ce vieil homme souriant et perpétuellement réjoui, « c'est très bien, très très bien, dottore *! Vous voyez comment ces humeurs mauvaises rusent pour le mieux ? Toujours elles veulent sortir, les mutines, et voir la belle lumière du jour, comme les plantes. Elles se figurent nous contrarier, et ce faisant elles nous guérissent.*

Dottore, *vous êtes sauvé : votre corps est purgé de ce qui lui pesait. Par Marie, je vous vois sur pied avant l'automne, si vous suivez mon régime scrupuleusement. »*

Et cette crème d'homme de me représenter que ce qu'il me faudrait alors, ce serait une bonne petite femme : « Pas une du port, par Marie ! elle vous ferait encore attraper je ne dirai pas quoi. » Mais me marier, bien honnêtement devant le padre, *voilà qui rétablirait mon tempérament et allégerait mes soucis. Sa nièce Graziella, m'a-t-il chuchoté en partant, « divine ! ». Toute jeunette, mais néanmoins sérieuse ; et n'ayant pas sa pareille, grâce à son oncle, pour dorloter les convalescents.*

« Exactement ce qu'il vous faut, dottore *! exactement ce qu'il faut à un homme de votre âge. Et belle avec ça, ma Graziella ; et sa pâtisserie, ah !* dottore, *c'est le pain des anges ! »*

Je l'ai remercié avec un sourire, et lui ai promis que j'y réfléchirais. Pieux mensonge... Mais je tire profit de ses prescriptions plus strictement médicales. Son régime de lait d'ânesse est une contrainte pour moi, qui depuis longtemps n'aime plus le lait. Cependant je dois reconnaître qu'il fait merveille, mes grandes douleurs commencent à s'apaiser, et certains jours cessent complètement ; et ces jours-là j'ai même un peu d'appétit. Mourir ! quelle faiblesse ; ne meurent en fin de compte que ceux qui le veulent bien.

XXX

J'AVAIS DONC PRIS LE PLI, à Munich, de me rendre chez Marsile le Padouan : de là vint à terme l'infléchissement de mon existence. J'y rencontrais toujours quantité de figures étranges et fascinantes : des moines français qui conspuaient Dieu, des savants qui sondaient le monde avec une téméraire ardeur et faisaient passer leurs écrits, par précaution, pour des traductions du grec ou de l'arabe ; et aussi des proches de l'empereur Louis, qui acquiesçaient à tout, écoutaient avec complaisance les invectives contre le pape, et ne disaient jamais rien...

Mis à part ceux-ci, beaucoup de ces hommes se trouvaient là par nécessité et avaient dû quitter dans leur fuite qui un ordre, qui une charge séculière. Leur inaction forcée les rendait véhéments et irritables, c'étaient entre eux de vives discussions sur ce qu'était l'âme, ou le règne juste, ou cette notion étonnante qui nous vient d'Orient et que les Italiens appellent *zero*. Ils s'y jetaient, dans ces débats, avec une passion d'hommes humiliés de dépendre des charités, et non plus du salaire, d'un puissant. Curieuses vies, pensais-je ; jusqu'au jour où je m'avisai que ma propre condition ne différait guère de la leur, à ceci près que mon exil à moi n'était pas dû à d'audacieuses opinions, mais à une plate querelle successorale ; et je les regardai avec plus d'humilité.

Je ne pesais guère dans ce cercle, quoiqu'on m'y acceptât avec bonhomie, par égard pour ma qualité d'élève de Venetius. Ses vues et ses ouvrages n'y étaient pas incontestés, mais faisaient sans conteste de lui l'un des leurs ; et cela m'était un sauf-conduit suffisant. Je demeurais discret devant eux, et écoutais plus que je ne parlais. Parfois j'intervenais timidement lorsqu'il était question de religion et de politique, thème auquel mon maître m'avait particulièrement formé et dont notre hôte padouan était féru. J'obtins même de lui un clin d'œil amical le jour où, sortant de ma réserve, je l'engageai sur son *Defensor pacis* et émis à ce sujet une ou deux remarques pertinentes. Mais le plus souvent j'étais dépassé par leurs savoirs si multiples et si approfondis. Sans crier gare voilà que l'on traitait d'algèbre, de métrique, de pharmacopée ; et je me retranchais dans mon coin, stupéfait de l'aisance avec laquelle même ceux dont ces choses n'étaient nullement l'affaire en pouvaient discuter avec leurs connaisseurs.

Non, je n'étais guère ici ; je m'en apercevais chaque fois davantage. Mais je persistais à revenir ; mon insatiable curiosité, et peut-être aussi mon destin, m'y poussaient. Chaque semaine pouvait amener un autre réfugié, des nouvelles fraîches d'un point ou d'un autre de la terre ; et je n'aurais manqué à aucun prix les découvertes qui pour moi s'ensuivaient. Un visage, un mode d'être nouveaux, des débats en des domaines jusqu'alors inexplorés, voilà ce que j'allais y chercher chaque samedi après souper ; et rarement mon attente était déçue.

Mon maître ne m'accompagnait que de loin en loin. Les dissensions que j'ai dites l'en retenaient ; et je crois que son naturel, en général, répugnait aux sociétés trop nombreuses, où il s'agissait de tenir sa place et de la défendre pied à pied. Homme de l'ombre, il le restait parmi ces êtres qui, eux-mêmes, vivaient en ombres.

Un soir que je revenais donc seul d'une de ces séances, je trouvai notre bonne Gertrude tout en émoi. Mon maître me cherchait, disait-elle, et était parti à ma rencontre ; ne l'avais-je pas vu en sortant de chez sire Marsile ?

« Non, femme ; nous nous serons croisés. »

« Ah ! Jésus, quel malheur. Il était si pressé, notre pauvre maître, de vous entretenir ! Une lettre lui a été portée cette après-dînée, et il a couru vous en faire part. »

« Une lettre ! fis-je, troublé. Allons, Gertrude, tu peux aller te coucher. Il sera là dans un instant, ou j'irai à sa recherche. »

Un peu plus tard, en effet, la porte claquait, et Venetius montait l'escalier d'un pas presque alerte.

« Mardochée », respira-t-il en me voyant. « Je suis heureux que vous soyez ici. Je voulais vous instruire le premier d'une nouvelle qui bientôt sans doute se répandra en ville, et vous concerne intimement. »

« Qui me concerne ! »

« Oui. – Je pressentais, mon fils, votre agitation, et c'est pour la calmer que j'ai fait diligence. Rasseyez vos esprits. Il faut vous dire... Non, prenons les choses à petits pas. Un courrier est venu tout à l'heure ; il était envoyé par votre oncle, qui... »

« Ah, par mon oncle », dis-je quelque peu déçu, car de telles lettres n'étaient pas chose si rare. « Mais qu'écrivait-il, maître, qui me touche à ce point ? S'est-il produit à Marienstein quelque événement grave ? »

« Dietrich n'est pas à Marienstein, Mardochée. Il est en route pour Landshut. »

« Pour Landshut ! À trois journées d'ici ? Mon cher oncle, nous allons donc le revoir, et ce sont ces retrouvailles que vous redoutez pour moi ? »

« Non. Mardochée, écoutez-moi. Je sais que ce que je vais vous dire va vous induire en tentation. Mais, pour l'amour de moi et de vous-même, mon fils, résistez-y ; résistez-y avant que de l'avoir conçue. »

« Je ne sais », murmurai-je, tremblant déjà. « Instruisez-moi, maître, et je vous dirai si je le juge bon. »

Mon maître soupira à ces propos, si peu conformes à ce qu'il désirait entendre.

« Ce que vous jugez bon et ce que je juge bon peuvent-ils à ce point diverger ? murmura-t-il. Soit, je vais vous instruire ; mais souvenez-vous, Mardochée, que je vous cacherais toute cette affaire si je n'étais certain que vous l'apprendriez, sans cela, d'une autre source. Voilà : votre oncle de Marienstein et sa femme viennent à Landshut pour la célébration des noces... »

Il s'interrompit.

« Maître, poursuivez ! Suis-je un enfant ? À quoi donc jouez-vous ? »

« Je ne joue pas ; je souhaite votre bonheur, rien de plus. Eh bien ! sachez que votre sœur Catherine épousera à Landshut, dans quelques jours, un gentilhomme d'Autriche. C'est tout. »

« Catherine se marie ! » m'écriai-je, frappé une fois encore de ce temps qui passait et mûrissait ceux que j'avais connus, sans que j'eusse moi-même la sensation de vieillir.

« Elle se marie... enfin », dit Venetius avec un fugitif sourire ; « et je crois qu'on a craint, chez les vôtres, qu'elle ne le fasse jamais. Elle se mêle beaucoup de tiers ordres et passe son temps en retraites, si bien que ses dévotions mettaient en fuite les rares prétendants que n'avaient pas rebutés ses minimes attraits. »

Je ne pus m'associer à sa gaieté. Elle était de façade, et ne m'abusait pas : ma cervelle courait, supputait, j'étais étourdi par ce que je commençais d'entrevoir.

« Ce que vous me dites, maître, c'est que bientôt toute ma famille sera à Landshut. Est-ce cela ? »

« Hélas ! oui, Mardochée. Les Marienstein auraient pu se passer de ce voyage, et sont venus en partie dans l'espoir de nous approcher, vous et moi, sur la route du retour. Mais votre mère et... et ses enfants se doivent de paraître au grand complet, d'autant que Rodolphe est désormais le chef de votre maison. »

Je m'étais relevé, et arpentais la pièce de long en large ; glacé et brûlant tour à tour, et mordant nerveusement le bout de mes ongles.

« Ah mon Dieu. Ah, mon Dieu ! Roswitha sera là ; et vous voulez m'empêcher d'aller l'apercevoir ! »

« Votre belle-sœur sera là, assurément ; son fils aîné aussi sera du voyage. Et oui, Mardochée, je vous interdis formellement de vous rendre à Landshut. »

« Son fils aîné !... Vous m'interdisez !... » fis-je, en proie à une subite rage. « Tenez, Venetius, vous êtes un méchant homme, un être sans cœur, et je ne veux plus vous écouter de ma vie ! »

Là-dessus je sortis de la pièce en claquant la porte ; en claquant la porte, oui – stupéfait moi-même de pouvoir, devant mon maître, me conduire avec une telle violence. Et, remonté dans ma chambre, je tremblais encore d'indignation.

Je me mis aussitôt à préparer mon sac. Je ne sus qu'y mettre, au reste, dans l'extraordinaire agitation qui était la mienne. Finalement j'y fourrai de l'argent, mes poèmes et mon habit de moine, omettant d'ajouter une chemise propre, ce dont je me lamentai par la suite, quoique mon peu de fraîcheur accrût plutôt la sécurité de mon travestissement.

Et je partis, comme un voleur, à peine ces préparatifs achevés. La maison était silencieuse, nul ne m'arrêta : je suppose que mon maître croyait ma colère passagère, et ne s'avisa de mon absence que le lendemain matin. Si je me hâtais ainsi, c'est que je redoutais de le voir surgir et d'être cette fois-ci convaincu par ses arguments. Ils étaient bons, et je ne pressentais dans ma démarche que du malheur et des dangers ; mais tout mon cœur s'insurgeait contre ma raison, lui intimait l'ordre de se taire.

Ma précipitation même manqua faire échouer mon projet. Comme je galopais depuis trois heures sur la route qu'éclairait opportunément la lune, il y eut soudain, par terre, une branche d'arbre. Je l'aperçus trop tard, mon cheval fit un écart qui m'envoya rouler dans le fossé. Je m'y cognai la tête ; quand je revins à moi, je sentis que mon bras me faisait terriblement souffrir. Par bonheur une ferme était proche : mes cris en réveillèrent les habitants et bientôt on vint à mon secours.

J'avais le bras démis, et, au matin, une forte fièvre se déclara qui me laissa presque inconscient. Un barbier fut appelé du village, me saigna à trois reprises et remit l'articulation, sans que j'en perçoive autre chose qu'un grand tourment dans ma chair. Puis, au bout de plusieurs jours, ma tête s'éclaircit ; je me découvris couché dans une salle paysanne, entre une marmite qui bouillottait et une bonne femme qui, à mon chevet, comptait les mailles de son tricot. Je me redressai aussi vivement qu'il me fut possible : quel jour étions-nous ?

« Vendredi, seigneur », répondit en se signant la matrone, que mon réveil brutal avait effrayée. « C'est jour maigre, mais votre maladie vous vaut dispense, et je vais, si vous avez faim, vous mettre à frire des œufs avec du jambon. Vrai, vous faites peine, et je vois que la fièvre et les saignées vous ont bien abattu. »

« Vendredi ! » gémis-je – et la faiblesse de ma voix m'emplit de désespoir. « Vendredi ! Femme, amène mon cheval : je dois être à Landshut demain, et je mourrai si je n'y suis pas. »

« Vous mourrez, seigneur, si vous partez tout de suite, voilà ce que je dis. Quant à amener votre cheval je n'en ferai rien. Il n'est pas sellé, et c'est l'affaire à mon homme, qui est aux champs. Et quand même il serait là !... Tout le village nous disputerait d'avoir laissé prendre la route à un homme si mal en point. – Non, seigneur, vous resterez ici. »

« Je partirai ! »

« Vous ne partirez pas », répéta-t-elle avec un placide sourire ; et je me sentis soudain si irrité par ce sourire, par le cliquetis de ces aiguilles, par toute cette obtuse bienveillance, que je l'aurais frappée si j'en avais eu la force. Pauvre femme ! Puisse-t-elle me pardonner ma mauvaise pensée et les injures dont je la repoussai quand elle tenta de me retenir. C'était mal la payer de son gîte et de ses soins ; mais tout ce qui me faisait obstacle m'était également odieux.

J'en fus puni : la fin de ce voyage fut un supplice. Au galop, j'avais le plus grand mal, débile comme j'étais, à me tenir sur mes arçons ; et quand je repassais au trot, les secousses ravivaient la douleur de mon bras à m'en faire crier. Souvent il me fallut même prendre le pas, et le répit de mon corps laissait alors cours à l'exaspération de mon âme : je piétinais, j'arriverais trop tard, je devais être maudit pour que tout se ligue ainsi contre moi !

Je dus passer la nuit en selle ; et quand, le lendemain matin, j'arrivai en vue de Landshut, je me crus perdu en entendant les trompettes sonner et des vivats retentir. Tout était fini peut-être, je ne verrais personne ; mais je me rassurai en approchant, car il s'avéra que les hôtes ducaux n'en étaient encore qu'à entrer dans la ville.

Une foule énorme se pressait aux abords de la porte principale, et l'on apercevait plus de monde encore à l'intérieur des murs. Dans cette presse, mon cheval m'était une gêne ; les badauds, qu'il bousculait, m'apostrophaient avec colère, me jugeant à juste titre étranger au beau monde. Alors je mis pied à terre, m'en fus dans un retrait revêtir ma bure ; et – on mesurera à cela l'égarement où j'étais, et l'indifférence que j'avais pour tout ce qui suivrait la rencontre – je laissai là mon cheval, sans même prendre la peine de l'attacher. Je me conduisais comme si j'avais vécu mes derniers instants : je me serais cru aussi fou de penser à l'avenir qu'une vieille femme qui, au jour du Jugement, s'inquiéterait de laisser ses fleurs sans eau et ses chiens sans pâtée.

Je brûlais de fièvre. J'avançais dans un chaos de têtes et d'épaules ; cela criait, cela gesticulait, j'étais heurté de toutes parts – une peur montait en moi, celle de perdre pied dans ce courant et d'y mourir piétiné. (Peur fondée, car de tels accidents ne sont pas rares lors des grandes solennités qui attirent le peuple. Sa fureur de voir est si forte qu'il considère le sacrifice de quelques-uns des siens comme un prix juste à payer pour la satisfaire ; et il est peu de processions ou d'exécutions capitales qui, en ville, ne se soldent par une ou plusieurs morts.) Alors que j'avais gagné la place par une porte secondaire, la cohue atteignit à son comble : je me sentis tomber, me raccrochai au cou d'un colosse sur la carrure duquel les vagues se brisaient. Ce roc me parut sûr, quoique peu accueillant.

« Voyez-vous la duchesse – la duchesse de Löwenfels ? » criai-je à son oreille, faisant fi des coups de coude par lesquels il tentait de me décoller de lui.

« La duchesse ! gueula-t-il. Eh, l'homme, ouvrez donc vos quinquets : elle est sous votre nez, la duchesse ! »

Triste pays de rustauds, dont un habit de moine ne suffisait pas à décourager la muflerie ! Je serrai les dents, en partie de colère, en partie aussi parce qu'un coup venait d'endolorir mon bras ; et tendis désespérément mon regard dans la direction qu'on m'indiquait. Tout dansait devant mes yeux, je ne distinguais là-bas que des taches de couleur, des reflets de gemmes, des panaches oscillants ; j'en aurais hurlé d'angoisse.

« Où cela, où donc ? »

« Mais là, je vous dis ! » fit mon homme, pointant l'index par-dessus la foule.

Et mes yeux découvrirent, sur un cheval caparaçonné de gris, un monticule d'étoffes noires barré d'un immense pectoral d'argent : ma mère et sa croix de parade. En son sommet, la tête paraissait ridiculement petite, comme rongée par les ans et le veuvage ; mais un terrible orgueil parvenait néanmoins à relever le menton, unique saillie de cette face exiguë.

« Non, pas elle ! » balbutiai-je, détournant le regard avec horreur. « C'est l'autre que je veux dire, la jeune duchesse – la voyez-vous ? »

« Ah, au diable ! » jura l'homme ulcéré, avec une bourrade qui me fit lâcher prise. Je titubai, rebondis contre des dos, me redressai en un effort ultime de ma volonté – toute la vigueur de mon corps s'était réduite à mon regard, et je scrutais douloureusement ces formes inaccessibles qui défilaient...

Alors je la vis.

XXXI

UN GRAND SILENCE s'est fait autour de moi. Je sais qu'il n'existe que pour mes sens, car la plèbe qui m'environne continue de houler, et ses bouches de s'ouvrir ; mais je ne l'entends plus. Et les mouvements même que j'observe, haletant, me semblent suspendus dans une lenteur irréelle.

C'est une femme qui progresse, balancée par le pas d'une belle jument, à côté d'un garçonnet dont le visage exulte. Son cheval à lui paraît gigantesque sous son infime cavalier, ce tout petit bout d'homme qui de délices n'ose sourire ; mais nulle crainte dans les yeux de la mère – dans ses yeux on croirait qu'il n'y a rien, ils regardent droit devant elle, à peine une flexion du cou vers l'enfant trahit-elle la sollicitude et la fierté maternelles.

Je ne puis la fixer longuement, sa vue me brûle, sans cesse il faut que je m'en repose en examinant l'héritier des Löwenfels avant de revenir à elle. Il a les joues de l'enfance, de longs et lisses cheveux blonds, et son visage... Son visage, ô ciel ! il me semble que je vais pleurer ; car à le détailler mon dernier espoir s'est enfui. Il est, en plus joli, l'image de son père. Il n'en a ni la malignité ni la lourdeur, mais les traits en sont là qui attestent son lignage. Je sais ce que cela prouve, je sais que la croyance commune, en cela, est confirmée par la science la plus rigoureuse des Anciens. Est-ce Lucrèce ou le vieux Pline dont l'autorité vient ici anéantir mes illusions ? Mon âme éperdue en ce moment l'ignore, elle n'a plus notion que de ceci : la femme qui porta cet enfant ne m'aimait pas, ce n'est pas moi qui hantais alors son cœur, sans quoi le fruit de ses flancs ne serait pas à ce point la réplique de Rodolphe...

Hélas, voilà que je pleure vraiment ; et le spectacle se brouille à travers mes larmes. Cette femme en majesté, au buste triomphant, aux épaules et aux hanches voluptueusement alourdies, m'est devenue étrangère. Il n'est pas jusqu'à sa beauté, aujourd'hui parfaite – ah ! cette rondeur, ce corps épanoui tout en orbes idéaux –, qui ne l'éloigne de moi. L'âme de la frêle enfant qui m'aima s'en est retirée : elle est épouse, et duchesse de Löwenfels de la tête aux pieds, il n'est pas une parcelle d'elle qui ne clame et n'exalte cette condition.

Certaines souffrances sont captivantes, et nous incitent perversement à les prolonger, comme ces blessures aux gencives que nous ne pouvons nous empêcher d'agacer de la langue. Ainsi je me débattais pour rester à hauteur du cortège et caresser des yeux, tour à tour, la mère et le fils, ma double meurtrissure.

« Ne t'en va pas ! Ne t'en va pas ! » murmurais-je à l'infidèle ; et c'était moi qui maintenant heurtais les badauds sur mon passage. Je fus même de ceux qui purent se frayer chemin jusque dans l'église, où la suite ducale avait rejoint l'escorte du fiancé. Nous étions nombreux à remplir les bas-côtés, et des gens d'armes nous refoulaient sans ménagement quand l'un de nous effleurait un siège seigneurial ; de sorte que l'essentiel de la cérémonie se passa pour moi à me tordre le cou pour dérober, par instants, un détail – le voile de ma sœur Catherine, les nuques des Autrichiens dodelinant au rythme du plain-chant, mon frère honni, dont je détournais aussitôt ma vue – et parfois, suave supplice, un pan de robe bleue qui était à ma dame.

Mais au moment où les époux échangeaient le baiser de paix, l'un de mes voisins bougea et je l'aperçus toute. La tête droite, elle fixait l'autel, et sa physionomie était aussi impassible que tout à l'heure à cheval. Elle cillait à peine ; son beau profil, les parures de sa gorge n'avaient pas un frémissement. Puis les nouveaux mariés se séparèrent, déchaînant dans la nef un tonnerre d'ovations : alors je vis sa bouche se crisper avec une indicible amertume, ses yeux lentement balayer l'assistance et venir se planter presque sur moi.

Oh qu'ils étaient tristes, ces yeux, et comme toute vie en était absente ! Il me sembla voir au fond d'eux son âme, une pauvre âme rudoyée, qu'un moment d'inadvertance laissait transparaître sans fard. Mon Dieu ! Quand je vis ces yeux arriver dans les miens, quoique me sachant dissimulé par les ténèbres et la multitude, je tressaillis et prononçai son nom, son nom, Roswitha, aujourd'hui marié au mien sans que nous en soyons l'un et l'autre plus heureux. Mes lèvres n'en laissèrent filtrer qu'un murmure ; et pourtant ma dame tressaillit à son tour, ramena son regard sur son mari qui s'était retourné vers elle, et lui sourit.

Ce sourire de bête battue qui plie l'échine, je ne puis m'en souvenir sans frissonner. Pour ce sourire je lui pardonnai tout – sa beauté qu'elle vouait à un autre, ce fils qu'elle ne m'avait pas donné, et même le mépris dans lequel, me croyant félon, elle devait me tenir ; pour ce sourire, je lui jurai muettement de rester à jamais son chevalier.

... Du moins est-ce ce que je me jurai quand la conscience me fut revenue ; car l'épouvante et la joie aiguë que je venais de concevoir avaient été trop fortes pour mon cœur : je suffoquais, et je me faufilai à grand-peine vers une porte latérale au seuil de laquelle je m'effondrai. Des airs de danse, des carillons me hurlaient aux oreilles, des éclairs passaient devant mes yeux, et puis ce fut la nuit, une nuit bienfaisante qui ensevelit tout.

Plus tard je me revois adossé au mur d'une arrière-cour. C'est la nuit – la vraie, cette fois. La fièvre me secoue ; une figure connue se penche vers moi et écarte mes cheveux collés par la sueur. Venetius est là, ses traits sont labourés d'inquiétude et d'amour. Il paraît qu'il m'a devancé à Landshut, et me cherche ici depuis quatre journées, furieux et pleurant de m'avoir perdu...

« Et voilà ! voilà ! » profère-t-il d'un ton d'âpre triomphe ; et moi je détourne ma tête de cette raison qu'il croit avoir eue contre moi, et contemple dans le secret de mon âme le sourire de ma dame, qui me donne raison contre lui, et dont je ne lui parlerai jamais.

Plus tard encore c'est une auberge de campagne, je suis couché de nouveau, quelque chose à ma tempe suppure et me tourmente ; mais moins que les trois visages qui m'entourent de leur anxieuse affection. Mon maître a fait venir Dietrich et Sandra de Marienstein, mon état ne me permettant pas, avant leur départ, d'être ramené à Munich ; et mes deux bienfaiteurs, si peu à leur place dans cette chambre misérable, traînent à mon chevet, se lamentent de me voir si changé – s'ils savaient combien ils ont changé eux-mêmes, et quelle pitié m'inspirent, à moi, leurs traits maintenant mûrs, où le souci que je leur cause trace des plis qui me paraissent presque risibles... Je les chéris, tous les trois, mais comme je voudrais les voir partir ! Leur bonté m'exaspère, je suis humilié d'être ainsi couché, en chemise, à subir, impuissant, leurs prévenances ; j'en ai la nausée d'humiliation. Quel est ce malheur dont ils me plaignent, de quoi parlent-ils, que connaissent-ils de moi ? Rien. Et pourtant toujours ils recommencent, ma tante s'essuie les yeux, et je n'ai d'autre recours que de clore mes paupières et de feindre le délire...

Lugubres semaines ! Leur évocation m'a coûté, et je suis soulagé d'en avoir fini. Pourtant elles s'écoulèrent, je guéris lentement et mon malaise s'estompa. Il ne me resta que la mémoire de ces retrouvailles avec ma cousine, trésor infiniment précieux et infiniment triste, que j'entretenais avec piété. Il me semblait qu'en ces retrouvailles s'affirmait mon destin, et je ne jugeais pas fortuit qu'elles aient été, dans leurs circonstances, si analogues à la première vision que j'avais eue d'elle. De telles coïncidences me laissaient supposer, dans ma vie, un mouvement qui n'était pas de mon seul fait et sur lequel je n'avais guère de prise. Elles étaient des signes que m'envoyait ma Fortune ; et ces signes, je voulus les chanter.

Au giron de ma belle,
Le jour que je la vis,
En place d'escarcelle
Dormait un chaton gris.
C'était votre âme, belle,
Qu'alors je découvris,
Tireli.

Me l'avez découverte
Et ne m'avez aimé,
Ne me l'avez ouverte
Qu'afin de me l'ôter.
Ainsi avez ma perte
Et mon bonheur scellés,
Tiroulé.

Que je voudrais, ô Dame,
Même bonheur pour vous,

Même feu, même flamme
Dont ne savez le goût
Pas plus que d'une lame
Ne connaissez le coup,
Tirelou.

Ce fut lame cruelle
Qui moi me transperça
Quand je revis ma belle
Et qu'elle me montra
L'âme triste d'icelle
Si rieuse autrefois,
Tiroula.

Par deux fois, dame gente,
Cela m'avez montré
Qui mon esprit tourmente
Et dont il vous sait gré :
Une douce âme aimante
Qui n'a jamais aimé,
Tiroulé.

Je le confesse : cela me parut alors le sommet de l'art. Ces vers, que j'avais composés pendant ma convalescence, étaient pour moi aussi exquis, dans leur naturelle simplicité, que le chant d'un rossignol amoureux – perfection que j'aspirais à égaler. Comme j'enrageais de devoir les garder pour moi ! Si grande était l'admiration qu'ils m'inspirèrent d'abord que je faillis sauter le pas : les envoyer à Roswitha de Löwenfels qui s'y reconnaîtrait, et dont la vie désolée s'en illuminerait. Ce ne fut pas la modestie qui m'en retint, mais l'infatuation. Je resongeai aux vues sages de mon maître, et redoutai que, subjuguée, la malheureuse ne courût à sa perte pour l'amour de moi. Mieux valait l'épargner aux dépens de ma gloire et de mon propre bonheur, que par courtoisie je lui sacrifiais.

Pourtant il était dur, ce sacrifice. Que n'aurais-je donné pour recueillir d'autrui les éloges que je me prodiguais, mais trouvais fades, ne venant que de moi ! Un autre aurait décelé dans mes rimes – dont je n'ai copié ici que la plus réussie – des beautés qui m'échappaient, et estimé spirituelles des choses que je n'avais pas vues. Je regrettai beaucoup, à ce moment, de n'avoir pour ami que mon maître, un homme si peu sensible à la beauté. Toutefois je ne pus résister : un matin, comme machinalement, je lui récitai mon poème, affirmant ne plus savoir où je l'avais entendu et louant fort son auteur, que j'eusse désiré connaître.

« Certes il n'est pas mauvais », admit Venetius, sentence médiocre dont je lui tins grief sur le moment, bien que j'y reconnaisse aujourd'hui sa perspicace bonté. « Mais de grâce, Mardochée, laissez donc les poètes. Leur commerce pour l'heure ne vous vaut rien. Si vous voulez hâter votre guérison, revenez à l'étude, mon fils, croyez-m'en. Ces fleurs lyriques, ces soupirs passionnés attisent votre mal. »

J'avais eu un geste de refus qu'il ne daigna pas voir. De nouveau mon malaise me revenait : il tenait à cette commisération que me vouaient mon maître et mes protecteurs, et contre laquelle mon être se révoltait. J'aimais mon mal, je les haïssais presque de vouloir m'en guérir contre mon gré et de m'interdire les friandises morales qui à leurs yeux m'étaient néfastes. Leur prudence m'apparaissait pusillanimité de vieillards ; et à ces trois vieillards, hélas ! je devais ma subsistance.

Ce fut dans les mois suivants que germa en moi l'idée de m'en passer ; mais elle mit longtemps à s'épanouir. Étrangement, c'était cette conscience nouvelle d'avoir une destinée propre qui m'y aida. Ce n'était pas le fatalisme, qui incite la plupart des hommes à prendre ce qui vient comme volonté de Dieu ; attitude où il y a parfois une grande force d'âme, mais plus souvent de la lâcheté, quand « ce qui vient » nous arrange, ou est le fruit d'avantages innés et statutaires. Un tel fatalisme m'aurait conduit à accepter la rente de mon oncle jusqu'à sa mort ou à la mienne, et je ne le voulais plus. Je l'avais certes acceptée jusque-là, par provision en quelque sorte ; or ce provisoire n'avait que trop duré, et depuis ma maladie, où ma condition de mineur m'était enfin apparue dans toute sa crudité, j'en avais intensément honte.

On vit très bien avec un peu de honte. Sans doute en souffrais-je particulièrement lorsque, sur les instances de mon maître, je retournai dans le cercle de Marsile ; car tous ces hommes, eux, avaient vécu, ne traînaient pas comme moi l'existence falote d'un éternel élève, d'un nourrisson adulte. Mais de même qu'un grabataire, dans ses tourments, trouve toujours une position qui le soulage quelque peu et s'avère pour lui moins incommode, de même je me tournais et retournais en soupirant, et trouvais avec ma honte un *modus vivendi.* Près d'un an se passa en semblables atermoiements ; et sans un événement extérieur ils se seraient peut-être prolongés à jamais.

XXXII

CET ÉVÉNEMENT survint chez Marsile, un samedi soir que Venetius, par exception, m'avait accompagné. La conversation était vive, portant sur un sujet qui nous touchait tous à divers titres, et moi tout spécialement. Il s'agissait de savoir que penser de la pauvreté ; et la question, éminemment politique, était débattue avec ferveur. Marsile lui-même, je crois, l'avait soulevée ; le dernier bataillon des franciscains réfractaires s'en était emparé, et exaltait comme la plus grande des vertus la pauvreté volontaire, dont ils avaient fait leur cri de ralliement. Ce fut alors que mon maître intervint et, avec une éloquence bardée de sous-entendus, développa un *distinguo* dont moi seul, peut-être, perçus toute la rouerie.

On pouvait croire, à l'entendre, qu'il appuyait radicalement l'exigence des moines. Un empire juste, disait-il, serait à son sens celui où chacun vivrait conformément à soi ; où les membres du clergé, notamment, seraient contraints d'observer cette règle dont l'Évangile nous faisait loi.

« Et les autres ? » l'interrompit Marsile, le buste tendu en avant.

« Ah, les autres !... » soupira mon maître. Aux autres il lui paraissait excessif, voire despotique, d'imposer la même chose. Ce ne serait plus un empereur qui, par les armes, ferait régner partout cette règle religieuse, mais une sorte de pape régnant non sur des États restreints, mais sur toute la terre. La raison voulait que le clergé soit pauvre, lui à qui la révélation enseignait que cette pauvreté était sainte, et qui, dans chacun de ses sermons, le répétait aux pauvres eux-mêmes. Mais la raison voulait aussi que tous les autres puissent aspirer à préserver les conditions dans lesquelles s'exerce le mieux la vertu morale...

« Eh ! Eh ! » s'écria Marsile qui reconnaissait, curieusement remaniées, certaines thèses de son cru.

... Et ces conditions, la misère ne pouvait guère les leur offrir. « Bienheureux les pauvres », sans doute ; mais c'était là un vœu plutôt qu'un constat. Lui, Venetius, n'observait chez les pauvres ni bonheur dans cette vie, ni disposition particulière à la béatitude dans l'autre. Bien souvent, on le savait, les miséreux n'étaient pas des modèles de morale ni d'action droite. Quoi d'étonnant, d'ailleurs, quand leur principal ressort n'était pas le bien mais la nécessité ? On n'a guère lieu d'être charitable et libéral lorsqu'on ne sait ce qu'on mangera demain ; et les autres vertus, elles aussi, réclament pour fleurir la satisfaction des premiers besoins, et une liberté d'esprit que n'autorise pas un incessant labeur.

« Bravo ! » s'exclama un homme qui était entré sans que je le remarque ; et, me tournant vers la porte, je reconnus, à mon extrême surprise, l'Italien de Spire.

Mon maître s'était également retourné, et je devinai à sa mine que cette sonore approbation ne lui plaisait pas ; non pas tant pour ce qu'elle avait d'indiscret, que parce qu'elle avait dérangé l'équilibre de sa tirade et fait penser que dans ces phrases, si menaçantes pour l'ordre social, résidait son dernier mot. Aussi reprit-il, d'une voix où perçait sa contrariété ; et pendant qu'il parlait, le nouvel arrivé, avec la grâce féline que je lui connaissais déjà, s'approchait lentement, saluait les uns et les autres, recueillait sourires familiers et mimiques de bienvenue – toutes choses qui déconcertaient mon maître et embarrassaient imperceptiblement sa parole.

« Pour tout cela, disait-il, l'homme qui n'est pas clerc ne doit pas souhaiter le dénuement. S'il est né riche il doit souhaiter le rester, s'il ne l'est pas ou plus, accepter une charge, voire une sinécure, qui lui garantira l'aisance et le loisir sans lesquels il ne peut ni faire le bien, ni se livrer à l'étude et à la méditation qui l'étayent. »

L'Italien était maintenant à côté de lui, et l'écoutait avec une attention presque impertinente ; au point que mon maître, bien que nul ne l'ait interrompu, resta court et l'interrogea des yeux.

« Alors c'est ça ! » éclata l'autre, découvrant ses belles dents blanches. « C'est à ça que vous en arrivez, après un développement si subtil, si audacieux ! Dans les bonnes histoires, monsieur, cela s'appelle une chute ; mais il y a des chutes qui n'honorent pas tellement le tombeur. »

« Le... Je vous demande pardon ? »

« Le tombeur. Vous. Patatras ! » Je ne saurais rendre la saveur méridionale que le malotrus sut donner à cette onomatopée. Et ayant dit, avec un rire léger, il fit volte-face et alla embrasser notre hôte dont il reçut une claque amicale dans le dos, et aussi, me sembla-t-il, une réprimande chuchotée. Mon maître restait apparemment impassible ; mais moi, qui le connaissais bien, je savais quelle colère cachaient son demi-sourire et la pondération avec laquelle il avait joint la pointe de ses doigts.

« Permettez-moi, Venetius », lança Marsile à voix plus haute, « de vous présenter cette tête brûlée qui, je le crains, n'a pas su dès l'abord conquérir votre estime. Il la mérite pourtant. Le chevalier Conradino Pellegrini est jeune encore, d'où son manque d'usage. Mais son bras est de fer et son âme d'airain ; et tout ce métal, hé ! hé ! il le met noblement au service d'un parti qui nous est à tous cher. »

Le Padouan avait eu, au mot « noblement », une inflexion indéfinissable, qui fit passer sur le visage de l'intéressé un infime tressaillement. Ce visage, je le dévorais du regard – si éclatant d'énergie et d'audace que tous les autres, alentour, en étaient éclipsés, et que moi-même je me sentais moins juvénile, moins bouillonnant que de coutume...

« Enchanté, dit enfin Venetius. *Chevalier* Pellegrini, je vous salue ; et, connaissant désormais votre condition, je me permets de vous demander raison de vos paroles. »

Il y avait une montagne d'ironie dans chacun de ses mots ; mais elle fut perdue pour l'Italien, qui secoua sa crinière et s'approcha, les deux bras tendus, vers son censeur.

« Venetius ! l'auteur du *De littera* ! Une belle œuvre, ami, une belle œuvre ! Je veux embrasser l'auteur de ce livre-là. »

« M'embrasser, dites-vous ? N'oubliez pas que vous aurez à vous pencher, et que je suis un homme à terre – patatras ! »

Les bras du chevalier retombèrent :

« *Madre mia*, vous êtes fâché. »

« Point du tout ! » tonna mon maître, qui avait gardé son sang-froid jusqu'alors, mais que cette dernière allégation avait exaspéré.

« Si, si, vous êtes fâché, je le vois bien », se désola l'autre. « Oh, *signor* Venetius, acceptez mes excuses. Je ne savais pas avoir affaire à... »

« Ta, ta, ta, mon ami. Je ne suis pas si vieux qu'il faille me traiter avec de tels ménagements. Gardez vos excuses ; et revenons-en, si vous y consentez, au point de mon discours qui vous a tant déplu. Ainsi débattent les gens d'esprit : en approfondissant le litige, et en examinant, par de vrais arguments, qui des deux adversaires doit plier devant l'autre. »

« Bene », se réjouit l'Italien, les yeux brillants, avant de prendre une chaise et de s'y abattre sans façons devant mon maître. Autour d'eux les murmures, un instant suspendus par ce début de querelle, avaient repris : on laissait les deux polémistes s'affronter en aparte ; et je dus me rapprocher d'eux pour suivre leur échange.

« ... Ce qui m'a déplu », disait Conradino, qui avait dépouillé son insolence mais non sa franchise, « c'est que votre conclusion, au lieu de tirer la leçon du reste, revenait affreusement sur les sentiers battus. Tout ce que vous aviez dit, c'était admirable ! " Bienheureux les pauvres " : j'ai adoré ça ! Le brave Jésus devait se retourner dans sa tombe – ah, pardonnez, j'oubliais qu'elle était vide. »

« Surveillez vos propos », fit mon maître, le sourcil froncé. « Nous ne sommes pas seuls ici ; et quand même nous le serions, sachez que je déteste les blasphèmes. »

« *Ma* – pourquoi ? » s'écria l'Italien tout déconfit.

« Bah ! démesure verbale, passion que cela. Si comme moi vous restez étranger à la religion, au moins laissez-la en paix. Vous vous montrez, en l'attaquant ainsi, bien plus sensible à elle que vous ne pensez. »

C'était bien dit. J'étais heureux de voir mon maître reprendre le dessus. Le chevalier l'écoutait avidement, et je commençais à caresser l'espoir qu'il désirerait en devenir l'élève comme moi ; mais je déchantai aussitôt.

« Je suis passionné, dites-vous ? Eh ! moi je vous trouve beaucoup trop froid. La religion est bel et bien une tromperie, n'est-ce pas ? et rester froid devant une tromperie, c'est s'en faire complice. »

Mon maître avait suivi cela avec un sourire patient : mais moi, j'en étais pénétré jusqu'aux moelles, plusieurs réflexions que je m'étais déjà faites résonnaient en moi – et je manquai sursauter quand le jeune homme, s'apercevant que j'écoutais, m'adressa un clin d'œil.

« Ah, c'est vous », murmura Venetius qui, à son tour, avait levé la tête. Il me fixa un instant avec déplaisir, et je crois que, s'il l'avait osé, il m'aurait dit de les laisser seuls ; ce dont je fus désappointé, car je m'étais flatté d'entrer dans la dispute et à cette occasion, peut-être, de me faire présenter à l'Italien. Au lieu de cela mon maître n'ajouta rien et enchaîna :

« Il est bien des façons de se faire complice d'un mal. En le dénonçant trop timidement peut-être ; mais, plus sûrement, en le dénonçant avec tant de virulence qu'on y risque sa tête, ce qui au bout du compte laisserait la bonne cause sans un seul défenseur. »

« J'y suis. J'ai compris la maxime qui vous gouverne. Par excès d'amour pour la bonne cause, vous ne faites rien pour elle. Vous êtes athée comme moi, et mourriez plutôt que de parler mal de la religion ; vous déplorez la misère des gueux, et ne changeriez pas un iota au monde qui les fait pauvres. Pis encore ! Vous vous y faites votre niche, comme le moins critique de ses adulateurs. Une charge, une sinécure !... Vous, d'esprit si pénétrant, au fond vous ne faites que ce que tout le monde fait. C'est dégoûtant, Venetius, dégoûtant ; et si je vous le dis, c'est parce que je vous vénère. Vous me décevez ! »

« Diable. Je renonce à imaginer comment vous traitez ceux que vous ne vénérez pas... Mais, mon garçon, ne concluez pas trop vite au pire. Je ne suis pas si abject que vous le supposez, et n'accepterais pas de charge de n'importe qui. C'est l'empereur qui me paie : admettez qu'il est des protecteurs dont on aurait davantage à rougir. »

Je n'avais pu retenir une exclamation de surprise. Comment ! en cinq ans, je n'avais pas appris cela de lui ; il avait fallu les reproches de cet exalté pour lui en extorquer l'aveu ! – Mais l'exalté fit la grimace :

« Pouah, l'empereur ! Vous attendez vraiment quelque chose de ce Bavarois ? »

« Assez peu, mais tout de même, répondit mon maître égayé. Il est vrai que Louis a dernièrement baissé un peu la garde devant le pape ; mais il reste après tout son plus grand adversaire, le seul qui, du moins, fasse poids contre lui. »

« Ah, *signor* Venetius, tant de naïveté mariée à un tel entendement ! L'adversaire du pape ? Mais, homme, il ne s'agit là que de cuisine, et pas des plus succulente... Il serait son allié si cela servait sa politique. »

« Eh là, mon cher, n'oubliez pas qu'il a poussé la fronde jusqu'à se faire excommunier. »

« Mais quoi, excommunier ! » s'irrita l'Italien ; et j'aiguisai mon attention, car nous touchions à un sujet qui me préoccupait déjà depuis plusieurs mois. « Écoutez, Venetius : il y a eu, dans l'histoire, d'illustres excommuniés ; il y en a encore dans cette ville, dans cette pièce même. Par respect pour ces hommes de cœur, ne les comparez pas à un ambitieux qui n'aspire qu'à une chose : régner, et voilà tout. »

« Évidemment, admit mon maître avec un sourire. Je vous accorde que ses raisons, à y bien regarder, ne sont pas toutes pures. N'allez pas prendre pour de la naïveté ce qui n'est chez moi qu'amour de l'efficace Nous pensons de même, n'est-ce pas ? Mais vous, avec l'excessive rigueur que j'observe souvent chez... »

Sa voix fléchit, et j'espérai ardemment qu'enfin il allait faire mention de moi ; mais, si son œil m'effleura une seconde, ce fut tout, et il reprit avec une décevante généralité :

« ... que j'observe souvent chez les gens de votre âge, vous voudriez assujettir le monde entier à votre jugement. Cela est beau, mais vain. Vous me reprochez de ne rien faire ; vous, excusez-moi, vous ne faites que du bruit. Faute d'accepter le monde et les règles de son jeu, vous vous fermez la voie qui permet d'agir un tant soit peu sur lui. Moi, ces règles ne me font pas horreur. Je n'y applaudis pas, mais je les étudie, et m'efforce d'en tirer parti du mieux que je le peux. Louis est un prince cupide, et ne se soucie guère en fait de la doctrine vraie ? Eh ! que m'importe, s'il consent par intérêt à nous protéger, et ainsi promeut des thèses et des œuvres qui survivront à son règne ? Ce sont elles qui resteront, soyez-en sûr ; et je me félicite d'avoir cet empereur, en qui je chéris l'aveugle instrument de leur futur triomphe. »

Sa réplique fut suivie d'un silence ; puis l'Italien, hochant la tête, émit un long sifflement.

« Vertu de femme, vous êtes franc, pour le coup ! Je retire “ naïveté ”, et je m'incline, *signor* Venetius, devant vos qualités supérieures : voilà une immoralité qui bat la mienne à plates coutures. »

Mon maître eut un haut-le-corps à cet hommage ; mais il se ressaisit assez pour sourire, et tendre la main à son adversaire avec une moqueuse urbanité :

« J'étais certain, chevalier, que nous saurions nous entendre. Eh bien, qu'en dites-vous ? Pour moi je considère que vous m'avez donné réparation, et que le combat a été livré en bonne et due forme. Me serrerez-vous la main ? »

« Volontiers, ah ! très volontiers », s'écria l'autre avec une chaleur qui lui gagna un peu plus mon affection. « C'est un honneur pour moi ; et je compte, Venetius, que vous m'accorderez quelque jour ma revanche. »

« Peut-être », dit Venetius. Sur ce il se leva, prit congé de son adversaire puis de Marsile, et me fit signe de le suivre – cette joute, je m'en apercevais soudain, nous avait retenus ici beaucoup plus tard qu'à notre habitude. J'étais heureux, cependant, qu'elle ait connu une issue si satisfaisante, et que les belligérants se soient quittés en si bons termes : aussi fus-je consterné lorsque, une fois dans la rue, les premiers mots de mon maître furent :

« L'insupportable freluquet ! »

Il lui gardait rancune, visiblement, de ses écarts de langage. Je crus bon de l'apaiser en lui donnant raison dans un premier temps, comme font les plaideurs habiles :

« Eh oui, maître. Le fait est qu'il ne s'est pas corrigé depuis que... »

Et là je me tus : car, au regard interrogateur que me jetait mon maître, je compris qu'il n'avait nullement reconnu le nageur de Spire, ce qui d'ailleurs n'était pas surprenant, sa vue étant plus faible que la mienne, et lui-même n'ayant pas les motifs que j'avais pour garder si bonne mémoire de la rencontre.

« Je veux dire qu'il n'a guère su, dans la suite de la dispute, réparer ses impropriétés initiales », rectifiai-je en rougissant.

« N'est-ce pas ? Un singulier mélange d'ingénuité et de mauvaise éducation. Je croyais voir un coquelet dressé sur ses ergots, pour en remontrer à tout et à tous !... Insupportable. J'admets pourtant qu'il le faisait avec brio... »

« Oui », soufflai-je piteusement, sentant que ce serait là toute ma plaidoirie.

« ... mais quelle suffisance ! Quel âge a-t-il ? Pas même le vôtre, j'en jurerais ; et l'avez-vous entendu m'appeler " ami ", aussitôt après s'être... Enfin soit : Marsile doit avoir ses raisons pour l'admettre chez lui. C'est sans doute quelque lointain parent, ou peut-être son bâtard. Je ne m'explique pas, sans cela, qu'il subisse la visite d'un pareil énergumène. »

Je me rendais compte à présent que sa voix tremblait de colère, et ne me l'expliquais que par le ressentiment d'avoir été attaqué dans les principes mêmes de sa vie. Ou plutôt, c'était la part superficielle de mon esprit qui le pensait. Au fond de moi, je savais que mon maître n'était pas homme à prendre à cœur de telles attaques. Il y avait autre chose ; et cette autre chose, je l'écartais de ma conscience avec malaise, car je sentais qu'elle touchait à ma propre personne.

« Mardochée, jurez-moi... »

« Maître ? »

« Rien », fit-il en détournant la tête ; et, alors que nous entrions chez nous, je devinai ce qu'il avait failli dire. Je fus si ému de sa crainte, et de l'égard qui le dissuadait de me l'exposer, que je pressai mes lèvres contre sa paume, lui promettant silencieusement ce qu'il ne me demandait pas.

XXXIII

Vient-elle seulement de moi, cette tristesse que je crois voir descendre sur mon récit ? Vient-elle seulement de moi, ou est-ce mon existence même qui, peu à peu, s'est inéluctablement assombrie ? Hélas, il n'y paraissait pas, pourtant ; et quand je repense à ces années, j'ai le souvenir d'un été radieux et éternel, d'une chaude lumière de midi, d'une rivière coulant doucement entre deux rives vertes... Ah, Conradino ! La magie de ta présence était telle qu'elle me cachait l'ombre rampante, et la pente tragique que suivait, si insoucieuse, cette rivière. Elle me la cachait, sans me la cacher ; et je sais bien, moi, qu'au fond je n'aurais pas tiré une joie si vive de ces instants si je n'avais pressenti comment ils devaient s'achever. Dans le plaisir que j'éprouvais à voir mon ami accomplir les moindres gestes – marcher, rire, se désaltérer –, n'y avait-il pas, déjà, l'affreuse prescience de la fin ?

Trois semaines je tins le serment fait à mon maître ; mais le hasard joua contre lui. Un matin que je m'étais rendu à sa demande chez notre relieur, j'aperçus, de l'autre côté de la rue, le chevalier. Aussitôt, pour l'éviter, je poussai la première porte qui s'ouvrait près de moi : il se trouva que c'était celle d'un horloger.

Trois ou quatre hommes de condition s'y trouvaient, qui admiraient le fastueux génie de ces mécaniques alors toutes nouvelles. Les tempes battantes je me mêlai à eux, conscient que j'étais de faire un chaland peu probable, et d'être regardé avec dédain.

C'était en pure perte que j'avais là cherché refuge. L'Italien m'avait vu. Bientôt je l'entendis entrer et sentis sa main sur mon épaule :

« Le bonjour, ami ! »

« Je... Sommes-nous ?... »

« Chevalier Pellegrini. Voyons, vous ne me remettez pas ? Nous avons fait connaissance l'autre jour, chez... »

« Ah oui », coupai-je hâtivement, de peur que l'inconscient ne clame à tous vents nos équivoques fréquentations.

« Vous êtes bien l'élève de Venetius, n'est-ce pas ? Ah, *il signor* Venetius... »

Déjà, le bras passé sous le mien, il faisait mine de m'entraîner dehors, cependant qu'à mi-voix je protestais que j'avais affaire ici, et que ces horloges m'intéressaient beaucoup.

« Ça vous intéresse, ces petits moulins à moudre les journées ? pah ! laissez ça aux moines et aux marchands », dit-il d'une voix plus sonore encore qu'auparavant, ce qui nous attira des regards courroucés ; et l'horloger lui-même, quand nous eûmes franchi le seuil, vint repousser en grommelant le battant de sa porte.

J'étais embarrassé de cet éclat auquel j'avais bien involontairement pris part ; embarrassé et heureux, car la manière dont mon séducteur avait parlé des moines prouvait à l'évidence qu'il ne gardait, pas plus que mon maître, souvenir de notre première rencontre. Sans doute n'avait-il alors vu que ma bure : je m'en félicitai, et osai affronter plus franchement son regard.

Au reste il ne me regardait pas. Occupé à fourrager dans la poche de sa cape, il fronçait des sourcils plus sombres, notai-je, que sa chevelure. Il ne les releva qu'au moment où finit par se matérialiser, dans sa main, un objet. C'était un gros sablier comme en ont souvent ceux qui enseignent, et comme j'en avais vu chez rabbi Meïr de Spire. Conradino me le mit sous les yeux, soudain le renversa ; et tandis que le sable, en un mince filet, se mettait à couler :

« Pour moi cela suffit. Un sablier – c'est tant ; deux sabliers – deux fois tant ; et ainsi de suite. Pour le reste, le temps peut marcher à sa guise. Je sais bien quand j'ai faim, et quand il me plaît d'aller me coucher. Tu vois ? »

« Vous êtes donc... pédagogue ? » dis-je, subjugué par cette liberté de façons et par l'inconséquence avec laquelle il passait du « vous » au « tu », mais trop peu libre moi-même pour l'imiter.

« Pédagogue, non ! Maître d'armes... quand cela se trouve. »

Alors seulement je vis l'épée passée dans sa ceinture. Maître d'armes, sapristi ! voilà qui était drôle. Je m'étais figuré, d'après son titre et le tranchant de son verbe, une position plus élevée. Qu'un tel Adonis touchât des gages, cela se pouvait, la beauté est éparse et se trouve également répartie entre les divers ordres de notre société. Mais qu'il se proclame chevalier, et mette sur la sellette des lettrés reconnus, c'était un peu bien de l'audace pour un homme si petit.

« Il n'y a pas de sot métier », énonçai-je assez malencontreusement.

« N'est-ce pas ? La seule chose sotte, c'est de n'en point avoir, je l'ai toujours pensé. Mais vous-même, *signor*... Ah ! par exemple, figurez-vous que j'ignore votre nom. »

J'étais soulagé de cette digression, sans laquelle j'étais en passe d'être traité de sot ; mais je fus long à répondre. Je commençai par feindre une quinte de toux pour me laisser le temps de réfléchir ; et brusquement, las du sobriquet dont m'avait affublé mon maître et que j'avais gardé auprès de nos amis, je lâchai, une main encore devant ma bouche :

« Je m'appelle Mardochée. »

« Mardochée – *ebreo* ? » fit-il, plissant les yeux avec une intense curiosité.

« Non, chevalier. Je suis chrétien, et gentilhomme, et seule la Fortune... – Mais je bavarde », dis-je, stupéfait de mon indiscrétion, « et crains de vous ennuyer par un de ces récits généalogiques dont se repaît la haute noblesse, mais que les autres... enfin... »

Un petit rire m'épargna la peine d'achever.

« Tu es trop attentionné, mon cher. Je serais ravi d'entendre ton aristocratique histoire. Tiens : la petite maison là-bas est celle où j'habite. Je voudrais y déposer mon épée, avant que nous allions, peut-être, en quelque auberge... »

« Je vous en prie, faites ! et indiquez-moi le lieu où nous nous retrouverons. »

C'était le dernier sursaut de ma conscience. Sincèrement, je comptais laisser l'Italien rejoindre sa demeure et en profiter pour lui fausser compagnie. Je le devais à mon maître, qui ne souhaitait pas que je noue cette amitié et qui, plus prosaïquement, m'attendait à cette heure ainsi que son Boèce. Je me le devais aussi à moi, et à ma sûreté : qu'allais-je donc révéler à ce fou la vérité de ma naissance ?

Mais celui-ci ne voulut rien savoir.

« Non, non, venez avec moi, c'est l'affaire d'un instant. Soyez tranquille : mon logis est modeste, mais non crapuleux. – À moins que tu n'aies peur, messire Mardochée, que je ne te coupe le cou ? »

Il avait dit cela tout à fait comme autrefois, lorsqu'il m'appelait « petit moine », pensai-je, le cœur gonflé d'une joie mystérieuse ; et, riant de le voir rire, je cédai. Au fond, il valait mieux que je lui fasse mon récit entre ses quatre murs, plutôt qu'en un lieu public où traînaient mille oreilles peut-être malveillantes. Et ce logis lui-même fut une surprise. Modeste, en effet ; mais les quelques meubles en étaient d'une propreté méticuleuse, les livres y abondaient, et aussi des rouleaux et des plumes. Rien de la tanière que je lui avais supposée ; l'ensemble, par son art consommé du détail – ici un luth, là une étoffe orientale – inspirait même un doux et pénétrant sentiment d'harmonie.

Il y avait une chaise, assez belle, sur laquelle je m'assis machinalement avant que mon hôte m'y ait convié. Il eut un sourire et murmura :

« Alors cela vous plaît. »

« Beaucoup, oui. – Vous êtes musicien ? » dis-je, désignant l'instrument.

« Un peu. D'ailleurs il m'arrive aussi d'enseigner la musique. »

« Ah. »

Je le fixais pensivement, ne sachant plus, à présent, où le situer. Maître d'armes, de musique, érudit semblait-il – tant d'arts, libéraux et autres, me déconcertaient.

« Et ton histoire, Mardochée ? N'allons-nous pas sortir, afin que tu puisses me la raconter plus commodément ? »

« Non ; je vous en prie, restons ici. »

Avec plus de formes que je n'eusse pensé, mon hôte s'excusa de n'avoir sur place aucun rafraîchissement à m'offrir, pas même de l'eau, car sa cruche était vide. Mais je passai outre, et, avec une confiance que rien n'autorisait sinon l'affinité que j'avais dès l'abord éprouvée pour lui, je commençai – n'omettant ni l'histoire de mon nom, ni celle des événements qui m'avaient contraint à l'exil.

« Fils de duc, alors », fut son commentaire lorsque j'eus terminé.

« Mais oui. »

La tête un peu renversée, il m'observait avec un intérêt songeur que je pris pour du respect ; mais ma vanité fut bientôt rabattue.

« Tu sais, *Mardocheo*, tes quartiers ne m'impressionnent pas tellement. Je fais peu de cas de l'ascendance... »

Je laissai passer cette déclaration, qui me parut signaler un homme bassement né et le regrettant : il n'était pas jusqu'à ses faiblesses qui ne me le rendissent cher.

« ... ce qui m'amuse plus, tu vois, c'est ton nom. Est-ce que tu te rends compte, ami, qu'en une certaine façon ta personne associe deux des religions du Livre ? »

J'avoue qu'il me présentait les choses sous un jour inédit. Une fatalité que mon maître m'avait appris à accepter, soit ; mais, quant à associer en moi...

« C'est admirable. À toi seul tu résumes deux des grandes impostures, ah ! ah ! Il fallait que je te rencontre. C'était écrit. »

Je trouvais déplacées ces ironies. Non que je m'offusque, comme mon maître, des blasphèmes en général ; mais, depuis Spire, je tolérais mal qu'on attaque les choses juives, dont les hasards de mon parcours avaient fait de moi le champion.

« Chevalier, dis-je fermement, si vous voulez que nous restions amis, ne parlez pas mal des Juifs devant moi : j'en fais une affaire personnelle. »

Un sifflement admiratif salua ma tirade.

« Mais tu m'éblouis, Mardochée, sincèrement tu m'éblouis. On aurait pu croire que tes origines t'inspireraient dans ce domaine des sentiments tout autres – inverses, à la vérité. »

« Ce fut l'œuvre de Venetius », reconnus-je, frappé par sa pénétration. « Venetius, mon maître et presque créateur ; que malheureusement, Conradino, je crois que vous... que tu n'apprécies pas à sa juste valeur. »

« Oh si. Je l'apprécie grandement ; et ce que tu viens de me dire accroît encore mon estime. Faire d'un petit féodal allemand... »

« Mon cher, en voilà assez », coupai-je, blessé pour de bon. « Le petit féodal allemand vous dit bien des choses ; mais, même déchu et sans trône, il n'a pas d'approbation à recevoir d'un... d'un montreur de bottes. »

« Montreur de bottes, quelle trouvaille ! – Allons, beau sire, rasseyez-vous. Vous avez pris en mauvaise part un tour qui dans ma bouche, je vous le jure, ne se voulait qu'une sobre expression de la réalité. N'êtes-vous pas, de fait, un petit féodal allemand ? »

« Si », marmonnai-je.

« Alors ? Vous êtes instruit, n'est-ce pas, capable de vous élever aux généralités, et d'appeler un chat un chat, même quand ce matou n'est autre que vous-même. Moi, tenez, je vous le dis sans honte : je suis fils d'un bâtard, et je ne porte pas le nom de mon père. »

Ses yeux luisaient, narquois.

« Et ?... » l'engageai-je, m'attendant à quelque extraordinaire retournement.

« Et c'est tout, du moins pour aujourd'hui. Je viens d'entendre sonner none à l'église de la paroisse, et il me souvient que je dois me rendre chez maître Marsile pour y rencontrer quelqu'un. Ton histoire, Mardochée, m'a tellement tenu en haleine que je l'avais oublié. Mais je t'en conjure, revoyons-nous : nous sommes loin encore de nous être tout dit. Et j'ai eu grand plaisir à faire ta connaissance. – Demain ? »

Mon dépit, devant ces aménités dites avec un si large sourire, fondait comme neige au soleil.

« Demain, entendu » ; et tandis que l'Italien me demandait encore pardon de mettre fin lui-même à ma visite, je pris congé de cette chambre hospitalière, et de lui.

À peine parvenu dans la rue je maudissais mon imprudence, qui m'avait fait mettre ma vie entre les mains d'un quasi-inconnu. Et de sa loyauté je ne pouvais guère augurer. Sa façon de passer des cajoleries aux sarcasmes, des outrages aux déclarations d'amitié, me laissait incertain et, pour tout dire, malheureux. S'était-il joué de moi ?

Ce fut en proie à de sombres pensées que j'arrivai chez nous. Mon maître était en son étude. J'y montai, tout absorbé encore, et déposai sur sa table son Boèce relié de frais.

« Où étiez-vous ? »

Il m'avait posé cette question distraitement, tout en examinant d'un air approbateur la basane du dos. Mais mon silence lui fit lever les yeux, et sa bouche tressaillit quand ils rencontrèrent les miens.

« Trois heures à cette course, Mardochée ? »

Je ne répondais pas ; incapable que j'étais de lui mentir, et incapable de lui dire la vérité. Je crois qu'il la lut dans mon regard ; car, se mordant la lèvre, il reprit avec bonhomie :

« Cela n'a pas d'importance, d'ailleurs, pourvu que vous soyez là et puissiez tout à l'heure venir écrire sous ma dictée.

Allez, mon fils, je vous appellerai. Vous avez même le temps, dans l'intervalle, d'avancer quelque peu à vos propres travaux. »

Confus, je me retirai – non pour étudier, mais pour creuser dans la solitude le souci de mon cœur.

Il me tarauda jusqu'au soir et une bonne partie de la nuit. Je me voyais trahi par l'Italien, arrêté, reconduit à Löwenfels ; et puis la hache du bourreau s'élevait dans les airs, retombait sur mon cou... Et je parais la scène d'un tel luxe de détails qu'involontairement mon bras montait à ma gorge, et qu'il me semblait y sentir une féroce douleur.

Ce fut hâve et chancelant que je me rendis, le lendemain, dans l'impasse où Conradino m'avait dit donner ses leçons. Il ferraillait, justement, avec un grand coquin tout couvert de balafres, un vrai coupe-jarret dont je me demandai d'abord ce qu'il pouvait apprendre d'un maître si juvénile. Ce dernier m'aperçut, au milieu de l'assaut trouva moyen de me lancer un salut amical, qui chassa aussitôt mes terreurs de la nuit. Toutefois il m'en causa d'autres : car, distrait par ma présence, l'Italien se laissa frapper du plat de l'épée ennemie, droit sur sa clavicule qui rendit un son clair.

« Mon Dieu ! » m'écriai-je.

Mais mon inquiétude n'était pas de saison. Avec un sourire Conradino se reprit, il y eut un tumulte de lames, et un moment plus tard le patibulaire, penaud et désarmé, roulait au sol avec un juron.

« C'est fini », observa son instructeur, après un coup d'œil au sablier posé sur une pierre. « Un seulement aujourd'hui, n'est-ce pas ? »

« Ouais », grogna l'autre, tirant de sa bourse une poignée de pièces.

« Et un demain aussi ? »

« Demain, deux ! » Puis, frottant de la paume la poussière de sa veste, il nous dit adieu, et décampa.

« Tu vois, s'égaya Conradino, il n'est pas content. C'est une canaille, un vieux de la vieille, et pour ça il s'imagine qu'il sait tout de l'art de tuer les gens. Mais à tout art il y a des règles : il ne les connaît pas... »

Je l'interrompis pour lui demander si sa blessure ne le faisait pas souffrir : du sang en coulait, et j'avais encore dans les oreilles l'affreux bruit de l'os percuté.

« Où ça ? » murmura-t-il, abaissant le menton. « Ah ! *porca miseria*, je me suis sali. Viens, Mardochée, retournons à ma chambre : je déteste me promener en ville dans des vêtements souillés. »

Ce que nous fîmes. En chemin, l'irritation de mon ami se dissipa vite, et même se changea en gaillardise quand il vit avancer à notre rencontre deux religieuses marchant à pas pressés.

« Petite ! Petite ! » susurra-t-il en direction de la plus jeune, non sans reculer ostentatoirement pour leur céder le pas. « Ah, ce teint, cette bouche – Mardochée, es-tu déjà allé dans le royaume de France ? Est-ce que tu sais comment là-bas on embrasse sa maîtresse ? Avec la langue, mon ami ! »

Il m'avait délivré cette information avec une grimace suggestive, et à voix si haute que ce fut miracle si les nonnains ne l'entendirent pas. J'étais épouvanté :

« Je t'en prie, chevalier, accorde-moi une faveur. »

« Laquelle ? »

« Eh bien ! entre nous, parlons italien. C'est un bel idiome, que j'aime et que je pratique, et... »

Par bonheur je n'eus guère à chercher d'arguments. Déjà Conradino exultait :

« Tu parles italien, merveilleux, Mardochée ! D'où vient cela ? »

Dans sa langue je lui expliquai l'avoir apprise chez mon oncle, dont la belle-mère était de Pavie.

« Ah ! de Pavie. Tu m'en diras tant. De là cet accent bizarre et ridicule... »

« S'il te plaît ! protestai-je, très froissé au fond. Il se peut, mon apprentissage étant ancien déjà, que ma prononciation se soit gâtée ; mais donna Laura, qui m'enseigna, parlait l'italien le plus joliment du monde. »

« *Mardocheo*, que tu es chatouilleux. Pour mes oreilles siciliennes ton patois du Nord est une source de gaieté, je te l'avoue. Mais apprends, mon cher, à recevoir mes pointes avec moins de sérieux. Il est des poètes du Nord que je révère comme d'autres les Écritures saintes ; et leurs idiomes sont pour mes oreilles comme la musique des sphères. »

« Pour tes oreilles siciliennes... », complétai-je pensif. C'était la première chose précise que j'apprenais à son sujet ; et je regardais avec émotion ce natif d'une terre si exotique. La Sicile ! C'était un autre monde pour moi. Par ma fréquentation des classiques, je m'en étais formé l'idée d'un opulent grenier à blé, regorgeant de beaux temples et d'objets précieux, et baigné d'un soleil presque africain déjà. Mais ces représentations, pour m'avoir été insufflées par des autorités si antiques, me la faisaient aussi paraître incroyablement éloignée.

« Eh oui », soupira Conradino, dont les pensées avaient suivi un autre cours. « Pauvre Sicile, qui passe de main et main comme une fille, que les papes ont donnée, donnée !... aux Angevins, et qui ensuite a dû accepter, outre le fantoche qui lui sert de roi, ce stupide nom de " Trinacrie "... »

« Tu abhorres autant, dirait-on, la maison d'Anjou et celle de Frédéric ! »

« *Cosa*, Frédéric ? » sursauta-t-il.

« Mais le roi de Trinacrie, dont tu parles avec tant de dédain. Régner près de quarante ans n'est pourtant pas chose commune de nos jours, et un fantoche... »

« Pardonne-moi. Oui, Frédéric en effet se cramponne à son trône, et n'a rien négligé pour y demeurer : ni de rappeler qu'il descend par les femmes, comme le roi d'Aragon son neveu, d'un empereur germanique qui fut son homonyme ; ni d'épouser la fille de Charles d'Anjou, son ancien ennemi et rival... »

Nous arrivions devant sa demeure ; il s'effaça dans l'escalier pour me laisser monter devant lui.

« De fait la vie des peuples est bien précaire, observai-je, et aucun individu ne souffrirait de changer de maître aussi souvent qu'ils le font. Un mariage royal, une guerre, un accord entre grands, et leur destinée bascule. J'admire cette philosophie des communautés, quand ceux qui les composent en sont si dépourvus. »

« Tu l'admires, hein ? ricana mon ami. Oh ! tes développements viennent fort à propos. C'est que j'allais donner dans une chose que je déteste et qu'on entend si souvent : les propos attendris sur la terre natale. Par Dieu ! les gens en parlent comme si c'était leur mère, une personne de chair et d'os, à qui prendre un morceau est arracher un bras, et à qui il faut donner de l'embonpoint au prix des pires bassesses. Une mère, bah ! la Sicile n'en a pas été une pour moi ; et d'ailleurs je suis autant sicilien qu'allemand, espagnol ou arabe. »

« Ah ! » dis-je. C'est que je commençais à m'y perdre un peu.

« Mardochée, tu ouvres des yeux ronds qui me font rire. Assieds-toi sur ma chaise ; et daigne aujourd'hui, je te prie, boire sous mon toit. L'homme que j'ai vu hier chez Marsile m'a remis en cadeau un tonnelet de vin de Toscane. Avec ce vin, Mardochée, trinquons ; trinquons à notre rencontre, et à celle, en nous deux, des *trois impostures.* »

Déjà la belle liqueur tremblait dans les deux coupes ; déjà Conradino, les yeux dans les miens, en humectait ses lèvres, et je l'imitai avant de lui demander ce que, sérieusement, il avait voulu dire.

« Mais, exactement ce que je t'ai dit. Mon aïeule, figure-toi, était une Sarrasine. Je sais que cela ne se voit pas, sauf à mon teint peut-être, qui même l'hiver ne devient jamais aussi blanc que le vôtre ; et cela même n'est pas rare chez les hommes de mon pays. Pour le reste, pour mes cheveux, je tiens plutôt de mon autre ascendance... »

J'avais cillé à cette phrase, prononcée d'un ton lourd de sous-entendus.

« Je te dois mon histoire, Mardochée, poursuivit mon hôte. Elle vaut bien la tienne, et je te la livre autant pour te garantir que pour t'informer. J'ai été malicieux hier, en te laissant partir tout inquiet de ta vie – oh, ne dis pas non, je l'ai bien remarqué. Alors écoute maintenant, et tu verras si je ne te mets pas entre les mains une lame aussi tranchante que tu me donnas hier. Les amis, comme les ennemis, doivent s'affronter à armes égales. »

XXXIV

Je ne révélerais pas ici ce que m'apprit Conradino si je n'étais certain de ne plus pouvoir, ce faisant, lui nuire. Non ! il ne risque plus rien, ce bel enfant fougueux, rejeton d'une lignée terrible qui ébranla à ce point le monde qu'on l'en avait surnommée le marteau... On voit que j'anticipe : mais il n'est point besoin que je fasse attendre à mon lecteur une vérité que j'appris, moi, si promptement. Elle était extravagante, et, connue de tous, aurait pu modifier les destinées de plusieurs États. Ce qui la rendait pourtant indubitable, c'était son danger même, le danger mortel qu'elle était pour l'intéressé. On connaît les mensonges qui sauvent ; mais controuver une chose dont le simple soupçon suffirait à vous coûter la vie, voilà qui dépasserait en invraisemblance ce que me confia le Sicilien. Les fous et les hâbleurs se font volontiers passer pour de hauts personnages, l'un se veut Alexandre, une autre Cléopâtre, et certain ambitieux le fils de quelque prince défunt à la succession vacante ; mais aucun, on me l'accordera, n'irait se proclamer le dernier héritier direct du sang des Hohenstaufen.

C'est pourtant ce qu'était Conradino. Son père, me dit-il, était fils de l'empereur Frédéric et d'une esclave mauresque de sa maison. Femme d'une insigne beauté, dont la prudence s'effraya d'avoir donné le jour à un bâtard impérial ; au point qu'elle le dissimula, même à son amant qui se trouvait absent au moment de ses couches. Et quand, un peu plus tard, elle eut vent de l'empoisonnement auquel ce dernier venait d'échapper, sa sollicitude de mère lui donna une clairvoyance que nul autre n'avait alors. Sauver l'enfant d'un père si menacé fut son unique souci. J'ignore, et Conradino lui-même ignorait, par quelles protections cet enfant – son père – s'était retrouvé à Tunis, puis à Ceuta, y avait été élevé dans la foi mahométane par sa famille d'adoption, qui, le destinant au commerce, l'envoya faire affaire dans le Sud de l'Espagne, en une ville dont il vécut la reconquête. Il s'y fit ou y fut fait chrétien, s'enrichit, et regagna son île natale lors des Vêpres sanglantes où en furent chassés les Angevins. En son âge mûr il y prit une épouse, dut pourtant peu après la ramener en Espagne : à ce gibelin fervent et sujet loyal du roi d'Aragon, le retour de la Sicile dans le giron d'Anjou, puis du roi Frédéric de Trinacrie, était abominable.

Ainsi ce fut à Saragosse qu'il engendra, au soir de sa vie, un fils. Il le prénomma Conradino, en hommage à cet autre petit-fils du Hohenstaufen dont l'ignominieuse exécution avait endeuillé sa jeunesse. Ensuite il mourut, et sa veuve s'en revint en Sicile avec ce fils âgé de quelques mois. La fortune qu'il lui avait léguée tenta un certain comte Pellegrini – homme de peu, napolitain de naissance, autrefois anobli par Charles d'Anjou pour de mystérieux services, et qui avait su conserver sa terre sicilienne à travers vents et marées.

« Un triste bonhomme, Mardochée, que ce parâtre ! » m'assurait mon ami. Un être qui n'avait jamais manié l'épée, du moins sur un champ de bataille, et dont le talent consistait uniquement à flairer sur quelle face son pain était graissé : mais à cela il excellait. Cet homme s'attira les faveurs de la veuve, et lui fit à ce point miroiter le titre de comtesse qu'elle s'estima tout juste quitte en lui accordant, outre ses doublons, que son fils soit renommé Ercole, par décence et par sûreté.

Ce nom, Conradino l'avait porté pendant toute son enfance, sans rien soupçonner sinon qu'il n'était guère aimé de son beau-père, que lui-même, d'ailleurs, détestait. Lorsqu'il eut quinze ans, la veuve, dont la santé déclinait, l'instruisit du mystère de ses origines : il en fut bouleversé. Frondeur, lettré, d'une fierté sauvage, il méprisait tout ce qu'était le comte ; cette révélation, puis la mort de sa mère, achevèrent de l'en éloigner.

Il était parti, les poches presque vides, au lendemain d'une dispute. On ne l'avait pas retenu, les trois ou quatre enfants du second lit accaparant toute la tendresse familiale. Et depuis sept ans il avait vécu comme l'oiseau sur la branche ; souvent en gueux (« J'ai même dû porter des paniers de poissons, Mardochée, pour ne pas mourir de faim »), parfois malhonnêtement, mais désormais sous son véritable nom, qu'il avait repris par bravade. Son feu intérieur le préservait des mauvaises rencontres et de l'avilissement. Loin d'être abaissé par cette existence, il gardait, même dans le crime, la tête haute, et ne semblait attendre que le moment favorable pour révéler sa vertu. Ce moment vint, en la personne d'un maître de droit par qui il fut d'abord chargé d'insignifiantes courses, puis de travaux d'écriture. Ce protecteur était aussi poète, et même poète réputé, paraît-il, quoique son nom, à moi, ne me dît rien.

« Tu ne connais pas Cino da Pistoia ! » tonna Conradino quand je le lui avouai. « Vas-tu me dire aussi que tu ne connais pas Dante Alighieri ? »

« Bien sûr que si », protestai-je en haussant les épaules. « Crois-tu que l'élève de Venetius pourrait ne pas connaître l'auteur du *De monarchia* ? Là-dedans j'ai appris tout ce qu'il faut penser de l'empereur et du pape ; comme je suppose que toi, mêmement... »

« L'auteur du *De monarchia* – ah, Mardochée, que tu es drôle ! Mais nous reparlerons de lui une autre fois. »

Il lui tardait d'achever le récit de sa vie, qu'il n'avait jamais retracé si longuement devant quiconque. En bref, Cino da Pistoia avait été son guide vers une existence plus fine et plus belle. Il avait fait, à la fois, peu et beaucoup pour lui. Peu, parce que l'adolescent, en fait de lettres et d'arts, n'avait plus guère à apprendre, et présentait des dispositions étonnantes pour les rares domaines qu'il ignorait encore ; beaucoup aussi, car, sans son appui et ses encouragements, les dons de son pupille seraient restés inféconds faute d'être reconnus. Cino le présenta, lui fit connaître tout un cercle de savants, de poètes et d'érudits comme lui gibelins ou, du moins, l'ayant été. Partout l'enfant de Sicile gagna les cœurs, et par le sang dont il était issu, et – je le présume, car mon ami ne parlait naturellement pas de soi en ces termes – par l'irrésistible lumière que son être diffusait.

Mais ce crédit ne lui était jamais apparu comme un moyen de s'élever autrement qu'en esprit. Toujours il repensait au comte, et le dédain qu'il avait pour cette aspiration si commune à parvenir, à devenir riche, puissant et oisif, lui rendait désirable sa pauvreté. Certaines de ses *canzoni* étaient lues dans de lointaines cours royales ; et Conradino continuait d'enseigner les armes, de montrer la musique et les lettres à des fils de bourgeois, voire de travailler comme manœuvre quand rien de mieux ne se présentait. Car il voyageait sans cesse, aimait à voir le monde et à rencontrer les amis de ses amis ; et toute activité le lassait quand il avait à l'exercer trop longtemps à la même place.

« Sais-tu, *Mardocheo*, que j'ai traversé quatre fois les Alpes à pied ? – Mais je parle, je parle, et ne parle que de moi. Je fais un mauvais hôte aujourd'hui. Revenons-en à ta personne : je ne sais toujours pas, après deux jours, ce qu'est ton métier, à toi. »

Sa narration me berçait doucement ; cette rupture me prit de court.

« Mon métier ? Mais je... j'étudie », répondis-je, rougissant intensément.

« Ah, tu études », fit-il avec un coup d'œil vers la croisée, éclairée à présent d'une clarté méridienne. « Diable, tu t'y adonnes avec fureur, j'ai l'impression. »

Cette raillerie allait avoir plusieurs effets, dont le premier fut de me ramener à mes devoirs. Je pris congé du Sicilien, non sans le remercier avec effusion de la confiance qu'il m'avait témoignée, et dont je lui promis de me montrer digne.

« À demain encore ? » demandai-je en partant.

« Euh... non, je m'en désole. Demain j'ai un engagement dont je ne peux me dédire, car il doit me rapporter une somme dont j'ai grandement besoin. Le jour d'après, si tu veux, Mardochée. »

Comme ce délai m'était pénible ! Je maudissais la nécessité où était mon ami, et lui eusse bien proposé de lui avancer cet argent dont le besoin lui faisait retarder notre rencontre. Mais il m'aurait méprisé. Pis : il me méprisait déjà – sans virulence d'ailleurs, et sans que cela entrave absolument notre amitié – pour la facilité dans laquelle je vivais, et la primauté que j'accordais, dans le gouvernement de mon existence, à mon loisir. La honte qui me tenait depuis mon voyage à Landshut grandissait en moi, commençait à me faire mal. Qu'avais-je fait, moi, de ce loisir que j'avais à foison ? Loin que mes productions fussent lues dans des cours étrangères, je n'avais à me glorifier que de rares scolies, et de quelques poèmes que j'étais seul à connaître...

« Il faudra que je les montre à Conradino », me dis-je en parvenant chez nous.

Mais cela, dans un second temps, m'apparut prématuré. J'eusse préféré, avant d'offrir au Sicilien mes prémices poétiques, lui apprendre l'histoire de mon amour, afin qu'il pût en apprécier, dans mes vers, la peinture. D'ailleurs il ne me serait pas possible de celer longtemps à mon ami une chose qui tenait tant de place dans ma vie.

Ces considérations n'avaient fait qu'aviver mon impatience de le revoir. Assis dans ma chambre, je roulais et déroulais mes parchemins, corrigeais ici et là un rythme bancal, soupirais, morose, à la pensée que cette journée à perdre serait suivie d'une autre plus vide encore. Au bout d'une heure je n'y tins plus et descendis rejoindre mon maître.

Il composait ; mais devant l'insistance de mon regard, il posa sa plume et me sourit.

« Vous semblez en peine, Mardochée. »

« Oui, maître, je... je voudrais que vous m'ôtiez d'un doute. »

« Lequel, mon fils ? »

« La tête me tourne aujourd'hui, et cette chaleur émousse ma mémoire : je ne suis plus certain... Le *De monarchia*, maître, est-il bien l'œuvre de Dante le Florentin ? »

« Eh ! pardieu, oui, Mardochée. Vous devez réellement être souffrant pour l'avoir oublié. – Tenez, en voici ma copie : désirez-vous l'emporter avec vous ? »

Je la pris machinalement, puis, l'ayant ouverte, avec plus de chaleur ; et comme mon maître me proposait de rester étudier à côté de lui, en m'assurant que je ne le gênerais pas, j'acceptai. Je le gênais pourtant, je m'en rendais compte au progrès de sa plume, qui devenait lent et malaisé, voire cessait bel et bien quand, au milieu de ma lecture, une pensée parasite m'arrachait un soupir. Mais il ne s'en plaignit pas, et au contraire m'engagea à lui soumettre les difficultés qu'apparemment je rencontrais. Je le laissai à son illusion, ou plutôt à ce que je croyais tel ; mais voilà qu'à la fin de cette séance il me jeta à brûle-pourpoint :

« Vous allez donc revoir cet Italien ? »

« Ah, maître », m'exclamai-je, trop décontenancé pour dissimuler davantage, « après-demain seulement ! »

« Après-demain seulement !... » murmura-t-il ; et ce fut tout.

J'aurais rêvé, pourtant, de l'entretenir de mon ami, et tout particulièrement de son ascendance qui, me semblait-il, aurait forcé son intérêt. Mais j'avais juré le secret à Conradino ; et même si, en ce domaine, je pouvais me fier à mon maître comme à un autre moi-même, mon serment m'était sacré.

Le surlendemain je revis Conradino : bientôt nous prîmes l'habitude de nous voir non seulement tous les jours où cela lui était possible, mais plusieurs fois par jour. Chaque matin j'allais le chercher dans l'impasse ; ses élèves finissaient par me connaître et par me saluer familièrement. Nous passions ensemble le milieu de la journée, soit chez lui, soit aux bords de l'Isar – car mon ami vouait à l'eau un amour qui était presque un culte, s'y baignait pour peu qu'il fît beau, et ne pouvait concevoir de promenade qui ne fût pas bercée par le chant de ses ondes.

Et puis il s'excusait, alléguant des affaires qui l'occupaient jusqu'au soir et dont j'ignorais la nature exacte. Je devinais qu'il y avait là quelque mystère politique ; et son silence à ce sujet m'inquiétait. De quoi s'agissait-il donc, pour qu'il hésite à m'en faire part, lui qui m'avait avoué un secret propre à le faire pendre ou décapiter comme l'avait été presque toute la semence de l'empereur Frédéric ? Souvent il me parlait d'amis à rencontrer, d'hommes à qui rendre visite, sans que jamais il fût question de leurs noms, ni de me présenter à eux. Peut-être répugnait-il, quoique insoucieux de son propre danger, à mettre en danger autrui ; peut-être aussi avait-il consigne de se taire. Je le crois volontiers, puisqu'il en usait avec moi, pour le reste, sans la moindre réserve ; et je sus assez vite tout ce qu'il pensait en général, et tous les incidents qui avaient jusque-là marqué sa vie.

Nous nous retrouvions le soir, à la brune ; nos confidences les plus intimes, nous nous les fîmes à cette heure-là. Elles nous menaient si loin qu'un soir je laissai passer l'heure du couvre-feu et dus dormir chez lui. Quelques braises, mettant au chef de mon ami des reflets presque roux, crépitaient dans l'âtre. Il les fixait des yeux et pinçait distraitement les cordes de son luth, écoutant ce que je lui disais de Roswitha de Ravenau, des trois jours bénis de mon existence où j'avais été près d'elle ; et quand j'eus terminé :

« Moi aussi, dit-il à mi-voix, moi aussi j'ai aimé très jeune... »

Et, en mots concis mais brûlants, il me décrivit la passion qu'il avait eue au début de son adolescence pour sa demi-sœur Concetta ; comment celle-ci, une enfant d'une grâce surnaturelle, et à douze ans aussi faite, d'âme et de corps, qu'une femme, lui avait rendu son affection, l'avait préféré à ses autres frères, l'avait idolâtré, même, en toute innocence ; jusqu'au moment fatal où la vérité lui apparut.

« C'est aussi pour cela, je dois le dire, que j'ai quitté les miens ; l'air de notre maison m'était devenu irrespirable. Ma Concetta m'avait pris en horreur, avait pris tout en horreur... Comme j'avais mal, Mardochée, comme j'avais remords de mon affreux amour en la voyant si pâle et si éteinte ! J'ai cru l'obliger en m'en allant ; d'ailleurs je ne supportais plus, sans son rire, notre castel surplombant la mer, fortifié de partout, écrasé par la lumière blanche d'une canicule perpétuelle... »

C'était après son départ que le comte, inquiet de voir dépérir sa fille, avait hâté ses fiançailles avec un gentilhomme dont l'alliance lui importait : à quatorze ans, elle l'épousait, un an après mourait en couches – Conradino l'avait appris bien des mois plus tard, dans les hasards de sa vie vagabonde. Et rien, depuis, ne l'avait consolé de cette perte. Il avait eu, à quelque temps de là, une autre dame, une princesse aperçue lors d'un tournoi près de Ravenne. À celle-là étaient dédiées la plupart de ses *canzoni*, mais c'était un écran plus qu'un attachement véritable : et son cœur était mort.

J'eus un geste navré quand mon ami conclut son récit par ce mot tranchant comme un couperet. Mort, son cœur ! Comme il disait cela farouchement... Mais ici ma qualité d'aîné, pour une fois, me revint à l'esprit ; les deux ou trois ans que j'avais de plus que lui me semblèrent beaucoup, et je le trouvai, dans sa douleur, adorablement jeune. Non, c'était mirage de sa fougue juvénile ; il n'était pas mort, ce cœur, tout son être le proclamait à son insu. Et si sa passion, temporairement, s'était tout entière concentrée dans le blâme qu'il portait sur l'ordre du monde, cela aurait une fin, une part d'elle saurait un jour retrouver le chemin qui mène à l'amour d'une femme... Je me la représentais, cette femme, divinement belle et rayonnante d'esprit, comme il convenait pour conquérir l'âme d'un tel homme ; et un instant je ressentis une piqûre tout au fond de moi, et la conscience de mon infériorité m'emplit d'amertume.

Ce n'était pas que ma dame, à moi, me parût de valeur moindre. Échauffé par la flamme de cette narration, j'éprouvais même un surcroît d'amour pour ma cousine. Mais je soupçonnais que Conradino, épris d'elle, aurait réussi à s'en faire aimer. Il l'aurait réussi sans effort, le misérable !... Il est vrai aussi que les mises en garde vénétiennes ne l'auraient pas, lui, retenu. Il en aurait fait fi, aurait au besoin bouleversé la bonne marche du duché de Löwenfels, contesté violemment cette succession tranquille et peut-être répandu la guerre dans toute la région, pour peu que cela servît ses fins...

En bref, il aurait fait tout ce que j'eusse désiré faire.

XXXV

Le lendemain de cette nuit, je revins chez mon maître en proie à une certaine rancune ; car de tout cela, c'est lui que je rendais responsable. Qui avait, avec une féroce rigueur, tué mes espoirs et mes aspirations ? Lui ; et dans un but qui n'était pas, comme il me l'avait fait croire, le bien commun de l'humanité. Non, ce n'était pas le bien de tous qu'il avait eu en vue, c'était le sien propre, et son désir de me garder avec lui. La prudence qu'il invoquait pour me persuader n'était pas non plus une vertu universelle, c'était seulement celle que lui-même révérait entre toutes, et qui régissait sa vie. D'autres pensaient autrement, et ceux-là n'étaient pas forcément les moins habiles aux affaires mondaines, je le voyais bien. Mon maître, malgré toute sa sagesse, n'avait su devenir qu'un homme stipendié par un monarque qu'il méprisait, et blâmé, pour son excès de finesse, par certains mêmes de ses compagnons d'armes ; et de moi, il n'avait fait qu'un être inutile, aimant impuissamment et s'insurgeant sans force contre un monde mauvais.

Dans de pareilles dispositions, on concevra comment je pris les reproches qu'il m'adressa en me voyant paraître.

« Vous ici ! » furent ses mots d'accueil. « Vous nous revenez, je vous en sais mille grâces ! Je vous croyais déjà parti pour d'autres cieux, plus séduisants que le séjour que je vous impose... »

Il écumait ; son aigreur aussitôt me gagna.

« Pardonnez-moi : j'ai manqué l'heure du couvre-feu », marmonnai-je, dans un dernier effort pour me contenir.

« Vous avez manqué l'heure du couvre-feu – sot animal, je ne sais ce qui me retient de vous donner les étrivières, comme on fait aux garnements étourdis et trop insolents pour regretter leurs bévues ! »

« Les étrivières ! explosai-je. Voilà qui est bon, et vous ne savez ce que vous dites. Je ne suis pas le seul à commettre des bévues et à me dispenser de les regretter. Est-ce que je parle de vous frapper, moi, pour tout le mal que vous m'avez fait ? »

« Le mal que je vous ai fait ! » répéta mon maître médusé.

« Oui le mal, le mal ! J'ai été un jouet entre vos mains, vous ne m'avez pas permis de vivre, vous m'avez imposé vos vues détestables – et pour un pas que je fais dehors sans vous, vous m'accablez d'injures ? Suis-je... suis-je votre valet, qu'il me faille obtenir votre congé pour passer une nuit à ma guise ? »

Mon maître était blafard ; il recula d'un pas et se rassit sur sa chaise. J'attendais avec impatience qu'il réplique, afin d'y trouver un nouvel aliment à ma fureur. Mais un long moment s'écoula, et il ne disait rien. Déjà j'entrouvrais la bouche pour parler, quand sa voix, assourdie, reprit :

« Vous avez raison, Mardochée. J'ai cédé à la colère, et vous ai parlé comme il ne sied pas de parler à un homme adulte. Que voulez-vous ? Nous vivons si intimement que je ne vous ai pas vu grandir. Assurément, oui, vous avez depuis longtemps atteint l'âge d'être libre de vos faits et gestes. »

Ce brusque revirement m'avait démonté ; je ne trouvai que dire.

« Et vous avez raison encore, poursuivit-il d'un ton plus animé. J'ai trop longtemps fait durer mon ascendant sur vous. C'était abus de ma part ; un bon maître doit comprendre où s'arrête sa mission. J'ai échoué à cela, et mérite vos reproches – si je ne mérite pas la hargne avec laquelle vous me les adressez. »

« Maître... »

« Permettez, mon ami, il n'y a plus de *maître*. Pas plus que vous je ne tolérerai que nous commercions à l'avenir autrement qu'en égaux. Vous êtes maintenant maître vous aussi – maître de vous-même. Vous êtes, hum ! parfait. Un homme accompli, excellemment armé pour évoluer parmi vos semblables. Et c'est encore me montrer vain que de penser que j'y ai eu la moindre part. Je n'ai été que le garde-chiourme qui vous défendait les tentations préjudiciables au déploiement de votre perfection ; mais elle était en vous, et ne me doit rien. Non ! j'ai maintenant le courage de le voir : je ne vous ai rien appris, et vous ne me devez rien. Sortez de votre geôle, mon ami, et en sortant – c'est bien humain – allongez donc quelques coups de pied au geôlier qui vous a tant fait souffrir ; mais, de grâce, ne le tuez pas. »

« Vous raillez », balbutiai-je, horrifié par mon ingratitude ; « maître, oh ! maître... »

« Allons, mon fils : je raillais, en effet – je ne le ferai plus. Soyons droits et ouverts l'un avec l'autre. Je vous promets de vous traiter avec plus de confiance, et vous prie d'en user de même avec moi. »

« Maître, je... »

« Mais si, mais si. Bien entendu vous êtes libre de ne pas toujours dormir ici, et de préférer quelquefois la compagnie du chevalier. Je sais, pour l'avoir éprouvé, que l'amitié à ses débuts peut être impérieuse, et dévoreuse d'heures passées en commun. On a tant à se dire quand, se connaissant peu, on aspire à le faire davantage... »

« N'est-ce pas ? » m'écriai-je, touché de sa compréhension.

« Certainement. Mais, Mardochée, dans ces cas-là songez à m'avertir. J'ai passé une soirée et une nuit éprouvantes. Sincèrement, je me suis fait du souci pour vous, vous ai cru victime de quelque accident, de quelque malaise ! Jurez-moi de m'épargner à l'avenir de telles affres. »

« Maître, je vous le jure ; j'ai été bien inconsidéré en ne vous avertissant pas. »

« N'en parlons plus, mon cher, n'en parlons plus. Parlons plutôt, si cela vous agrée, de cet ami qui vous occupe tant. J'ai des réserves le concernant ; mais au fond, les reproches que je lui fais, il m'est bien arrivé de vous les faire à vous aussi : car vous vous ressemblez. »

J'aurais voulu embrasser mon maître pour cette parole si douce à mon cœur. Nous nous ressemblions ! Je n'espérais plus que quiconque s'en avise, tant je me sentais petit à côté du Sicilien.

« Nous nous ressemblons, maître, sans nous ressembler ; et je lui trouve bien des talents et des qualités que je n'ai pas. Et son histoire est si étonnante... euh... au regard de la mienne ! »

« Vous me surprenez, Mardochée ; votre histoire, croyez-moi, est rien moins que banale. »

« Oh ! peut-être, mais... » Ici il me fallut biaiser ; et tâcher de lui communiquer mon admiration en donnant du relief au peu que je pouvais lui apprendre. Je fis du père de Conradino un simple marchand arabe converti en Espagne, qui serait entré en négoce avec la Sicile après le retour de cette île à la couronne d'Aragon ; puis narrai son mariage, et la naissance tardive de ce fils...

« Conradino, donc. Curieux nom de baptême en pleine Saragosse », observa mon maître. « Savez-vous, Mardochée ? J'ai idée que ce Tunisois n'était pas un mahométan très fanatique. Et ce n'est pas sa conversion qui me le fait penser. Je serais plutôt porté à croire que de devenir chrétien ne le rendit pas plus zélé. »

« Pourquoi donc ? »

« Je ne sais, je ne sais... Un homme soucieux de laver son “ impureté de sang ”, comme disent les catholiques espagnols, aurait évité un prénom qui évoque immanquablement la famille de celui qu'on appela en son temps – l'Antéchrist. »

« Je... je ne vois pas bien... »

« Mais si, voyons : l'empereur Frédéric II. »

« Ah oui. »

« Bien sûr, m'allez-vous dire, les rois d'Aragon sont lointainement apparentés au Hohenstaufen ; mais ce n'était guère les flatter que d'honorer la mémoire du très légitime Conradino son petit-fils, quand eux-mêmes ne descendent que du bâtard Manfred, et encore par les femmes. »

« Certes », fis-je, ennuyé du tour que prenaient ses pensées.

« Le père de votre ami n'était sans doute pas un marchand ordinaire, pour être un tel admirateur du grand Frédéric. Ne vous ai-je jamais appris, Mardochée, que cet étrange croisé laissa en terre musulmane plus de regrets que de ressentiments ? Cette anecdote que vous me contez en est à mes yeux une preuve supplémentaire. Je n'irais certes pas jusqu'à donner foi à la légende selon laquelle il se serait lui-même converti à l'islam : à mon sens elle ne repose sur rien, sinon sur le nombre de Sarrasins dont il remplit sa maison, et qui, à l'heure prescrite, se levaient pour prier comme ils l'eussent fait sous leur sultan. Mais il demeure que, pendant sa croisade, il marqua bien plus de haine aux Templiers qu'il trouva là-bas qu'aux dits “ infidèles ” qu'il était censé y combattre. »

J'aurais donné une pinte de mon sang pour que cette conversation finisse ; mais rien n'arrêtait mon maître.

« Et cette mansuétude, croyez-moi, n'était pas toute diplomatique ; il y avait chez Frédéric une authentique curiosité pour une civilisation qui, je le lui accorde, est autrement plus florissante que celle du monde chrétien. Songez, Mardochée, aux arts ; songez à la science des planètes, à celle des nombres – songez enfin au peu que nous connaîtrions des Anciens, de Platon, du grand Aristote surtout, sans la précieuse entremise arabe ! »

« Est-ce à Averroès que vous pensez ? » glissai-je, espérant le détourner de ses spéculations en l'aiguillant sur un de ses auteurs favoris.

« Naturellement ; à lui, avant tout autre. Voilà plus d'un siècle que cet esprit étincelant s'est éteint ; et qui avions-nous alors à lui mettre en regard ? Personne. À peine commence-t-il à se trouver aujourd'hui des penseurs qui l'égalent dans leur intelligence des auteurs antiques ; et encore en font-ils souvent un usage qui s'oppose fâcheusement au sien... Mais il me semble, Mardochée, que je dévie. »

« Nullement, protestai-je, je vous suis parfaitement, et vois bien que... »

« ... qu'à dire vrai je ne faisais ce détour que pour revenir à ma route ? En effet, mon enfant. Vous êtes plus informé de ces choses que je ne le supposais. Si c'est l'œuvre de votre ami sarrasin, je lui en rends hommage. »

« Maître, vous oubliez qu'il n'est sarrasin que... qu'à demi », objectai-je, heureux toutefois de cette erreur où je pensais déceler un début d'intérêt.

« Soit. Quoi qu'il en soit, vous savez apparemment que beaucoup de ces œuvres importantes – celles d'Averroès, d'Avicenne, et celles d'Aristote dont elles étaient le commentaire – furent traduites à la demande de l'empereur Frédéric. »

Je l'ignorais complètement, mais eus la faiblesse de n'en rien dire. Pour la première fois il me semblait que mon maître trouvait à ma nouvelle amitié des avantages, et estimait possible que j'en tire profit. Je m'en félicitais, et m'étonnais que ce retournement ait eu lieu à la suite d'une violente altercation – la plus violente, même, qui nous ait jamais opposés.

Aveugle que j'étais ! Mon maître ne faisait qu'appliquer le programme qu'il venait de m'exposer, et que dans ma naïveté j'avais omis d'entendre. Il renonçait à l'ironie et, par là, renonçait à me retenir ; sa tutelle s'était retirée de ma personne, et je ne le voyais pas. Je pris l'habitude de lui rapporter ce que Conradino m'apprenait ; et les semaines qui suivirent furent riches de pareils enseignements. Des vues singulières, des jugements qui me frappaient par leur nouveauté, des œuvres dont je n'avais jamais eu connaissance, tel était le butin dont je revenais chargé de nos entretiens, et que je présentais à mon maître. Patiemment, il l'examinait, départageait ce qui pour lui, dans ces joyaux, était bon, et ce qui était pacotille ; mais en aucun cas ce partage ne prenait la forme catégorique que je lui donne ici. Mon maître discutait, contestait les idées qui n'étaient pas les siennes, tout en leur accordant autant de valeur qu'à celles d'un égal ; et ce qui me touchait le plus, c'est que, ce faisant, il semblait muettement accepter cette amitié, à défaut de s'en réjouir.

Au milieu de l'été, je décidai enfin de soumettre au Sicilien mes essais poétiques. J'avais, par timidité, reculé ce moment ; un jour le courage me vint sans crier gare.

« Des poèmes ? Mais, très volontiers, Mardochée. Je suis impatient de les entendre. Va donc : je t'écoute. »

Il me parut bon d'ouvrir l'offensive avec le fleuron de ma collection.

« Les autres poèmes, plus anciens, sont bien imparfaits, tu verras ; mais je ne suis pas mécontent de celui-ci. »

« Allons, allons, n'y mets pas tant de formes : lève-toi, et récite-moi cette œuvre dont tu me parles. »

Je me levai en effet, toussotai et commençai, les tempes bourdonnantes :

Au giron de ma belle,
Le jour que je la vis...

Bientôt mon émotion était telle que je déclamais sans plus rien voir ni entendre de ce qui m'entourait. Je le faisais mal, et si vite qu'en terminant je crus avoir oublié une strophe ; mais il n'en était rien.

Un instant s'écoula.

« Tiroulé », répéta Conradino : et, relevant les yeux, je m'aperçus qu'il tenait les siens gravement abaissés sur le bout de ses ongles. « C'est... dansant, ça ne manque pas de rythme, Mardochée ; sais-tu que c'est assez joli ? »

Assez joli !

« Mais j'aurais un reproche à te faire, même s'il est bénin, oh ! très bénin. Cette comparaison que tu développes, ce petit chat qu'on te montre et où tu penses voir l'âme de ta bien-aimée – pour mon goût artistique, c'est trop... trop recherché. Il y avait à trouver tant d'autres comparaisons plus naturelles, comment dire... »

« Lesquelles, je te prie ? » dis-je avec aigreur.

« Oh !... »

Ici il se pencha vers mon oreille et y chuchota une saleté qui me fit bondir au bas de ma chaise.

« Chevalier », proférai-je, cherchant des yeux ce qui, dans les objets environnants, pouvait me servir d'arme, « vous me rendrez raison de cet outrage ; car vous avez... vous insultez ma dame ! »

Il riait, l'insolent, à gorge déployée, mais se leva en alarme lorsque, faute de mieux, j'empoignai son luth et voulus l'en frapper.

« Ah, ça ! non, mon ami. Repose ça tout de suite. Je t'ai fâché, d'accord ; mais je t'avertis, c'est moi que tu fâcheras si tu abîmes cet instrument, qui est une relique. Il était à mon père ; il apprit à en jouer à Ceuta quand il était enfant. »

« Au diable ton père et ta famille de bâtards ! Toi-même tu ne respectes rien, et tu voudrais que j'aie pitié de quelques cordes tendues sur un morceau de bois ? »

J'avais crié cela la rage au cœur ; pourtant je me découvrais incapable de faire ce dont je le menaçais. Dans mes mains le bout de bois, comme je l'avais appelé, était d'une légèreté navrante, un choc que je venais par mégarde de lui imprimer en avait tiré une plainte – cela vivait presque, il me semblait que j'allais, en détruisant cette source de sons, commettre un crime...

« Bien, fis-je, incertain. Par égard pour l'artisan qui lui donna forme, je n'y toucherai pas. Mais toi, le Sicilien, tu vas me promettre de te battre avec moi ; tu as flétri l'honneur d'une femme que j'aime et qui, au surplus, est de mon sang. »

« Mais non. »

« Quoi, non ? Pousserez-vous, homme, l'injure au point de refuser... »

« Bien sûr que je refuse, *Mardocheo*. Pardonne-moi, mais je te suis trop supérieur en matière de combat. Malgré mes précautions tu serais capable de te faire tuer, en forcené que tu es. »

« Et après ? Est-il si méprisable de mourir pour sa dame ? »

« Nullement. Ce qui en revanche serait d'une tristesse sans pareille, ce serait de mourir pour d'aussi pauvres vers. »

Je le regardai sombrement. J'étais humilié, malheureux – défait.

« *Mardocheo*, je te demande pardon d'avoir mal parlé de ta dame, et n'ai d'autre excuse que de l'avoir fait en plaisantant. Mais pour ce qui est de ta chanson, je ne retire rien. Elle n'est pas fameuse ; et cette image de mauvais goût qui t'a tellement heurté, je puis te jurer qu'elle viendrait à l'esprit de quiconque entendrait ton histoire. »

« Peu importe ma chanson. C'est ma dame que... »

« Non, non, non, mon cher, à d'autres. Je m'y connais en blessures, et la tienne, je suis formel, vient de l'amour-propre et non de l'amour tout court. Mardochée : oublions cette affaire. Tu penseras comme moi dans quelque temps. Sais-tu quoi ? Tu vas prendre derrière toi le gros manuscrit qui est sur l'étagère – *bene* ; ouvre-le ; et maintenant lis à voix haute. C'est de l'italien, mon ami : soigne ta prononciation. »

Je m'exécutai comme un somnambule.

« *Au milieu du chemin de notre vie je me retrouvai en une forêt obscure, car la voie droite était perdue. Ah qu'il est chose dure de dire ce qu'elle était, cette forêt sauvage et âpre et forte...* – Qu'est-ce que c'est ? » m'interrompis-je, pantelant.

« Ça va bien, ça va bien ; continue. »

Je lui obéis, mais ma voix était sans force. Quelle épouvante dans ces lignes, et quel froid descendait en moi à lire ce que je lisais ! Il y avait ici des monstres allégoriques, mais qui semblaient tout prêts à mordre pour de bon ; de rauques exclamations, comme arrachées par la souffrance à une âme martyrisée, et qui pourtant sonnaient avec plus d'art que je ne croyais possible, et s'enroulaient en rimes parfaites et en strophes ciselées...

« Assez, Conradino », murmurai-je au bas du deuxième feuillet. « Je suis suffisamment puni de ma vanité ; je ne chanterai plus, je t'en fais la promesse, mais permets-moi de m'arrêter ici. Une telle beauté m'effraie. »

« Il y a de quoi avoir peur, en effet, mais tu n'as rien vu encore. Donne-moi ça : je vais te remplacer. »

Je lui cédai à contrecœur. Non que j'eusse voulu poursuivre moi-même, mais bien plutôt parce que je craignais d'en ouïr davantage. C'était à proprement parler que cette vision me faisait peur. J'en frissonnais, et eusse désiré ne jamais avoir entendu une chose pareille. Je pressentais que je n'en sortirais pas indemne, et que s'ouvrait devant moi un gouffre insoupçonné ; toutefois, au lieu de me rebeller, je tendis au Sicilien la liasse de feuilles, et lui demandai :

« Mais dis-moi, mon ami, avant que de poursuivre : cet homme en perdition qui dit *je*, au moins ce... ce n'est pas toi ? »

« Ah, Mardochée, tu me flattes beaucoup, mais tu te trompes. Cet homme, tu le connais autrement mieux : c'est, tu sais bien, l'auteur du *De monarchia*. »

« Dante Alighieri ? »

« Dante, oui. Et tu dois être le seul à te mêler de poésie sans avoir jamais entendu parler de sa *Commedia*. »

Je l'écoutais avec un malaise croissant :

« Sa... Ce que nous lisons, Conradino, est donc ?... »

« La *Comédie*. Oui, je sais.. Mais cela te paraîtra plus clair ensuite. Laisse-le donc sortir de l'Enfer, et tu comprendras. »

Ce jour-là nous lûmes longuement – tantôt moi, tantôt lui. À mon effroi avaient succédé la stupeur, puis la frénésie. Je ne m'offusquais même plus de ce que l'auteur, un mortel cependant, convoque dans sa fiction les plus grandes figures de l'histoire pour les y juger impitoyablement. J'avais bien sursauté de voir l'égaré, au début, être sauvé du danger par Virgile en personne, et le prendre pour guide ; mais je m'y étais fait, la chose me semblait – « naturelle » serait beaucoup dire, mais criante de vérité. Et quel guide, quel guide !... Que de force, de bonté, de pénétration ! Comme j'imaginais bien sa haute et noble figure, et comme sa voix, chaque fois, me faisait tressaillir !

« Ô mon doux maître », répétais-je quelquefois après Conradino ; et les larmes me venaient aux yeux, surtout lorsqu'au milieu de cette contrée horrible, nous parvînmes soudain en une demeure où conversaient calmement tous ceux que j'avais appris à vénérer – les plus grands héros parmi les Anciens, et Socrate, et Platon, et Aristote maître d'eux tous, et aussi Avicenne et notre Averroès, dont le nom ici me fit presque bondir le cœur... Ils devisaient avec sagesse et dignité, seulement tristes d'être relégués là dans les siècles des siècles, pour être nés trop tôt ; et j'enviais ce Dante de leur causer face à face, comme j'eusse rêvé de faire...

Ce fut l'âme en désordre que je revins ce jour-là auprès de Venetius. Je l'évitai d'abord, et remontai tout droit à ma chambre, où mon premier soin fut de déchirer mon poème du petit chat. (Vaine parade, d'ailleurs : jamais il ne m'est sorti de tête.) Puis j'arpentai la pièce, trop exalté pour me mettre en repos. Des images colorées me revenaient à l'esprit, bien plus réelles, me semblait-il, que les murs qui m'entouraient. Je revoyais le voyageur, ses épreuves, et son guide Virgile qui l'assistait de sa main puissante...

« Quel amour ! » marmottais-je hors de moi. « Quel amour dans cette évocation d'un homme mort depuis tant de siècles ! Ainsi on doit aimer son maître quand on a l'âme bien née, et non en... Mais aussi, qu'irais-je me comparer ?... Ce n'est pas seulement en poète que ce Florentin m'écrase, c'est en tout. Ma vie est une parodie de son chant. Quelle fut, à moi, ma forêt obscure ? Une infâme taverne de Nuremberg, où étaient, il est vrai, et luxure et orgueil et tromperie... »

Et soudain, à ce souvenir, la honte m'étouffa. Je ne pouvais demeurer seul : j'entrai chez Venetius sans frapper, allai vers lui, m'abattis sur sa poitrine et la baisai avec emportement.

« Ah mon maître, mon maître ! »

« Voyons, mon fils... »

« Votre fils, hélas ! quel fils indigne j'ai été pour vous ! Et comme j'ai regret de mes paroles dures, et de mes anciens péchés... »

« Allons, allons, Mardochée », dit mon maître, la paume sur mes cheveux, « reprenez vos esprits, et ne me venez pas trouver aujourd'hui, après six ans de leçons, en me parlant de vos péchés. Est-ce un mot que vous entendez souvent dans ma bouche ? Ne préféré-je pas parler de l'ignorance, qui nous fait nuire aux autres, ou à nous ? »

« Six ans de leçons, oui, dont j'ai si mal su profiter ! – Mais aussi, maître », dis-je, reculant soudain ma tête pour le considérer, « vous-même m'avez tenu dans l'ignorance. Pourquoi ne m'avez-vous jamais dit que Dante était poète ? »

« Ah », fit-il ; et je perçus dans son étreinte un imperceptible relâchement.

« Sa *Comédie*, maître, qu'il cite dans son *De monarchia* et dont je croyais qu'il s'agissait d'un traité théorique – est-il possible que vous en ayez, vous aussi, ignoré la vraie nature ? »

« En aucun cas, mon ami ; car je l'ai lue du premier au dernier vers. »

« Et vous avez gardé cela pour vous ! »

« Allons bon. Vous dites cela comme si j'avais été l'unique détenteur de ce document, et qu'il ne tînt qu'à moi que vous en ayez ou non connaissance. Je sais qu'une tête comme la vôtre trouve toute seule le chemin des poètes, quand ce n'est pas de la production poétique elle-même... »

« Hum ! »

« Aussi voyez : vous n'avez pas eu besoin de moi. »

« Mais maître, quel surcroît de beauté il y aurait eu pour moi à découvrir cette œuvre par vous ! Et quel modèle c'eût été me proposer ! Ayant lu cela plus tôt je ne vous aurais jamais blâmé comme je le fis voilà quelques semaines, et... Et puis ces doctrines, maître, sont un peu les vôtres, il loue et condamne ceux que vous louez et condamnez ! Et l'ordre terrestre qu'il estime juste, n'est-ce pas à peu près celui que vous... ? »

« Asseyez-vous, Mardochée, et par grâce cessez vos questions. Vous m'empêchez vous-même d'y répondre. »

J'obtempérai ; mais il m'était dur de demeurer tranquillement assis quand mon cœur débordait à ce point d'enthousiasme.

« Si je vous ai tenu cachées les beautés que vous me dites ; si je ne vous ai jamais, depuis vos années d'enfance, fait lire une fable, une épopée ou un drame, c'est parce que je considère que l'on n'enseigne bien que ce qu'on aime ; et je n'aime pas la poésie. »

« Vous n'aimez pas la poésie ! Et vous avez pu lire les trois livres de Dante, du premier au dernier vers, sans les admirer ? »

« Je les admire assurément ; mais je ne les aime pas, et n'aime rien de ce qui chante, invoque, émeut, et ne prouve pas. »

« Maître, mais c'est inconcevable ! Voyez-vous une seule raison à ce dégoût, qui ne soit pas pure passion ? »

« J'en vois de toutes sortes, et des plus autorisées », sourit Venetius. « Vous savez bien : *éloignée au troisième degré de la vérité...* »

« Oui, oui, Platon disait cela des fables, et pourtant il se donna la peine d'écrire des dialogues qui après tout en sont ; où le vrai quelquefois prend la forme du beau, et vise à nous séduire... »

« Personne n'est parfait. »

« Oh ! » m'écriai-je, sincèrement scandalisé.

« Je vous le dis comme je le pense ; et si j'avais l'audace, comme ce Florentin, d'assigner aux êtres la place qui leur reviendrait dans l'au-delà qu'il imagine, je crois que, comme lui, je laisserais Platon dans les Limbes ; mais pour d'autres motifs que lui. »

Ma bouche s'entrouvrait sans émettre aucun son ; et mon maître enchaîna :

« Non au motif qu'il était païen et ne reconnut pas le vrai Dieu, mais pour le motif exactement inverse – c'est qu'il n'y a pour moi, vous le savez, ni vrais ni faux dieux, il y a seulement de la divinité, et cette invention humaine me répugne. Eh bien ! dans tout ce qui est image, peinture, figuration sensible, fût-elle de ce que je tiens pour juste, j'affirme qu'il y a croyance en la divinité, voire aspiration de l'homme à se faire dieu ; je ne veux pas de cela. »

« Quel homme extraordinaire vous faites ! Peut-on pousser aussi loin la rigueur de la pensée ? »

« Pourquoi non ? Qu'on la pousse aussi loin qu'il est possible ; et ce qui me réjouit, c'est que ce possible est presque sans limites, et nous ouvre un champ que rien ne viendra clore. »

« Quand je pense combien volontiers vous fustigez la démesure ! »

« Soyez en paix ; je ne me place pas très loin sur ce champ-là, et ne me réjouis que pour ceux qui naîtront après nous. Quant à moi je me sais très faillible, et me mets dans les Limbes moi aussi, bien au-dessous de Platon et de ses pareils. Je ne suis que trop sujet, à mon goût, aux séductions sensibles. »

« Sujet aux séductions sensibles ! ris-je presque. Vous, mon maître, vous vous accusez de... »

« Oui, moi », répliqua-t-il, les yeux dans les miens. « C'est le plus grand de mes défauts, et je le paie assez durement pour en parler à mon aise. Et je dis que la nature est assez riche d'attraits de cette sorte, et nous incite assez à errer, pour qu'il ne soit pas coupable d'élaborer des arts qui multiplient, renforcent, aiguisent ces attraits – qui posent des *appas à prendre les yeux pour avoir l'âme*, n'est-ce pas ? »

« Euh... »

« Mais voyons : *Paradis*, chant XVII, vers 91-92. »

« Ah ! bredouillai-je. C'est que, vous savez, je n'en suis qu'au début de l'Enfer. »

« Vous y viendrez, Mardochée. Oui », soupira-t-il, « vous y viendrez... Vers et image magnifiques, je le reconnais ; mais pour moi, j'y vois le résumé de tout ce que j'exècre. Le beau mensonge, chez ce Dante que j'approuve par ailleurs pour ses vues politiques, le beau mensonge chez lui marche main dans la main avec le mensonge religieux ; et sa formule définit à merveille celle des trois religions qui rechigne le moins à séduire pour triompher. »

Je restai quelques instants songeur. Oui, il y avait du vrai dans ce que disait mon maître, et je m'étonnais que Conradino, si peu ami des choses divines, fît d'un tel livre son bréviaire. Il faudrait que je l'interroge sur ce point ; mais déjà, au fond, je devinais sa réponse. C'est que nous ne sommes pas, nous autres hommes, harmonieux comme les œuvres de l'art humain. En nous peuvent se heurter des éléments incompatibles, en une lutte perpétuelle dont les vicissitudes modèlent notre âme et la poussent à agir tantôt d'une façon, tantôt d'une autre. Que serait notre vie sans ces contradictions ? Une allée toute plate, dont le but serait visible dès les premiers pas – la voie rectiligne que suivent les fous, ou ceux qui, faute de faiblesse, ne connaissent ni accidents ni détours...

« Maître, je vois la justesse de vos dires ; mais – pardonnez-moi, il me semble qu'il y a de l'erreur à penser trop droitement. »

« Eh ! Que voulez-vous dire ? »

« Ce que je veux dire, c'est qu'il en va pour vous du beau comme de nos actions en ce monde : vous vous y dérobez parce qu'ils ne sont pas de l'essence du vrai, et que votre clairvoyance y décèle la possibilité de la tromperie ou de l'échec. Mais je... »

Où voulais-je donc en venir ? Je ne le savais plus. Alors, pour me tirer d'embarras, j'eus ce mot que je regrette encore, même s'il m'échappa en toute ingénuité :

« C'est-à-dire, maître, je trouve qu'à force de conséquence vous... vous n'êtes pas humain. »

« Hélas ! » soupira plaisamment Venetius, de l'air de qui reçoit un compliment dont il se sait indigne ; et peu après il m'engagea avec douceur à le laisser seul : toute stimulante qu'elle était, notre conversation le détournait de sa tâche, à laquelle il souhaitait maintenant retourner.

« ... Dans mon inhumaine conséquence, n'est-ce pas, Mardochée ? » acheva-t-il avec un fin sourire ; et je lui sus gré de la légèreté avec laquelle il prenait une parole dont je commençais à ressentir l'inconvenance. Je lui en sus gré – jusqu'au moment où il me tourna le dos pour aller se rasseoir, et où j'aperçus son visage dans le reflet de la croisée ; car ce visage était d'une pâleur de cire.

XXXVI

J'IMPUTE À L'AGITATION de mon cœur les songes frappants que je me mis à faire à cette époque. Le premier me vint la nuit du jour dont j'ai parlé, ou peut-être la suivante – peu importe. J'étais sur une plaine tristement nue, éclairée par un soleil mat ; la poussière s'y soulevait aux rafales d'un vent sans merci ; et j'y errais, cherchant je ne savais quoi. Puis à mes pieds j'entendis un cri, et vis entre les pierres blanches une figure à demi enfouie, qui levait faiblement les bras comme pour implorer sa délivrance.

« Je t'ai aimé et je suis ici », disait-elle ; et l'horreur de cette vision venait de ce que visage et voix étaient méconnaissables, commes voilés par la poussière qui ne cessait de retomber. Je m'éveillai au moment où j'allais me pencher pour mettre au jour les yeux et la bouche de cette face sans nom : je haletais d'épouvante.

Cela ne me détourna pas, le lendemain, de réclamer de Conradino que nous reprenions la lecture qui à l'évidence m'avait inspiré ce cauchemar : j'étais pris, je voulais voir et savoir, je frémissais à l'idée que cela, qui m'impressionnait tant, pût s'interrompre. – Et encore ma sensibilité n'était-elle rien au regard de celle de mon ami. Je ne sais à quoi ressemblaient ses songes à lui, mais je constatais que la description des tourments infernaux le troublait, dans son corps, beaucoup plus que moi. Sa voix mollissait, ses yeux devenaient fixes, et sa main frottait nerveusement sa poitrine, son bras ou sa joue, comme pour chasser de lui une douleur identique. J'ai compris depuis la raison de ce trouble, et l'expliquerai en temps voulu ; mais sur le moment, je dois avouer qu'il avait pour vertu d'accroître ma terreur en dédoublant l'effet de ce que nous lisions ; d'autant plus que mon ami avait alors une grimace amère qui le rendait presque laid.

J'aimais mieux le voir revenir à lui-même, lorsque par exemple il me rabrouait pour un mot que j'avais lu de travers ; chose fréquente, car la copie était exécutée de sa main, dans une lettre qui m'était peu familière et, par endroits, presque illisible.

« *M'inveschi*, lourdaud ! » corrigeait-il. Et souvent il reprenait le vers, et les suivants, sans avoir besoin de consulter le texte ; de même quand j'arrivais au bas d'un feuillet et tardais un peu à retrouver le fil.

Le soir surtout, il me forçait ou se forçait de lire jusqu'à l'épuisement ; et quand nos voix s'étaient, à ce jeu, l'une et l'autre enrouées, il trouvait encore la force de reposer la liasse pour se lancer dans un vibrant dithyrambe.

« Ah, ce Dante ! Je l'aime, tu sais. Si nos vues divergent, beaucoup de nos ennemis, au fond, sont les mêmes... J'adore la façon dont il damne férocement les papes qu'il juge pécheurs ; j'adore quand il détruit, et attaque : alors sa parole devient brûlante comme la lave des volcans de mon pays... »

Ce fut à ce propos que Conradino m'apprit la légende, née dans le peuple de Sicile, selon laquelle l'empereur Frédéric et toute son escorte attendaient dans les flancs de l'Etna le jour propice à leur retour sur terre. Cette histoire l'amusait beaucoup, et l'attristait aussi, pour la crédulité qu'elle trahissait chez ses colporteurs.

« Quelle pitié, Mardochée, de voir que le grand nombre, en qui je mets mon espoir, est le plus mal disposé à l'égard de ce qui m'est cher ! Il meurt de faim et trouve cela bon, parce qu'on lui a dit que c'était promesse de salut dans l'autre vie ; et quand il s'en prend au clergé, c'est au nom de superstitions plus sottes encore que tout ce que le clergé a jamais extrait de sa cervelle... Ah, misère ! »

Au début je ne compris pas bien ce qu'il reprochait à Dante ; et me crus éclairé lorsque je découvris, parmi les hérétiques du sixième cercle, l'impérial mécréant qui était son grand-père.

« Bien sûr, pensai-je. Que ne l'ai-je vu plus tôt ? Sa piété familiale est blessée par cette censure, et je le conçois. Moi-même j'éprouve peu de plaisir à songer que mon maître, et moi d'ailleurs, mériterions aux yeux du poète la même place dans ce sépulcre affreux. »

Mais je mesurai ma méprise quand j'exposai cette hypothèse à mon ami.

« Ma piété familiale ? Ah, Mardochée, que tu me fais rire. Tu crois que j'en veux à mon cher Dante d'être un chrétien extrême, et de blâmer l'épicurien mon ancêtre à ce titre ? Mais mon cher, immunité à ceux qui œuvrent pour le beau ! »

Je considérai sans un mot cette idée, si étrangère à tout ce qu'on m'avait appris.

« Et puis tu t'abuses, à mon sens, en croyant ces deux personnages si ennemis. Regarde tout ce qui les rapproche : tous deux auraient voulu que les papes renoncent à leurs États, à leur pompe, et rendent à César ce qui lui appartient. Évidemment mon grand-père, lui, *était* césar, ce qui jette un jour autre sur ce souhait, venant de lui. »

« Mais !... »

« Tu t'étonnes de m'entendre parler aussi crûment ? Tu me connais mal, Mardochée. J'ai été, comme toi, élevé dans l'amour de ma dynastie ; mais ce qui est opérant sur un petit féodal d'Allemagne... »

« Conradino !... »

« Bon, bon, s'égaya-t-il. C'est qu'il les soignait, Frédéric, les féodaux d'Allemagne. Il leur laissait leurs joujoux et leurs petits châteaux, pour se faire pardonner d'être un tel ennemi du pape... Chacun voit midi à sa porte, pas vrai ? »

« Tu m'agaces, Conradino. De fait tu ne résumes pas mal ce que pensaient les miens ; mais sache que mon maître, lui, pense tout autrement, et qu'il m'a... »

« Ah ! voyons ce que pense *il signor* Venetius ; j'en suis curieux. »

« Mais tu le sais déjà. Comme ton gibelin de Dante, et comme toi je suppose, il voit dans l'empire la plus prometteuse des institutions ; désirerait qu'elle fût aussi puissante que possible, et non un vain mot, et qu'en face d'elle s'abaissent un peu les prétentions de la papauté et celles des féodaux. Ainsi seulement, dit-il, les sujets de l'empereur, et en particulier les plus faibles d'entre eux par leur dénuement ou par leur confession, pourraient être efficacement protégés, et la loi religieuse, dans ce qu'il lui reconnaît de bon, utilement appliquée. En cela Frédéric est un de ses modèles. Mon maître ne déplore qu'une chose : c'est que cet empereur ait dû renoncer à faire cela en Allemagne, y ait laissé, comme tu disais, prospérer les seigneurs, pour concentrer son effort sur l'Italie. »

« Vertu de femme ! la généalogie a d'étranges caprices. Il me semble que c'est ton maître qui descend des Hohenstaufen ; tandis que moi... »

« Tandis que toi ?... N'es-tu pas du même avis ? »

« En aucun cas, mon cher. Moi je sais être fidèle aux vivants, mais je laisse les morts à leur royaume d'ombres. Et s'il m'était donné de rencontrer mon aïeul, je crois que nous passerions plus de temps à nous quereller qu'à échanger des cajoleries. »

Je revis mon ami dans la crypte de Spire ; et compris que, loin que son dédain ait été dirigé contre des lignées rivales, comme j'avais conclu récemment, Frédéric en ces lieux ne lui eût pas été plus qu'une *carcasse*, lui non plus.

« Tu... tu ne le révères donc pas ? »

« Tout dépend de ce que tu mets dans ce terme, Mardochée. C'était un grand bonhomme, je ne le nie pas ; mais tu ne peux pas ne pas voir que cet État parfait, à la Venetius, est une odieuse tyrannie. »

« Odieuse, odieuse, comme tu y vas ! » dis-je, frappé par l'absurdité de la situation qui faisait de moi l'avocat de ses mânes. « Elle n'était pas odieuse pour les Juifs ni pour les Sarrasins dont il défendait le droit à pratiquer leur culte, et à qui il rendait justice au besoin ! »

« Ah, ah, excellent ! Ton enthousiasme m'attendrit toujours, Mardochée. Sais-tu pourquoi Frédéric, en effet, voyait d'un mauvais œil les conversions au christianisme ? »

« Mais – sans doute parce qu'il les savait plutôt l'effet de la contrainte que de l'arbitre, et s'élevait contre cette atteinte à la liberté. Sans doute aussi que, n'étant pas lui-même un très ardent chrétien... »

« Oui, oui, tout cela est vrai peut-être. Mais je vais te dire une autre raison qui ne l'est pas moins, même si elle est moins jolie à entendre : c'est que ces sujets, une fois convertis, étaient exemptés des impôts frappant les non-chrétiens. C'était une lourde perte, Mardochée ; et un homme comme Frédéric ne pouvait qu'être cupide. Imagine l'or qu'il faut pour asseoir un tel pouvoir, qui, sous couleur d'être efficace, s'insinue partout. L'empire de Frédéric était celui des leveurs d'impôts ; et aussi des justiciaires, sans qui rien de tout cela n'eût marché comme il le voulait. Voilà : un empire de sbires et de fonctionnaires. »

« ... Et de savants, tout de même ! »

« Certes, certes, savants et philosophes n'y étaient pas mal lotis. Ils étaient l'ornement de son règne, et recevaient pour leurs travaux de substantielles pensions... Tout de travers, en somme. »

« Tout de travers !? »

« Mais oui. C'était l'ordre politique le plus erroné du monde. Il est beau de récompenser ceux qui recherchent le vrai ; mais Frédéric aurait été mieux avisé en s'apercevant que le meilleur moyen de les honorer n'était pas de les écouter, mais de leur céder sa place. »

« Ah ça ! que veux-tu dire ? »

« Mais... je ne veux rien dire du tout, Mardochée. Je te taquine, pour le seul plaisir de te voir ouvrir des yeux grands comme des soucoupes. »

« Peut-être, mais tu m'intéresses fort, et j'aimerais t'entendre développer ce point. Tu parais tirer, de prémisses qui me rappellent celles de mon maître, des conclusions... »

« N'attache pas d'importance, ami, aux conclusions qu'on tire au milieu de la nuit après avoir vidé six coupes de vin pur. Si tu m'en crois changeons de sujet, et vidons-en une septième. »

Quelque chose, dans son regard qui devenait fuyant, me fit penser qu'il regrettait d'en avoir trop dit ; et je profitai de sa dérobade pour tenter de digérer tant de révélations. Comme tout cela était déconcertant, et que ma vie comportait de détours ! Il m'avait fallu plus de six ans pour m'arracher aux vues familiales. Et au moment où je commençais d'entrevoir, grâce à mon maître, la nécessité d'un pouvoir temporel fort qui ne fût pas celui de l'Église ; au moment où, dans mon désir d'action, je me demandais si cette cause ne méritait pas que j'y voue plus que mes pensées – voilà qu'un descendant d'empereur, le plus audacieux en ce domaine qu'ait connu le monde chrétien, venait me dire que je m'étais trompé, que, loin de promouvoir ce que je croyais bon, cet idéal en était une dangereuse caricature, une dérision.

Il m'avait enseigné le soupçon ; et, sous l'éclairage cru qu'il jetait sur les choses, tout me paraissait bouleversé. J'avais cru qu'une souveraine instance était la meilleure garantie contre les appétits des princes et les sempiternels conflits qui en découlaient, frappant durement la multitude. J'avais cru cette instance capable de contrer l'emprise de l'Église et son avidité, et par là de laisser briller la lumière de la raison. En était-il vraiment ainsi ? Serait-ce bien la raison qui brillerait au final, ou seulement l'éclat aveuglant de la force ? Pour la première fois depuis que je connaissais Conradino, il me semblait presque que c'était mon maître l'exalté et l'ingénu ; qu'il s'abusait sur l'état du monde, et n'en voyait que ce qui était conforme à son idée du bien. Jugeait-il réellement que le Saint-Empire romain germanique était la préfiguration de la cité idéale, qu'il concevait sous l'égide d'un philosophe-roi, ou tout au moins d'un roi que gouvernerait un philosophe ?

Cette question me taraudait, mais je n'osai la reprendre devant mon ami ; à la fois parce qu'il venait de m'en dissuader, et parce que je craignais, *devant lui*, de me montrer novice. Mais elle alimenta nombre d'entretiens avec mon maître. Je pus m'y convaincre que ce n'était pas candeur s'il pensait différemment du Sicilien, mais au contraire plus grande adéquation de sa pensée au réel. Mon maître partait de ce qui était et, avec une conscience (trop ?) aiguë des avantages et des maux qui en résulteraient, cherchait la moins mauvaise des corrections à lui apporter. Mon ami, lui... mais que savais-je de son opinion ? Peu de chose. Néanmoins il me semblait qu'il y avait chez eux deux lucidités égales qui s'excluaient l'une l'autre, de sorte qu'il me fallait choisir entre elles : or choisir entre elles était choisir entre eux, et je ne le pouvais.

Bientôt, pourtant, mes préoccupations prirent un autre cours : un beau jour, au début de l'automne, Conradino m'annonça qu'il partait.

J'étais anéanti, et ma première réaction fut de maudire son besoin perpétuel de voyage. Ne pouvait-il donc pas rester en place, et cesser de s'agiter à tout moment ? C'était inconstance, légèreté de sa part : les gens sérieux ne passent pas leur temps à voleter comme ces mouches !

« Tss, *Mardocheo*. Parole, je crois que tu as le sang encore plus chaud que moi. »

« Pardieu ! ce n'est pas difficile, le tien est de glace. Tu ne sais que jouer l'affection, et n'en ressens aucune. J'ai mis toute mon âme, moi, dans notre amitié, et ne puis vivre sans elle ; de quel bois es-tu donc fait, que ton caprice compte plus à tes yeux que... »

« Mais tu t'emportes, mon ami ! Allons, ressaisis-toi. Ce que tu ne vois pas, c'est que je suis resté ici, par affection pour toi, bien plus longtemps que je n'ai jamais fait dans aucune ville ; allant non seulement contre mon goût, mais contre les nécessités de mes affaires. »

« Belles affaires, je présume, que ces machinations dont tu n'oses même pas me dire un mot ! »

« De belles, de très belles affaires, c'est vrai ; et elles seront, si elles réussissent, le couronnement de ma vie. Pour toi, mon ami, je les ai retardées bien plus qu'il n'était raisonnable : au moins tu pourrais m'en savoir gré. »

Je haussai les épaules.

« Mardochée : il faut que je reparte pour la Sicile. Je ne peux t'en dire plus, sinon que ce séjour sera temporaire, et non, Dieu m'en garde, le retour du fils prodigue. »

« Mais pourquoi ? pourquoi ? »

« Parce que... En quelques mots, voici : un compatriote de passage m'a appris que le comte mon parâtre se meurt lentement du mal de soif. Il mange trop, cet homme, tu vois, il a toujours été goulu en tous domaines, et voilà qu'il en paie la faute... »

« Je me moque de ton parâtre et de ses vices, Conradino ! Avoue-le-moi : tu vas lui faire ta cour, rentrer en grâce et recueillir à temps quelques miettes de son héritage... Quelle abjection, mon Dieu, et comme je t'en croyais éloigné ! »

De ces allégations mon ami ne fit que rire, avec cette incapacité à se froisser de vétilles que j'ai toujours appréciée chez lui.

« Tu ne peux donc pas croire que je vais lui rendre un tardif hommage, me recueillir à son chevet ou, à défaut, sur sa tombe ? »

« Je n'en crois rien », murmurai-je.

« Eh bien ! ne le crois pas, mais pour l'amour de moi ne fais part à personne de tes doutes », répliqua-t-il d'un ton badin que contredisait la gravité de son regard. Puis il baissa la voix et me serra la main : un jour, me promit-il, il m'instruirait ; mais ce jour n'était pas venu, et en attendant il souhaitait passer avec moi ses dernières heures munichoises non en chamailleries, mais en communion.

« Tes dernières heures ! »

« Oui, Mardochée, je suis navré de la précipitation avec laquelle tout cela s'agence. Mais il se trouve que mon compatriote redescend à Vérone : il me propose de faire route avec lui, ce qui m'arrange extrêmement, d'autant plus qu'il dispose d'une mule. Deux hommes sont mieux à même de se défendre pour voyager ; et de Vérone, je gagnerai Venise, où je m'embarquerai... »

« Ah, ciel, que de périls !.. »

« Sûrement moins, ami, qu'en prenant la voie de terre. Et puis, songe au temps que cela me prendrait ! »

Accablé, je lui objectai les pirates, les tempêtes, tout ce qui faisait à mes yeux qu'un homme normalement constitué ne pouvait survivre à un voyage en mer : « J'adore nager », fut sa seule et narquoise réponse ; et là-dessus il m'engagea à reprendre une dernière fois, pour sceller nos adieux, la lecture du *Purgatoire*.

Le lendemain il était parti.

XXXVII

MON MAÎTRE se montra, en cette occasion, d'une patience infinie. J'avais plus que jamais besoin de lui, surtout dans les premiers temps, où l'absence de mon ami me fit cruellement souffrir, me rendant avide de diversions, de débats où je pouvais à loisir parler de lui, ou parler en son nom sous couvert du mien. Pas une fois mon maître ne s'y refusa. Il consentit même à m'écouter lui lire la *Comédie*, que Conradino m'avait confiée, en partant, avec la plupart de ses effets, et quelquefois à me la commenter. Dieu sait pourtant combien ces séances devaient lui coûter, qui empiétaient sur ses travaux et le mettaient, pour ainsi dire, à ma dévotion. Ô Venetius, de tous les bienfaits que je vous dois, c'est cette longanimité qui me touche le plus : car c'était désormais un bienfait sans espoir de retour.

Du reste je n'en abusai qu'un temps, et bientôt le délivrai de la charge de panser les blessures causées par un autre. De longues résolutions avaient mûri en moi, hâtées, sans doute, par mon désœuvrement : dans le courant de l'hiver je décidai de mettre fin à ma vie d'étude, de remercier mon oncle de Marienstein, et de pourvoir à mon entretien.

Quant au comment, il fut vite trouvé. Je ne voulais pas totalement déchoir en portant, comme mon ami, des paniers de poissons ; je ne pouvais embrasser de véritable métier, ce qui m'eût préalablement imposé de commencer un apprentissage. J'avais des lettres, il est vrai, et eusse pu en cherchant devenir pédagogue ; mais quelque chose m'en retint – la crainte d'avoir des âmes à former, moi si informe encore. La seule activité dont il m'était possible de vivre était donc, comme autrefois, celle d'écrivain : je m'y résignai. Je me résignai même à oublier ce que m'avait appris frère Jean, à savoir, la belle part de cette activité : elle ne s'exerçait que dans les monastères, et n'était pas conçue pour nourrir son homme. J'eus l'humilité d'accepter cela, de me faire copiste dans une officine où l'on produisait vite et mal, pour des légistes et d'autres bourgeois, des manuscrits sans apprêts.

La situation me tomba, pour ainsi dire, toute cuite dans le bec. Quand je touchai un mot de mes tracas au relieur qui avait notre pratique, celui-ci s'exclama qu'il tenait mon affaire : un de ses cousins libraire était mort récemment, laissant sa jeune femme à la tête de son commerce. Elle employait deux copistes, qui ne suffisaient plus à la tâche ; que j'aille de sa part la trouver en lui faisant valoir mes connaissances, et tout serait dit.

Tout fut dit, en effet, dès le lendemain. J'en étais presque embarrassé, n'ayant point eu le loisir de préparer mon maître à un tel changement. Mais il ne marqua aucune surprise, ne me blâma ni ne me loua, et se contenta de me rappeler que je devais à mon oncle une lettre circonstanciée, dans laquelle je m'efforcerais d'atténuer ce que la décision avait d'abrupt et de désobligeant pour lui. À me voir répudier ses aumônes pour adopter un état si médiocre, il serait fondé à croire que je les méprisais, leur trouvais mauvaise odeur ; il me fallait corriger cela.

Je lui obéis, bien sûr, et reçus quelques semaines plus tard une réponse dont la bonté m'émut aux larmes. Elle courait en tous sens, cette bonté, même les plus contradictoires. Mon oncle me plaignait des difficultés dans lesquelles j'allais me mettre, et se disait assuré que mon talent m'avait d'ores et déjà mis à l'abri du besoin ; se récriait devant l'ampleur de mon sacrifice, tout en me jurant que ma rente ne lui pesait pas le moins du monde, ce que je savais faux, car il avait encore deux ou trois filles à doter.

Mais la fin de sa lettre m'annonçait aussi, avec toutes sortes de ménagements, une nouvelle accablante. Elle concernait ma fille, Jula ; non point sa santé et encore moins sa vie – l'enfant, au contraire, semblait avoir surmonté la faiblesse de ses premières années, et ne point être poitrinaire comme on l'avait d'abord cru. Elle avait eu huit ans, était robuste et bien faite : là était justement la cause de nos malheurs (il écrivait vraiment « nos malheurs », cet homme à l'âme d'ange...). Sa joliesse même l'avait condamnée au sort qui, depuis longtemps déjà, la menaçait : l'intendant de Rodolphe l'avait fait vendre, ainsi qu'une vingtaine d'enfants et de filles nubiles qui, sans parents, encombraient les campagnes, à un négociant faisant affaire d'une rive à l'autre des Dardanelles. Ni les pleurs de ma nourrice, ni son intercession, à lui Dietrich, n'avaient pu attendrir ma famille. Elle exultait : la dernière trace de moi s'était effacée de Löwenfels.

Ce fut, pour moi, un terrible coup. J'avais toujours entretenu, dans un coin de ma tête, l'illusion qu'un jour je réparerais ma négligence et ferais quelque chose pour l'enfant. Bonnes intentions, que de méfaits vous nous faites commettre ! Je m'en étais contenté, avais laissé passer les ans la conscience tranquille, me dédouanant d'avance par le bien qui me restait encore à faire. C'en était fini : de mes intentions il ne restait que cendres, et l'enfant, elle, était perdue.

Je ressentais si cruellement ma lâcheté que j'y ajoutai une autre : je tus cette nouvelle à Venetius, ce dont j'eus par la suite beaucoup de regret. D'abord parce qu'il l'apprit quand même, et parce que ses avis, si je les avais reçus à temps, m'auraient épargné des années d'infructueuses peines – mais de cela je parlerai plus tard. Je gardai donc pour moi ce malheur dont j'étais seul coupable ; gardai pour moi aussi l'inquiétude où j'étais de Conradino, et qu'avait à peine allégée la visite d'un pèlerin remontant du midi, quelque temps avant Pâques. L'homme m'avait dit avoir croisé, à Venise, mon ami sain et sauf, et prêt à s'embarquer pour la Sicile. Il vivait encore à la Noël, piètre consolation ! Les occasions de mourir, depuis, avaient été nombreuses ; et j'étais obsédé par les images d'un périple engagé dans la saison la plus inclémente qui fût.

Tout cela fit que ma nouvelle existence n'eut rien, au départ, d'un épanouissement. J'avais sauté le pas, mais le remords d'avoir abandonné ma fille m'empêchait d'en ressentir plus d'estime pour moi-même. J'avais un labeur qui m'accaparait, sans autre agrément que celui de me faire gagner mon pain ; il est vrai qu'il avait cependant cette vertu de m'empêcher de penser, et ce n'était pas négligeable. Je me rendais chaque matin chez la veuve Müller ; l'officine étant éloignée de notre logis, il me fallait pour cela me lever avant l'aube. Et toutes les heures jusqu'à none se passaient dans une étroite salle où, tous trois, nous copiions en hâte des traités de médecine, des recueils de lois, parfois des romans qu'il s'agissait au surplus de mettre en prose, pour ne point effrayer les illettrés qui les achèteraient.

Sur le coup de midi, dame Liselotte nous appelait à table. Nous y mangions en compagnie d'elle-même, de ses petits enfants et de ses servantes. Witold, le plus âgé de nous trois, avait mission de dire les grâces, ce dont il s'acquittait pompeusement, parmi d'énormes solécismes : c'était, quoique ancien clerc, un vieil imbécile et un ignare. S'il copiait avec une prestesse sans pareille, ses copies fourmillaient de fautes que nul ne relevait sinon moi et, à l'occasion, mon autre collègue Martinus. Celui-ci, pendant les grâces, m'envoyait des coups de pied sous la table en ricanant ; ou alors il lutinait l'une des deux servantes, ou taquinait la maîtresse de maison. Et toujours il se retournait vers moi comme pour dire : « Hein ? », me faire apprécier ses audaces et son esprit ; car, je ne sais pourquoi, il m'admirait. Et moi je me forçais à sourire, et pensais avec regret à notre digne et brave hôte le drapier ; jusqu'à ce que, de nouveau, nous reprenions nos postes et nos plumes...

Après vêpres je retrouvais mon maître. Il s'était, de son côté, lancé dans une tâche de longue haleine : traduire de l'arabe plusieurs dialogues de Platon, dont la version première s'était perdue. De même qu'il avait pris mon changement d'existence sans s'autoriser le moindre sarcasme, je lui rendis sa politesse, et ne lui fis jamais observer le paradoxe qu'il y avait, de sa part, à œuvrer à la gloire d'un auteur qu'il jugeait si imparfait. Cette réserve fut la seule chose dont j'aie à me féliciter en ce qui le concerne ; pour tout le reste je ne voyais rien, ne comprenais rien, et n'entrevis la vérité que lorsqu'il fut trop tard. Hélas ! doux maître, ce travail, le dernier que je vous vis accomplir, n'est pas venu au jour. J'ignore si c'est la mort qui l'a interrompu, ou si, simplement, vous ne le destiniez pas au public. Mais je penche pour la seconde hypothèse ; et parfois, au milieu de la plate vie qui est la mienne aujourd'hui, je rêve à ce manuscrit si nécessaire au monde, qui dort dans quelque coffre nordique, ou que peut-être vous avez brûlé – alors mon âme se réveille, et désire violemment pouvoir encore le lire : car il fut, je le sais, écrit pour moi.

Nous passions ensemble la veillée ; nous y parlions peu. Il arriva à mon maître, dans les commencements, de m'interroger sur les ouvrages confiés à mes soins. Son silence, lorsque je lui répondais *Le Chevalier à la charrette*, ou *Traité à l'usage de ceux qui se veulent bien tenir à table*, en disait long. Quelquefois, de manière détournée, il relevait ma mauvaise mine, déplorait que mon office me mangeât tant de temps. Je haussais les épaules, et lui disais que je ne travaillais pas plus que des milliers d'autres.

« D'ailleurs, il ne vous sied pas, maître, de me faire la leçon. L'autre matin à l'aurore, en me levant, j'ai vu chez vous de la lumière. Je suis descendu : vous étiez encore à votre table, où vous vous étiez endormi tout vêtu... »

« Glissez, enfant, sur les marottes d'un vieillard », plaisantait mon maître sans gaieté. « Et puis n'allez pas confondre, Mardochée, nos deux situations. Il n'est pas juste, il n'est pas humain d'user sa vie à la gagner. Moi-même je ne m'épargne guère, il est vrai ; mais dans mon cas c'est mon œuvre, c'est mon être que je déploie librement ; au lieu que vous l'y sacrifiez. »

Je ne voyais pas de telle différence entre nous deux. Un jour qu'il m'accusait de m'abrutir à la tâche pour y bercer mon chagrin, je lui jetai un long regard et il fut pris d'une toux. Ses propos, néanmoins, firent leur chemin en moi. Craignant que mon ami ne me retrouve mort aux choses de l'esprit, je secouai mon hébétude et, le soir, tentai de me consacrer aux lettres.

Je me remis au *Purgatoire*, que j'avais laissé ; le lus jusqu'à la fin, et frémis d'émotion lorsque le voyageur, tout là-haut, retrouva sa Béatrice bienheureuse et transfigurée. J'eusse bien voulu accomplir pour moi-même un tel miracle – miracle non d'un Dieu, mais de la poésie – qui m'eût fait revoir à mon tour ma bien-aimée ; car je le savais, il n'était plus pour nous de retrouvailles en cette vie.

C'est ce qui me poussa, malgré ma promesse, à reprendre mes essais poétiques. Devant ces modèles que m'étaient Dante, son grand poème et aussi sa *Vie nouvelle*, tout ce qui sortait de ma plume me paraissait mauvais. Sans cesse je rayais, rapetassais, écartais avec dégoût le fruit de nuits entières, sans estimer comme autrefois qu'il méritait que je le conserve pour deux pieds réussis. Ainsi c'est souvent par exigence que l'on est humble ; et si je me trouvais mauvais, c'est parce qu'à présent j'aspirais réellement à faire mieux.

Ces tentatives m'occupèrent du printemps à l'été. Elles s'achevèrent lorsque je tombai, parmi les livres du Sicilien, sur un petit rouleau : quelques-unes de ses rimes auxquelles il n'attachait peut-être guère d'importance, à moins qu'au contraire il ne les chérît trop pour les exposer aux aléas de son voyage.

Ayant compris ce que c'était, je le repliai vite : il me semblait que j'allais me rendre coupable d'une profanation, et m'introduire où je n'avais que faire. J'avais aperçu ici et là le mot « dame » – c'était assez. Mais au bout de deux jours, j'y revins ; la tentation était trop forte. Que mes scrupules, alors, me parurent déplacés ! Loin de profaner quoi que ce fût, je fis cette singulière expérience : à lire le premier sonnet, puis le deuxième, je fus pris du même embarras que jadis devant la prose de mon maître.

Le même, non : un plus grand encore. La langue était complexe et torturée, de sorte que j'avais infiniment de mal ne serait-ce qu'à la suivre ; et quand je croyais enfin tenir le fil de la syntaxe, c'était le sens des mots qui s'obstinait à m'échapper. Quelques images, çà et là, brillaient comme lucioles dans les ténèbres, le reste semblait écrit pour n'être compris que de l'auteur, ou des élus composant comme lui. Était-ce vraiment d'amour qu'il s'agissait ? On pouvait en douter, et douter que cette dame dont il parlait, et qui était si irréellement décrite, était bien sa petite sœur Concetta ou la princesse vue à Ravenne. On eût plutôt dit une allégorie, mais je ne savais de quoi ; et j'eus beau essayer plusieurs clefs, je voyais bien que les choses n'étaient pas si simples, et que je n'étais pas seulement devant un chiffre. (J'excepte sept ou huit poèmes rassemblés vers la fin, d'une incroyable obscénité, qui m'apprirent que mon ami savait être clair et précis quand cela lui chantait.)

J'étais déçu – non par lui, mais par mon entendement. Ce fut au point que je songeai à soumettre ces énigmes à celui de mon maître. La discrétion m'en retint ; mais mon premier mouvement m'avait donné à penser, et je mesurais plus que jamais les étranges similitudes entre ces deux phares de ma vie, qui l'un et l'autre retranchaient leurs pensées derrière les remparts d'une forme opaque. Pourtant que de différences aussi ! Il était bien hardi de rapprocher les commentaires de mon maître, où les lourdeurs volontaires dissimulaient une limpide vérité, et les poèmes de mon ami, magnifiques dans leur obscurité même, mais dont le sentiment semblait trop tortueux pour avoir jamais été éprouvé par quiconque... Si tel était le beau style selon son cœur, conclus-je, je le lui laissais. J'étais moins habile que lui à composer des chants ; en revanche je préférais mes franches et simples amours.

Cette découverte ne m'avait pas seulement révélé mon infériorité poétique : j'y avais entrevu un homme dont il me semblait que je ne savais rien, un homme terriblement lointain, dont le retour désormais m'apparaissait impossible. Pourquoi serait-il revenu ? Pour l'attrait improbable de mon petit esprit ? C'était risible. Un être de cette trempe ne revenait pas, il suivait sa route, et elle le menait indubitablement au faîte, ou à une mort éclatante qui était un faîte elle aussi.

Ce fut la vraie raison du regain d'intérêt que je conçus pour mon travail. Si je ne daignais vivre à la solde d'un grand, ni me faire clerc, il me fallait m'accommoder de cette médiocrité : elle seule m'était ouverte. Au moins voulus-je y faire mon nid. Je ne pouvais éternellement mener cette existence sans avenir. Je savais maintenant qu'un lettré pouvait, sans déchoir absolument, embrasser un état d'industrie ; qu'un fidèle d'Amour pouvait, sans se parjurer, épouser une femme pour en avoir une descendance – oui, je l'avoue, ce désir m'était venu depuis la missive de Dietrich. Pour remplacer ma pauvre bâtarde j'eusse voulu d'autres filles, dont j'aurais pu m'imaginer qu'elles lui ressemblaient ; et un fils également, auquel j'aurais pu transmettre mon sang à défaut du nom de mes pères. Maintenant que j'avais un état, rien ne m'interdisait plus de prendre épouse, si celle-ci acceptait le modeste train que j'avais à lui offrir. Je ne pouvais certes pas viser bien haut, me contenterais d'une honnête fille, point dégoûtée par l'ouvrage – une sorte de Gisèle, en somme ; mais, pour ma paix d'esprit, je la voulais moins délurée.

Je me pris à regarder d'un œil neuf les jeunes filles du voisinage. La petite fileuse d'en face était mariée depuis longtemps, mais d'autres lui avaient succédé ; et, en les examinant, je m'avisai soudain que je n'avais guère pensé aux femmes – à leur commerce charnel, j'entends – depuis une éternité. Était-ce possible ? mes derniers souvenirs en la matière se rapportaient à une certaine Marthe, toute novice, que j'avais abordée dans une rue de femmes ; et cela remontait à... ma foi, à ma convalescence après l'épreuve de Landshut. Cette chose, qui naguère m'occupait tellement, m'avait donc si peu manqué ? Je m'en étonnais, et m'étonnais encore davantage que d'y penser ne réveille pas en moi un formidable appétit. Sans doute était-ce la componction de l'âge adulte, me dis-je. J'attendrais ; l'affaire de me trouver une fiancée, au demeurant, ne devrait pas traîner outre mesure.

J'en étais là lorsque je remarquai qu'à table, veuve Liselotte Müller me regardait, moi, plus souvent qu'à son tour. Hors de propos je rencontrais ses grands yeux marron pensivement tournés vers moi ; au lieu qu'elle les baissait dans les moments où elle ne l'eût pas dû, en me parlant par exemple, ou en remplissant mon assiette. Ce fut une révélation. Sans doute avait-elle déjà deux enfants à elle, ce dont je me serais passé pour la charge supplémentaire, et les ennuis futurs, qu'ils pouvaient être ; mais elle avait aussi, et c'était appréciable, un fonds de commerce, une maison, et des appuis dans la famille bourgeoise de feu son époux. Et c'était une belle femme, qui n'avait pas trente ans et ne me ferait pas honte : je n'aurais pas à subir les risées qui parfois saluent ces unions entre une veuve et un célibataire de beaucoup son cadet.

Je me jetai à corps perdu dans sa conquête. Je fis l'agréable ; censurai d'un sourire indulgent les calembours du joyeux Martinus, posai à l'homme réfléchi, plus mûr que n'annonçait la juvénilité de sa figure. Je fis valoir mes lettres, et le savoir gestionnaire que j'avais acquis – ce que je n'eus garde de lui dire – auprès de mon père le duc. Aucun de mes traits ne manquait sa cible. Dame Liselotte me couvait d'œillades chaque jour plus noyées, bientôt me convia le soir à partager leur souper, afin que nous puissions ensuite vérifier ses livres, tâche à laquelle elle prétendait, bien fallacieusement, n'être point habile ; et, assis dans son cabinet à côté d'elle, je voyais l'étoffe de sa gorgerette se soulever quand je l'interrompais dans la lecture de ses comptes pour émettre, d'une voix grave, une approbation.

Pourtant je n'avançais pas assez vite à mon goût. J'aurais voulu que tout soit scellé déjà, et notre affaire faite. C'était, je m'en rends compte, un vœu conjuratoire : en m'installant dans une existence qui me soustrayait à son emprise, je pensais confusément faire revenir Conradino. Qu'eût-il pensé de tout cela ? Je ne me le représentais qu'avec malaise ; mais au moins aurait-il vu que je pouvais vivre sans lui, et concevoir des projets qui ne lui étaient pas liés. – Ma hâte, toutefois, se heurtait aux atermoiements de la veuve. Quoique visiblement énamourée, elle n'était pas femme à brûler ses vaisseaux et gardait la tête près du bonnet. Elle aurait bien aimé en apprendre plus sur mes géniteurs, mon pays natal ; et les soupirs évasifs que je lui donnais en réponse, laissant conclure à un passé malheureux mais sans abjection, ne la satisfaisaient pas.

C'est ainsi que je résolus, pour parler brutalement, de ferrer ma prise. L'occasion sembla s'en présenter lors de l'inventaire d'automne, dont la tâche m'échut. C'était un prétexte à conciliabules, à frôlements, à veillées tardives après que tous étaient couchés. J'aidai ma Fortune en affectant, pendant trois jours, de travailler mollement : le dernier soir je déclarai qu'il me restait beaucoup à faire et que peut-être j'y passerais la nuit. Ma patronne reçut cet avis avec un flegme que je jugeai de bon augure. On me dressa un lit dans la salle, au cas où je voudrais m'étendre un peu, et je reçus en prime de la bougie neuve, et un cruchon de vin pour soutenir mes forces. Les heures passèrent, la maison plongea dans le silence ; et j'avais terminé juste avant d'entendre, dans la rue, passer le guet de minuit.

« Bien », murmurai-je. Je fermai mes registres, avalai une ultime rasade ; puis je pris mon bougeoir et montai à pas furtifs dans l'escalier en haut duquel, peut-être, on m'attendait.

À vrai dire il paraît qu'on ne m'attendait pas, ou plus. Pas une lumière dans les chambres ; pas un bruit sinon celui, léger, de respirations. Je soufflai ma bougie, délaçai mes chaussures et poussai lentement la porte de ma presque promise : la lune éclairait son lit au milieu duquel elle dormait, paisible, ses boucles brunes vaguant sur l'oreiller.

Touchant spectacle ! Il ranima d'un coup mes humeurs viriles. Je m'abattis à côté d'elle, elle se retourna avec un languide soupir, je lui baisai la bouche... Mais alors j'aperçus, à ma confusion, qu'elle n'était pas seule ; qu'entre elle et la ruelle une forme, celle de son fils cadet, était pelotonnée. Et au moment où je l'aperçus, voilà que l'enfant s'éveilla et, croyant que j'en voulais à sa mère, se mit à crier, puis à me frapper de ses deux petits poings. Ma belle, à son tour, avait ouvert les yeux, et j'y lisais de la surprise, quoique nulle contrariété. Je m'en serais réjoui, si je n'avais senti que l'assaut de mon rival minuscule commençait de m'ôter mes moyens... Hélas ! la mère déjà chuchotait une réprimande et se levait pour aller le recoucher dans l'appentis, que j'avais déjà constaté ma totale banqueroute ; et je ne trouvai d'autre issue que de fuir le lit déserté pour redescendre en toute hâte me jeter sur ma couchette, espérant que ma patronne, le lendemain, croirait avoir rêvé.

Elle ne le crut pas ; je le sus par les sourires goguenards que je reçus d'elle, et la subite froideur qu'elle me marqua. Et trois semaines après, nous apprenions à dîner que le jeune Martinus serait bientôt élevé à la dignité de maître de maison, et de nouvel époux de la veuve Müller.

XXXVIII

Une semaine à regarder la baie... Ce matin je vais mieux. J'ai dit à ma logeuse de remettre mon pupitre à sa place et de m'apporter de l'encre. Elle m'a fait remarquer que voici deux ans, jour pour jour, que je suis à Gênes ; la brave femme a pour ces choses une mémoire qui me confond.

« Oh, je me souviens bien, dottore, *car c'était la fête de saint Antoine, et au lever j'avais couru à l'église lui mettre un cierge à cause d'une épingle de corsage que j'avais perdue. Et tenez ! c'est en vous installant dans votre appartement et en rangeant vos chemises dans le coffre que je l'ai retrouvée ; preuve que c'était bien ce jour-là, et que le bon saint de Padoue sait récompenser ses fidèles... »*

J'ai pensé à Conradino et à l'aversion qu'il avait pour ces superstitions. Cette aversion presque maladive aurait suffi à le perdre, si tant d'autres causes n'y avaient concouru. Je ne la partage pas – disons plutôt que je ne la partage plus ; je n'ai plus la force de m'indigner de pareilles bagatelles. Je garde mon peu de force à écrire et à attendre ; à attendre surtout. Rien n'est plus usant que cette attente sans cesse déçue. Récemment une galéasse est revenue de Smyrne : elle ne m'apportait pas même une lettre.

Deux ans déjà... Il y a deux ans, quand je vins ici, je croyais être tout près du but, et comptais sur chaque bateau pour m'apporter ma fille. C'était ce qu'on m'avait promis ; j'avais passé déjà assez de mois, voire d'années, à réunir son prix pour l'envoyer à son propriétaire de Nicée. Je ne sais même pas si cet or lui est parvenu ; n'ai reçu depuis qu'une seule lettre, et le nombre des intermédiaires impliqués dans la transaction, et leur imparfaite connaissance de leurs langues mutuelles, la rendaient à peu près incompréhensible. Si c'était pour m'annoncer un contretemps ou réclamer davantage, je ne sais. J'ai envoyé une petite somme, à tout hasard, et demandé des éclaircissements ; mais j'avoue que mon espoir décline.

Encore ces déceptions ont-elles le mérite, en se concentrant sur la transaction même, de me distraire d'autres incertitudes non moins pénibles. Sera-ce bien Jula, ou une quelconque blonde ramassée dans un port de la mer de Marmara ? Il serait si facile de m'abuser, moi qui ne l'ai jamais vue. Et si c'est elle, dans quel état la trouverai-je, hélas ! Une triste créature sans doute, avilie par les vingt années d'opprobre qu'elle a passées sur terre, à qui je devrai apprendre ma langue, et qui peut-être me traitera toujours avec la cautèle sournoise que l'on a pour un maître...

*Pourtant cette recherche est devenue, avec le temps, la grande affaire de ma vie. Benoît douzième, aujourd'hui mort depuis un lustre, était encore pape quand je m'y attelai. J'habitais encore Pavie, n'étais guère tourmenté par ma santé, et me trouvais employé comme scribe par l'*Alma mater *pavesane... Ces démarches m'étaient un loisir ; elles sont maintenant, avec mes Mémoires, ma raison d'être. Ce sont elles qui m'ont fait m'installer sur la côte, où arrivent les navires du Levant, afin de pouvoir les guetter moi-même et ne point m'en remettre à un messager de plus. J'ai pour cela* *délaissé ma situation et la sécurité que m'offrait une cité où j'avais en haut lieu des presque parents. Peut-être ai-je eu tort. Je ne le ressens guère, toutefois, et ai pris plus de goût que je n'imaginais pour l'agitation marchande, la bigarrure de ce port. D'ailleurs rien d'irréparable dans mon choix : je n'ai pas pris congé des Beccaria en si mauvais termes qu'on ne veuille me reprendre à Pavie, peut-être dans le lieu même où j'exerçais. Si ma santé se maintient et que les lettres de Nicée s'obstinent à ne pas venir...*

Je fus donc supplanté ; et il me fallut par-dessus le marché assister à la noce, où l'on m'avait prié – par une attention certainement perfide – de témoigner. Je tiens cela pour un trait de la rancune féminine ; car ma faute, on le reconnaîtra, n'était pas grande. J'avais repris mon travail sur un pied plus distant. Je ne m'y attardais plus après vêpres, et même, au bout de quelques jours, décidai de manger à l'extérieur : les farauderies du fiancé, à table, m'exaspéraient, et Liselotte mettait tant de soin à le bien servir qu'il ne nous revenait à nous, et à moi en particulier, que les plus chétifs morceaux.

Le mariage était prévu pour la dernière semaine précédant l'avent ; urgence dont je déduisis que la veuve, soit s'ennuyait vraiment d'être sage, soit avait déjà ouvert sa couche à son heureux futur. Ces turpitudes me refroidirent encore un peu plus ; et je remis à plus tard de me trouver femme.

Là-dessus le jour vint, et tous – commis, servantes, enfants, parents et alliés, sans compter le nouveau couple – se rassemblèrent au petit matin devant deux chars à bancs affrétés pour la circonstance. C'est que nous devions nous rendre en une campagne proche où la fiancée avait encore ses père et mère, et où se tiendraient l'office et le repas de noce. J'y grimpai les pieds lourds, mécontent de perdre à ces niaiseries un jour chômé ; un jour, que dis-je ? un jour, une nuit et une matinée, puisqu'il était prévu que la compagnie coucherait sur place et ne rentrerait à Munich que le lendemain. J'aurais préféré rester avec mon maître. Pourtant ce dernier, avec une certaine froideur, m'avait assuré en me disant adieu que cette partie me ferait du bien et même que j'en tirerais plaisir, car il promettait de faire beau.

Il faisait beau et doux, en effet, et c'était pour moi une vexation de plus : j'avais espéré en secret qu'un temps exécrable gâterait cette promenade, inonderait coiffures et habits neufs, bref, soulignerait ce que ces épousailles avaient de commun et de risible.

Avec les heures, pourtant, mon dépit s'atténua. Un soleil encore tiède frappait les champs dénudés, les arbres roussis, rendant pénétrante, dans les sous-bois, l'odeur des champignons. En face de moi, le père Witold pontifiait, mais je ne l'écoutais guère, bercé par les cahots de la voiture et le chant des oiseaux.

Et puis nous arrivâmes, et ce fut la bénédiction ânonnée par un vicaire de paroisse, et des ripailles sans fin autour d'une grande table dressée dans la grange. Je voyais que l'épousée tirait orgueil de me montrer qu'elle était fille de laboureurs, et non de métayers ; mais cela ne m'irritait plus. Prospérez, ma douce, pensais-je à part moi en lui rendant sans malice ses sourires de triomphe ; que vos nuits vous échauffent ; si vous supportez le loustic que vous m'avez préféré, grand bien vous fasse, je vous souhaite tout le bonheur possible en cette vie.

Et Martinus, par chance, restait discret, occupé qu'il était à la dévorer des yeux et à flatter sa belle-famille. Je lui sus même gré de posséder, parmi sa parentèle, une cousine point trop nigaude, avec laquelle je partageai le pain à table et dansai quelques tours. Je subis avec moins de dégoût que prévu les facéties de l'amuseur qui surgit au dessert ; j'étais rempli de lapin au verjus, de gigue de mouton, l'hôtesse nous pressait de goûter à ses matefaim... Cette mauvaise journée, finalement, s'achevait pour moi dans une douce béatitude.

Plus rude fut le retour, à l'aurore, après une nuit trop courte pour dissiper les vapeurs de la bière ; d'autant qu'il me fallut, dès l'arrivée, reprendre ma tâche et y mettre bouchées doubles, car Monsieur et Madame disparurent tout de suite, eux, pour aller prendre du repos. Witold grommelait des doléances, je bâillais à m'en décrocher les mâchoires : ces heures de travail furent longues comme des siècles.

Quelle dérision que cette absence de pressentiment que nous avons, quoi qu'on dise, des pires désastres ! Ainsi j'étais là, barbouillé par l'excès de boisson, le crâne endolori ; et ce fut avec soulagement que je quittai enfin mon poste pour revenir chez moi savourer, croyais-je, les agréments d'un véritable lit.

Mais voilà qu'à la porte de la maison était Gertrude, qui guettait mon retour en se tordant les mains :

« Ah, jeune maître, entrez vite, je ne sais que faire ! Il est parti et vous n'étiez pas là ; et cela m'a tant secouée que mes douleurs de jambes me sont venues et que rien n'est prêt pour votre souper ! »

« Qui est parti ? » murmurai-je, une main posée sur mon front brûlant.

« Votre maître, pour sûr. Quel malheur, mon Dieu, quel malheur ! Je vois bien que vous n'en saviez rien, et qu'il m'a abusée en m'assurant le contraire. Je suis une vieille sotte, mais n'ai pas perdu la tête au point de... »

« Mère Gertrude, je t'en prie, calme-toi et dis-moi, posément, ce qui se passe ici », balbutai-je, de moins en moins calme moi-même ; et je montai chez mon maître, suivi par un torrent de plaintes dont je ne saisissais que des bribes.

« ... hier matin, juste après que vous êtes sorti. – ... Sans mon aide, pensez ! Il aura empaqueté ses effets pendant la nuit, comme un malfaiteur... »

« Comment ! » m'exclamai-je en découvrant l'étude vidée de ses moindres objets, « il ne reste rien ? Gertrude, par pitié, explique-moi : où est mon maître, pourquoi est-il parti ? »

« Ah, je ne sais », fit la malheureuse, éclatant en sanglots. « Tout ce que je sais c'est qu'il a tout emporté ce qui était à lui, m'a souhaité d'achever mes jours en paix, et donné en partant un pécule ; il disait en effet que vous, tout seul, ne pourriez pas me garder... »

Je n'y comprenais rien.

« Mais pour moi, Gertrude, ne t'a-t-il donc rien dit ? »

« Il m'a dit, pauvre de moi, que vous étiez au fait ; mais aussi, il vous a laissé une lettre – allons bon, où l'ai-je mise ? J'étais devant le fourneau quand il me l'a donnée, et puis... Est-ce que je l'aurais posée près de la boîte à sel ? Ah, Jésus, ce que c'est que de prendre de l'âge... »

« La lettre, femme, la lettre ! » hurlai-je, hors de moi.

« Seigneur, ne vous fâchez pas ; et considérez que je suis une pauvre vieille femme, et que... Ah, mais la voilà : je l'avais, bécasse que je suis, glissée dans mon sarrau. »

« Merci », soufflai-je. Un instant après j'avais brisé le cachet et m'affaissais sur le siège le plus proche ; mes tempes bourdonnaient.

Je ne sais combien de temps je passai à lire et à relire ces trois feuillets. Longtemps sans doute, puisque j'en connaissais chaque mot par cœur, et me les récitais d'une voix blanche qui résonnait entre les murs dépouillés, lorsqu'il y eut soudain du vacarme dans l'entrée. Il faisait nuit noire ; j'entendis en bas Gertrude parlementer, des pas rapides ébranler les marches, mon cœur bondit d'espérance ; et...

« Non, non, n'entre pas – femme, dis-lui de m'attendre – je ne puis – ah, mon Dieu ! »

Affolé je repliai le vélin, me jetai sur la porte pour la refermer ; tant il me semblait, en laissant voir à l'arrivant la désolation de cette pièce, trahir ma déroute, trahir autre chose aussi, que je ne pénétrais pas... Avant de repousser le battant, j'avais eu le temps d'apercevoir Conradino en tenue de voyage, et son éclatant sourire qui se changeait, devant mon accueil, en moue consternée ; je marchais en rond dans l'étude, essuyais mes larmes qui ne cessaient de couler, et mon âme gémissait en entendant, de l'autre côté de la porte :

« *Mardocheo*, je t'en conjure, dis-moi ce qui se passe, mon ami ! »

Et pour finir, mon âme eut le dessus : j'ouvris, enserrai les épaules, les fortes et belles épaules siciliennes, drapées d'une cape empoussiérée où j'enfouis mon front :

« Conradino, tu es vivant, tu es revenu – que j'ai de peine ! »

« Ma che cosa !?... »

« Mon maître... Venetius m'a quitté depuis hier, et je viens de l'apprendre ; tu arrives alors que je lisais... »

« Une lettre, n'est-ce pas, qu'il t'a laissée ? Montre-la-moi ; il n'y a peut-être rien de grave ni de définitif dans ce départ. »

Déjà il abaissait les yeux sur elle, en déchiffrait les premiers mots.

« Non ; non, non, Conradino, laisse ça. Je... Elle est on ne peut plus claire, et ta lecture n'y fera rien. Tiens », dis-je en la fourrant sous ma chemise, « n'en parlons plus. Je veux te fêter comme il convient. Montons à ma chambre, oui, et raconte-moi tout ton voyage, du début à la fin. Sais-tu ? je te croyais mort. C'est bête, n'est-ce pas ? »

« Oui, c'est bête », murmurait mon ami, qui suivait avec inquiétude mon flot de paroles entrecoupé de pleurs ; « c'est très bête, Mardochée. Mais si tu veux bien, je vais accepter ton offre et t'accompagner à ta chambre. La servante qui m'a ouvert voudra peut-être nous y monter du fruit, car j'ai grand-faim, et pour toi un cordial : je te jure, mon ami, que tu en as besoin. »

Cela fut fait, et un peu plus tard j'avais suffisamment surmonté mon trouble pour écouter le récit de Conradino, et même le questionner.

Quatorze mois, reconnaissais-je, c'était peu pour le trajet qu'il avait accompli. Il était fier de cette diligence, disait n'avoir guère rencontré de traverses, et s'être démené pour rattraper le temps qu'il lui était toutefois arrivé de perdre, comme ces deux semaines d'escale forcée à Bari, où il était tombé malade d'une fièvre...

« C'était pour toi que je me hâtais ; car tu m'as manqué, Mardochée, je te l'avoue. »

« Oui – oui, toi de même, balbutiai-je. Et tes affaires, Conradino, en es-tu content, les as-tu avancées ? »

Son œil s'enflamma :

« Appréciablement, de fait. Oui, je suis très content, tout s'annonce à merveille, et bientôt je pourrai... Mais dis-moi, Mardochée, que vas-tu faire, toi, maintenant que ton maître est parti ? Tu n'as rien, somme toute, qui te retienne dans cette ville ? »

Ici je dus lui expliquer mon changement de vie, ma nouvelle condition de gratte-papier ; omis bien sûr l'histoire de mon mariage raté, et fus dépité de voir que malgré cela, sa seule approbation se limitait à un « très bien » jeté distraitement.

« C'est que tu vois, reprit-il, il est probable que je vais repartir. »

« Repartir ! »

« ... Pour la Normandie, cette fois ; quand j'aurai mis au fait quelques Italiens de ma connaissance qui séjournent ici. Veux-tu m'accompagner ? »

« Mais... mais je... »

« Oui, je sais : je ne compte pas que tu me suives dans cette aventure sans savoir de quoi il retourne. Je te l'expliquerai, rassure-toi ; mais déjà qu'en dis-tu ? »

« Je dois y réfléchir », fis-je, déchiré – déchiré et sachant déjà qu'il n'était plus pour moi d'existence loin de lui, que cette longue année avait été une géhenne à laquelle j'étais stupéfait, maintenant, d'avoir survécu.

Comme mon silence durait, Conradino eut un sourire d'indulgence, se leva, me souhaita bonne nuit et bonne réflexion. Puis chacun de nous gagna sa couche – lui dans la chambre de mon maître, que Gertrude lui avait apprêtée en reniflant, moi dans la mienne. Mais je ne m'endormis pas ; et lus, baisai, relus jusqu'au matin la lettre de mon maître, qu'il me tenait tellement à cœur de garder pour moi, et dont je retrace ici les deux premiers feuillets :

« Mardochée, écrivait-il. *Je sais que mon départ vous affectera, et m'y résigne comme à l'unique issue qui m'est ouverte ; renonçant même à*

> *vous en avertir et à m'en faire d'avance pardonner. Je ne puis croire, au reste, qu'il vous surprendra tellement. Sondez votre cœur, et dites-moi si, sincèrement, vous n'êtes pas davantage surpris que je sois demeuré avec vous si longtemps, à nous regarder d'heure en heure nous éloigner l'un de l'autre. Un maître prend plaisir à voir son élève l'égaler et, parfois, le surpasser ; je vous ai vu, moi, vous déprendre peu à peu de tout ce que je vous avais appris, et cette défaite est trop amère pour mon vieux cœur.*
>
> *Je retourne, enfant, chez votre oncle, où j'espère retrouver la paix d'esprit propice à mes travaux. Ne faites rien pour m'y suivre, votre vie en dépend. D'ailleurs j'y serai beaucoup mieux que vous n'imaginez. Je trouve bon, moi, de fuir ce qui m'est cause de douleur. Vous y verrez aujourd'hui de la lâcheté ; je vous souhaite de vivre assez pour y voir un jour, comme moi, de la sagesse.*
>
> *Adieu donc, Mardochée ; adieu en cette vie, et je ne crois pas à l'autre. D'une route que je pressens funeste, puissiez-vous rassembler la force de dévier, et retrouver vous aussi la paix... J'en énonce le vœu sans y croire beaucoup ; et cette petite* inconséquence, *je la commets volontairement, en gage de l'affection que j'eus pour vous. Voyez-y ma bénédiction de départ, Mardochée ; je n'en dirai pas plus, étant l'homme de peu de mots. »*

Venaient ensuite des recommandations pratiques concernant notre logis, dont il craignait que je ne puisse continuer de payer le loyer ; une somme d'argent devait me laisser le temps de m'établir ailleurs, ou d'arranger les choses de quelque autre façon. Et c'était toujours là que je fondais en larmes, tant la sèche clarté de ces lignes prouvait l'inflexibilité de celui qui les avait écrites.

XXXIX

Fêtes, mascarades, processions, j'entends cela d'ici mais je ne m'y mêle plus. Il fut un temps où j'en avais encore l'envie – et le pouvoir, il est vrai. Hélas, je me sens infiniment faible et las ; je ne guérirai plus, j'en suis maintenant sûr. Le physicien s'est présenté mais je ne l'ai pas reçu : j'en sais plus que lui. Ce ne sont pas des impuretés dont je me purge en vomissant, c'est simplement mon sang, mon bon et brave sang qui me déserte par cette plaie au creux de mes entrailles.

L'animal hurle de peur quand sa substance ainsi le fuit. Quant à moi – oui, je l'avoue, mon animale part renâcle, freine des quatre fers ; mais une autre part de moi ne peut méconnaître la beauté qu'il y a à mourir en le sachant, en en sachant les causes. L'esprit y triomphe une dernière fois de la matière, même si l'un comme l'autre sont promis au néant. Si j'étais demeuré celui que j'étais à ma naissance, je préférerais quelque brutal trépas, m'effrayerais de cette mort attendue qui me guette. Aujourd'hui je ne suis pas loin de m'en féliciter : c'est une mort comme en souhaite le sage que celle qu'il a prévue, à laquelle il s'est préparé. Ainsi je connaîtrai encore des mieux ; et un accès, plus fort que tous les autres, m'emportera. Mais ne crains rien, ma conscience, ma douce : je te tiens ferme, je ne te lâcherai pas sans t'avoir dit adieu –

Au printemps qui suivit nous quittâmes Munich. Conradino n'avait pas eu grande peine à m'y décider, tant j'étais las, au fond, de cette ville. J'avais perdu mon maître, et avec lui le compas de mes actions : je n'aspirais plus qu'à cesser de végéter, ce qui était le cas depuis le début de notre discorde. À cette discorde je m'interdisais de penser ; je ne tenais pas à en approfondir les causes. Peut-être était-il naturel, me disais-je vaguement, que l'on doive un jour renier son créateur, de même qu'il nous faut, pour faire souche nous-même, quitter le père et la mère qui nous ont engendré. Et si naturelle qu'elle soit, la chose ne saurait aller sans souffrance de part et d'autre : car nous vivons avec des cœurs d'hommes, et non point comme des bêtes. Ainsi je me leurrais dans la pensée que, plus tard, Venetius et moi retrouverions la voie l'un de l'autre. Je m'y leurrai plusieurs mois ; c'est peu, si l'on considère la lenteur d'esprit qui m'avait toujours caractérisé jusqu'alors.

Nous fixâmes donc notre départ au printemps, pour ne pas ajouter les rigueurs du temps aux embûches de ce voyage. Et elles pouvaient être multiples : car il s'agissait bel et bien d'une conjuration, comme je l'avais déjà subodoré et comme mon ami me le confirma le lendemain de son retour. Elle visait au soulèvement de la Sicile, tâche énorme à laquelle il avait œuvré pendant son périple, et qui exigeait au surplus que nous allions sceller en terre anglaise quelques ententes. Tel était notre but final. En chemin, il nous fallait rendre visite à quantité de personnages de l'Empire qui épousaient encore la cause italienne, et dont nous ranimions la flamme gibeline. Il en était d'autres que nous trouvions déjà au fait, et qui avaient plus à nous instruire qu'à être instruits par nous. Leur nombre et leur élévation me rassuraient sur les chances de l'entreprise. Ils m'étonnaient aussi, comme m'étonnaient la relative splendeur de notre équipage, les chevaux frais que nous trouvions sans mal un peu partout, et l'or qui semblait ne jamais tarir entre les mains de mon ami.

Je nous revois un soir dans les montagnes de Souabe. Il a plu tout le jour. Nous sommes fourbus, affamés, trempés jusqu'à l'os ; et néanmoins joyeux, en têtes brûlées que nous sommes, et que déride la seule idée d'avoir abattu une nouvelle étape. Conradino sourit de cet étonnement dont je lui fais part, et s'explique de sa récente richesse. La pluie dégoutte de ses cheveux, sans arrêt il s'essuie le visage, s'ébroue sur sa selle, et doit hausser la voix pour que je l'entende au milieu de ce déluge.

« Ma richesse ? Elle me vient d'un roi, Mardochée. Rien de plus généreux qu'un roi quand il pense tirer profit de nos actions. »

« Un roi ! »

« Le tout jeune Pierre d'Aragon, mon cher. Me crois-tu fou au point de m'imaginer qu'on soulève tout un peuple sans l'armer ? et que ces armes se trouvent dans le crottin d'un âne ? »

« Non point ; mais je suis surpris de te voir te mettre au service d'un souverain que. . »

« Que ?... Moi, ce Pierre me convient à merveille. Il s'annonce moins *débonnaire* que son prédécesseur, et déteste en secret son grand-oncle le petit Frédéric de Trinacrie. Sois-en sûr, il applaudirait des deux mains à une victoire des gibelins en Sicile, et il fait ce qu'il faut pour la hâter : que demander de plus ? Oh, bien sûr, il serait moins obligeant s'il savait qui je suis véritablement, et quels droits supérieurs je possède sur cette île... »

« Quels droits !? Te voilà devenu bien retors, et bien ambitieux ! » murmuré-je, troublé.

« Retors ? Oui, c'est en partie vrai. Pourtant les ambitieux ont plutôt l'habitude de faire du bien commun l'instrument de leur gloire ; au lieu que je souhaite, moi, faire l'inverse. »

J'ai tiré les rênes de mon cheval, et considère mon ami avec une vague épouvante.

« L'inverse ? Conradino, que veux-tu dire ? et quelle est cette gloire dont tu voudrais tirer parti ? »

« Mon nom, ami. Mon nom et mon ascendance, que j'ai fait connaître au peuple sicilien. Désormais il m'est passionnément acquis, et se figure même que je ne me nomme Conradino que par modestie, et ne suis autre que l'empereur Frédéric ressuscité. »

« Tu t'es fait reconnaître ! Ah, Conradino, quelle démence de te réclamer d'un souverain dont tant d'autres ont rêvé d'effacer la semence ! – Et *toi*, t'en réclamer ! toi qui justement l'avais en peu d'estime, et qui... »

« *Dai*, Mardochée ! arrête de gémir comme une vieille femme. Je m'en suis réclamé, évidemment. Ne pas jouer cette carte, c'était me conduire en imbécile. Tu le comprendrais mieux si tu avais vu nos paysans de Sicile baiser le bas de ma tunique comme si j'étais un dieu. Ils m'accueillaient en sauveur, sanglotaient quand je devais quitter leurs cabanes. Et les belles filles », ajoute-t-il d'un ton de confidence, « toutes les belles filles que les mères me poussaient dans les bras, pour ainsi dire, dans l'espoir que je les ferais grosses, et mères d'un divin rejeton – Mardochée, tu n'imagines pas : je devais chaque soir en refuser. »

« Sois sérieux, s'il te plaît. Ce n'est pas pour rassasier ton bas-ventre, je présume, que tu veux être leur prince ? »

« Leur prince ? Mais tu es fou, Mardochée. C'est peut-être ce qu'ils espèrent ; c'est sûrement ce qu'ils espèrent, hélas – ce goût qu'a le peuple pour ses princes est une des choses qui m'affligent... Mais enfin. »

« Mais enfin quoi ? »

« Enfin, il suffira de leur annoncer comme un royaume ce qu'ils découvriront, le moment venu, être une république. »

Il bat la campagne, me dis-je. « Une république. Conradino, pour l'amour du ciel, reviens à toi. Nous ne sommes plus au temps des Anciens, et ce dont tu me parles... »

« Laisse le ciel tranquille, mon ami, et toi, reviens sur terre. Je te parle, oui, d'une république ; et serais curieux de savoir ce que tu as à y objecter. »

« Mais... rien, dans l'absolu, je te l'accorde. Toutefois, à considérer ce qu'est le monde aujourd'hui, tu ne pourras nier... »

« Ah ! je reconnais bien l'élève de Venetius. »

« Tais-toi ! »

Il m'a meurtri ; et la vivacité de mon ton ne lui échappe pas.

« Pardonne-moi, ami. Mais tu me peines, toi aussi, en me supposant si peu de cervelle, et une si piètre connaissance du monde et de son état. Je ne suis pas un rêveur, mais un audacieux ; et de l'audace il en faut, c'est vrai, pour ce grand coup que je projette. C'est même de l'impudence qu'il me faudra avoir : car j'ai de nombreux alliés, et ils sont très rares à savoir exactement ce que je prétends faire. Ils l'apprendront à leurs dépens. »

« Comment ! vos alliés gibelins... »

« Certains d'entre eux, assurément ; ceux qui, à la différence de moi, aiment plus l'empereur qu'ils ne détestent le pape. »

« ... et tes amis philosophes et savants, qui, m'as-tu dit, appuient tes vues, tu comptes donc les tromper ? »

« Non pas, mon ami. Ce n'est pas les tromper que de leur offrir, dans une Sicile républicaine, un asile bien plus sûr que les diverses cours qui les abritent. Et plus qu'un asile : l'appât d'un régime neuf à créer, où ils pourront légiférer tout à loisir... »

« Et s'ils ne s'entendent pas ? Tu sous-estimes la multiplicité des points de vue humains, et la jalousie avec laquelle chacun défendra le sien propre. Chacun fera la guerre aux autres, et... »

« Eh bien ! ils débattront, et leurs débats publics instruiront le peuple. »

« Peut-être ; mais la guerre, Conradino, sera partout, elle sera au-dehors ! Sans roi vous serez faibles ; et qui empêchera Robert d'Anjou, de Naples, de vous assujettir ? »

« Beaucoup de monde, Mardochée. D'abord les trois mille Siciliens que j'ai gagnés à ma cause, et qui défendront chèrement leurs libertés municipales quand ils en auront repris le goût. Et les deux armées mercenaires que le roi d'Aragon met aimablement à notre disposition... »

« Le roi d'Aragon n'a sans doute qu'une chose en tête : reprendre la Sicile qui fut à son grand-père. »

« Sans doute, tu as raison. Et c'est pourquoi l'alliance des Anglais nous sera si précieuse : eux voient d'un aussi mauvais œil une Sicile angevine qu'un royaume d'Aragon trop puissant, et nous promettent de s'interposer en notre faveur. »

« Mais ces mercenaires aragonais ? »

« Je sais, moi, comment on en use avec les mercenaires. Ils cracheront sur leur solde et enverront Pierre au diable quand ils auront à eux une terre à cultiver. Le comté des Pellegrini, partagé, nourrirait cent familles outre celles qui le travaillent déjà ; et de tels domaines, il y en a par dizaines sur notre île. »

Il me semble avoir sous les yeux l'un des Gracques en personne, mâtiné d'un Spartacus. Comme j'étais loin de voir, dans ce gai jouvenceau, l'instigateur de tels séismes ! Je le croyais un homme obscur et fier de l'être ; et quand je me le rappelle montrant l'escrime, pour une poignée de billons, à quelque vieil escarpe, la tête me tourne.

« Conradino, ce que tu me peins me paraît astucieusement monté, mais... qu'en sera-t-il quand la surprise ne vous servira plus ? Tu parlais toi-même de l'attachement inconcevable qu'ont les peuples pour leurs princes : ils le prouveront, feront corps derrière eux pour vous abattre et vous massacrer. »

« Sans doute, oui », murmure mon ami avec douceur. « Il y a cet attachement en effet, je ne me le dissimule pas. Mais Mardochée, considère aussi l'infime chance que cet attachement le cède au désir de nous imiter : pour moi, j'y sacrifie le reste. C'est me montrer, je sais, mauvais calculateur ; mais à trop calculer rien ne changerait jamais sur cette terre. D'ailleurs aucun de mes partisans ne s'abuse là-dessus. Peut-être serons-nous massacrés : ils l'acceptent. Nos chances sont minces, mais l'enjeu l'emporte à leurs yeux. Que veux-tu ? Beaucoup n'ont rien à perdre à vouloir améliorer leur sort. Tes raisons ne les toucheraient pas. »

« Ce ne sont pas tant mes raisons que... la raison, me semble-t-il ! »

« Tt, tt, *Mardocheo*. Laisse donc cette vieille dame Raison : elle a pris, avec les siècles, tant de sens différents que nous pourrions débattre à l'infini tout en l'invoquant l'un et l'autre. – Et puis, mon ami, réfléchis plus avant à ce qu'est une défaite, et si mourir en est forcément une. Pense, par exemple, à un homme qu'au reste je n'apprécie guère : Jésus. Défaite lamentable, tu le reconnaîtras, que de finir cloué à une croix comme un esclave fripon. Et pourtant regarde, au bout de treize siècles, où en sont ses affaires : d'une pareille défaite je m'accommoderais bien. »

Je viens de renifler avec vigueur.

« Toi, invoquer Jésus ? Les bras m'en tombent. Conradino, je t'en supplie : dis-moi qu'au moins tu ne promets pas à tes paysans de Sicile un règne qui n'est pas de ce monde, et que... »

« Mais non, mais non, Mardochée, ne les fais pas plus bêtes, ni moi plus détestable, que nous ne sommes. Je ne leur ai rien promis. Je me borne à t'exposer que les idées parfois survivent aux hommes, et les vengent posthumément – d'ailleurs nous n'en sommes pas là, par bonheur ; et il s'agit pour l'instant de nous consacrer à notre victoire comme si elle était certaine. Je dis “ nous ” : Mardochée, tu persistes à vouloir m'accompagner en Normandie ? Nous traverserons Paris : pour cette seule raison, et pour rencontrer les relations que j'y possède jusqu'en Sorbonne, ce voyage hasardeux devrait bien te tenter ? »

Je regarde les collines qui grisonnent de brume. Comme il voit clair en moi ! C'est vrai, je ne puis dominer l'effroi que tout cela m'inspire. Je savais notre mission dangereuse ; je ne la savais pas à ce point. Passe encore qu'il risque sa vie ; mais qu'il le fasse avec une telle insouciance, voilà qui me navre dans mon affection.

« Bien sûr que je t'accompagne, soupiré-je. Et en un sens tu peux me tenir pour le plus sûr de tes sectateurs : car je n'espère rien, et te suis par pure amitié. »

« *Bene, bene*, rit-il. Le motif en vaut un autre ; le principal est que tu m'assistes. C'est que la route sera encore longue, tu sais, et les haltes nombreuses. Il nous faudra rencontrer toutes sortes de gens favorables à notre cause ; et, dans le royaume de France, convaincre certain parti qui s'emploie à miner le crédit de Philippe de Valois pour amener au trône Édouard d'Angleterre. Eh oui ! ces deux-là ne s'aiment guère, cela commence à se savoir. Et tant mieux pour nous, car je ne suis pas sûr que nous aurions décidé les Anglais à nous prêter main-forte sans cette dissension... Tu ne dis plus rien ? »

« Si fait, si fait, Conradino ; mais admets qu'il y a pour moi matière à m'étonner. Ton humble vie, que j'aspirais à imiter, n'était donc que façade ? Et quand tu t'indignais que mon maître touche la rente d'un Louis de Bavière, tu devais bien rire dans ta barbe, toi dont le beau cheval, de même que le mien et celui qui, derrière nous, porte nos bagages, a été payé sur la cassette d'un roi qui ne t'est rien et que tu veux berner ! »

« Non je ne riais pas du tout, Mardochée, et il n'était pas encore question alors de ce... patronage. Tu me penses capable d'affirmer, devant des amis, le contraire de ce que je crois ? »

« Cependant... »

« Cependant il s'est passé cette chose imprévue : ton maître Venetius, après coup, m'a convaincu. J'étais bien jeune, je le suis à peine moins ; mais du jour que je l'ai rencontré, mes yeux se sont ouverts. »

Ma stupeur ne fait que croître. Qu'en ce projet désespéré, si prometteur de désastres et de martyres, mon ami se juge disciple de Venetius, cela dépasse mon entendement.

« Je saisis mal ce que tu veux dire. T'imagines-tu que Venetius... »

« Ton maître m'a montré qu'il est un art d'utiliser les circonstances. Lui-même ne l'appliquait qu'à son but, qui est de prolonger sa vie et les conditions de sa pensée le plus avantageusement possible. J'y vois, moi, quantité d'autres usages ; mais le principe, c'est à lui que je le dois. Oh ! nous sommes plus proches que tu ne penses. »

« Oui, oui, dis-je avec impatience. Toutefois tu surestimes cette proximité. À nous entendre débattre tout à l'heure il me semblait plutôt, à moi, que j'avais pris la place de mon maître, et toi la mienne ; et... »

... Et cela ne me plaît pas, allais-je conclure. Mais je m'arrête là, me contentant de hausser les épaules ; et Conradino, surpris, se retourne vers moi.

« *Mardocheo*, tu me parais las, subitement. Il est vrai que le ciel, aujourd'hui, ne nous gâte pas. *Madre mia*, comme tu dégoulines ! Et je ne dois pas être plus joli à voir. Sais-tu ? Nous allons faire étape, et ce soir sous un toit. Misère ! Je ne veux pas perdre le plus sûr de mes sectateurs à cause d'une averse qui dure trop longtemps. Je te promets, Mardochée, qu'au prochain village nous mettons pied à terre. Et maintenant souris-moi, mon ami : je n'aime pas te voir renfrogné. »

Je souris malgré moi et nous piquons des deux ; un peu plus bas dans la vallée scintille une lumière, celle d'une auberge où l'on nous donnera une chambre.

Cette chambre d'auberge... J'ai peine à croire que ce fut le même jour ; que le même jour m'annonça la fin probable de mon ami, et me fit faire sur lui une découverte presque plus oppressante encore. J'en suis sûr néanmoins, par un de ces caprices de la mémoire qui laisse perdre tant de choses essentielles et se cramponne, on ne sait pourquoi, à quelques riens.

C'était bien le même jour : c'était la même pluie qui nous avait trempés tandis que nous devisions des destinées siciliennes, et qui battait le toit de l'auberge souabe. Comme les choses, à ce tournant de ma vie, se précipitent ! et comme j'ai regret, malgré tout, de ce temps au rythme si rapide, qui laissait tant de place à l'imprévisible... Au stade que j'ai atteint, le temps est pour moi presque immobile ; il m'apporte si peu que l'incident y est événement, que l'événement proprement dit y est impensable. Voilà ce qui, dans mon existence actuelle, s'approche le plus de ce que les chroniqueurs appellent événement : aujourd'hui, le quinze août mil trois cent quarante-sept, on fête en ville l'Assomption de la Vierge. Les cloches sonneront à San Donato, et ma logeuse me servira plus tard qu'à l'habitude les rôties et l'œuf cru dont je me contente à souper.

XL

L'AUBERGE était pleine et affairée ; accueillante toutefois, pour peu qu'on y mît le prix. La tenancière s'empressa de nous enlever nos deux manteaux afin de les étendre devant le feu – « sans quoi ils ne sécheront pas, messeigneurs, d'ici à demain matin » –, et nous engagea à redescendre dès que nous le voulions, car son ragoût de cerf, fin prêt, ne demandait plus qu'à être réchauffé.

« Ça va bien, ça va bien », coupa Conradino qui (je dois le mentionner comme un de ses rares traits déplaisants à mes yeux) ne savait dissimuler sa répulsion pour certains défauts de caractère, telle l'obséquiosité, chez quiconque n'était pas une jeune et jolie femme ; et notre hôtesse n'était ni l'un ni l'autre. Il referma la porte de la chambre, s'assit sur le lit, poussa un soupir de fatigue ; et j'allais l'imiter, quand mon regard tomba sur les planches du sol. Ses bottes y avaient laissé une traînée noirâtre : je le lui fis remarquer, et retirai les miennes avant que d'avancer. Mais Conradino demeurait immobile, l'œil au sol, et, surpris par sa mine, je me penchai à mon tour avant de m'exclamer.

« Mais c'est du sang ! Conradino, tu t'es blessé ; laisse-moi ôter ta botte. »

Il protestait avec maussaderie, je passai outre et délicatement l'attrapai par le talon. Vu de plus près, le spectacle était horrible : un morceau de ferraille avait traversé la semelle, le pied et l'empeigne – comment, c'est ce que je ne sais ; sans doute quand mon ami avait sauté à terre dans la cour mal tenue de l'auberge.

« Je crois, balbutiai-je, qu'il va falloir l'arracher pour que tu te déchausses. Je vais le faire si tu veux. Mais peut-être vaut-il mieux que j'aille d'abord demander à l'hôtesse une potée de breuvage fort ; je crains qu'à jeun cela ne te fasse affreusement mal. Déjà tu dois avoir très mal, et je ne conçois pas que tu aies pu marcher jusqu'ici, et ne rien dire... »

C'était aussi pour moi, je l'avoue, que j'eusse voulu de l'eau-de-vie et le renfort d'une matrone probablement experte en pansements. Mais Conradino m'arrêta ; m'interdit – m'interdit ! – de sortir et, encore plus, d'aller chercher « cette femme aux yeux de truie ». Sa nervosité me sidérait. Je la mis au compte de la douleur physique et de l'effort qu'il devait faire pour la surmonter ; et faillis crier lorsque, sans préavis, il prit entre ses doigts la pointe de métal et, d'un seul coup, l'arracha.

« Et c'est tout », triompha-t-il sombrement, tandis que la sueur ruisselait dans mon dos.

« Mais, Conradino !... »

« N'en parlons plus, si tu veux bien », m'interrompit-il avec sécheresse. « Ah, et puis descends. J'ai besoin de rester sans compagnie. Je te rejoins dans un moment. »

« Il n'en est pas question, m'insurgeai-je. Quelle fantaisie te prend ? Il faut laver cela, mettre de l'eau bouillie, un emplâtre : une blessure se soigne, que diable ! tu es... tu es un enfant ! »

Mon ami frissonna, eut un geste vague : « Va pour ton eau bouillie, Mardochée. Mais par Dieu, je te jette dehors si tu ramènes la femme, ou n'importe qui d'autre. »

Stupéfait, je cédai à sa lubie et lui remontai moi-même, un peu plus tard, le broc fumant. Conradino était couché, la tête sur son poing, sifflotant avec hargne un air de chasse. Il se redressa, m'enjoignit de verrouiller la porte, et, au-dessus de la cuvette déjà rouge de sang, lava son pied pourfendu.

C'était ignoble. L'eau devait être brûlante encore, je le lui dis, il me toisa :

« Tant mieux, cela fera cautère. »

Mais sous mon regard fixe – car je commençais vraiment à me froisser –, il fléchit. Il reposa le broc, tendit le bras pour attraper un linge, suspendit son mouvement ; et brusquement je le vis enfouir son visage dans ses mains.

« Conradino, qu'as-tu ? Je ne comprends rien à tes façons ! Il n'y a pas de honte à avoir mal ; et je sais que parfois une blessure somme toute légère, mais infligée à froid, est plus douloureuse qu'une flèche reçue en pleine mêlée. »

« Ah ! ne dis pas un mot, Löwenfels, tu ne mesures pas le mal que tu me fais. »

« Mais quel mal, grand dieu !!! »

Il y eut un silence.

« Je suis infirme », souffla-t-il.

« Infirme ? »

« Je ne l'ai jamais confessé à quiconque. C'est un secret qui me pèse atrocement. Je ne connais pas... je ne ressens pas la douleur. »

« Que veux-tu dire ? Tu es robuste et endurant, c'est ça, et peu sensible aux... »

« Non. C'est ce que j'ai toujours fait croire : à ma mère d'abord, à mes compagnons de jeu, plus tard à mes adversaires. J'y ai gagné une réputation de courage que j'usurpe en partie. La vérité est que je ne ressens rien de... de ce qui vous fait, vous autres, grimacer et gémir quand votre doigt, par exemple, passe trop près du feu. Je n'ai pas souffert de cette pointe, tout à l'heure. Je croyais avoir un caillou dans ma botte. »

Ce fut à mon tour de frissonner. Je comprenais l'angoisse avec laquelle mon ami dissimulait ce qu'il appelait son infirmité. Si j'éprouvais, moi pourtant délivré des croyances, un léger mais réel sentiment d'horreur, qu'auraient éprouvé les ignorants et, parmi eux, cette espèce entre toutes redoutable : celle des ignorants malveillants ? Quelle possession auraient-ils supposée, quelle ténébreuse accointance avec les démons !... Mon ami avait laissé retomber ses mains. Il me considérait avec détresse, attendant de moi, pour la première fois, une parole de réconfort. Moi je regardais ces lèvres qui venaient de se taire, et mon cœur se serra de pitié en songeant que, peut-être, Conradino était aussi insensible aux plaisirs. – Mais non, me repris-je au souvenir de certain sonnet de son petit recueil, dans lequel il dépeignait avec une criante vérité...

« À quoi penses-tu ? »

« Je pense », fis-je, embarrassé, « je pense que tu fais bien de ne pas divulguer ce secret, qui pourrait t'attirer des tracas. »

« Tu me trouves monstrueux n'est-ce pas ? » murmura-t-il.

« Nullement ; nullement. La nature a ses accidents, et les histoires naturelles citent quantité de cas plus étranges que le tien. Mais de grâce, Conradino, sois prudent jusqu'au bout : soigne-toi comme il faut, tu en as besoin plus qu'un autre. La douleur n'est pas seulement une faiblesse animale que tu ignores : souvent aussi elle nous avertit du déséquilibre des humeurs qu'entraîne une corruption. Lave bien ta plaie, mon ami, lave-la encore, et laisse-moi demander à l'hôtesse de la sauge, que nous y appliquerons. »

Il m'obéit mécaniquement, consentit que je pose moi-même l'emplâtre et emmaillote son pied ; et quand ce dernier fut caché dans sa botte, le désordre de la chambre réparé, la cuvette subrepticement vidée par moi sur le fumier de la cour – quand tout eut repris son aspect normal, enfin, alors seulement Conradino redevint lui-même, rit de ses frayeurs et me serra les mains avec effusion.

« Allons souper maintenant, Mardochée. J'étais si tourmenté que j'en avais oublié ma fringale. »

Je dois dire qu'il me fut impossible, ce soir-là, de rivaliser d'appétit avec lui, quoique le ragoût fût excellent. Certes je me félicitais de sa joie retrouvée, mais ses aveux m'avaient inspiré un malaise qui me reprit, par la suite, chaque fois que je revoyais les mimiques de mon ami me lisant les supplices de l'*Enfer*. Là où j'avais vu chez lui une excessive sensibilité littéraire, il y avait donc de l'inquiétude, de la fascination, quelque chose comme de l'envie, peut-être ? Je m'efforçais de n'y pas trop penser ; par bonheur il n'en fut plus guère question entre nous. Il fut abondamment question de poésie, car Conradino aimait alléger en conversant l'ennui du voyage, et ne pouvait longuement converser sans aborder ce sujet cher à son cœur. Mais toujours je prenais soin de l'aiguiller sur son œuvre à lui, et de l'y ramener lorsqu'il s'égarait du côté de Dante.

Je lui relatai l'admiration mais aussi le désarroi que son recueil m'avait inspirés ; lui demandai, avec une chaleur que j'exagérai, sans pour autant la feindre, de m'expliquer ses énigmes ; bref, désirai qu'il m'éclairât en ce domaine que je maîtrisais si peu.

Il n'y avait pas là d'énigmes, m'assura-t-il : seulement une mystique d'amour qui habillait, et exaltait, des doctrines rationnelles. Ce n'étaient pas les devinettes auxquelles s'amusaient les anciens poètes, et qui étaient un jeu de l'esprit. C'était un art de s'adresser aux âmes nobles, de n'être vraiment compris que d'elles, tout en se réservant d'amener les autres, par le chatoiement d'amoureuses images, à une telle noblesse intérieure. Cet art, il le devait d'une certaine façon aux adeptes du *stil nuovo*, et bien sûr au jeune Dante...

« Reviens-en, je te prie, à tes propres travaux », insinuais-je doucement. « Enseigne-moi, car tout ne m'est pas clair. Cette dame que tu évoques n'est donc pas... »

« Elle est, et n'est pas, celle que j'aimais alors. Elle l'est, parce que c'est en partant de l'amour d'une femme, de son stade premier – l'attrait d'une figure, de sa bouche, de ses cheveux, et le désir charnel qu'elle éveille en nous – que je suis parvenu à l'amour de choses plus hautes. Ainsi du désir de connaître un corps nous passons au désir d'embrasser l'âme qu'il contient ; et l'intelligence en use tout de même. De la perception des objets et des émotions qu'elle en retire, elle passe au penser ; puis le penser de plus en plus s'abstrait des objets qui l'ont fait naître, sans jamais entrer en discordance avec eux – si du moins l'on suit toujours, sans s'écarter, le beau chemin de la raison. Car celui-ci provient de la matière et, s'il la dépasse, ce ne doit pas être pour la nier, mais pour l'expliquer et éventuellement agir en retour sur elle. Et je juge aussi mal ceux qui, parvenus au faîte de l'esprit, renversent leur pauvre escabeau du sensible, que ces fils d'artisans qui, enrichis, posent aux grands seigneurs, et voudraient qu'on oublie de qui ils sont nés. »

Avec quelle ardeur il parle des sens, me disais-je ; et je ne pouvais m'empêcher de penser que cet attachement devait son indéfectibilité à une sensibilité si incomplète. Cette dernière lui faisait honte, et il s'estimait tenu de la laver par une loyauté plus qu'ordinaire. Je trouvais cela beau ; trouvais justes et belles aussi, dans leur contenu même, les thèses de mon ami. Je voulus réentendre, à la lumière de ce qu'il m'avait dit, ses poèmes hermétiques ; et, avec son aide j'appris à les pénétrer un peu mieux que je ne faisais.

« Je ne dois point avoir l'âme si noble, plaisantais-je parfois, vu le temps que je mets à saisir ce que tu me montres. »

Conradino riait de toutes ses dents, me jurait que mon âme était fort bien faite, et que lenteur n'était pas vice. « Mais tu manques de pratique, Mardochée, voilà ce qu'il y a. Si comme moi tu ruminais des strophes tout en chevauchant, tu deviendrais expert. Écoute donc... » Et de me réciter impromptu quelques vers italiens dans lesquels il comparait moqueusement le progrès de ma pensée à la danse d'un ours du Nord, et répétait toutes les deux lignes : « Tirouli ! Tirouli ! » comme le cri le plus propre à me faire m'ébattre.

« Ah, c'est comme ça ! » m'écriai-je, mécontent mais amusé. Il me fallut cependant bien plus d'une heure, à moi, pour lui répliquer dans la même langue par ces deux quatrains, que je traduis du mieux qu'il m'est possible :

Il est aisé de persifler les autres
À qui est trop abject pour être atteint,
Et seul qui a un honneur à défendre
Peut s'irriter des choses qu'on lui dit.

Né d'un bâtard, tu sais t'en faire un titre,
Ta propre sœur aurais voulu souiller.
Peu me chaut donc d'affûter une pointe :
Même en plein cœur, tu ne la sentirais.

Mon ami était resté narquois jusqu'à la chute, qui lui fit grincer des dents ; et après quelques bourrades plutôt rudes qu'il me donna et que je lui rendis, nous nous déclarâmes très satisfaits l'un de l'autre, et éclatâmes de rire.

Souvent nous eûmes l'occasion de reprendre ce jeu ; et si nous renoncions désormais à nous injurier, faute de griefs réciproques, nous nous efforcions de développer nos désaccords – moraux, littéraires ou politiques – dans de telles tensons. C'était au début une fatigue considérable pour ma tête ; mais ainsi les heures filaient, et il m'arriva d'être fâché de parvenir à l'étape et de devoir remettre la suite au lendemain.

Car ces étapes, généralement, n'étaient guère consacrées au repos mais, dans les villes du moins, à la rencontre de tel ou tel conjuré qui nous défrayait, et avec qui nous échangions des avis sur l'état des choses. Intendants perfides, évêques comploteurs ou hommes de guerre sans emploi – de telles protections me faisaient envisager l'affaire d'un œil moins pessimiste. Il nous arrivait cependant de traiter avec des individus de mine louche, d'état incertain, qui œuvraient dans le peuple de façon à lui faire ressentir la dureté des temps et à décourager en lui l'envie de soutenir ses princes. Ceux-là, assez souvent, m'inquiétaient.

« Es-tu sûr, Conradino, de ce Schmiedehämmerlé ? Sais-tu au moins ce qu'il est ? »

« Je sais, mon cher, qu'il prononce de fameux sermons dans les campagnes, et n'a pas son pareil pour sauter de lieu en lieu sans jamais rencontrer ni reîtres ni membres plus... autorisés du clergé. Qu'exiger de plus ? C'est indubitablement une canaille, qui doit être payée par plus d'un maître. Mais tant qu'il ne défait pas par ailleurs ce qu'il fait pour nous... »

À ce train-là nous progressions lentement, et notre trajet était fort éloigné de la ligne droite. Cependant, semaine après semaine, nous finissions par faire du chemin ; et de plus en plus souvent, une tristesse me venait à la pensée que nous allions quitter les terres de l'Empire. Il entrait plusieurs choses dans cette tristesse : la crainte de pénétrer en des régions où je n'entendrais plus ni ma langue natale, ni une approchant, et, outre cela, la conscience que peut-être ce chemin serait sans retour – en quoi je voyais juste.

Vint un jour d'été que je découvris être l'anniversaire de celui où j'avais pour la dernière fois aperçu ma dame, quelque trois ans plus tôt. Un accablement me saisit ; Conradino me demanda raison de mon mutisme, et se plaignit que je ne prenne plus le trot qu'avec répugnance.

« Nous ne franchirons jamais le Rhin si tu traînes ainsi la patte. Allons, Mardochée, du nerf, mon ami ! Quitte cette lugubre figure, et explique-moi ce que tu as sur le cœur. »

Le Rhin... Je souris sans gaieté au souvenir qu'il me remémorait sans le savoir.

« Ah ! tu te dérides. »

« Quelque peu », admis-je. Et tout à coup l'envie me prit de lui raconter comment, non loin d'ici, j'avais fait sa connaissance bien avant de lui être présenté.

L'histoire le divertit extrêmement, et je vis sa prunelle s'attacher à mon visage comme si elle y discernait des traits insoupçonnés.

« Quel cachottier tu fais C'est vrai, je me souviens maintenant qu'il y avait à bord quelques tonsures, et une grosse femme laide qui m'horripilait... Et à la basilique de Spire encore ! Décidément, le hasard s'y est repris à plusieurs fois avant de nous faire amis. »

J'avais détourné la tête : je regrettais mon bavardage.

« Ce n'est tout de même pas de revenir près du même fleuve qui te rend si sombre, Mardochée ? Sans doute n'est-ce pas pour toi un glorieux souvenir que celui de mes crachats et de mes invectives, que j'avais oubliés ; mais à présent je m'en excuse très platement, et te supplie de les oublier toi aussi. »

Agacé je haussai les épaules.

« Peu m'importe le Rhin et la basilique de Spire : ce n'est nullement à cela que je pensais. C'est à Roswitha, la dame de mon cœur ; et ce dernier saigne de s'éloigner chaque jour d'elle, et de se dire qu'elle ne voit plus le soleil se lever en même temps que moi. »

« C'est juste, Mardochée, tu es amant et je l'avais perdu de vue. Brute que je suis ! Je m'en veux de ma légèreté. Quand je pense à ce que j'éprouvais, jadis, en traversant le détroit de

Messine, laissant une eau entre moi et mon adorée... »

Ses paupières se mouillaient, et il lâcha ses rênes pour m'étreindre le bras.

« ... Je le sais aussi, ce n'est pas une consolation que de quitter un être qui ne vous aime pas. Deux âmes qui s'appartiennent peuvent redoubler d'amour à se savoir séparées par de grandes étendues. Mais au mal-aimé, il est plus pénible encore de partir que de rester où il est. C'est comme si la distance physique matérialisait pour lui son absence d'espoir ; c'est son désastre qu'il voit s'accroître dans chaque lieue parcourue. »

« Assez », murmurai-je ; chacun de ses mots m'abattait davantage.

« Tu me tiens rigueur de n'avoir ni prévu, ni constaté ton chagrin, Mardochée. C'est à bon droit. Mais aussi, tu t'es montré tellement discret ces derniers temps que je t'ai cru guéri de ton amour. Tu en parlais si peu... »

« C'est bon », l'interrompis-je sèchement ; et je poussai ma bête afin de le précéder sur le sentier. Bientôt, pourtant, Conradino revenait à ma hauteur.

« Quelle mouche te pique, Löwenfels ? Certes je me réjouis que tu pousses ainsi l'allure ; mais au moins que ce ne soit pas par dépit contre moi. »

« Je n'ai nul dépit contre toi. Je veux seulement que tu cesses de creuser mes plaies et laisses ce sujet qui me chagrine, voilà tout. »

« À ton aise ; mais je crois que tu erres en te murant dans le silence. Tu es passé à l'école d'un sage stoïque, et voudrais l'imiter. Or ses méthodes, à l'évidence, ne te conviennent pas, si elles lui convenaient à lui. Moi je ne sais qu'une manière d'émousser les passions : loin de les faire taire, c'est de les mettre en mots, et si possible en mots choisis, en rimes délectables. Avec le temps on s'aperçoit que seule subsiste cette délectation, et que le mal lui-même a tout bonnement disparu. »

Je fis mine de ne pas l'entendre et coupai court à la conversation. Elle me déplaisait et m'agitait, comme la mention de mon maître et de ma cousine me déplaisait toujours, sans que j'en discerne bien le pourquoi, dans la bouche de mon ami. Mais ensuite je réexaminai son conseil, en vis le bien-fondé ; et jusqu'au soir composai mentalement une chanson qui commençait par : *« Dame, de votre cœur vous m'avez exilé... »* J'en reçus un certain soulagement, et m'exerçai à composer de même quand la tristesse me revenait, c'est-à-dire presque chaque jour. Nos dialogues en pâtissaient. Mais j'eus le plaisir d'obtenir quelquefois un éloge de mon poète d'ami, qui m'estimait en progrès ; et le Rhin fut passé sans que je le grossisse beaucoup de mes larmes.

Je bous encore d'agacement, au point que je ne réussis pas aujourd'hui à poursuivre, comme je me le promettais. Que de stupidité sur cette terre, grand dieu ! et comme mon maître avait raison de me moquer quand je lui parlais du bon sens comme d'un bien répandu, ou appelé à se répandre tôt ou tard !

C'est à cause du fils de ma logeuse que je me suis fâché ; de son benjamin, un tardillon, le seul de ses enfants qui vive encore avec elle. Elle l'appelle « Checco », un petit nom qui se donne par ici ; et souvent le laisse monter à mon étage, ayant vu que son babil, et la gracieuse tournure de sa tête bouclée m'étaient plus un divertissement qu'une fatigue. Il doit avoir six ou sept ans ; gratte toujours à ma porte, comme un chien, avant d'oser entrer ; et se tient d'ordinaire fort bien pour un marmot de cet âge. Surtout il aime questionner, et je l'y encourage, car sa façon d'arrondir les yeux et d'ouvrir la bouche plus haut que large, quand je lui réponds, m'amuse extrêmement.

Aujourd'hui pourtant il n'était pas venu pour m'interroger, mais pour m'instruire. En guise de préambule il a d'abord attrapé l'un de mes stylets, à l'aide duquel il a griffonné des bonshommes sur une tablette vierge, ainsi qu'il fait toujours. Puis il s'est lassé, est revenu près de moi et, profitant de ce que je relevais les yeux de ma feuille, s'est mis à discourir.

« Tu sais ce qu'on m'a dit, docteur ? »

« Dis-moi " vous ", je te prie, Checco, comme il convient à un jeune homme qui porte chausses et sait réciter son Notre Père sans se tromper. »

« Oui, docteur. Alors vous savez ? »

« Parle. »

« Eh bien ! Les Juifs sont les plus méchantes gens du monde, et il faut les brûler, car ils ont crucifié Jésus et font chaque jour pleurer la Sainte Vierge Marie. »

« Vraiment ! » ai-je dit, lâchant ma plume.

« Et ce n'est pas tout, docteur. Savez-vous ce qu'ils font ? Ils empoisonnent les fontaines, avec une poudre, comme ça, qu'ils versent le dimanche

quand tout le monde est à l'église : une poudre que le diable leur a donnée. »

Je l'ai calotté d'importance et il s'est mis à pleurer, disant que j'étais méchant de ne pas le croire, puisque c'était vrai, et que même trois personnes en étaient mortes dans la paroisse depuis le début de la semaine : à preuve, il avait suivi leur enterrement.

« Mouche-toi, petit nigaud, et apprends-moi plutôt qui t'a mis en tête ces belles choses. »

« Beppe », a-t-il reniflé.

« Et qui est Beppe ? »

Il apparaît que ce puits de science est un vaurien du port qui travaille avec les calfats. Il a déjà de la moustache, quoique à peine sorti de l'enfance, et en tire auprès de ses pairs beaucoup de prestige ; d'autant qu'il connaît d'extraordinaires jurons, et sait cracher plus loin qu'aucun autre.

« Mes compliments, Checco. Crois-moi, laisse donc les Juifs si tu ne veux pas brûler toi-même : c'est ce qui arrive à ceux qui se mêlent de théologie sans être clercs, et sans savoir trois mots de l'histoire sainte. »

Il m'a regardé avec terreur, et a pensé sans doute que j'étais quelque inquisiteur de la foi qui l'allait sur-le-champ jeter au bûcher. Alors je n'ai pu m'empêcher de rire et de le consoler : car je l'aime bien, et sais ce qu'est la peur lorsque l'on est enfant.

« On ne te brûlera pas, Checco, à moins que tu ne t'obstines encore à redire les sottises que tu entends. En revanche, écoute-moi : c'est ta mère, à toi, que tu vas faire pleurer si elle apprend que tu traînes avec les garnements du port. Est-ce que tu me promets de n'y plus descendre ? »

« Euh !... »

« Me le promets-tu ? »

« Oui, docteur. »

Il est parti l'œil en coin. Aussi, quand la Gelsomina est montée faire mon lit, lui ai-je conseillé bénignement de mieux surveiller son fils.

« Ah ! docteur, oui, a-t-elle marmonné. Il y a au port, et en ville, de vilaines gens ; mais mon Checco sait s'en garder, et a plus d'esprit que vous ne paraissez croire. »

Son air distant m'a donné à penser, et je lui ai demandé de m'expliquer ses dires. Alors, campée sur le manche de son balai :

« Je sais ce que je sais, a-t-elle énoncé d'un ton sentencieux. Vous, docteur, qui ne sortez pas de votre chambre, vous n'imaginez pas le mal qui existe en ce monde. Mais moi, allez ! j'ai des yeux pour voir et des oreilles pour entendre. Et quant à mon garçon, ne dit-on pas que la vérité sort de la bouche des petits enfants ? »

Ce tissu d'énigmes m'avait irrité : je l'ai priée de m'exposer de quelle vérité il pouvait bien s'agir.

« Oh ! des morts, nous en avons, docteur, voilà tout ce que je veux dire. Trois défunts mis en terre depuis dimanche, rien qu'à San Donato. Sans parler de la Pia qui a passé tout à l'heure à prime, et dont j'irai coudre le drap. »

La Pia est une vieillarde de nos voisines, impotente et aveugle de mémoire de Génois, et dont ma logeuse, jusqu'ici, s'émerveillait chaque matin qu'elle fût encore en vie.

« Allons donc, Gelsomina, de quoi me parlez-vous ? Une femme de foi comme vous ne doit pas étourdiment répéter cancans et médisances : c'est

péché. Des morts, me dites-vous. Mais n'y en a-t-il pas à Gênes chaque automne, quand le vent mauvais rabat sur la ville les miasmes de la baie ? Cette humidité est pénible aux vieilles gens et aux malades. Moi-même j'en souffre un peu, et ne respire pas si bien qu'à mon habitude. »

Elle m'a jeté un regard inquiet : je crois qu'elle a eu peur de me voir migrer et de perdre ma pratique.

« Jésus, que me chantez-vous là ? Grâce à Dieu, l'air de Gênes est aussi bon qu'aucun autre. Moi qui suis née ici, n'ai-je pas quarante ans bien sonnés, et jamais un pet de travers ? Oh non, docteur, non, vous vous montez la tête. Sans les menées de certains, tous vivraient ici centenaires, soyez-en assuré. »

« Quelles menées, femme ? ai-je explosé. Croyez-vous aux mêmes fadaises que votre fils ? »

Ce mot de fadaises *l'a froissée. Elle s'est penchée sur son balai et ne m'a plus répondu que par grognements, sans relever la tête. Il en ressortait d'obscures allusions à des équipages qu'on avait tort de laisser descendre à terre, qui s'acoquinaient avec la pire racaille pour perdre les bonnes gens et ruiner Gênes ; si bien que furieux, et suffoqué par la poussière qu'elle soulevait dans sa rancœur, je l'ai mise dehors et lui ai défendu de faire ma chambre aussi longtemps que j'y serais aujourd'hui. Me voilà propre : il ne me reste plus qu'à sortir en effet, et à aller flâner en ville – il y a des mois que je ne l'ai plus fait.*

XLI

Je rentre à l'instant, bien fatigué et abattu par ma promenade. J'ai trouvé les rues sinistres, et même les quais n'étaient pas si gais que dans mon souvenir. Ils grouillaient de monde pourtant, mais d'un monde patibulaire : les hommes du doge étaient partout, fouillant les tavernes, les barriques et les filets de pêche qu'on venait de ramener, battant sous mes yeux un marin cypriote surpris à uriner trop près d'un oratoire. Le malheureux !... Et malgré ce zèle ils ne font pas grand-chose, les rues sont mal tenues, j'y ai vu des ordures entassées et des hordes de rats qui tournaient autour. L'air du large, de surcroît, était si putride que j'en suis tout entêté... Vraiment, si ce temps perdure, je vais prendre le conseil que la Gelsomina m'a involontairement soufflé et m'aller retirer sur les hauteurs. Il s'y trouve des villages au climat beaucoup plus sain, et desquels on peut néanmoins observer les bateaux au mouillage. J'y passerai quelques jours, quelques semaines au besoin : il me semble que les grandes concentrations d'humains sont aussi propices aux infections du corps qu'à la malignité des âmes.

Quelle sensitivité est la mienne, hélas ! pour que les caquets d'un galopin me fassent ainsi sortir de moi-même ! Ô mon maître, plus votre souvenir s'éloigne et plus je vous admire d'avoir pu, presque toujours, persévérer dans votre penser malgré l'agitation du monde et de votre propre cœur. Oui, de votre cœur, je le sais maintenant ; qu'il me sera dur de m'expliquer ! Pour la première fois j'envisage d'abandonner ce récit, que déjà je consigne avec une lenteur croissante. C'est qu'ils me pèsent lourdement, les épisodes qui me restent à narrer. Pourquoi m'infliger cette souffrance supplémentaire ? Pourquoi, sinon parce que l'aveu est un abîme qui nous attire irrésistiblement, quelque souffrance qu'il nous en coûte...

Dans le comté barrois, à Bar même, d'ailleurs, survint un incident qui allait marquer une vraie césure dans ce voyage ; pour moi du moins, même si je n'en laissai rien paraître. Mais auparavant il me faut rapporter le rêve que je fis la veille : le plus enchanteur, le plus doux, le plus cruel des rêves qui m'ait jamais visité.

C'était une nuit que nous dormions dans une grange, n'ayant point trouvé de gîte plus policé ; et ma foi nous y dormions bien, car la nuit était clémente et l'air, au-dedans, embaumé de foin sec. Et je rêvais : je rêvais que j'étais dans les champs avec Roswitha la toute belle, et qu'elle m'aimait. Nous étions assis l'un près de l'autre : nos fronts se touchaient, nos yeux ne voyaient que nous-mêmes. Et qu'y avait-il d'autre à voir, en vérité ? Le reste du monde n'existait pas, ce monde-là qui nous avait séparés. Ma maîtresse était dans le plein éclat de sa féminité, telle que je l'avais vue à Landshut ; mais il n'était pas de Rodolphe, ni de duché, ni de descendance, il n'était qu'elle et moi, qui nous aimions de toute éternité. Nous le savions si bien que nous n'avions pas seulement à ouvrir la bouche, sinon pour nous sourire : nos cœurs étaient transparents l'un à l'autre. Et quelquefois, comme deux faons qui jouent, nous nous poussions un peu le front en manière de caresse.

Puis un chien, dans la nuit, aboya, et je m'éveillai.

J'étais encore sous l'effet de mon songe. Je me levai, marchai jusqu'à la porte, l'ouvris : et avec la lueur des étoiles et la fraîcheur de l'aurore, la mémoire me revint. Quel coup ! J'en vacillai de peine. J'avais rêvé, la tiédeur de son visage n'était qu'illusion, et les dernières bribes de mon bonheur, comme des nuées, s'effilochaient...

Je ne pus me rendormir. Conradino, à côté de moi, jurait à mi-voix en sicilien : sans doute livrait-il déjà bataille.

« Il me faut noter cela », pensai-je avec désespoir, sentant combien non pas les images de mon rêve, mais la douceur qu'il m'avait insufflée aurait tôt fait de s'évanouir. Et aussitôt, sans réfléchir, je me lançai dans un sonnet – forme à laquelle je ne m'étais jamais essayé jusqu'alors.

« J'allais en songe étreignant la beauté / Qui d'Idée a forme parfaite et ronde », écrivis-je. Et mon cœur battit plus vite : c'était exactement ce que j'avais voulu. Ensuite mon élan le céda à l'irrésolution. Vers où aller ? Mon rêve était exquis, mais il me parut manquer fâcheusement d'art. J'avais été heureux, je ne l'étais plus : que tirer de cela ? Il n'y avait là nulle allégorie, nul mouvement, rien qui ne pût se dire en une phrase toute plate. J'allais

devoir y travailler, conclus-je ; si bien que ce matin-là mon sonnet resta dans l'œuf, et je n'en étais encore qu'à décrire ma dame lorsque Conradino, avec un terrible bâillement, s'éveilla.

Toute la matinée, que nous passâmes en selle, j'y appliquai mon esprit ; n'entrevis pourtant qu'après midi le tableau dont j'allais pouvoir relever cette délicate mais trop statique scène. Et encore n'étais-je pas au bout de mes difficultés : j'avais mon matériau, il me fallait à présent lui donner forme, une forme ô combien ramassée et contraignante ! Ma tâche eût été plus aisée si je n'avais eu, dans mon cœur, le souvenir tout frais de ma béatitude. Quand d'aventure j'avais trouvé un vers sonnant bien et de rime adéquate, je m'apercevais que, malgré son harmonie, il ne correspondait pas à mon sentiment, m'engageait sur une voie qui n'était pas la bonne ; et je le répudiais.

« Mardochée, mon ami, je ne te trouve pas aujourd'hui dans ton assiette. Tu pestes et tu marmottes depuis le lever : c'est agaçant, je ne te le cache pas. »

« J'élabore un sonnet », dis-je brièvement.

« Un sonnet ? Ventredieu, tu chatouilles ma curiosité. Il faut croire que tu le soignes et qu'il t'occupe fort, pour que tu aies, sans même le remarquer, mis le pied en terre de France. Tu t'en faisais, jusqu'ici, une telle montagne ! »

Je jetai à la ronde un coup d'œil égaré :

« Comment... nous sommes ?... »

« Eh oui : cette grande forêt où nous trottons depuis la troisième heure est un passage commode entre le duché de

Lorraine et ce comté, qui est le premier dans la mouvance du royaume français. Je dis “ commode ”, parce que, à cause de ses ravins et des animaux féroces qui y pullulent, personne n'y demeure ni ne se soucie d'y voyager. Nous y sommes donc aussi tranquilles que je serais sur un sentier de ma Sicile. »

« En effet », approuvai-je, découvrant enfin la sombre horreur de ces fûtaies dont le sol était jonché de troncs brisés et de racines énormes, nous obligeant à des détours sans fin. « On voit mal des soldats y patrouiller ou des envahisseurs y accourir. – Ah mon Dieu !... »

J'avais hurlé, sentant une masse griffue s'abattre sur mes épaules.

« Tout doux, *Mardocheo*, ce n'est qu'un chat sauvage. Une chatte, plutôt, qui doit avoir ses petits dans quelque trou et croit bon de les défendre contre nos manigances. Allez *via, via,* toi. Femelle possédée ! »

Déjà il avait détaché la bête de mon cou et la jetait par terre, où elle détala avec un feulement après m'avoir fixé de ses yeux jaunes. Je saignais un peu à l'oreille ; ce ridicule épisode m'avait étourdi. Il ne fut plus question, de tout le temps que nous passâmes dans cette forêt, d'avancer à mon poème. Je n'y étais plus, sondais les fourrés avec méfiance, et n'eus de cesse que nous ne parvenions à découvert.

Les hameaux que nous passâmes, une fois sortis de la forêt, ne différaient guère des précédents, et l'on y parlait un patois à peine distinct du lotharingien, que déjà je n'entendais guère. Mais Conradino, comme ailleurs, évoluait ici avec aisance ; se faisait comprendre des hommes en commentant ses dires par de grands gestes, des jouvencelles en leur pinçant le menton. Et ces dernières privautés lui réussissaient le plus souvent, nous valant un banc à l'ombre ou un pichet de lait mousseux.

« Mignonne, la petite, hein ? »

J'acquiesçais du bout des lèvres, assommé par la chaleur et par la nouveauté, et ennuyé du retard que ces badinages apportaient à mon entreprise.

« Quand nous serons à Bar », continuait mon ami sans se déconcerter, « j'irai chez les femmes : voilà trois semaines que je n'ai pas rompu mon abstinence. Je gage que nous y serons ce soir. Il me faudra d'abord me rendre chez le bailli, qui doit me donner des lettres de recommandation destinées à nous aplanir certaines démarches... »

« Le bailli ! »

« Certes. Quand je te disais, Mardochée, que nous étions amplement appuyés !... Donc j'irai, si possible, ce soir chez le bailli. Et demain au réveil, mon ami, je cours aux étuves : j'adore ces endroits où de belles putains vous cueillent tout frais lavé pour vous mener au lit. »

« Ah ? »

Ces coutumes dont j'ignorais tout m'intéressaient, mais elles venaient hors de saison ; et elles me semblaient bien grossières au milieu de mon poétique tracas.

Au reste, tout se fit comme l'avait prévu Conradino. Nous fûmes à Bar à l'heure dite, trouvâmes à nous loger, et un messager du bailli, répondant à notre note, nous informa que son maître était prêt à recevoir mon ami et même à le traiter – en privé, bien entendu.

« J'ai l'impression, Mardochée, qu'il voudrait me voir seul. Je suis confus de ne lui avoir pas spécifié que j'avais avec moi un proche qui... »

« Ne t'inquiète pas de moi. Je me traiterai moi-même, à l'auberge. Et pour ce qui est de passer les heures, mon occupation est toute trouvée : la plume me démange. »

Elles passèrent si vite, ces heures, que je fus tout surpris de voir revenir mon compagnon alors que j'avais à peine entamé le premier tercet. Il se coucha, je restai à ma table, lui exposant que je voulais finir ; et une pâleur commençait à poindre vers le levant lorsque je me couchai à mon tour, et fermai mes paupières avec un grand soupir de soulagement.

Et tel était le produit de cette nuit de veille :

J'allais en songe étreignant la beauté
Qui d'Idée a forme parfaite et ronde,
Et dont le chef a pillé l'or du monde
Tant qu'à Phébus n'en a mie laissé.

Lors nous marchions à pas bien peu hâté
Sur le rivant d'une source profonde

Où Amour nud à l'aile vagabonde
Son corps baignait en païenne gaîté.

« Las, me dit-il, ne me dois-tu pas craindre,
Quoique mon arc au bord ne puisse atteindre ? »
Puis m'inondant lui qui onc ne pardonne :

« Par cette eau soit ton songe dissipé ! »
Ainsi parla, pour mon grand heur troubler,
Le dieu mutin, qui merci ne me donne.

Les vers flottaient encore dans ma tête quand je m'éveillai. Je courus à la table, les relus, les jugeai beaux ; alors seulement je vis que le lit était vide et que le soleil était presque au zénith.

« Diable, j'ai fait grasse matinée », pensai-je. Et je me demandais si je devais attendre mon ami ou le rejoindre, quand la servante, timidement, entra avec de l'eau. Je l'interrogeai tant bien que mal : elle rougit beaucoup, et me fit entendre qu'en effet le jeune seigneur était au mauvais lieu, où je le retrouverais.

Les étuves étaient à deux rues de là ; j'y fus un peu plus tard. J'en poussai bravement la porte et ne reculai pas, malgré la touffeur qui régnait au-dedans. Bien que ce fût seulement l'entrée on y respirait un air lourd d'humidité, aggravé encore par les parfums de ces dames, dont plusieurs jetèrent aussitôt leur dévolu sur moi.

« Je cherche mon ami, un Italien », haletai-je. Et l'on s'écarta, car je m'étais donné la mine circonspecte de qui vient pour affaires et n'entend pas s'attarder. La maquerelle m'indiqua un couloir, que je pris ; et là, au fond, j'aperçus Conradino dépouillé de toute vêture. Quelques donzelles, en chemises mouillées, s'affairaient autour de lui, l'une lui versant sur les pieds de l'eau fraîche, une autre fouaillant sa poitrine avec une branche de saule ; et, à travers les volutes vaporeuses, j'entrevoyais dans la salle deux ou trois hommes semblablement occupés.

« Plus fort, ma tourterelle, disait mon ami. Frappe bien, fais-moi rougir le cuir : j'aime m'échauffer le sang avant de me mettre au bain. »

Sur ces entrefaites il me remarqua, et m'adressa un large sourire.

« Poète, te voilà ! Je t'ai devancé, comme tu constates. Ne reste pas ainsi, quitte tes vêtements : une petite va te montrer où les mettre. »

« Je... je n'y tiens pas. Je me suis lavé à l'auberge avant de venir. »

La vérité était que mon cœur battait désagréablement dans cette chaleur, et que j'aurais préféré m'en aller ; mais le Sicilien ne l'entendait pas de cette oreille.

« Tu t'es lavé, et après ? Viens te laver encore. Ma foi, Löwenfels, je crois que tu crains l'eau, comme les chats et les enfants sales. Tiens ! »

Il avait pris à la brunette la louche dont elle l'arrosait et m'en lança quelques gouttes d'eau froide. Les gouttes aspergèrent mon habit, une partie de mon visage ; et en levant la main pour les essuyer je ressentis soudain une commotion dans ma poitrine. Je ne pouvais ôter mes yeux de mon ami, je ne pouvais émettre un son : j'étais aveuglé – pour autant qu'on puisse se dire aveuglé au moment même où les yeux, se dessillant, commencent enfin de voir.

« Qu'as-tu ? – Fanchon, pousse-lui donc une chaise et apporte-lui du vin : il va se trouver mal. »

Je me laissai asseoir, mais repoussai doucement la coupe qu'on me tendait.

« Amour », chuchotai-je ; enfin je réussis à détacher mes yeux de lui et, avec épouvante, reposai ma nuque sur le dossier de ma chaise.

« Bon, tu reprends tes couleurs ! s'exclama mon ami. J'aime mieux ça. C'est de n'avoir pas assez dormi qui te chavire la tête, sans doute ?... Et ce sonnet, *Mardocheo*, est-il fini au moins, et vas-tu me le lire ? »

« Non... oui, balbutiai-je. C'est-à-dire qu'il est fini, en effet ; mais je vois maintenant qu'il ne vaut rien du tout. »

Conradino haussa le sourcil, me scruta du regard, mais dut lire sur mon visage autre chose que de la coquetterie : une rigide décision, sur la nature de laquelle il se méprit.

Bienheureuse méprise : elle fut mon seul apaisement durant le temps que je passai encore auprès de lui, et qui, hélas ! fut court. Quant à moi, la révélation qui venait de me frapper avait fait de mon cœur un champ de ruines. Tous mes sentiments passés y prenaient une équivoque teinte : et non seulement ceux que j'avais voués à mon ami, mais aussi ceux que m'avait voués, à moi, mon ci-devant maître. Ah ! que de choses m'apparaissaient, que j'eusse préféré ne pas voir !...

« À ta guise, jeta Conradino. Je t'en laisse juge. Tu me désappointes en gardant pour toi un travail qui semble t'avoir tant coûté ; mais je me réjouis de te voir devenu si sévère vis-à-vis de toi-même. C'est signe que ton talent se forme. »

« Peut-être », souris-je – oui, j'eus le courage de sourire, de montrer un visage presque inchangé. Je veux qu'on m'en rende grâce ; je veux que cette force d'âme me soit comptée, et qu'on admette qu'elle réparait bien des faiblesses de ma vie antérieure. Ainsi j'écoutai patiemment Conradino, qui avait repris son bavardage. Il me parlait d'une fille sarrasine qui restait sans emploi dans un coin de la salle, et m'affirmait avec gravité n'avoir pas voulu d'elle, malgré sa grande beauté.

« Je n'ai jamais pu coucher avec une Sarrasine, Mardochée, le croiras-tu ? Même dans un lieu de ce genre, elles m'inspirent un tel respect que j'ose tout au plus leur baiser le bout des doigts. »

« Tiens ! Pourquoi ? »

« C'est extravagant, je le vois bien, mais je redoute toujours d'avoir devant moi ma cousine germaine, et de... Tu ricanes, hein ? Mon ours nordique n'est pas sujet à de telles délicatesses, et les jolies cousines seraient plutôt son miel favori... »

Ici il s'interrompit et s'excusa de m'avoir blessé ; car dans mon supplice j'avais brusquement détourné la tête.

« ... Mais tu ne peux comprendre ce que c'est que d'être " né de bâtard ", comme tu disais si bien. Je ne partage pas le préjugé des bonnes gens à l'égard de cette prétendue tache : en revanche je trouve pénible de ne jamais savoir de qui l'on est parent. – Yasmina, ma toute pure », lança-t-il à l'intéressée, d'une voix tendre dont je ne l'avais auparavant entendu apostropher aucune femme, « approche, je te prie. Je tiens à te présenter mon ami que voilà, un gentilhomme d'Allemagne. Et tout gentilhomme qu'il est, il va, s'il fait cas de mon amitié, te saluer bien bas – n'est-ce pas, Mardochée ? »

Je m'exécutai sans réticence. Elle était charmante en vérité, toute jeune encore, et décente dans son maintien malgré le désordre de sa tenue. Ses paupières effilées battirent de surprise, elle sourit, ce qui creusa aux commissures de ses lèvres deux petites fossettes ; et, revenant soudain au sentiment de son devoir, elle passa craintivement son bras sous le mien.

« Mardochée, une faveur, par grâce », me souffla mon ami après m'avoir éloigné d'elle. « Choisis une autre, pour l'amour de moi. Je vois qu'elle te plaît, et j'ai vergogne à traverser tes désirs, mais... »

« Sois en paix, lui dis-je. Elle me plaît fort, tu l'as observé. Toutefois je ne veux pas de fille, et aimerais mieux te laisser. Je ne me sens pas bien. »

« C'est l'impression que tu me donnes depuis tout à l'heure. Va, retourne à l'auberge et prends soin de toi. Il me fâcherait que tu ne sois pas sur pied d'ici à demain. »

Je ne me l'explique pas, mais il se trouve que le malaise de mon âme m'atteignit physiquement – à moins qu'une indisposition latente n'ait simplement profité de ce choc pour se déclarer. Arrivé à l'auberge je dus me coucher, bus une assiette de bouillon que je rendis peu après, avec de grandes souffrances à l'épigastre ; et une semaine entière je fus incapable de me nourrir, et faible à ne pouvoir me mettre debout. Mon ami se lamentait sur mon teint grisâtre qui, disait-il, allait faire fuir les femmes, et de ce retard imprévu. Néanmoins il ne lui vint pas à l'esprit de reprendre la route sans moi, ce qu'il aurait pu et dû faire, attendu le nombre de ceux qui comptaient sur sa promptitude. Et par égard pour lui, et un peu aussi pour moi, je m'efforçai de guérir et y réussis temporairement.

XLII

Il faut croire que je ne partirai pas. À l'aube j'ai été réveillé par un bruit dans la rue : c'étaient cinq charrettes – non des charrettes de morts, comme on en voit de plus en plus, mais celles de cinq malheureuses familles qui arrivaient de Giovi et de Rapallo. Leur literie, leur batterie de cuisine, quelques meubles et effets s'y entassaient avec leurs poules et les marmots trop petits pour marcher : ils ont voulu déballer tout cela, expliqué que leurs campagnes n'étaient plus que charniers et pestilence, supplié qu'on les laisse s'établir ici, puisque tant de maisons se trouvent désormais vides. Des lazzi leur ont répondu : tout le voisinage moquait ces paysans venus trouver la santé dans ce foyer de miasmes. Benvenuto l'apprenti, avec quelques drôles de son espèce, en ont même roulé deux ou trois dans la boue – cette boue infecte de l'égout, où l'on trouve au matin les urines de toute la rue et les crachats des derniers mourants ; et l'on a ri. Beaucoup de ceux qui ont ri seront morts demain. N'importe, ils n'en riaient que plus fort. C'était, je crois, par dépit plus que par malveillance. La plupart, comme moi, projetaient jusqu'ici de s'en aller au loin et enviaient ceux qui, plus riches et censément plus chanceux, l'avaient déjà fait : il apparaît maintenant que c'est peine perdue et que les choses, ailleurs, ne valent pas mieux.

J'en oublie une nouvelle qui, il y a quelques jours encore, m'eût semblé capitale : au large du port a été signalé un bateau de Smyrne, que je me suis fait montrer. De ma fenêtre je peux en voir, à l'horizon, les voiles repliées. Je n'en sais pas davantage, car aucun de ces Turcs n'en est descendu ; et malgré l'enquête que j'ai menée ce matin au port, je n'ai pu déterminer si on le leur avait interdit par méfiance, ou si c'étaient eux-mêmes qui craignaient d'approcher une contrée dont l'air est présentement si malsain. Peut-être ma fille est-elle sur ce vaisseau ; peut-être plisse-t-elle les yeux, en ce moment, pour discerner les toits de Gênes. Je me répète cela, et n'en éprouve qu'une joie froide. Que m'importe cet être que je n'ai jamais vu, quand on en ensevelit par dizaines que j'ai regardés vivre ?

Un jour d'août nous parvînmes dans un hameau de la Champagne ; et Conradino exultait, car Paris était proche.

« Mardochée, quand tu verras Paris !... C'est une ville que j'aime, malgré ses bouges ignobles et ses rues encombrées. Figure-toi qu'il m'est arrivé de passer quatre pleines heures bloqué sur une place, tant l'imbroglio des charrettes et des carrosses y était dense même pour un simple cavalier. J'y ai perdu plus que du temps : les plumes de ma barrette, un de mes souliers, et ma bourse, par-dessus le marché – car les tire-laine forment le quatrième état du royaume de France, et probablement le plus nombreux de tous. Mais quelles splendeurs aussi ! Ah, *Mardocheo...* »

Lesdites splendeurs n'étaient guère annoncées par la région où nous étions, une des plus sordides qu'il m'ait été donné de voir. Affreusement retiré, à l'écart de toute ville ou bourgade, ce hameau en particulier me consterna : quatre huttes de torchis au milieu d'un désert. Des champs s'étalaient alentour, hérissés de bottes d'une maigreur désolante, et les quelques parcelles qu'on n'avait pas encore moissonnées laissaient transparaître, entre leurs épis, une terre blanchâtre. S'y mouvait une nuée de spectres, pour beaucoup contrefaits ; sur notre passage certains relevaient la tête mais ne disaient mot, comme si la faculté de s'étonner avait été un luxe qu'ils ne pouvaient pas même se permettre.

« Quelle pitié », murmurai-je.

« Oui », dit Conradino. Et je me retournai pour le considérer, tant son ton m'avait surpris : non pas attristé, mais empreint d'une profonde et froide colère. « Une pitié, en effet. Regarde donc ces femmes qui glanent – si, si, je t'assure, ce sont des femmes, il y en a une qui porte un nourrisson au bout de sa mamelle, quoiqu'on lui donne cent ans – regarde : on ne voit de leur visage, de leurs bras, que des os ; et seules celles qui sont enceintes paraissent avoir un peu de chair. *Madre mia !* »

Marcher à cheval ici était presque embarrassant. Pour tirer le chariot de la récolte, nous vîmes qu'on avait attelé un unique et chétif âne, secondé de deux chèvres ; et plusieurs hommes durent en renfort s'arc-bouter au timon et à l'arrière pour l'ébranler. Par décence nous mîmes pied à terre ; et j'en étais à me demander si nous ne devions pas leur prêter nos montures, tout harassées qu'elles étaient, quand Conradino siffla entre ses dents.

« Il est beau, ce monde, n'est-ce pas Mardochée ? Comme ses bienfaits nous inondent, et comme son ordre divin emporte l'admiration – j'en tombe à genoux ! »

« Calme-toi », lui dis-je, effrayé par sa véhémence ; et de lui soumettre, par diversion, l'idée qui m'était venue.

« Possiblement, soupira-t-il. Possiblement ces malheureux auront l'usage de nos chevaux, même si ces quelques heures gagnées ne changeront guère leur condition. Faisons cela, ami, mais d'abord donnons à boire à nos pauvres bêtes, à défaut de manger ; car je ne suppose pas qu'on trouve ici de l'avoine, même pour de l'argent. »

C'était si vrai que nous n'apercevions pas seulement une touffe d'herbe aux alentours. Tout ce qui pouvait être brouté l'avait déjà été, de même que toutes les nourritures humaines devaient être taries à l'exception du grain qui restait à rentrer. Je voyais des enfants, à la lisière d'un bosquet, arracher des plantes noueuses et en rassembler les racines dans des paniers, sous l'œil sévère d'aïeules qui peut-être les soupçonnaient de quelque recel. Le repas de ces quatre ou cinq familles, apparemment ; j'en eus froid dans le dos.

« Faisons boire nos montures, Conradino », murmurai-je ; et nous nous dirigeâmes vers le puits sur lequel une femme était penchée, tirant des seaux. Mon ami lui demanda si elle nous permettait de prendre de leur eau, et de nous servir de leur auge ; requête qui la laissa sans réaction. Elle nous observa de sous son front dur, puis elle frotta de sa manche sa joue perlée de sueur, et reprit sa tâche.

« Pardonnez », insista Conradino, qui répéta son petit discours avec une pantomime plus éloquente encore.

Cette fois la femme eut un haussement d'épaules, un vague acquiescement – et mon Dieu, la pensée m'effleura qu'elle ne parlait peut-être aucune langue articulée ; et son regard était si éteint qu'il me parut impossible qu'elle l'ait jamais levé vers la voûte céleste, ce que l'on dit être le propre des humains. Mais cette inertie la quitta subitement lorsque nous entendîmes, derrière nous, un bruit de galop. C'étaient sept cavaliers qui accouraient dans un nuage de poussière : six hallebardiers, et une manière de personnage officiel les précédant à quelque distance, qui s'arrêta net au milieu des chaumières. La puiseuse déposa son seau, émit une plainte aux tons déchirants ; et le hameau, tout à coup, se trouva massé autour d'elle.

« Que leur arrive-t-il ? »

« Je crois que je comprends », répondit Conradino, dont le regard ne lâchait pas les nouveaux arrivés. Je ne tardai pas à comprendre moi aussi : c'était la taille seigneuriale que l'on venait lever ou estimer, comme me l'apprirent le geste de l'officier en direction du chariot puis les murmures d'un moissonneur qui s'était avancé craintivement et roulait son bonnet entre ses mains. Il était haut de taille, maigre, et dans sa face ravinée saillaient des yeux très clairs à l'éclat presque fou : les yeux d'un être que la faim accule au désespoir, pensai-je, inquiet de ces passions que je sentais couver autour de nous. Entre lui et le collecteur la discussion, en effet, tournait à l'aigre. Il haussait la voix jusqu'à un timbre aigu de femme, se retournait vers ses pairs, vers les champs, comme pour les prendre à témoin ; et au-dessus de lui l'autre demeurait rigide, répétant, me semblait-il, toujours les mêmes mots, mais d'un ton chaque fois plus coupant.

Enfin le chef du village se tut et mit les mains à la bride de l'officier. C'était – je le vis, moi, tout de suite – pour l'attirer vers la maigre récolte et lui faire voir, de ses yeux, l'énormité de ce qu'il exigeait. Mais soit que ce mouvement ait été interprété comme l'ébauche d'une agression ou condamné en lui-même pour son insolence, deux des hallebardiers abaissèrent la pointe de leur arme vers le cou du malheureux, si vivement que des gouttes de sang en jaillirent.

Je sentais Conradino trembler contre mon coude ; je voyais sa main, dans son dos, monter à son épée et la serrer convulsivement. Et ce qui m'alarmait davantage, c'était qu'hommes et femmes, alentour, se rapprochaient et grondaient sourdement, comme si la vue du sang avait fait taire leur raison, leur avait fait oublier de quel côté, ici-bas, était la force.

« Ils vont se faire tuer », chuchotai-je, frémissant, à l'oreille de mon ami.

« Pas sûr », me jeta-t-il avec une intonation bizarre. Ses jointures, sur la poignée de son épée, étaient livides.

« Conradino, allons-nous-en ! »

Il écarta le bras que je posais sur son épaule ; et il allait dégainer, lorsque le chef de village, après un regard impérieux aux siens, épongea sa blessure avec son bonnet, articula une phrase, et recula pour faire place aux chevaux. Un instant suspendue, toute la tension retomba, le groupe des villageois se disloqua et suivit en désordre l'officier, qui souriait enfin ; des femmes pleuraient.

« Allons-nous-en, Conradino, répétai-je. Tant pis pour nos montures : elles boiront au prochain ruisseau. »

Enfin mon ami parut m'entendre. Il eut un long soupir, et sa main lâcha son arme :

« Allons, Mardochée. Tu as raison, mieux vaut partir d'ici. Mais je maudis cette conjuration de Sicile qui, en m'obligeant à préserver ma vie, m'empêche d'agir maintenant comme je le voudrais. »

Ce furent ses seules paroles. En vain je tâchai, une fois remonté en selle, de dissiper par mes propos l'émotion qui l'agitait encore : il ne répondait pas, et son visage demeurait fermé. Plus loin nos chevaux burent, et il sauta à terre, comme moi, pour se désaltérer lui aussi : mais ce rafraîchissement n'agit que sur son corps. La bouche essuyée, il se mit à marcher de long en large, sombre, les mâchoires serrées ; et de son épée nue il écimait, à grands coups, les ciguës qui poussaient en bordure du chemin.

Je souffrais avec lui, quoique heureux d'avoir évité une catastrophe – c'est ce que je croyais du moins : la catastrophe, en fait, était en marche, un hasard l'avait mise en branle et elle approchait, désormais inéluctable. Fussions-nous passés une semaine plus tôt ou plus tard dans ce triste hameau ; fussions-nous passés après la taille levée, ou avant la récolte, et mon ami, peut-être, vivrait toujours.

XLIII

CHECCO EST MORT. Je viens de l'écrire, et la chose écrite me paraît incroyable, absurde, saugrenue. Je ne suis pas encore de ces vieillards valétudinaires qui se réjouissent de voir mourir plus jeunes qu'eux... Pauvre petit garçon ; et ma pauvre logeuse donc ! Deux cousines la veillent. Lorsqu'elles entrouvrent la porte de sa chambre, on entend au-dedans des clameurs animales, des hurlements de mère mutilée. .

Tout s'est passé si vite ! Hier à tierce je l'ai croisé dans l'escalier : il y croquait, les yeux brillants, un gros quignon de pain et a fait mine de me fuir, ne sachant si nous étions de nouveau amis ; car nous ne nous étions plus parlé depuis ma semonce. Je l'ai attrapé par ses pans de chemise, ai ébouriffé ses boucles, et lui ai jeté en signe de réconciliation : « Bon appétit, crapaud ! » Il a ri, avant d'enfoncer derechef ses mâchoires dans son talon de pain : je ne l'ai plus vu vivant. Après midi il s'est plaint de malaise, sa mère l'a couché, bien vite il a craché une grande abondance de liqueurs striées de sang ; et ce matin – voilà.

Mort, ce petit bout d'homme que naguère je calottais avec courroux, tout en riant de ses sottises ! et moi, le moribond, usé et lassé par mes trente-huit années de vie, je suis encore là, je me porte bien, même, au regard de tous ceux qu'en ville l'on met en bière et pour qui le glas, aujourd'hui, ne cesse de tinter.

Cette pauvre Gelsomina, à qui je viens de faire visite, a gémi en m'apercevant : « Ah, dottore, *que vous êtes heureux d'avoir vos écritures pour vous consoler et élever votre âme ; car tout ceci est un châtiment de Dieu. » Elle sanglotait, et j'ai pensé très intensément à mon maître en lui pressant la main et en lui assurant que Dieu n'avait pas donné aux lettrés l'art d'écrire pour leur réserver son seul salut, cependant que les autres seraient condamnés à périr. Elle ne m'a pas cru : l'innocente prend mes plumes et mes stylets pour un charme, qui me met en communication directe avec le ciel et éloigne de moi l'infection. Pour l'apaiser je lui ai dit que je ne traitais nullement de sujets sacrés, mais de notre vie, et que je venais justement de consigner le décès de son fils.*

« Où ça ? » a-t-elle voulu savoir.

Je suis allé chercher le feuillet afin de lui en indiquer l'endroit. Elle l'a considéré avec terreur :

« Vous avez parlé de lui, alors. Ah ! docteur, sans vous commander, ne parlez pas de moi. Vous avez beau dire, je suis sûre que le bon Dieu se fâche quand des savants comme vous consacrent leurs lettres à autre chose qu'à Lui. Si j'étais à votre place je composerais plutôt une hymne... »

Son œil rougi par l'insomnie est remonté vers moi, j'y ai perçu une lueur soupçonneuse ; et elle m'a quitté, je crois, convaincue que mes agissements ne sont pas pour rien dans le mal qui nous frappe.

J'admire une aberration si opiniâtre, qui s'obstine contre vents et marées à trouver des causes à tout. Je la conçois pourtant, car sans elle l'existence est affreuse – il est affreux de nous savoir les jouets de ce que nous ne comprenons pas et qui ne se comprend pas plus, hasards, remous, flux et reflux... Hélas, la raison n'entre pour rien dans nos destins terrestres. Tout y est folie ; nos désirs sont folie, et nos espoirs ; et la marche du monde elle-même, voulue par un dieu, le serait par un dieu fou. Et les plus fous de tous sont ceux qui peuvent y voir une providence, et trouver du sens à ce chaos où les guerres suivent les guerres, les fléaux les fléaux –

Le soir de ce même jour nous arrivâmes dans une petite ville où résidait un conjuré. Conradino ne put se résoudre, pourtant, à aller dès alors lui faire sa visite ; et je compris qu'il la remettait au lendemain lorsqu'il m'entraîna dans une taverne et y commanda un carafon d'eau-de-vie, qu'il entama avec l'intention manifeste de s'enivrer. Sans l'imiter je le laissai faire, espérant qu'il y noierait sa colère et en émergerait, au matin, l'esprit apaisé. Toutefois son ébriété ne le rendit pas plus disert ni expansif, et la ride verticale de son front ne faisait que se creuser toujours davantage.

Il y avait beaucoup de monde dans la salle. Ç'avait été jour de foire, des maquignons trinquaient à plusieurs tables et le vacarme était grand. À ce bariolage mon ami ne prenait pas garde. Il ne leva pas même la tête quand deux hommes, moins salement accoutrés que la plupart, nous demandèrent congé de s'asseoir à notre table. Je redoutais que leur présence n'accable encore plus mon ami ; mais je n'osai leur dire non, car la place manquait ailleurs.

À l'arrivée leurs tournures m'avaient paru vaguement familières, impression que je perdis lorsqu'ils s'assirent en face de nous. Ce n'étaient, à y mieux regarder, que deux marchands comme les autres, ou alors deux clercs de condition infime. Je souhaitais ardemment qu'ils demandent à manger, s'empiffrent en silence et nous laissent en paix ; ce qu'ils firent en premier lieu. Mais, leur assiette de chou vidée, ils se calèrent sur leurs chaises et voulurent du vin ; et, l'ayant obtenu, levèrent leur verre à notre santé.

« Dieu vous bénisse », insista en latin le plus gros, un peu pincé, comme mon ami ne répondait que d'un sec hochement de tête. Et ses paupières clignotèrent quand, de la bouche sicilienne, sortit une imprécation grommelée que je fus heureux d'être seul à saisir dans le bruit ambiant.

« Mon ami est souffrant », l'excusai-je, et je sentis qu'il me fallait moi-même alimenter la conversation pour détourner de lui ces irritantes prévenances. Aussi m'enquis-je de l'état de nos deux commensaux, qui se dirent notaires ; m'avisai avec angoisse qu'ils risquaient de nous rendre la pareille, et, pour les en empêcher, me répandis en compliments sur la ville, sa beauté et son animation – compliments qui les firent s'épanouir d'aise.

« Une belle et bonne ville, en un royaume bel et bon. Malheureux ceux qui n'y vivent pas ! » approuva pompeusement le gros, avant de vider son verre.

« Certes, intervint mon ami avec véhémence. Un bel et bon royaume, un Éden pour tout dire : le monde y va nu comme nos parents Adam et Ève, et n'y gagne pas son pain à la sueur de son front. Ah, Français rusés, qui cachez au reste de l'univers que vous vivez encore dans le Paradis terrestre ! »

Le second personnage, resté jusque-là muet, eut un rire qui s'acheva en toussotement

« Vous faites erreur. Quoi qu'il vous semble, les sujets de Philippe travaillent avec autant de zèle que les autres chrétiens. »

J'élevai affablement la voix : « Par grâce, ne vous méprenez pas sur les propos de mon ami, qui pèchent par excès de flatterie. Ce qu'il veut dire, c'est tout bonnement... »

« Je ne veux pas dire que ses sujets paressent, coupa Conradino. Je dis qu'ils suent au contraire, et que toutes ces sueurs ne les nourrissent pas. »

Un silence gêné s'abattit sur la tablée. Puis le toussoteur se retourna vers un jeune homme qui s'était approché avec curiosité et lui parla en leur langue, non sans des coups d'œil hostiles à l'adresse de mon ami. Mais celui-ci, qui suivait ses paroles, se leva vivement et répliqua dans un français que je compris, tant il comportait d'intonations et de vocables italiens :

« Non, bonhomme, je ne vous fais pas honte de vos mauvaises récoltes ! Je vois simplement qu'elles ne sont pas mauvaises pour tous, et que pour les officiers de la taille elles sont aussi bonnes que les fastes années. »

« Eh là, eh là », reprit le gros avec un geste pacificateur. « Vous voilà bien sanguin. Et puis vous vous trompez encore, et visiblement parlez de choses que vous ne connaissez pas. Lever la taille n'est pas une sinécure, demande courage et obstination ;

surtout en ces temps-ci, où les gens prennent prétexte des intempéries pour prétendre qu'ils n'ont rien, et voler leur seigneur. Que de fois l'on surprend des malicieux à cacher des fromages, voire du grain, dans les recoins de leur cave ! Et ce sont ceux-là mêmes qui geignent le plus haut, poussent leurs enfants devant l'officier, en les pinçant pour qu'ils pleurent, et excitent sa commisération... »

« Voler leur seigneur ! » siffla Conradino. Sous la table je lui pressai la jambe mais il la retira avec brusquerie : ainsi il fut bref et sans amitié, le dernier contact qui réunit, sans que je m'en doute, nos deux corps vivants.

« Mais bien sûr, le voler. Serait-il juste que celui qui les protège ne perçoive pas le prix de cette protection ? et que lui seul subisse le préjudice d'une mauvaise année ? »

« Si c'est ce que vous appelez voler, assurément ils le volent – et ils font bien. »

« Vous raillez sans doute, ou jouez sur les mots. Ils ne peuvent pas bien faire : voler est péché, et le péché admet le pardon, mais non l'approbation. »

« Bonhomme, ces gueux ne volent ni ne pèchent en l'occurrence... »

Mais il s'interrompit, car le jeune homme, et quelques autres à ses côtés qui écoutaient, s'étaient fait traduire et commençaient à murmurer avec fébrilité.

« En somme vous dites que voler un riche n'est pas voler », résuma le gros.

« Je dis... »

Conradino en était là de sa riposte, quand des questions fusèrent alentour ; et ce fut le début d'une scène chaotique dont je ne comprenais guère que les interventions latines des deux notaires, et les réponses mâtinées d'italien que mon ami lançait aux auditeurs. Le sens général de ces échanges, au demeurant, je le comprenais bien assez, et la terreur montait en moi ; et, au moment où j'allais arracher Conradino à son siège pour l'entraîner dehors, voilà qu'il bondit sur ses pieds et cracha par terre, en grondant avec mépris : « Les commandements de Dieu !... »

Toute la salle était debout, vibrante comme une ruche.

« Il insulte Dieu », fit une goton toute rouge, la femme de l'aubergiste, je crois, que le tumulte avait attirée hors de son arrière-cuisine.

« Il crache en disant le nom de Dieu ! » renchérit un maquignon.

« Oui je crache, je crache, hurla Conradino, et votre Dieu est bien mesquin s'il s'offusque comme vous d'un peu de liquide sorti de ma bouche – mais il le fait sûrement, car il vous ressemble, comme la créature ressemble à son créateur ! »

La foule nous serrait. Les deux notaires en parurent incommodés et, après un regard d'entente, se mirent debout et gagnèrent avec peine la porte. Du seuil le gros prononça encore un discours au ton papelard, les bras levés comme pour prôner la concorde. Je ne sais ce qu'il dit ; mais sa défense fut maladroite, car bientôt des projectiles l'atteignirent, l'obligeant à se réfugier dehors avec son compagnon.

Dès qu'ils furent sortis, commença l'innommable : empoigné, secoué par vingt bras, Conradino disparaissait à ma vue, criant des injures, criant de moins en moins ; on le traînait en vociférant vers la porte de la cour, et son corps au passage laissait par terre des traces rouges... J'avais reçu, dans mes efforts pour le secourir, un fort coup à la tempe qui me fit chanceler ; mais je me redressai et les suivis, tant bien que mal, dans la cour où la nuit était maintenant tombée – les suivis, appelant son nom, malgré la foule qu'ils entraînaient après eux et qui, à son tour, grondait à l'unisson le mot d'« hérétique »...

Puis tout se calma, car des soldats se trouvèrent là dont les armes et les torches mirent en fuite les présents. Je discernais, à la lumière des flammes, des ballots empilés et en contrebas les eaux d'une rivière, mais Conradino, lui, demeurait invisible. Enfin je vis que sur la berge d'en face des hommes maniaient des gaffes : elles ramenèrent une forme, que vint examiner un groupe silencieux. J'y reconnus entre autres les notaires ; à ces derniers un personnage de haute taille, aux manières impérieuses, murmura quelques mots et jeta une bourse. Il s'adressa ensuite aux hommes sur la berge, et je compris ceci :

« C'est bien. »

Alors les gaffes se relevèrent ; et la forme, lentement, dériva.

La nuit dernière j'ai encore fait le même rêve : Conradino et son visage qui me sourit, énigmatique, me sourit et s'enfonce, à chaque instant davantage, dans le néant. Ce rêve je l'ai fait pour la première fois, à l'état de veille, dans l'auberge de Bar où je tombai malade. La douleur brouillait ma vue et paralysait mes membres ; mon ami se pencha au-dessus de moi, voulut que je lui dise ce qu'il pouvait faire pour me soulager. Rien, il ne pouvait rien : mais les mots me manquèrent, et il me parut – car la souffrance suspend les minutes à l'instar du plaisir – qu'il restait là, sans bouger, pendant un temps infini. Ses yeux, ses lèvres tout proches, je les voyais pourtant de plus en plus lointains, comme séparés de moi par des épaisseurs liquides...

« Ah ! m'écriai-je, il me semble que je vais me noyer et mourir. »

« Tu ne vas pas mourir, Mardochée, je t'en fais le serment », murmura mon ami dans un sourire ; et l'horrible vision s'effaça.

C'était ma mort à moi que j'avais cru pressentir. Cruelle chose que ces présages, où se mêlent si souvent le faux et le vrai !

Voilà dix ans que fut tué Conradino ; tué par une foule qu'il désirait ardemment servir, et au nom des erreurs mêmes dont il voulait la tirer. Je sais bien qu'elle ne fut que l'instrument d'un stratagème : le soin qu'avaient mis les deux clercs pour mêler l'assistance à la dispute en faisait partie, de même que leurs propos apaisants étaient sans doute destinés à enflammer sa vindicte. Un conjuré, qui me recueillit, me le confirma. Il apparut que Philippe de Valois, alerté par son lointain cousin d'Anjou, le chef du parti guelfe, avait eu vent des menées siciliennes ; et, je le leur accorde, rien n'était plus habile que cet assassinat perpétré dans l'ombre par des mains anonymes, et sans que la victime en tire la dangereuse gloire d'un martyre.

J'appris aussi, un peu plus tard, que Frédéric de Trinacrie était mort et que son fils lui succédait : ainsi se succéderont les rois dans les siècles des siècles.

L'homme qui me soignait m'implora de rester caché, pour sa sécurité et la mienne. Je ne lui désobéis qu'une fois : le surlendemain de cette nuit funeste, je revins à la rivière et en descendis le cours, longtemps, à travers champs et bois, jusqu'à ce que je trouve entre les racines d'un arbre le corps de mon ami. Ce corps n'était que plaies, et une grande entaille béait au bas de son cou ; mais sous l'eau verte son visage me souriait, étrangement serein, et mystérieusement beau malgré ses meurtrissures.

Seul je l'ensevelis ; puis ce fut le retour chez mon hôte, homme heureusement probe, qui jamais ne songea à assurer, en me livrant, son retour en grâce. J'eusse pourtant été une proie docile, tant le chagrin m'avait prostré. Dire ce qu'était cet homme, dire ce que fut ma vie chez lui avant qu'éclatent les troubles qui continuent encore d'agiter la France, je le ferai – demain je le ferai : aujourd'hui, le souffle me manque.

Comme on respire mal ! J'ai dû ouvrir la croisée ; l'air est lourd. Il est opaque aussi, et brumeux : là-bas, mer et ciel se confondent comme s'ils n'étaient qu'une seule chose grise, et les bateaux, faute de vent, y avancent à peine. Ils viennent de tout le monde habité, sont nombreux et divers à l'image des hommes. Il y a là des barques qui vont pêcher jusqu'au large de la Sardaigne ; des galions andalous, et de robustes nefs capables d'atteindre Caffa et Tana, puis d'en revenir ; d'autres encore qui apportent de Phocée le précieux alun.

Et le navire turc est là aussi. Il me semble qu'il bouge, mais son mouvement est si infime, et mes yeux si fatigués, que je ne saurais dire s'il s'approche ou s'éloigne. Je sens dans mon cœur une singulière étreinte quand mon regard se pose sur cette tache noire : tout ce qui reste de moi s'y trouve.

CATALOGUE

1. ROBERT BELLERET
Les Bruyères de Bécon

2. VINCENT BOREL
Baptiste

3. DIANE MEUR
La Vie de Mardochée de Löwenfels, écrite par lui-même

4. AMMAR ABDULHAMID
Dérèglements

5. NUALA O'FAOLAIN
On s'est déjà vu quelque part ?

6. MARIA SAVINIO
Aux côtés d'Alberto Savinio

7. RAJAE BENCHEMSI
Marrakech, lumière d'exil

8. MICHÈLE LESBRE
Boléro

ACHEVÉ D'IMPRIMER
EN SEPTEMBRE 2002
SUR LES PRESSES
DE
L'IMPRIMERIE F. PAILLART
À ABBEVILLE
POUR LE COMPTE
DE SABINE WESPIESER ÉDITEUR

NUMÉRO D'ÉDITEUR : 3
ISBN : 2-84805-002-0
DÉPÔT LÉGAL : AOÛT 2002